Investition in Innovation

Stefan Kupfer

Investition in Innovation

Dynamische Investitionsstrategien bei technologischem Fortschritt und unter Unsicherheit

Mit einem Geleitwort von Univ.-Prof. Dr. Elmar Lukas

Stefan Kupfer
Magdeburg, Deutschland

Zugleich: an der Fakultät für Wirtschaftswissenschaft der Otto-von-Guericke-Universität Magdeburg unter dem Titel „Investition in Innovation – Dynamische Investitionsstrategien bei technologischem Fortschritt und unter Unsicherheit" vorgelegte und angenommene schriftliche Promotionsleistung.
Datum der Disputation: 21.05.2019

ISBN 978-3-658-28445-9   ISBN 978-3-658-28446-6   (eBook)
https://doi.org/10.1007/978-3-658-28446-6

Die Deutsche Nationalbibliothek verzeichnet diese Publikation in der Deutschen Nationalbibliografie; detaillierte bibliografische Daten sind im Internet über http://dnb.d-nb.de abrufbar.

Springer Gabler
© Springer Fachmedien Wiesbaden GmbH, ein Teil von Springer Nature 2020
Das Werk einschließlich aller seiner Teile ist urheberrechtlich geschützt. Jede Verwertung, die nicht ausdrücklich vom Urheberrechtsgesetz zugelassen ist, bedarf der vorherigen Zustimmung des Verlags. Das gilt insbesondere für Vervielfältigungen, Bearbeitungen, Übersetzungen, Mikroverfilmungen und die Einspeicherung und Verarbeitung in elektronischen Systemen.
Die Wiedergabe von allgemein beschreibenden Bezeichnungen, Marken, Unternehmensnamen etc. in diesem Werk bedeutet nicht, dass diese frei durch jedermann benutzt werden dürfen. Die Berechtigung zur Benutzung unterliegt, auch ohne gesonderten Hinweis hierzu, den Regeln des Markenrechts. Die Rechte des jeweiligen Zeicheninhabers sind zu beachten.
Der Verlag, die Autoren und die Herausgeber gehen davon aus, dass die Angaben und Informationen in diesem Werk zum Zeitpunkt der Veröffentlichung vollständig und korrekt sind. Weder der Verlag, noch die Autoren oder die Herausgeber übernehmen, ausdrücklich oder implizit, Gewähr für den Inhalt des Werkes, etwaige Fehler oder Äußerungen. Der Verlag bleibt im Hinblick auf geografische Zuordnungen und Gebietsbezeichnungen in veröffentlichten Karten und Institutionsadressen neutral.

Springer Gabler ist ein Imprint der eingetragenen Gesellschaft Springer Fachmedien Wiesbaden GmbH und ist ein Teil von Springer Nature.
Die Anschrift der Gesellschaft ist: Abraham-Lincoln-Str. 46, 65189 Wiesbaden, Germany

Für meine Familie

Geleitwort

Kürzere Produktlebenszyklen, zunehmende technologische Disruptionen, ein immer schwerer zu prognostizierendes Käuferverhalten sowie gestiegener internationaler Technologiewettbewerb erschweren in verstärktem Maße die finanzwirtschaftliche Bewertung von Innovationsvorhaben. Hinzu kommen die exponentiell steigenden Kosten für Neuproduktentwicklung, welche der insb. für Technologiekonzerne geltenden Bedrohung „Heute Superstar, morgen Sanierungsfall.", wie es das Handelsblatt 2017 treffend titelte, besondere Bedeutung verleihen. Angesichts dieser Befunde und Probleme stellen sich u.a. einige zentrale finanzwirtschaftliche Fragen: Wann ist der beste Zeitpunkt bspw. für die Automobilindustrie Elektroautos einzuführen? Da die zugrunde liegende Batterietechnologie einem Produktlebenszyklus folgt, stellt sich zudem die Frage in welchem Maße Produktionskapazitäten aufgebaut, bzw. in welchem Umfang investiert werden sollte? Macht es überhaupt Sinn zu investieren, wenn technologischer Fortschritt droht die Attraktivität des geplanten Produktes zu schmälern?

Herr Kupfer verbindet in seiner Arbeit zwei Themenstränge unterschiedlicher Disziplinen und deren mehr oder weniger isolierten Erkenntnissen. Zum einen herrscht Konsens darüber, dass viele Neuproduktinvestitionen Handlungsflexibilität in Form von sogenannten Realoptionen generieren und, dass deren Berücksichtigung maßgeblich das Investitions-Timing insbesondere bei Vorliegen von Unsicherheit erklärt. Zweitens herrscht Konsens darüber, dass einmal eingeführte Produkte einem Lebenszyklus folgen und dem Unternehmen somit kein auf Ewigkeit festgeschriebenes exponentielles Wachstum bescheren. Zwar wird in der wissenschaftlichen Literatur diesen Problemen nach wie vor Aufmerksamkeit gewidmet, es fehlt aber insbesondere an interdisziplinären Lösungskonzepten, welche die Determinanten unsicherer Kauf- und Investitionsentscheidungen zusammenführen und modelltheoretisch abbilden.

Diese zwei Eigenschaften werden von Herrn Kupfer auf unterschiedliche Weise modelltheoretisch zusammengeführt. Die vorgestellten Entscheidungsmodelle verbinden finanzmathematische Elemente mit denen des Operations Research und des Technologie- und Innovationsmanagements, wobei das methodische Hauptaugenmerk auf einer optionsbasierten Sichtweise von Investitionsentscheidungen liegt. Die Erweiterung klassischer Realoptionen-Modelle um realitätsnähere Aspekte wie Produktlebenszyklus und freie Kapazitätswahl führen zu einer ganzen Reihe von neuen, originellen wirtschaftswissenschaftlichen Erkenntnissen. Insgesamt gesehen werden mit der vorliegenden Arbeit aus unterschiedlichen Perspektiven praktisch und gesellschaftlich relevante und wissenschaftlich anspruchsvolle Entscheidungsprobleme untersucht und ich wünsche dieser Arbeit daher eine hohe Resonanz und weite Verbreitung.

Professor Dr. Elmar Lukas   Magdeburg, 4. September 2019

Vorwort

Die vorliegende Arbeit beschäftigt sich mit der Frage, welche Eigenschaften Investitionen in innovative Produkte besitzen und wie diese Investitionen untersucht und optimal gesteuert werden können. Solche Investitionen stellen größtenteils (Real-) Optionen dar und müssen als solche unter Unsicherheit bewertet werden. Die Handlungsflexibilität eines jeden Unternehmens hat vor dem Hintergrund von Produktinnovationen charakteristische Merkmale, von denen ich besonders die zeitliche und kapazitive Flexibilität untersuche. Gleichzeitig liegt der Schwerpunkt der Arbeit auf zwei unterschiedlichen Möglichkeiten, den Produktlebenszyklus eines Produktes zu berücksichtigen. Ich hoffe, dem Leser die Realoptionen näher bringen zu können und einen Beitrag zum Verständnis der Investition in Innovation leisten zu können.

Diese Dissertation ist während meiner Zeit als wissenschaftlicher Mitarbeiter am Lehrstuhl für Innovations- und Finanzmanagement von Prof. Dr. Elmar Lukas an der Fakultät für Wirtschaftswissenschaft der Otto-von-Guericke Universität Magdeburg entstanden. Diese Zeit war von einzigartigen beruflichen und privaten Optionen und Veränderungen bestimmt, die mich menschlich und wissenschaftlich sehr beeinflusst haben. Den fruchtbaren Boden dafür haben insbesondere all die Menschen bereitet, die in den vergangenen Jahren an meiner Seite waren und mich unterstützt haben. Ich möchte diese Gelegenheit nutzen um mich bei allen herzlich zu bedanken.

An erster Stelle gilt mein herzlicher Dank meinem Doktorvater Prof. Dr. Elmar Lukas, der nicht nur diese Arbeit, sondern auch mich als Wissenschaftler geleitet und geprägt hat. Er war mir in der Forschung und Lehre ein engagierter und inspirierender Lehrer. Von ihm ist der Funke der wissenschaftlichen Neugier übergesprungen, der das Feuer meiner Begeisterung für die Forschung entfacht hat. Sein Familiensinn, seine wissenschaftliche Integrität und seine Loyalität waren mir stets ein Vorbild. Besonderer Dank gilt auch meinem Zweitgutachter Prof. Dr. Thomas S. Spengler, von dem ich bereits als Co-Autor einer gemeinsamen Publikation sehr viel lernen konnte. Die Zusammenarbeit mit ihm und seine Fürsprache für meine wissenschaftliche Arbeit waren eine große Unterstützung. Auch den weiteren Mitgliedern meiner Prüfungskommission, Prof. Dr. David Bendig, Prof. Dr. Sebastian Eichfelder, Prof. Dr. Susanne Enke und Prof. Dr. Abdolkarim Sadrieh, gilt mein Dank. Weiterhin möchte ich mich bei all den zahllosen Kollegen und Kolleginnen bedanken, die all die Konferenzen, Tagungen oder gemeinsame Projekte zu etwas Besonderem gemacht haben und deren Gespräche und

Feedback ich sehr zu schätzen weiß. Besonders gilt dies für Prof. Dr. Sascha Mölls und PD Dr. Karsten Kieckhäfer.

Natürlich möchte ich mich auch bei all jenen bedanken, die meine Zeit als Wissenschaftler an der Fakultät begleitet haben und den universitären Alltag bereichert haben. Besonderer Dank gilt hier vor allem Prof. Dr. Andreas Welling, der mich nicht nur als Kollege und Co-Autor sondern vor allem als Freund immer unterstützt und motiviert hat. Sein Blick fürs Detail, seine Fähigkeit alles zu optimieren und seine persönliche Unterstützung in allen Lebenslagen sind eine wahre Bereicherung. Auch meinem ehemaligen Kollegen und Büropartner Herrn Dr. Christian Heimann möchte ich danken, dessen gewissenhafte Vorbereitung und Genauigkeit mich immer sehr beeindruckt haben. Vielen Dank gilt auch Herrn Gordon Briest der mir gezeigt hat, dass vieles „ganz einfach" sei, und dessen Begeisterung für neue Projekte und Ohrwürmer regelmäßig überschwappen. Danke auch an Herrn Christoph Hentschel und Herrn Sascha Thiergart, die mir zeigen, dass man nicht nur guter Forscher, sondern gleichzeitig auch Gründer sein kann. Frau Jana Tuchen danke ich für ihre immer währende Unterstützung bei allen anfallenden Aufgaben im Büroalltag, vor allem wenn sie wieder sehr dringend oder mühevoll waren. Ich möchte mich auch bei all den anderen Kollegen der Fakultät bedanken, die ich unmöglich alle nennen kann. Ich bin sehr dankbar, dass sie mein Leben so sehr bereichert haben.

Der größte Dank gebührt aber meiner Familie und meinen Freunden. Ich danke meinen Freunden in Leipzig, die mich schon (fast) mein ganzes Leben begleiten und wirklich immer für mich da sind, genauso wie denen in Magdeburg und der Welt, die für die vielen schönen Erinnerungen abseits der Universität gesorgt haben. Aber was wäre das Leben ohne die Familie. Ich danke daher besonders meiner Mutter und meinem Vater, die mir immer wieder hingebungsvoll helfen. Die unendliche Unterstützung meiner Familie hat mich überhaupt erst hierhergebracht und ihr unerschütterliche Glaube an mich hat mich gestützt, auch wenn mein eigener geschwankt hat. Ich freue mich so sehr, dass ich euch habe. Und ihr, Yvett und Claire, macht mein Leben komplett auf eine Weise, die ich nicht in Worte fassen kann. Danke, von Herzen.

Stefan Kupfer Magdeburg im August 2019

Inhaltsverzeichnis

1 **Einleitung** **1**
    1.1   Problemstellung und Zielsetzung 6
    1.2   Aufbau und Vorgehensweise der Arbeit 7

2 **Produktinnovationen** **11**
    2.1   Innovationskonzept 12
        2.1.1   Von der Theorie zur Innovation 12
        2.1.2   Innovationsarten 15
        2.1.3   Ziele der Innovationstätigkeit 20
    2.2   Innovationsmanagement 22
        2.2.1   Aufgaben des Innovationsmanagements 22
        2.2.2   Der Innovationsprozess 28
        2.2.3   Technologieprognose und Produktlebenszyklus 33
        2.2.4   Innovationsstrategien 40
    2.3   Investition in Produktinnnovationen 45
        2.3.1   Bewertungsansätze für Produktideen 46
        2.3.2   Produktionsplanung und Kapazitätswahl 49
        2.3.3   Unsicherheit 54
    2.4   Zusammenfassung 58

3 **Investitionen unter Unsicherheit** **63**
    3.1   Klassische Investitionsentscheidungen 65
    3.2   Investitionsentscheidungen unter Unsicherheit 72
        3.2.1   Einflussfaktoren 78
        3.2.2   Klassische Investitionsoptionsarten und Erweiterungen 81
        3.2.3   Anwendungsgebiete von Investitionsoptionen in der Forschung 88
    3.3   Bewertungsmethoden unter Unsicherheit 94
        3.3.1   Stochastische Prozesse 94
        3.3.2   Analytische Lösung 99
        3.3.3   Numerische Verfahren 103
    3.4   Das kanonische Investitionsmodell unter Unsicherheit 112

4 **Produktinnovation unter Unsicherheit in der Literatur** **117**
    4.1   Unsicherheit und Investition 118
        4.1.1   Die Wirkung der Unsicherheit in der Literatur 119
        4.1.2   Der Investitions-Unsicherheits-Zusammenhang 124
        4.1.3   Bedeutung für die spätere Auswertung 128
    4.2   Produktlebenszyklen 129
        4.2.1   Kritik an der Annahme exponentiellen Wachstums 130
        4.2.2   Modellierung mit Hilfe des Bass-Modells 132
        4.2.3   Modellierung als Regime-Switch-Prozess 137
    4.3   Kapazitätswahl 142
        4.3.1   Notwendigkeit der Kapazitätswahl 142
        4.3.2   Kapazitätswahl bei skalierbaren Projekten 146
        4.3.3   Kapazitätswahl bei Cashflow-Beschränkung 152
    4.4   Zusammenfassung 158

5 Ansätze zu Modellerweiterungen bei Produktinnovationen 161
5.1 Die Komplexität von Unsicherheit 161
    5.1.1 Mehrdeutigkeit im kanonischen Modell 162
    5.1.2 Beschränkte Aussagekraft in komplexen Modellen 167
    5.1.3 Notwendige Betrachtungsweise 173
5.2 Der Produktlebenszyklus als Verhaltensmodell 179
    5.2.1 Die Verlaufshypothese 180
    5.2.2 Der Wert einer Produktinnovation 185
    5.2.3 Die Investitionsoption 190
    5.2.4 Die optimale Investitionsstrategie 195
5.3 Der Produktlebenszyklus als Regime-Switch 201
    5.3.1 Die Verlaufshypothese 202
    5.3.2 Der Wert einer Produktinnovation 205
    5.3.3 Die Möglichkeit zu investieren 210
    5.3.4 Die optimale Investitionsstrategie 221

6 Vergleich der Entscheidungsmodelle 225
6.1 Komparative Analyse – Bass-Modell 225
    6.1.1 Einfluss der Unsicherheit 229
    6.1.2 Einfluss des Produktlebenszyklus: Innovatoren und Imitatoren 233
6.2 Komparative Analyse – Regime-Switch-Modell 237
    6.2.1 Einfluss der Unsicherheit 239
    6.2.2 Einfluss des Produktlebenszyklus: Wachstumsraten und Wechselrate .. 243
6.3 Kernaussagen 247

7 Schlussbetrachtung 253

Literaturverzeichnis 259

Abbildungsverzeichnis

Abbildung 1: Innovationsausgaben deutscher Unternehmen für ausgewählte Branchen in 2016 2
Abbildung 2: Weltweit verkaufte Autos nach Antriebstechnologie für ausgewählte Jahre bis 2030 5
Abbildung 3: Begriffszusammenhang im Umfeld der Innovation 13
Abbildung 4: Konzepte zum Technologie-, F&E- und Innovationsmanagement ... 23
Abbildung 5: Der Innovationsprozess 29
Abbildung 6: Käuferkategorisierung nach Neuheit 36
Abbildung 7: Innovatoren- und Imitatorenkäufe 37
Abbildung 8: Die Nachfrage im Bass-Modell 39
Abbildung 9: Markteintrittsstrategien über den Produktlebenszyklus 43
Abbildung 10: Methoden zur Projektbewertung über den Innovationsprozess 48
Abbildung 11: Unsicherheitsfaktoren im Innovationsprozess 56
Abbildung 12: Die Entscheidungssituation 61
Abbildung 13: Verschiedene Arten von Zahlungsströmen 67
Abbildung 14: Zahlungsstrom mit exponentiellem Wachstum 69
Abbildung 15: Zahlungsstrom mit Unsicherheit 71
Abbildung 16: Zahlungsstrom mit Handlungsflexibilität 76
Abbildung 17: Simulation bekannter Itō-Prozesse 98
Abbildung 18: Gitter der Finite-Differenzen-Methode 106
Abbildung 19: Pseudocode des Crank-Nicolson-Finite-Differenzen-Verfahren 112
Abbildung 20: Modelle des Investitions-Unsicherheits-Zusammenhang 121
Abbildung 21: Maße für den Investitions-Unsicherheits-Zusammenhang 125
Abbildung 22: Vergleich eines exponentiellen Verlaufs und eines tatsächlichen Produktlebenszyklus am Beispiel des iPod 132
Abbildung 23: Vergleich des mit dem Bass-Modell geschätzten und tatsächlichen Produktlebenszyklus am Beispiel des iPod 135
Abbildung 24: Schematische Darstellung eines Regime-Switch-Prozesses 139
Abbildung 25: Vergleich des als Regime-Switch geschätzten und tatsächlichen Produktlebenszyklus am Beispiel des iPod 140
Abbildung 26: Investitionswahrscheinlichkeit in Abhängigkeit vom Startwert 167
Abbildung 27: Optimaler Investitionsschwellwert für unterschiedliche Unsicherheit 169

Abbildung 28: Investitionswahrscheinlichkeit für unterschiedliche Betrachtungszeiträume ... 170

Abbildung 29: Pseudocode zur Berechnung der Investitionswahrscheinlichkeit ... 172

Abbildung 30: Die Komponenten des Maßes der erwarteten diskontierten Investition ... 174

Abbildung 31: Pseudocode zur Berechnung der erwarteten Investition ... 176

Abbildung 32: Erwartete Investition, beispielhaft für drei Modelle ... 177

Abbildung 33: Die unsichere Adoptionskurve ... 183

Abbildung 34: Die unsichere Adoptionskurve mit Erwartungsbildung ... 184

Abbildung 35: Die unsichere Adoptionskurve mit beschränkter Kapazität ... 189

Abbildung 36: Pseudocode zur Optionsbewertung unter Berücksichtigung des Produktlebenszyklus ... 194

Abbildung 37: Der optimale Investitionsschwellwert mit Produktlebenszyklus ... 196

Abbildung 38: Investitionszeitpunkt und Kapazität beim Bass-Modell ... 198

Abbildung 39: Bildung des optimalen Investitionsschwellwerts bei Kapazitätsbeschränkung ... 199

Abbildung 40: Optimale Investitionsschwellwerte für unterschiedliche Kapazitäten ... 201

Abbildung 41: Simulation des Regime-Switch-Prozesses ... 205

Abbildung 42: Investitionsfälle im Regime-Switch-Modell ... 216

Abbildung 43: Der optimale Investitionsschwellwert mit Regime-Switch-Prozess ... 222

Abbildung 44: Investitionszeitpunkte beim Regime-Switch-Prozess ... 224

Abbildung 45: Optimaler Investitionsschwellwert bei unterschiedlichem Diskontfaktor ... 226

Abbildung 46: Optimaler Investitionsschwellwert bei unterschiedlichen Grundinvestitionsausgaben ... 228

Abbildung 47: Optimaler Investitionsschwellwert bei unterschiedlicher Unsicherheit ... 231

Abbildung 48: Die unsichere Adoptionskurve bei veränderten Innovatoren- und Imitatoren-Koeffizienten ... 234

Abbildung 49: Optimaler Investitionsschwellwert bei verändertem Produktlebenszyklus ... 235

Abbildung 50: Regime-Switch – Auswirkungen des Diskontfaktors ... 238

Abbildung 51: Regime-Switch – Auswirkungen der Unsicherheit ... 240

Abbildung 52: Regime-Switch – Auswirkungen der Lebenszyklusfaktoren ... 245

Tabellenverzeichnis

Tabelle 1: Terminologie der Innovationsarten 15
Tabelle 2: Arten von Investitionsoptionen 83
Tabelle 3: Erweiterung von Investitionsoptionen 85
Tabelle 4: Anwendungsgebiete von Investitionsoptionen 89
Tabelle 5: Formelüberblick Regime-Switch 220
Tabelle 6: Bass-Modell – Einfluss des Diskontfaktors auf die Strategie 227
Tabelle 7: Bass-Modell – Einfluss der Grundinvestition auf die Strategie 229
Tabelle 8: Bass-Modell – Einfluss der Unsicherheit auf die Strategie 232
Tabelle 9: Bass-Modell – Einfluss des Produktlebenszyklus auf die Strategie 236

Symbolverzeichnis

a	Parameter (Wachstumsparameter, Konstante numerische Verfahren)
$a(x,t)$	Parameter eines allgemeinen Itō-Prozesses
A	Parameter (Konstante Optionswert, Konstante numerische Verfahren, Anfangsbestand Bass-Modell)
α_1	Wachstumsparameter Wachstumsphase
α_2	Wachstumsparameter Sättigungsphase
$\alpha(t)$	Zeitabhängiger Wachstumsparameter Bass-Modell
b	Parameter (Wachstumsparameter, Konstante numerische Verfahren, Konstante)
B	Parameter (Konstante Optionswert, Konstante numerische Verfahren)
BW	Barwert
$b(x,t)$	Parameter eines allgemeinen Itō-Prozesses
β	Nullstelle der charakteristischen Gleichung der Differentialgleichung
c	Kapazität (Als Produktionsmenge, Cashflow-Obergrenze oder Skalierungsparameter)
C	Parameter (Konstante Optionswert, Konstante numerische Verfahren, Kapazität in Cashflows)
CF	Cashflow
d	Konstante numerische Verfahren
$dt, \Delta t$	Änderung der Zeit
$dx, \Delta x$	Änderung des Cashflows
dF	Änderung des Optionswertes
dW	Wiener Inkrement
D	Konstante Optionswert
δ	Minderrendite
e	Einnahmen
$E(I)$	Erwartete diskontierte Investition
$\mathbb{E}(...)$	Erwartungswert
ε	Mittelwert Mean-Reverting-Prozess
ϵ	(Standardnormalverteilte) Zufallszahl
η	Parameter (Konstante, Anteil Marktvolumen, Geschwindigkeit Mean-Reverting-Prozess)
F	Optionswert
g	Geldeinheiten pro verkauftem Produkt

G	Konstante Optionswert
γ	Nullstelle der charakteristischen Gleichung der Differentialgleichung
Γ	Verteilungsparameter Investitionsausgaben
h	Wachstumsfaktor Entscheidungsbaum, Aufwärtsbewegung
H	Konstante Optionswert
i	Zählvariable
I	Investitionsausgaben
j	Zählvariable
k	Kapitalkosten, Zählvariable
K	Kapitalstock (Entspricht Kapazitätsmaß)
KW	Kapitalwert
κ	Bisher produzierte Menge
λ	Wechselparameter (Regime-Switch)
m	Zählvariable
$\mathbf{M}$	Matrix (Numerische Verfahren)
μ	Wachstumsparameter geometrische Brownsche Bewegung (exp. Wachstum)
n	Zählvariable
N	Anzahl
ν	Regressionskoeffizient
ω	Steuersatz
p	Wahrscheinlichkeit für Zustandsänderung
P	Übergangswahrscheinlichkeit
$\mathbb{P}(\ldots)$	Wahrscheinlichkeit
$\mathbb{P}(Invest)$	Investitionswahrscheinlichkeit
Φ	Wahrscheinlichkeitsverteilung
π	Innerer Wert der Investitionsmöglichkeit
ψ	Verteilungsparameter Firmenmehrwert
υ	Marktpreis für Unsicherheit
q	Produktnachfrage (Anzahl Kunden)
Q	Nachfrageobergrenze (Anzahl Kunden)
$\bar{c}$	Maximale Kapazität
r	Diskontfaktor
$\mathbf{r}$	Vektor (Numerische Verfahren)
R	Restwert

Symbolverzeichnis

ρ	Korrelation von Investitionsprojekt und Markt
s	Kumulierte Cashflows
S	Cashflow-Potential
σ	Volatilität, Maß für die Unsicherheit
t	Zeit
T	Endzeitpunkt (Betrachtungszeitraum, Projekt- oder Optionslaufzeit)
τ	Ein Zeitpunkt
θ	Wechselparameter (Regime-Switch)
Θ	Coupon
u	Wachstumsfaktor Entscheidungsbaum, Abwärtsbewegung
v	Substitionsvariable
w	Laufende Ausgaben
W	Wiener-Prozess
$x_t, x(t)$	Cashflow zum Zeitpunkt t
x^*	Optimaler Investitionsschwellwert
X	Stochastischer Parameter
ξ	Lerneffekt
y	Konstante
z	Substitionsvariable
Z_t	Verkaufte Menge zum Zeitpunkt t
ζ	Fehlerterm der Regression
∞	Unendlich

1 Einleitung

Vor dem Hintergrund globalisierter Märkte und immer kürzerer Produktlebenszyklen stehen Unternehmen unter Druck, dauerhaft innovativ zu sein.[1] Auch der schnelle technologische Wandel verstärkt diesen Innovationsdruck (Drucker, 1969, S. 42ff.). Dies zeigt sich nicht zuletzt an der steigenden Anzahl von Publikationen auf dem Gebiet der Innovationsforschung und dem Bewusstsein für Innovationen in Wissenschaft und Praxis (Fagerberg & Verspagen, 2009). Der Innovationsdruck entsteht durch mehrere Faktoren. Zum einem wird auf dem Markt immer stärker eine große Produktvielfalt nachgefragt. Weiterhin hält der andauernde Trend zur technologischen Konvergenz an, also zu Produkten, die interdisziplinär entwickelt wurden. Schließlich hat die Produktlebensdauer rapide abgenommen und somit auch der Marktzyklus des Produktes, wodurch ehemals innovative Produkte schneller obsolet werden. Dies führt auch dazu, dass Unternehmen eine größere Auswahl an Produkten mit größerem Forschungsaufwand in immer kürzerer Zeit entwickeln müssen. Unternehmen können so nicht mehr langfristig von früheren Erfolgen profitieren. Um den langfristigen Erfolg eines Unternehmens zu ermöglichen, ist die Herstellung neuer wettbewerbsfähiger Produkte von herausragender Bedeutung. Diese Produkte sollen durch die Markteinführung neue potentielle Einnahmen in der Zukunft erschließen.

Damit neue Produkte produziert und vermarktet werden können, sind zunächst – mitunter umfassende – Investitionen notwendig. Neben der Forschung und Entwicklung betrifft dies auch Investitionen in die erforderlichen Produktionsanlagen und den Vermarktungsstart. Abbildung 1 zeigt die aggregierten Innovationsausgaben deutscher Unternehmen in einzelnen Branchen für das Jahr 2016. Die hohen Ausgaben für Investitionen und laufenden Ausgaben zeigen, dass die Unternehmen die Bedeutung von Innovationen erkennen. So haben 36 % aller erfassten deutschen Unternehmen in den letzten drei Jahren mindestens eine Innovation eingeführt, und sie erwirtschaften durch Produktinnovationen aus diesem Zeitraum durchschnittlich 13,6 % ihres Umsatzes in 2016 (ZEW, 2018). Investitionen in neue Produkte sind somit kritisch für den wirtschaftlichen Erfolg von Unternehmen. Aufgrund von begrenzten Mitteln und aus

---

[1] Nicht alle Innovationen sind Produktinnovationen. Es gibt z.B. auch Prozess-, Organisations- und Geschäftsmodellinnovationen (Hauschildt et al., 2016, S. 6ff.).

© Springer Fachmedien Wiesbaden GmbH, ein Teil von Springer Nature 2020
S. Kupfer, *Investition in Innovation*, https://doi.org/10.1007/978-3-658-28446-6_1

Einleitung

Überlegungen der Rentabilität heraus müssen Unternehmen ihre Investitionen umfassend planen. Im Rahmen des Innovationsmanagements muss entschieden werden, in welche Produkte investiert werden soll und wann die Investition stattfinden soll.

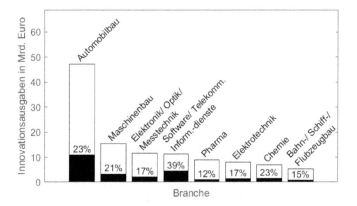

Abbildung 1: Innovationsausgaben deutscher Unternehmen für ausgewählte Branchen in 2016

Die gesamten Innovationsausgaben und der Anteil (schwarz), der auf Investitionen entfällt, für Innovationsprojekte deutscher Unternehmen in den acht Branchen mit den höchsten Ausgaben 2016. Die Beträge können Ausgaben für z.B. Maschinen, Anlagen, Software, externes Wissen, Produktgestaltung, Markteinführung und Vorbereitungen für Produktion und Vertrieb sowie Ausgaben für Forschung und Entwicklung umfassen.

Quelle: ZEW (2018).

Das Thema Elektromobilität ist heute allgegenwärtig, ob nun mit Beiträgen in den Nachrichten oder bei der alltäglichen Parkplatzsuche, z.B. vor IKEA, Aldi Süd und Rewe, wo Ladestationen für Elektrofahrzeuge bereits jetzt vorhanden oder geplant sind. Dennoch sind – über 20 Jahren nach der Einführung des Toyota Prius als erstem modernen Großserienmodell mit Hybridantrieb – kaum elektrisch betriebene Fahrzeuge auf den Straßen zu beobachten (Mosquet et al., 2018). Der Markt wird aber für Investoren, die nicht nur traditionelle Fahrzeughersteller umfassen, aufgrund von gesteigerter Nachfrage durch Umweltbewusstsein und von Kostenreduktionen durch technologischen Fortschritt attraktiver. Eine frühe und umfangreiche Investition für die Produktion innovativer Produkte zeigt das Beispiel von Tesla. Das Unternehmen hat als Wettbewerber in diesem Markt frühzeitig mit Forschung und Entwicklung, ersten Premiummodellen und schließlich der „Gigafactory" in die mögliche Massenvermarktung von Elektrofahrzeugen investiert. Um den Markt für Elektromobilität mit seinem Model 3 kostengünstig bedienen zu können, investierte Tesla bereits ab 2014 in seine „Gigafactory", eine Batteriefabrik, und zwar geplante 5 Milliarden USD zusammen mit Panasonic und anderen Partnern (FAZ, 2014). In der Batteriefabrik verbaut Tesla bis zu ca. 7000 handelsübliche Laptop-Lithium-Ionen-Zellen pro Fahrzeug, um bis zu 500.000 Fahrzeuge jährlich herstellen zu können (The Economist, 2014). Neben dem bisherigen Model S soll damit auch das neue Model X für den Massenmarkt bestückt werden.

Frühzeitig war die Investition 2014 nicht nur mit Blick auf die relativ große Kapazität der Fabrik gegenüber der damals herrschenden Nachfrage, sondern auch mit Blick auf das Verhalten der anderen Hersteller. Diese hatten lange nur Prototypen oder kleinere Serien im Angebot. Die Fahrzeuge waren nur teilweise von Anfang an für den batterieelektrischen Antrieb ausgelegt, wie der erfolgreiche Nissan Leaf, der BMW i3 und der Renault Twizy. Alternativ wurden auch existierende Fahrzeugmodelle mit Elektroantrieb ausgestattet, wie der VW e-Golf oder der Chevrolet Spark EV. Zudem bieten viele Anbieter neben rein elektrischen Fahrzeugen auch verschiedene Hybrid-Antriebsklassen an, wie den Chevrolet Volt oder Opel Ampera-e. Durch diese Produkte versuchen existierende Hersteller den Markt kennenzulernen. Traditionelle Autohersteller haben aber die notwendigen umfassenden Investitionen in Elektromobilität, gerade in die Batterietechnologie an sich, lange aufgeschoben (Handelsblatt, 2018a). Dabei ist die Traktionsbatterie die Schlüsselkomponente der Elektromobilität, sowohl hinsichtlich des Wertschöpfungsanteils als auch der Bedeutung in der Produktion (Huth et al., 2015). Ende 2018 hat nun beispielsweise Volkswagen sogar den kompletten Ausstieg aus der Verbrennertechnologie angekündigt (Handelsblatt, 2018b). Auch andere Hersteller schließen sich dem Trend zu alternativen Antrieben an und müssen deshalb jetzt investieren.

Die Hersteller, die jetzt erst mehr investieren, haben durch die Verzögerung der Investition ihre zeitliche Flexibilität bei der Investitionsentscheidung genutzt. Unternehmen profitieren bei ihren Investitionen immer, wenn zum Teil auch unbewusst, durch die Möglichkeit, sie verschieben zu können. Dieser Aspekt der zeitlichen Flexibilität gibt dem Unternehmen die Möglichkeit, mehr über die Marktbedingungen zu lernen. Über die Zeit entwickelt sich eventuell die Nachfrage nach dem potentiellen Produkt, das Produkt wird weiter verbessert oder es werden sonstige Informationen bekannt. All dies führt dazu, dass Unternehmen vor einer Investition stets abwägen sollten, ob die Möglichkeit, das Projekt weiter aufzuschieben, wertvoller ist, als jetzt mit der Investition zu beginnen. Dies ist auf die generelle Unsicherheit einer jeden Investitionsentscheidung zurückzuführen. Diese betrifft insbesondere den potentiellen Mehrwert bzw. die Einnahmen, die sich das Unternehmen von einem momentanen Verzicht auf

Ressourcen, also die Investition, verspricht. Allerdings sind mit der Erforschung neuer Produkte, der technischen Machbarkeit und der Investition in die Herstellung dieser Produkte zukünftige Einnahmen nicht garantiert. Nicht zuletzt entstehen Innovationen erst dann, wenn neue Produkte am Markt auch erfolgreich sind (Hauschildt et al., 2016, S. 78). Die Unsicherheit ist aber nicht nur negativ ausgeprägt, sondern auch mit einem potenziell höheren zukünftigen Mehrwert verbunden, wenn sich die Nachfrage positiv entwickelt.

Die Automobilhersteller sehen sich großer Unsicherheit hinsichtlich der potentiellen Nachfrage, aber auch der technischen Rahmenbedingungen gegenüber. So ist es ungewiss, ob die Elektromobilität langfristig durch Lithium-Ionen-Batterien getragen wird, auch wenn andere Batterietechnologien wie Nickel-Metallhybride oder Feststoffbatterien längst nicht ausgereift sind (WirtschaftsWoche, 2018).[2] Die unsichere Nachfrage ist Thema zahlreicher Studien und eine beispielhafte Prognose für die Nachfrage nach Automobilen wird in Abbildung 2 gezeigt. Bis 2030 soll demnach der Anteil elektrisch betriebener Fahrzeuge, besonders unter Berücksichtigung von Hybridtechnologien, stark zunehmen. Es bleibt offen, ob die Nachfrage danach weiterhin wächst, stagniert oder sogar zurückgeht, sobald andere Antriebstechnologien den Markt erobern. Dies ist insbesonders dann der Fall, wenn statt der Gesamtnachfrage nach Elektromobilität einzelne Produktgenerationen betrachtet werden. Während für neue Produkte, wie neue Fahrzeugtypen, zunächst Käufer gefunden werden müssen, wird das Produkt über die Zeit mehr oder weniger erfolgreich verkauft, bis am Ende kein Produkt mehr verkauft werden kann. Dies beschreibt den typischen Produktlebenszyklus von allen Produkten.[3] Wie am Automobilbeispiel zu sehen ist, ist die Ausprägung des Produktlebenszyklus, darunter die Dauer und der insgesamt mögliche Absatz, wie bei jeder Investition zu Beginn unsicher und hängt von mehreren Faktoren ab. So kann ein Produkt später keine Einnahmen mehr generieren, da es bereits bessere Produkte gibt, die stattdessen gekauft werden, oder weil ein Patent ausläuft und Konkurrenten den Markt übernehmen. Bei der Investitionsplanung muss dieser Produktlebenszyklus daher immer berücksichtigt werden.

---

[2] Natürlich sind auch gänzlich andere Antriebstechnologien wie z.B. Brennstoffzellen im Gespräch (Kieckhäfer, 2013, S. 3).
[3] Auch ganze Antriebstechnologien unterliegen diesem Produktlebenszyklus, wie an dem prognostizierten Rückgang der Verbrennungstechnologie zu erkennen ist. Allgemeiner kann davon ausgegangen werden, dass selbst wenn bei aggregierter Betrachtung kontinuierlich Wachstum beobachtet wird, auf der einzelnen Produkt- oder Technologieebene immer Produktlebenszyklen beobachtet werden können. Für Produkte, die immer weiter zu wachsen scheinen, ist lediglich das Ende des Lebenszyklus noch nicht erreicht.

Einleitung   5

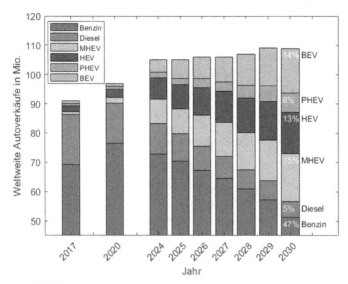

Abbildung 2: Weltweit verkaufte Autos nach Antriebstechnologie für ausgewählte Jahre bis 2030

Die prognostizierte weltweite Nachfrage nach Autos für ausgewählte Jahre bis 2030 für Benzin und Diesel sowie Mild-Hybrid- (MHEV), Hybrid- (HEV), Plug-in-Hybrid- (PHEV) und Batterie- (BEV) Elektrofahrzeuge.

Quelle: Mosquet et al. (2018), BCG.

Der Unsicherheit der potentiellen Einnahmen über den Produktlebenszyklus stehen die notwendigen Investitionsausgaben gegenüber. So haben die Automobilhersteller, die nicht wie Tesla frühzeitig viel investiert haben, durch ggf. geringere Investitionen ihre Flexibilität hinsichtlich der (Produktions-)Kapazitätswahl genutzt. Dies kann allgemein als Investitionsausmaß beschrieben werden: Ein Unternehmen hat zum Zeitpunkt der Investition immer die Wahl, wie viel es in die Entwicklung, Produktion und Markteinführung des Produktes investieren möchte. Dabei hängt diese Entscheidung von der erwarteten Nachfrage ab und davon, welche Einnahmen sich das Unternehmen durch größere Investitionen erhofft. Eine umfangreiche Markteinführung des Produktes bedeutet immer höhere Investitionen. Ein wichtiger Aspekt von Investitionen ist, dass sie in der Regel nicht oder nicht ohne weiteres rückgängig gemacht werden können. In der Literatur wird davon gesprochen, dass diese Investitionen zumindest zum Teil irreversibel sind. Das heißt, die Ausgaben können nicht wieder zurückerlangt werden sobald das Projekt gestartet wurde. Allgemeiner kann davon ausgegangen werden, dass Investitionen insgesamt nicht mehr ohne weiteres verändert werden können. Dies würde auch die Fälle einschließen, in denen ein Unternehmen Investitionen im Nachhinein, z.b. aufgrund höherer Nachfrage, erhöhen möchte. Eine suboptimale Investitionsentscheidung, welche die Flexibilität des Unternehmens nicht nutzt oder den unsicheren Produktlebenszyklus nicht berücksichtigt, kann somit zu geringe Produktionskapazitäten oder, umgekehrt, unnötig hohe Investitionsausgaben und dadurch einen kapitalintensiven Kapazitätsüberhang bedeuten.

1.1 Problemstellung und Zielsetzung

Aus dem Beispiel der Investition von Tesla wird klar, wie umfangreich und komplex eine Investitionsentscheidung ist. Dabei bleibt es offen, ob die hohen und relativ frühen Investitionen von Tesla gerechtfertigt waren und wie der Erfolg der anderen Hersteller ausfällt. Unabhängig davon ist es wichtig, die bedeutenden Faktoren, die diese und andere Investitionsentscheidungen in neue Produkte prägen, zu erkennen und bei der Planung zukünftiger Investitionen optimal zu berücksichtigen. Dies umfasst die Unsicherheit der Investition, die Flexibilität des Unternehmens hinsichtlich des Investitionszeitpunktes und des Investitionsausmaßes sowie den Produktlebenszyklus, der den möglichen Einnahmen zugrunde liegt. Ziel des Unternehmens sollte es sein, seine Flexibilität optimal zu nutzen, um den Wert der Möglichkeit, ein neues Produkt vertreiben zu können, zu maximieren. Die Unsicherheit führt bei der Investitionsplanung, insbesondere in der Praxis, zu hoher Komplexität (Kupfer et al., 2015).

Um komplexe Investitionsentscheidungen in das Innovationsmanagement zu integrieren, bedarf es entsprechender Entscheidungsmodelle. Zur Bestimmung optimaler Kapazitäten im Rahmen der Produktionsplanung gibt es zahlreiche Modelle (Martínez-Costa et al., 2014). Grundlegend werden dabei zunächst nur Produktionsrestriktionen berücksichtigt. Erweiterungen zur Berücksichtigung von Investitionsentscheidungen bieten klassische Modelle der linearen Optimierung. Die Entscheidung wird dabei häufig über den Nettokapitalwert der Ausgaben und Einnahmen optimiert (z.B. in Hoyer et al., 2015, und Koberstein et al., 2013). Mit diesen Ansätzen kann auch die Kapazitätswahl vor dem Hintergrund der dynamischen und unsicheren Entwicklung der Nachfrage berücksichtigt werden.

Die Investitionsplanung erfolgt in beiden Fällen statisch: Die Investition findet stets zu einem festen Zeitpunkt statt und die diskutierte Handlungsflexibilität bei der Wahl des Investitionszeitpunktes wird vernachlässigt. Diese Flexibilität bietet dem Unternehmen einen Mehrwert, der bei der Investitionsentscheidung berücksichtigt werden muss. Die Modellschwäche wurde durch den Literaturstrang zu Investitionsentscheidungen unter Unsicherheit überwunden (Dixit & Pindyck, 1994, Huberts et al., 2015, Trigeorgis & Reuer, 2017).[4] Allerdings werden die angesprochenen Eigenschaften der Investitionsentscheidung, welche neben den Investitionsausgaben auch den Produktlebenszyklus und die damit verbundene Wahl der Produktionskapazität umfasst, in der klassischen Literatur zum Thema nur ungenügend berücksichtigt und die Wechselwirkung mit der Unsicherheit wird nur unzureichend untersucht. Doch gerade diese besonderen Aspekte der Investition in neue Produkte sollten bei der Modellierung der Investitionsentscheidung berücksichtigt werden, um Unternehmen bei der Investitionsplanung zu unterstützen. Ein entsprechendes Entscheidungsmodell könnte bei der strategischen Planung des zukünftigen Produktionsprogramms eines Technologieunternehmens im Rahmen des Innovationsmanagements genutzt werden, um die marktseitigen und technologischen Unsicherheiten entsprechend zu berücksichtigen. Gleichzeitig könnte ein entsprechendes Modell genutzt werden, um das am Markt beobachtete Investitionsverhalten von Unternehmen zu untersuchen.

Ziel dieser Arbeit ist es daher zu zeigen, wie die besonderen Aspekte der Investitionsplanung neuer Produkte bei einer Investition unter Unsicherheit berücksichtigt werden können und welche Aussagen zum Investitionsverhalten von Unternehmen sich daraus ableiten lassen. Dies erfolgt insbesondere unter Berücksichtigung der erwarteten zukünftigen Nachfrage des Produktes, welche durch den Produktlebenszyklus beschrieben werden kann, und der Kapazitätswahl des Unternehmens als Maß für das Ausmaß der Investition in die Produktion und Markteinführung des Produktes.

1.2 Aufbau und Vorgehensweise der Arbeit

Die Investitionsentscheidungen von Unternehmen zur Vermarktung neuer Produkte werden in dieser Arbeit modelltheoretisch untersucht werden. Dafür sind einige Vorbetrachtungen notwendig. Zunächst werden Produktinnovationen allgemein betrachtet und kritische Einflussfaktoren auf die Investitionsentscheidung diskutiert. Außerdem werden wichtige methodische Grundlagen zur Bewertung von Investitionsentscheidungen unter Unsicherheit vorgestellt. Diese werden genutzt, um die bisherigen Modelle in der Literatur aufzuarbeiten.

---

[4] In diesem Literaturstrang werden Investitionen unter Unsicherheit auch Realoptionen genannt (siehe Unterkapitel 3.3). Während Realoptionen Analogien zu Finanzoptionen aufweisen, muss oft zwischen den unterschiedlichen Bewertungsmethodiken differenziert werden. Obwohl der Begriff sehr zutreffend ist, soll, um diese Abtrennung der Optionsarten auch verbal hervorzuheben, in dieser Arbeit auf den Begriff Realoption verzichtet werden.

Diese Arbeit ist dementsprechend wie folgt aufgebaut. In Kapitel 2 werden zunächst Produktinnovationen allgemein betrachtet. Es wird untersucht, warum Investitionsentscheidungen zu Produktinnovationen charakteristische Eigenschaften aufweisen und somit als eigenes Forschungsgebiet betrachtet werden müssen. Dabei werden vor allem die vier wichtigen genannten Einflussfaktoren der Unsicherheit, des Produktlebenszyklus, der Kapazitätswahl und der Handlungsflexibilität des Unternehmens betrachtet. Zunächst gibt es eine Einführung zu Innovationen und die Maximierung des Unternehmenswertes wird als Ziel der Innovationstätigkeit herausgearbeitet. Anschließend werden die Herausforderungen des Innovationsmanagements untersucht. Es wird vor allem die Prognose der Nachfrage, die dabei notwendige Berücksichtigung des Produktlebenszyklus sowie die Handlungsflexibilität des Unternehmens, insbesondere im Hinblick auf den Markteintrittszeitpunkt, betrachtet. Darauf aufbauend wird die Investitionsplanung bei neuen Produkten untersucht und die Bedeutung der Möglichkeit der Planung der Produktionskapazität sowie der Unsicherheit über die Nachfrage diskutiert.

Im anschließenden Kapitel 3 werden die methodischen und inhaltlichen Grundlagen der Investitionsbewertung gelegt. Zunächst werden klassische Investitionsentscheidungen betrachtet, bevor Unsicherheit bei Investitionen berücksichtigt wird. Zuletzt werden die zum Verständnis der Arbeit notwendigen methodischen Grundlagen zur Bewertung unsicherer Investitionen gezeigt und das kanonische Investitionsmodell unter Unsicherheit vorgestellt.

In Kapitel 4 werden die Erkenntnisse zu Investitionen in Produktinnovationen unter Unsicherheit aus der Literatur zusammengetragen. Dazu werden die kritischen Einflussfaktoren aus Kapitel 2 aufgegriffen und ihre Berücksichtigung in der Literatur untersucht. Es wird gezeigt, wie Unsicherheit bei der Investitionsplanung berücksichtigt wird. Auch die Notwendigkeit und die Möglichkeiten der Modellierung des Produktlebenszyklus sowie mögliche Ansätze zur Berücksichtigung der Kapazitätswahl des Unternehmens werden diskutiert.

Kapitel 5 bildet den Kern dieser Arbeit. Zunächst wird gezeigt, warum der Einfluss von Unsicherheit auf Investitionen in der Literatur insgesamt nur unzureichend klassifiziert wurde, und die erwartete diskontierte Investition wird als ein neues Maß für die Investitionsneigung präsentiert. Weiterhin wird eine mögliche Modellierung von Produktabsätzen, die einem Produktlebenszyklus folgen, und der Kapazitätswahl des Unternehmens vorgestellt. Dies ermöglicht die Berücksichtigung des bekannten verhaltenstheoretischen Modells von Bass (1969) und die anschließende Bewertung und Planung der Investition. Während mit diesem Ansatz bereits die diskrete Kapazitätswahl berücksichtigt werden kann, wird in einem zweiten Modell die kontinuierliche Kapazitätswahl fokussiert untersucht. Dazu wird die Modellierung des Produktlebenszyklus vom spezifischen verhaltensökonomischen Modell abstrahiert und der Nachfrageverlauf als Regime-Switch-Modell berücksichtigt.

Die Ergebnisse der Untersuchung und der Einfluss der einzelnen Modellparameter werden in Kapitel 6 herausgearbeitet. Zuerst werden der erste und zweite Modellierungsansatz getrennt untersucht. Dabei wird insbesondere die Wirkung der Unsicherheit und des erwarteten Verlaufs des Produktlebenszyklus berücksichtigt. Dann werden die Kernaussagen der Modelle und die Folgerungen für die Praxis noch einmal zusammengefasst. Kapitel 7 bietet eine Schlussbetrachtung und einen Ausblick auf mögliche zukünftige Entwicklungen zur Investitionsplanung bei Produktinnovationen.

2 Produktinnovationen

Die Entwicklung neuer Produkte ist ein zentrales Thema in vielen Unternehmen. Es geht dabei um die Frage, welches Produkt das Unternehmen in der Zukunft verkauft. Soll ein Unternehmen dauerhaft den Wettbewerb am Markt überstehen, müssen die zukünftigen Produkte regelmäßig geplant und hinterfragt werden. Der schnelle technische Fortschritt und die Änderung aktueller Trends würden sonst die eigenen Produkte obsolet machen und der Konkurrenz einen Vorteil verschaffen. Dies gilt besonders vor dem Hintergrund stetig kürzer werdender Produktlebenszyklen. Unternehmen müssen daher kontinuierlich innovativ bleiben. Dieses Kapitel beschäftigt sich mit der Frage, was es für ein Unternehmen heißt innovativ zu sein und welche Entscheidungen, insbesondere zur Investition, damit verbunden sind.

Werden von einem Unternehmen neue Produkte auf den Markt gebracht, werden sie häufig als Innovationen bezeichnet. Innovationen sind ein großes Thema in der wissenschaftlichen Literatur und es gibt viele Bemühungen in der Wissenschaft und Praxis, Innovationen besser zu verstehen und zu koordinieren (Fagerberg & Verspagen, 2009). Diesen Bemühungen folgend gilt es zunächst zu verdeutlichen, was in der Literatur unter einer Innovation verstanden wird. Unterkapitel 2.1 beschäftigt sich daher mit der Frage, ab wann überhaupt von einer Innovation bei einem neuen Produkt gesprochen werden kann und warum sie von Bedeutung ist.

Spätestens durch diesen Überblick wird verständlich, dass Innovationen sehr komplex und schwer umzusetzen sind. Die Neuheit einer Innovation bedingt dabei hohe Anforderungen an das Management von Innovationen (Vahs & Brem, 2013, S. 31). Ein innovatives Unternehmen muss auf diese Komplexität eingestellt und vorbereitet sein. Die Literatur zu den grundlegenden Aspekten des Innovationsmanagement ist sehr umfänglich.[5] Eine gründliche Aufarbeitung dieses Themengebietes und der Schritte vor der Markteinführung, insbesondere des F&E-Managements, wäre zu umfangreich für diese Arbeit. Dennoch müssen wichtige Bereiche der Innovationsforschung angesprochen werden. Welche Aspekte beim Management der Innovationstätigkeit für diese Arbeit wichtig sind und wie ein Unternehmen Innovationen umsetzen kann, wird daher in Unterkapitel 2.2 untersucht.

---

[5] Siehe unter anderem Corsten et al. (2016, S. 183ff.), Gerpott (2005, S. 57ff.), Hauschildt et al. (2016, S. 63ff.) und Vahs & Brem (2013, S. 20ff.).

© Springer Fachmedien Wiesbaden GmbH, ein Teil von Springer Nature 2020
S. Kupfer, *Investition in Innovation*, https://doi.org/10.1007/978-3-658-28446-6_2

Durch die Vorbetrachtung des Innovationsmanagements wird deutlich, an welcher Stelle die Investitionsentscheidung in neue Produkte steht und welche Aspekte einer Innovation dabei besonders beachtet werden müssen. Unterkapitel 2.3 verdeutlicht abschließend, auf welche Weise neue Produkte mit Investitionsentscheidungen verbunden sind. Die Investitionsentscheidung ist dabei eng mit den in den vorangegangenen Abschnitten angestoßenen Fragen verbunden, warum ein Unternehmen innovativ sein muss und welchen Vorteil es aus der Vermarktung von neuen Produkten zieht. Es werden die Fragen diskutiert, wie und warum ein neues Produkt von einem Unternehmen bewertet werden soll und welche Faktoren bei der Investition berücksichtigt werden sollen. Die gewonnenen Erkenntnisse werden in Unterkapitel 2.4 für die weitere Untersuchung zusammengefasst.

2.1 Innovationskonzept

Die Bedeutung des Begriffs „Innovation" ist im heutigen Sprachgebrauch stark durch Schumpeter (1912, S. 158) geprägt.[6] Das Hauptmotiv seines Werkes ist die Untersuchung des menschlichen Handelns als Unternehmer und somit der unternehmerischen Innovation, die er als neue Kombination versteht. Viele Autoren beziehen sich als Leitgedanken auf das Konzept der „schöpferischen Zerstörung" von Schumpeter (1942, S. 83).[7] Dabei geht es darum, dass diese neuen Kombinationen von Ideen und Inputfaktoren alte Kombinationen ablösen. Dieser Prozess entsteht diskontinuierlich, das heißt, es geht um eine erhebliche Erweiterung der bisherigen Leistung und eine starke Änderung innerhalb des Unternehmens sowie am Markt. Die neuen Kombinationen oder neuen Produkte müssen sich dann am Markt erfolgreich durchsetzen. Erst durch die erfolgreiche Vermarktung wird die Innovation zum Wettbewerbsvorteil für ein Unternehmen und ermöglicht das Ziel, langfristig profitabel zu sein.

2.1.1 Von der Theorie zur Innovation

Auf dem Weg zur Innovation werden in Unternehmen viele Vorüberlegungen angestrengt und Vorstufen zum fertigen Produkt entwickelt. Die finale Innovation ist nur das Ergebnis dieser Anstrengungen mit mehreren Vorstufen. Die Begriffe rund um das Themengebiet neue Produkte und deren Entwicklung werden in der Öffentlichkeit oft

---

[6] An dieser oft zitierten Stelle wird nicht der Begriff der Innovation verwendet, sondern stattdessen von neuen Kombinationen gesprochen.
[7] Die Idee der Schöpfung und Zerstörung durch ‚Innovationen' bzw. neue Kombinationen wird auch schon in Schumpeter (1912, S. 104 & 157) besprochen.

recht unterschiedlich wahrgenommen. In der wissenschaftlichen Literatur wird daher genauer untersucht, was die Erkenntnisse der Entwicklung als Zwischenergebnisse bis zur fertigen Innovation voneinander trennt. Abbildung 3 zeigt als Zwischenschritte Theorie, Technologie, Technik und Innovation als Vorstufen zur Innovation sowie die Imitation als ihre Konsequenz. Während beispielsweise der Unterschied zwischen einzelnen Stufen wie Technologie und Innovation klarer ist, muss der Unterschied zwischen Technologie und Technik im Gegenzug genauer betrachtet werden. Die einzelnen Stufen werden im Folgenden diskutiert.

Transformation	Anwendung	Produkt-gestaltung	Markt-einführung[8]	Markt-durchsetzung	Nachahmung	
Theorie	Technologie	Technik	Invention	Innovation	Diffusion	Imitation
Theoretische Ursache-Wirkungs-Beziehungen	Technologische Ziel-Mittel-Beziehungen	Praktische Anwendung zur Problemlösung	Kombination in Produkten zur Zielerreichung	Markterfolg oder interner Fortschritt	Verbreitung im Markt	Abwandlung des Produktes

Abbildung 3: Begriffszusammenhang im Umfeld der Innovation

Die in der Literatur von der Innovation abgegrenzten Begriffe. Brockhoff (1999, S. 38) bezeichnet den gesamten Prozess von der Theorie zur Imitation als Innovation im weiteren Sinne.

Quelle: Abgewandelt und kombiniert von Brockhoff (1999, S. 38) und Specht et al. (2002, S. 13).

Die fundamentalen Konzepte einer Innovation basieren auf **Theorien.** Diese sind allgemeine wissenschaftliche Erkenntnisse, die ein Ursache-Wirkungs-Prinzip beschreiben (Vahs & Brem, 2013, S. 25). Sie bilden die Summe einzelner Hypothesen und basieren auf wissenschaftlichen Gesetzen (Specht et al., 2002, S. 12f.). Allerdings können Theorien nicht direkt angewendet werden, um ein bestimmtes Ziel zu erreichen.

Technologien schließen die Lücke, indem sie Theorien auf ein bestimmtes Problem anwenden. Technologien beruhen auf wissenschaftlichen Erkenntnissen und verbinden gewünschte Ziele mit möglichen Mitteln (Specht et al., 2002, S. 12f.). Sie werden konzipiert, um bestimmte Aufgaben und eine gezielte Anwendung zu erfüllen. Technologien erklären somit, wie Ziele erreicht werden können, sind aber dennoch Einblicke der Wissenschaft wie beispielsweise den Natur-, Formal- oder Ingenieurswissenschaften. In der Literatur werden unterschiedliche Technologiearten identifiziert (Gerpott, 2005, S. 24). Eine mögliche Trennung ist die Unterscheidung zwischen Basis-

---

[8] Handelt es sich bei der Innovation um internen Fortschritt, so beginnt die Innovation mit der internen Nutzung.

und Schlüsseltechnologien, welche auf existierenden Märkten und auf bekannten Anwendungsgebieten eingesetzt werden, und Schrittmachertechnologien, welche einen großen Neuheitsgrad beinhalten und zu erheblichen Veränderungen führen (Vahs & Brem, 2013, S. 67).[9]

Wenn Technologien praktische Anwendung finden so, wird dies als **Technik** bezeichnet. Sie werden dabei zielgerichtet zur Problemlösung eingesetzt (Vahs & Brem, 2013, S. 25). Durch ihre Verarbeitung in der Technik sind die Technologien für den Endkunden nicht direkt beobachtbar (Gerpott, 2005, S. 18). Daraus ergibt sich, dass Technologien nicht mit fertigen Produkten gleichzusetzen sind. Ein Produkt kann auch eine Kombination mehrerer Technologien bilden. Es sei darauf hingewiesen, dass die Unterscheidung zwischen Technologie und Technik in der englischsprachigen Literatur nicht zu beobachten ist. Da die Technik im vertriebsfertigen Produkt aufgeht, ist diese Unterscheidung nach Gerpott (2005, S. 18f.) aus betriebswirtschaftlicher Sicht auch nicht notwendig.

Das Endergebnis der Entwicklungsbemühungen wird als **Invention** bezeichnet und ist einer Erfindung gleichzusetzen (Bullinger, 1994, S. 35, Trott, 2012, S. 15). Eine Invention kombiniert Technologien neu oder setzt Technik auf neuartige Weise so ein, dass neue Ziele erreicht werden können. Sie ist daher maßgeblich durch ihre Neuheit und praktische Anwendbarkeit geprägt. Während die Invention später durch eine Nutzung im Unternehmen oder durch den Kunden Anwendung finden soll, so steht auf diesem Schritt auf dem Weg zur Innovation zunächst nur die reine Existenz der neuen praktischen Anwendung im Vordergrund. Das heißt, obwohl eine Invention anwendbar ist, wird sie noch nicht eingesetzt oder vertrieben.

Eine **Innovation** ist hingegen ein Produkt, das am Markt eingeführt wird, oder ein Prozess, der im Unternehmen umgesetzt wird, mit dem Ziel, wirtschaftlichen Erfolg zu erzielen (Brockhoff, 1999, S. 37). Die Literatur identifiziert mehrere Eigenschaften, die eine Innovation besitzen muss. Da sie aus der Invention hervorgeht, erfüllt sie ebenfalls das Kriterium der Neuheit, wobei sich Innovationen merklich von einem Vergleichszustand unterscheiden müssen (Hauschildt et al., 2016, S. 4).[10] Auch die praktische Anwendbarkeit einer Idee ist weiterhin erfüllt (Brockhoff, 1999, S. 37). Die Innovation grenzt sich von allen vorangegangenen Stufen klar dadurch ab, dass sie auf wirtschaftlichen Erfolg ausgelegt ist (Brockhoff, 1999, S. 37, Hauschildt et al., 2016, S.

---

[9] Weitere Unterscheidungsmöglichkeiten bieten beispielsweise das Einsatzgebiet nach Produkt- und Prozesstechnologien sowie mögliche Interdependenzen wie Komplementär- und Substitutstechnologien. Auf eine weitere Diskussion wird an dieser Stelle verzichtet und stattdessen auf Gerpott (2005, S. 26f.) verwiesen.
[10] Das Kriterium der Neuheit wird im folgenden Abschnitt genauer diskutiert.

78). Das heißt, Unternehmen fügen ihrem Produktportfolio neue Produkte hinzu, um den Markterfolg oder den Fortschritt im Unternehmen zu fördern (Gerpott, 2005, S. 37). Dieser Innovationsbegriff, welcher die Innovation als Ergebnis eines Prozesses mit bestimmten Eigenschaften sieht, wird von einigen Autoren auch als Innovation im engeren Sinn (i.e.S.) verstanden. Als Innovation im weiteren Sinn (i.w.S.) wird dann der gesamte Prozess von der Forschung und Entwicklung bis zur Markteinführung bezeichnet (Brockhoff, 1999, S. 38). Zusammengefasst ist eine Innovation das Ergebnis der Schritte zur Innovation (Innovation i.e.S.) oder der Prozess bis zur Markteinführung an sich (Innovation i.w.S) (Vahs & Brem, 2013, S. 21). Beide Interpretationen beinhalten eindeutig die Markteinführung bzw. interne Umsetzung und somit das Ziel, wirtschaftlichen Erfolg oder Fortschritt für das Unternehmen zu sichern.

2.1.2 Innovationsarten

In der Literatur werden verschiedene Arten von Innovationen identifiziert, die in diesem Abschnitt vorgestellt werden. Auch wenn die Unterscheidungen von einzelnen Autoren unterschiedlich bezeichnet werden, so werden doch meist ähnliche Kriterien angewendet. In dieser Arbeit wird nach dem Innovationsobjekt, dem Innovationsauslöser, dem Innovationssubjekt, dem Innovationsumfang und dem Innovationsgrad unterschieden. Diese Unterscheidungskriterien orientieren sich an denen bekannter Autoren, deren Kriterien und verwendete Terminologie vergleichend in Tabelle 1 dargestellt sind.

Tabelle 1: Terminologie der Innovationsarten

Diese Arbeit	Gerpott (2005, S. 38)	Hauschildt et al. (2016, S. 5f.)	Vahs & Brem (2013, S. 52)
Innovationsobjekt	Innovationsobjekt	Inhaltliche Dimension	Gegenstandsbereich
Innovationsauslöser	–	Akteursdimension	Auslöser
Innovationsgrad	Innovationsgrad	Intensitätsdimension	Neuheitsgrad
Innovationsumfang	–	–	Veränderungsumfang
Innovationssubjekt	Bezugseinheit	Subjektive Dimension	–

Hinweis: Wird ein Unterscheidungskriterium nicht genutzt, so ist dies mit einem „–" gekennzeichnet. Eine ähnliche Terminologie wie Hauschildt et al. (2016, S. 5f.) nutzen auch Corsten et al. (2016, S. 6).[11]

---

[11] Corsten und Hauschildt et al. (2016, S. 5f.) identifizieren außerdem die prozessuale Dimension, welche hinterfragt, an welcher Stelle die Innovation i.w.S. als Prozess beginnt, und die normative Dimension, welche den Zusammenhang zwischen Innovation und Erfolg diskutiert. Die letztere Dimension wird, als Ziel der Innovationstätigkeit interpretiert, im nächsten Abschnitt diskutiert.

Zunächst wird das **Innovationsobjekt** betrachtet. Die Literatur ist sich einig, dass zumindest zwischen Produkt- und Prozessinnovationen unterschieden werden kann (siehe z.B. Vahs & Brem, 2013, S. 52, Gerpott, 2005, S. 38, Hauschildt et al., 2016, S. 6). Produktinnovationen geben dem Kunden einen zusätzlichen Nutzen, indem sie ihm die Möglichkeit geben, neue Ziele zu erreichen oder bereits existierende Ziele auf eine neue Art und Weise zu erreichen (Hauschildt, 2005, S. 26). Neue Produkte befriedigen somit durch eine spezifische neue Leistung konkrete Kundenbedürfnisse. Prozessinnovationen hingegen sind für ein Unternehmen neu genutzte Leistungserstellungsverfahren (Gerpott, 2005, S. 38, Hauschildt et al., 2016, S. 6). Diese zeichnen sich durch neue Kombinationen aus, in denen die Produktionsfaktoren im Produktionsprozess genutzt werden (Thom, 1980, S. 35). Vor allem bereits weit entwickelte Branchen greifen eher auf Prozessinnovationen zurück, um Kosten- und Preisvorteile aufzubauen (Utterback & Abernathy, 1975, Utterback, 1994, S. 79ff.). Das Ziel der Prozessinnovation ist die Effizienzsteigerung im Unternehmen. Obwohl sich der Kunde letztendlich für das fertige Produkt entscheidet, sind Prozessinnovationen somit trotzdem bedeutsam für die Wettbewerbsfähigkeit des Unternehmens, da das Unternehmen durch die gesteigerte Arbeitsproduktivität Wettbewerbsvorteile gewinnt. Neben den Produkt- und Prozessinnovationen werden teilweise auch andere Unterkategorien wie die Dienstleistungs-, Service- oder Sozialinnovationen identifiziert, welche ebenfalls Produktinnovationen darstellen, wenn sie Kunden von einem Unternehmen angeboten werden (Vahs & Brem, 2013, S. 53, Gerpott, 2005, S. 38). Dienstleistungsinnovationen, zu denen beispielsweise Betreibermodelle oder Wartungsaufgaben gehören, werden deshalb häufig betont, da sie gerade in entwickelten Märkten an Bedeutung gewinnen (Hauschildt et al., 2016, S. 7). Vahs & Brem (2013, S. 52ff.) führen des Weiteren noch soziale, organisatorische, marketingrelevante und geschäftsmodellverändernde Innovationen an. Diese werden hier jedoch weiterhin vernachlässigt, da sie meist auch den anderen Hauptkategorien zugeordnet werden können.

Als nächstes wird der **Innovationsauslöser** untersucht, durch den Unternehmen oft erst auf den Weg zur Innovation gebracht werden. Das heißt, es gibt Faktoren, welche die Entstehung einer Innovation begünstigen. Die Literatur unterscheidet dabei zwischen sogenannten Market-Pull- und Technology-Push-Innovationen (Trott, 2012, S. 23f., Vahs & Brem, 2013, S. 63). Market-Pull-Innovationen werden dadurch ausgelöst, dass das Unternehmen eine konkrete Nachfrage im Markt identifiziert. Innovationen dieses Typs entstehen dadurch, dass Technologien zielgerichtet kombiniert werden, um bekannte Kundenbedürfnisse zu erfüllen. Technology-Push-Innovationen entstehen hingegen durch neue Technologien im Unternehmen, die neue Anwendungsoptionen ermöglichen. Als Folge der technologiegetriebenen Natur der neuen Produkte muss das Unternehmen für diese Innovationen erst einen Markt finden bzw. ein Bedürfnis im Markt wecken.

Die Differenzierung nach dem **Innovationssubjekt** erfolgt gemäß der Frage, für wen die Innovation neu ist. Dabei wird danach unterschieden, ob das Produkt für das Unternehmen oder für den Markt neu ist (Hauschildt et al., 2016, S. 17f.). Eine weitere Differenzierung kann danach erfolgen, ob die Innovation für den Wettbewerber oder für die Branche neu ist (Gerpott, 2005, S. 46). Nach heutiger Sicht kann schon von einer Innovation gesprochen werden, wenn das Produkt dem Anwender bzw. Käufer lediglich neu erscheint (Vahs & Brem, 2013, S. 22). Das heißt, Innovationen sind alle Produkte und Verfahren, die das zu betrachtende Subjekt erstmals nutzt. Innovationen, die objektiv neu für den Markt sind, entsprechen komplett neuen Produkten. Im Gegensatz dazu können Innovationen auch neu für das Unternehmen sein, obwohl sie bereits von Wettbewerbern genutzt wurden. Dies erfolgt in der Regel, wenn Innovationen bereits am Markt weit verbreitet sind. Produkte, die lediglich neu für das Unternehmen sind und bekannte Produkte von Wettbewerbern modifizieren, werden auch als Imitationen bezeichnet (Corsten et al., 2016, S. 25).

Innovationen können auch nach dem **Innovationsumfang** beschrieben werden. Dieser unterscheidet, wie viel Veränderungen die Innovation für das Unternehmen oder den Markt bringt. Wie von Schumpeter (1912, S. 158) angedeutet, gibt es auf der einen Seite radikale Innovationen. Während so eine fundamentale Veränderung das eine Ende des Spektrums darstellt, wäre eine geringe Veränderung das andere Ende. Bei diesen Enden wird dementsprechend von Radikal- und Inkrementalinnovationen gesprochen (Vahs & Brem, 2013, S. 67, Pleschak & Sabisch, 1996, S. 3). Radikale Innovationen werden auch als Basis-, Durchbruchs- oder Pionierinnovationen bezeichnet (Gerpott, 2005, S. 41, Hauschildt et al., 2016, S. 13). Sie unterscheiden sich substantiell von bisherigen Produkten. Innovationen, die radikale Änderungen mit sich bringen, nutzen häufiger naturwissenschaftlich-technische Erkenntnisse und sind daher eher Technology-Push-Innovationen (Gerpott, 2005, S. 41). Diese Innovationen werden als radikal angesehen, da sie grundlegende Veränderungen für das Unternehmen oder den Markt nach sich ziehen. Die Veränderung kann sowohl das einzelne Unternehmen betreffen als auch das Kunden- bzw. Marktverhalten beeinflussen, da sich das Grundprinzip der Nutzung verändert. Das führt dazu, dass radikale Innovationen bekannte Industrien sehr stark verändern oder gar komplett neue schaffen (Gerpott, 2005, S. 41).

Auf der anderen Seite existieren inkrementelle Innovationen, die kleine kontinuierliche Verbesserungen von existierenden Produkten oder Prozessen darstellen. Die meisten Innovationen sind inkrementeller Natur (Griffin, 1997). Bei diesen Innovationen wird beispielsweise die Leistungsfähigkeit eines Produktes oder die Effizienz eines Prozesses verbessert, das Produkt an sich oder der allgemeine Ablauf ändern sich jedoch nicht. Inkrementelle Innovationen können auch als evolutionär bezeichnet werden, da sie aus bereits bekannten Problemlösungen hervorgehen. Inkrementelle Innovationen sind dementsprechend oft auf gut etablierten Märkten zu beobachten: Unternehmen versuchen mit Veränderungen eher auf Kundenwünsche zu reagieren und sich im bestehenden Wettbewerb besser zu positionieren (Gerpott, 2005, S. 41). Sie stellen daher eher Market-Pull-Innovationen dar.

Oft ist eine Unterscheidung zwischen radikaler und inkrementeller Innovation schwierig (Hauschildt et al., 2016, S. 13). Eine klare Abgrenzung zwischen den Begriffen existiert nicht und darüber hinaus ist diese Unterscheidung für viele Forschungsfragen auch nicht detailliert genug (Hauschildt & Schlaak, 2001). Aus diesem Grund wurde in der Literatur einige Anstrengung unternommen, die Innovationsleistung detaillierter zu erfassen. Aus der vorangegangenen Diskussion in diesem Abschnitt wird ersichtlich, dass eine Innovation zumindest immer als etwas Neues betrachtet wird. Nach Hauschildt & Schlaak (2001) muss ein Produkt beträchtliche neue Aspekte umfassen, um als Innovation zu gelten. Das heißt, es muss starken zu Veränderungen und Substitutionsprozessen führen. Die Frage ist, wie neu das Produkt sein muss, um eine Innovation darzustellen.

Die Messung des **Innovationsgrads** beschäftigt sich mit der Frage, wie neu eine Innovation ist (Hauschildt et al., 2016, S. 12f.). Es wird davon ausgegangen, dass es zwischen den zwei nominalen Zuständen bekannte und neue Technologie zwischenliegende Grade geben muss, nach denen Innovationen klassifiziert werden können (Gerpott, 2005, S. 43). Deshalb wird auch vom Neuheitsgrad des Produktes oder Prozesses gesprochen.[12] Doch der Innovationsgrad und insbesondere die einzelnen Abstufungen sind zum einen schwer zu definieren und zum anderen schwer zu bestimmen. Nach Vahs & Brem (2013, S. 64f.) ist eine Klassifizierung nach Basis-, Verbesserungs-, Anpassungs- und Scheininnovationen sowie Imitationen möglich. Basisinnovationen entsprechen den zuvor erörterten radikalen Innovationen. Verbesserungs-

---

[12] In der englischsprachigen Innovationsliteratur gibt es keine geeignete Übersetzung für den Begriff der Neuheit einer Innovation. Es wird daher selten von der „newness" und stattdessen oft von der „innovativeness" des Produktes gesprochen (siehe z.B. Schultz et al., 2013).

Produktinnovationen

und Anpassungsinnovationen ändern einzelne Funktionsweisen oder passen sie kundengenau an. Diese Produkte entstehen oft aus Produktdifferenzierung und -variation. Imitation und Scheininnovation, welche nur eine wahrgenommene Neuheit aufweisen, beziehen sich hingegen auf das bereits diskutierte Innovationssubjekt. Neben dieser Unterteilung der Innovationen werden in der Literatur noch weitere, stärker differenzierende Methoden vorgeschlagen (Corsten et al., 2016, S. 12). In der Literatur gilt es als erwiesen, dass ein Kontinuum zwischen radikalen und inkrementellen Innovationen existiert (Gerpott, 2005, S. 43). Die Literatur geht sogar darüber hinaus und stellt fest, dass Innovationen verschiedene Dimensionen des Neuheitsgrades besitzen, was multidimensionale Ansätze erforderlich macht (Hauschildt et al., 2016, S. 14f.). Die ersten Unterscheidungsansätze konzentrierten sich zunächst darauf, den Einfluss der Veränderung auf die Technologie und den Markt zu bestimmen (Corsten et al., 2016, S. 12). Die Kombination der einzelnen Innovationsstärken auf Teilgebieten würde dann zu einer gesamten Bewertung des Innovationsgrades führen, wobei höhere Innovationsgrade eher radikale Innovationen darstellen. Hauschildt & Schlaak (2001) nutzen eine ähnliche Überlegung und unterteilen die Messung in den Einfluss der Innovation auf die Produktionstechnologie, den Absatzmarkt, den Beschaffungsbereich, den Produktionsprozess, die formale Organisation, die informale Organisation und den Kapitalbedarf. Salomo (2003) setzt diesen Ansatz fort und bewertet jeweils unternehmensintern und -extern die Faktoren Ressourcen, Markt und Technologie. Auch Billing (2003, S. 30, 179ff.) kombiniert mehrere einzelne Faktoren in den vier Dimensionen Technologie-, Organisations-, Markt- und Umfeldinnovationsgrad.[13] Diese Ansätze berücksichtigen somit ebenfalls das Innovationssubjekt und unterscheiden in mikro- und makroperspektivische (unternehmensinterne und externe) Faktoren, wobei sie in der Literatur zur Bestimmung des Innovationsgrades aufgegriffen werden (Salomo et al., 2007). Durch diese Erkenntnisse gelang Schultz et al. (2013) die Entwicklung eines empirischen Messinstrumentes für die von Billing (2003, S. 179ff.) genannten Faktoren.

Zusammenfassend lässt sich feststellen, dass Innovationen zumindest in einer der Dimensionen das Unternehmen stark beeinflussen. Dennoch bleibt die Messung des Neuheitsgrades eines einzelnen Produktes oder Prozesses ein komplexes Verfahren (Gerpott, 2005, S. 43f., Hauschildt et al., 2016, S. 12ff.). Der exakte Innovationsgrad des Produktes kann und soll daher nicht Untersuchungsgegenstand dieser Arbeit sein. Es

---

[13] Einzelne Faktoren sind beispielsweise „sprunghafte Leistungssteigerung" (Technologie) oder „Innovation schafft neuen Markt" (Markt).

wird davon ausgegangen, dass der Neuheitsgrad nicht ausschlaggebend für die Notwendigkeit einer exakten Investitionsentscheidung ist.[14] Für die weitere Untersuchung ist entscheidend, dass das Unternehmen das Produkt übernehmen und auf den Markt bringen will, was zumindest einen gewissen Innovationsgrad aus Sicht des Unternehmens impliziert. Entscheidend für den Erfolg dieses Vorhabens ist das erfolgreiche Management der Innovation. Was diesen Erfolg ausmacht, wird im folgenden Abschnitt diskutiert.

2.1.3 Ziele der Innovationstätigkeit

Es stellt sich die Frage, welchen Vorteil innovative Unternehmen besitzen bzw. warum Unternehmen innovativ sein sollen. Wenn das Ziel eines Unternehmens die Innovation ist, so muss das Unternehmen aus ihr einen Nutzen bzw. Mehrwert ziehen können. Aus den vorangegangenen Abschnitten ist bereits bekannt, dass Innovationen neuartige Produkte oder Prozesse darstellen, die durch den Erfolg am Markt gekennzeichnet sind oder dem Unternehmen einen Fortschritt bei interner Anwendung ermöglichen. Der Erfolg eines Produktes kann dabei aus mehreren Innovationseffekten bestehen (Hauschildt, 1991, Hauschildt et al., 2016, S. 398f.). Diese können, je nach Innovation, mit den angestrebten Innovationszielen des Unternehmens deckungsgleich sein (Vahs & Brem, 2013, S. 38, 43ff.). Das heißt, geplantes Ziel und beoachteter Effekt müssen nicht identisch sein. Unterschiedliche Innovationsziele haben zur Entwicklung von verschiedenen qualitativen und quantitativen Leistungsmaßen für technische Innovationen geführt, um den Zielerreichungsgrad zu bestimmen (Gerpott, 2005, S. 174, Vahs & Brem, 2013, S. 42).

Das Hauptziel eines Unternehmens ist letztendlich aber immer eine nachhaltige Steigerung des **wirtschaftlichen Erfolgs** (Hauschildt et al., 2016, S. 24). Unternehmen verfolgen innovative Ideen, weil sie sich davon eine bessere wirtschaftliche Position in der Zukunft erwarten. Der Erfolg einer Innovation lässt sich dementsprechend auf Grundlage ökonomischer Erfolgsmaße bestimmen, welche sich in monetären Größen wie Gewinn oder Rentabilität ausdrücken lassen (Vahs & Brem, 2013, S. 40). Werden die ökonomischen Effekte der Innovation betrachtet, so folgt, dass Innovationen als erfolgsorientierte Investitionsprojekte einzustufen sind. Daher ist es nicht überra-

---

[14] Der Neuheitsgrad wird indirekt auf die Investitionsentscheidung wirken, da er die Unsicherheit erhöht. Die Bedeutung des Einflusses der Unsicherheit auf die Investitionsentscheidung wird in Unterkapitel 4.1 thematisiert.

schend, dass trotz der unterschiedlichen Betrachtungsweisen hauptsächlich finanzwirtschaftliche Kennzahlen genutzt werden, um den Erfolg einer Innovation und somit eines Unternehmens anzugeben (Trott, 2012, S. 419)[15]. Dies führt dazu, dass vor allem die finale Einführung des Produktes in den Markt mit Finanzkennzahlen bewertet werden sollte.

Die nachhaltige Steigerung des wirtschaftlichen Erfolgs durch eine solche Markteinführung hat schließlich eine Steigerung des **Unternehmenswertes** zur Folge. Neue Produkte führen zu einer Erweiterung des Produktportfolios, was wahrscheinlich einen positiven Einfluss auf den zukünftigen Gewinn des Unternehmens hat (Chaney et al., 1991). Bereits Schumpeter (1942, S. 102ff.) führte die Argumentation, dass Innovationen den Unternehmenswert durch bessere Einnahmemöglichkeiten beeinflussen, wonach F&E und somit die spätere Produkteinführung zumindest zeitweise zu einer Monopolstellung des Unternehmens führen. In dieser Sichtweise sind Produkte nicht immer perfekte Substitute für einander, sodass selbst ein Konkurrent die eigene Innovation nicht sofort vom Markt verdrängen kann und ein imperfekter Markt entsteht (Tirole, 1988, S. 390). Durch das neue Produkt hat das Unternehmen somit Marktmacht gewonnen, da es zumindest zu einem Monopolisten in einer Marktnische geworden ist. Eine Erweiterung der Produktpalette kann somit zur Generierung zusätzlicher Umsätze führen (Homburg et al., 2009). Hat das Unternehmen genügend Marktmacht gewonnen, kann es durch die Innovation Preise über den Marginalkosten erwirtschaften, Gewinne einfahren und letztendlich den Unternehmenswert steigern. Durch diesen Gewinn können die rückläufigen Einnahmen aus alten Produkten im Portfolio ausgeglichen werden. Das führt dazu, dass 31% des Unternehmensgewinns auf Produkte entfällt, die in den letzten fünf Jahren auf den Markt eingeführt wurden (Griffin, 1997).

Zusammenfassend lässt sich feststellen, dass die kontinuierliche innovative Tätigkeit eines Unternehmens zu einer erhöhten Wettbewerbsfähigkeit führt (Sharma & Lacey, 2004). Werden die Erkenntnisse aus den letzten Abschnitten berücksichtigt, so kann festgestellt werden, dass ein hoher Neuheitsgrad eines Produktes im Allgemeinen einem entscheidenden Vorteil für das Unternehmen gegenüber der Konkurrenz führt. Dies ist darauf zurückzuführen, dass das Unternehmen gezielt positive Innovationseffekte erreichen will. Mit Rücksicht auf den Neuheitsgrad ist zu erwarten, dass radikale Innovationen eher eine größere Wertsteigerung als inkrementelle Innovationen aufweisen (Sorescu & Spanjol, 2008).

---

[15] Dies bedeutet nicht, dass ein großer Erfolg nach anderen Maßstäben nicht auch finanziell erfolgsentscheidend sein kann.

2.2 Innovationsmanagement

„Der Innovationsmanager arbeitet mit einem erwarteten Innovationserfolg, nicht mit einem realisierten" (Hauschildt et al., 2016, S. 23). Von dieser Auffassung ausgehend, lassen sich mehrere Aussagen ableiten. Als erstes lässt sich festhalten, dass Innovationen einem Management unterliegen können und auch sollten, um die Abläufe im Unternehmen zu planen und zu steuern. Ferner hat das Unternehmen, wie im vorangegangen Unterkapitel erörtert wurde, mit einer Innovation einen wirtschaftlichen Erfolg zum Ziel. Und da es ein Ziel gibt, muss das Unternehmen zwangsläufig einen Weg zu diesem Ziel, also zum fertigen Produkt und vor allem zur erfolgreichen Innovationen finden. Dieser Weg wird als Innovationsprozess bezeichnet. Weiterhin lässt sich ableiten, dass Unternehmen einen Erfolg erwarten, der aber unsicher ist. Dementsprechend muss das Unternehmen die Innovation und den Erfolg abschätzen. Da der zukünftige Erfolg vom Absatz des Produkts am Markt abhängt, muss er prognostiziert werden. Zuletzt lässt sich schlussfolgern, dass Unternehmen strategische Entscheidungen in Bezug auf Innovationen treffen müssen.

2.2.1 Aufgaben des Innovationsmanagements

Aus den bisherigen Ausführungen ist bekannt, dass Innovationen den Erfolg eines einzelnen Unternehmens und entsprechend auch den gesamten Markt und den Wettbewerb darin beeinflussen können. Entscheidend für den Erfolg des Innovationsvorhabens ist das erfolgreiche Management der Innovation (Salomo et al., 2007). Deshalb sollten Unternehmen organisatorische Strukturen aufbauen, um die aktuelle Technologieentwicklung zu überwachen und die Entwicklung von Innovationen im Unternehmen zu unterstützen. Das Innovationsmanagement soll dabei die Unsicherheit über die zukünftige Entwicklung des Marktes abschätzen, wobei die grundlegende Frage zu beantworten ist, ob und wie eine Technologie genutzt werden sollte und wie die Innovation am Markt aufgenommen wird.

Produktinnovationen 23

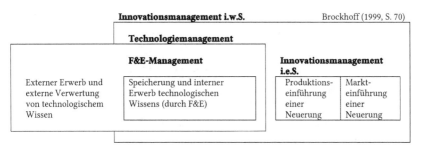

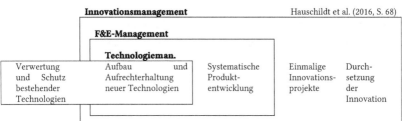

Abbildung 4: Konzepte zum Technologie-, F&E- und Innovationsmanagement

Unterschiedliche Sichtweisen der Verhältnisse der einzelnen Managementsysteme untereinander aus der Literatur (mit leichten Abänderungen).

Quelle: Eigene Zusammenfassung von Brockhoff (1999, S. 70), Specht et al. (2002, S. 16), Gerpott (2005, S. 56) und Hauschildt et al. (2016, S. 68).

Als Management werden Führungsentscheidungen bezeichnet, die zum Erreichen eines bestimmten Ziels getroffen werden (Schmalen & Pechtl, 2009, S. 4f.). Die Einführung neuer Produkte oder Produktionsverfahren ist ein solches Ziel, in dessen Rahmen der gesamte Innovationsprozess geplant, durchgeführt bzw. organisiert, dokumentiert und kontrolliert wird (Corsten et al., 2016, S. 28). Aufgabe des Managements ist dabei der zielgerichtete Umgang mit knappen Ressourcen im Unternehmen unter den gegebenen Rahmenbedingungen (Schmalen & Pechtl, 2009, S. 88). Die Entscheidungen des Managements müssen, den in Abschnitt 2.1.1 diskutierten Stufen zur Innovation entsprechend, auf allen Ebenen von der fundamentalen Forschung bis zur fertigen Innovation getroffen werden. Deshalb werden in der Literatur häufig Technologiemanagement, F&E-Management und Innovationsmanagement als drei relevante Managementsysteme identifiziert. Wie Abbildung 4 zeigt, wird der Zusammenhang dieser einzelnen Managementsysteme in der Literatur unterschiedlich beschrieben. Um die unterschiedlichen Sichtweise zu diskutieren, werden zunächst die einzelnen Managementsysteme vorgestellt.

Das **Technologiemanagement** adressiert das ganze Spektrum an technologischem Wissen und Problemen innerhalb des Unternehmens. Es erfüllt die Aufgaben der Beschaffung, Speicherung und Verwertung dieses technologischen Wissens (Brockhoff, 1999, S. 153). Das Management muss sowohl neue als auch bestehende Technologien umfassen. Dementsprechend betrifft es Schrittmacher bzw. Schüsseltechnologien wie auch bekannte Technologien, welche als Basistechnologien bezeichnet werden (Gerpott, 2005, S. 26f.). Das Technologiemanagement umfasst ebenfalls den Schutz und die eventuelle spätere Weiterverwertung der Technologien, damit das Unternehmen mit ihnen dem Wettbewerb standhalten kann (Hauschildt et al., 2016, S. 68). Dafür muss die technologische Entwicklung am Markt und im Unternehmen beobachtet werden, um die Positionierung des Unternehmens im Wettbewerb einzuschätzen sowie ggf. neue Beschaffungsmöglichkeiten und Nutzungsfelder neuer Technologien zu identifizieren (Specht et al., 2002, S. 62).

Im Gegensatz dazu geht das **F&E-Management** weiter, da Forschung und Entwicklung alle strukturierten Aktivitäten eines Unternehmens umfasst, um neues Wissen zu erwerben und dieses Wissen direkt oder indirekt in neuen Produkten zu nutzen (Gerpott, 2005, S. 25, Trott, 2012, S. 274). Den vorher genannten Zielen des Managements entsprechend wird angestrebt, die Produktionsfaktoren möglichst effizient einzusetzen und den Wissenserwerb effektiv zu steuern, sodass möglichst vorteilhafte Technologien bzw. Produkte angestrebt werden. Dieser systematische Ansatz hat außerdem zur Folge, dass wiederholt neue Produkte entwickelt werden können (Hauschildt et al., 2016, S. 68). Was Forschung genau ausmacht, wird unterschiedlich differenziert und kann am besten als ein Kontinuum verstanden werden (Trott, 2012, S. 274). Während Universitäten eher Grundlagenforschung zur systematischen Generierung neuen Wissens betreiben, entwickeln Unternehmen eher neue Produkte basierend auf diesem Wissen. Deshalb müssen Forschung und Entwicklung eigentlich getrennt betrachtet werden, da sie eigene Stufen auf dem Weg zum fertigen Produkt darstellen.[16] Eine weitere Unterscheidungsmöglichkeit bildet die Differenzierung zwischen Grundlagenforschung, angewandter Forschung und Entwicklung (Gerpott, 2005, S. 31, Trott, 2012, S. 274, Specht et al., 2002, S. 16, Vahs & Brem, 2013, S. 25). Die Grundlagenforschung erzeugt nicht zielgerichtete neue Erkenntnisse auf Basis experimenteller oder theoretischer Forschung, das heißt, eine praktische Umsetzung bzw. Anwendbarkeit wird auf dieser Stufe, z.B. in Universitäten, noch nicht verfolgt.[17] Die angewandte Forschung versucht für die Ergebnisse der Grundlagenforschung Anwendungsmöglichkeiten zu finden und Technologien zu entwickeln, womit Probleme aus der Praxis gelöst werden sollen.[18] In der Entwicklung werden Technologien schließlich systematisch angewendet, um neue Produkte oder Prozesse zu entwickeln.

Eine weitere Unterscheidungsmöglichkeit bietet das **Innovationsmanagement,** welches die zielorientierte Gestaltung des gesamten Innovationssystems zur Aufgabe hat (Hauschildt et al., 2016, S. 67). Das Innovationsmanagement hat die Aufgaben der Planung, Organisation, Führung und Kontrolle der Innovationstätigkeit im Unternehmen. Dazu gehört es, die nötigen Ziele und Strategien festzulegen, wirtschaftliche Entscheidungskriterien im Prozess einzusetzen, kritische Faktoren zu identifizieren und nötige (Gegen-)Maßnahmen zu planen (Hauschildt et al., 2016, S. 25, Vahs & Brem, 2013, S. 28). Das Ziel des Innovationsmanagements ist die wirtschaftliche Verwertung der Technologien bzw. realisierten Produkte, um dem Unternehmen wirtschaftlichen Erfolg zu ermöglichen (Gerpott, 2005, S. 59). Als Innovationstätigkeiten werden deshalb alle Anstrengungen des Unternehmens verstanden, welche auf die Entwicklung und Markteinführung neuer Produkte ausgelegt sind. Nach erfolgter Markteinführung wird auch die Vermarktung an das Innovationsmanagement gekoppelt, um den Innovationserfolg ggf. zu überwachen und zu steuern (Vahs & Brem, 2013, S. 27). Diese Abgrenzung ist bedeutsam, da, wie im vorangegangen Unterkapitel erwähnt, gerade der Schritt der erfolgreichen Markteinführung die Innovation von der Invention trennt. Dennoch umfasst das Innovationsmanagement auch alle vorgelagerten Stufen

---

[16] Diese Aussage wird vor dem Hintergrund eines schrittweisen Prozesses in Abschnitt 2.2.2 genauer diskutiert.
[17] Nach der vorangegangenen Definition sind dies Theorien (siehe Abschnitt 2.1.1).
[18] Siehe Abschnitt 2.1.1 zur Definition einer Technologie.

von der Idee über Entwicklung und Produktion bis hin zur Markteinführung. Somit wird ebenfalls auf die Ergebnisse der Forschung und Entwicklung zurückgegriffen. Um geeignete Ergebnisse aus diesem Bereich zu erhalten, muss dementsprechend auch sichergestellt werden, dass die oben genannten Aufgaben des Technologiemanagements erfüllt sind (Specht et al., 2002, S. 62). Das Innovationsmanagement umfasst aber nicht nur alle der Innovation vorgelagerten Stufen der Produktentwicklung, sondern greift auch auf alle Aktivitäten der Wertschöpfungskette des Unternehmens zurück. Deshalb beinhaltet es auch die Bereitstellung der zugehörigen Abteilungen Personal, Rechnungswesen, Finanzierung usw. (Hauschildt et al., 2016, S. 68). Um diese bestehenden Strukturen mit dem innovativen bzw. disruptiven Charakter einer Innovation zu verbinden, müssen häufig erst eine innovationsfreudige Unternehmenskultur und ein geeignetes Informationssystem aufgebaut werden (Vahs & Brem, 2013, S. 28). Letztendlich obliegt dem Innovationsmanagement die erfolgreiche Durchsetzung von Innovationen am Markt oder im Betrieb.

Werden diese drei in der Literatur vorgeschlagenen Managementsysteme betrachtet, so finden sich teilweise Schnittmengen, wie Abbildung 4 zeigt. Es kann festgestellt werden, dass das Innovationsmanagement das F&E-Management wie auch das Technologiemanagement zumindest teilweise umfasst. Um die Bedeutung der Technologie im Innovationsprozess hervorzuheben, wird oft die Unterscheidung zwischen Technologie- und Innovationsmanagement angestrebt (Corsten et al., 2016, S. 27, Gerpott, 2005, S. 59, Specht et al., 2002, S. 62).[19] Es besteht oft die Frage, ob F&E die Schnittmenge von Technologien und Innovationen ausmacht oder ob das Technologiemanagement ein Teil des F&E-Managements ist. Nach Specht et al. (2002, S. 16) umfasst das Technologiemanagement die angewandte Forschung des F&E-Management zur Technologieentwicklung und die Vorentwicklung von Produkten. Im Gegensatz zum F&E-Management wird keine Grundlagenforschung einbezogen. So können die notwendigen Theorien einerseits auch aus anderen Quellen bezogen werden, andererseits ist das Ziel nicht, fertige Produkte zu entwickeln, und somit auch nicht deren Einführung am Markt, die das Innovationsmanagement umfasst (Specht et al., 2002, S. 16). Brockhoff (1999, S. 70) hingegen sieht das F&E sogar als Teil des Technologiemanagements, da Technologien auch extern bezogen und verwertet werden können und alle Stufen nach der Technologieentwicklung bereits ein Produkt umfassen und somit zum Innovationsmanagement gehören. Nach Gerpott (2005, S. 54f.) sind Technologie- und

---

[19] Durch die Bedeutung beider Aufgabenfelder und die gegenseitige Abhängigkeit werden beide Begriffe aber oft zusammen genannt, wie beim Technologie- und Innovationsmanagement oder dem technologiebasierten Innovationsmanagement.

F&E-Management dadurch verbunden, dass Technologie der Output von F&E ist, und er versteht das F&E-Management als Bindeglied zwischen Technologie- und Innovationsmanagement. Hauschildt et al. (2016, S. 68) vertreten die Ansicht, dass das F&E-Management Teil des Innovationsmanagements ist, das auch administrative Schritte umfasst. Werden nur neue Technologien und ihre interne Verwertung betrachtet, kann demgemäß der Sichtweise von Specht et al. (2002, S. 16) gefolgt werden, wonach das F&E-Management das Technologiemanagement umfasst.

Zusammenfassend muss an dieser Stelle im Rückblick auf die bisher gewonnenen Erkenntnisse betont werden, dass das Unternehmen durch das Innovationsmanagement nachhaltig und signifikant in seiner Wettbewerbsposition gestärkt werden soll um den zukünftigen wirtschaftlichen Erfolg zu sichern. Alle drei genannten Managementbereiche unterstützen dieses Ziel, die Erfolgschancen des Unternehmens zu sichern oder zu verbessern in dem sie die zukünftige Produktentwicklung zumindest abschnittsweise ermöglichen bzw. unterstützen. Letztendlich obliegt es dem Innovationsmanagement, das Produkt erfolgreich zu vermarkten und die Wirtschaftlichkeit zu kontrollieren. Für den Erfolg des Innovationsmanagements und somit der finalen Innovation gibt es mehrere Faktoren, die einerseits vom Unternehmen und vom Projekt abhängen, auf der anderen Seite vom Produkt und vom Markt (Trott, 2012, S. 92). Die ersten beiden Faktoren sind Themen einer breiten Literatur, die sich damit beschäftigt, wie ein Unternehmen die Schaffung von Innovationen fördern und sich auf sie vorbereiten kann.[20] Gerade die gegebenen Strukturen des Unternehmens und Projekts können dabei den notwendigen Handlungsspielraum des Innovationsmanagement einschränken. Die letzten beiden Faktoren, die Kombination aus Produkt und Markt, beeinflussen die Vermarktungsphase des neuen Produktes und müssen vom Unternehmen gut abgeschätzt werden, da sie die zukünftige Verbreitung des Produktes am Markt beeinflussen. Ob die einzelne Innovation wirklich Erfolgspotenziale für das Unternehmen in einer bestimmten Branche bietet, ist im Einzelfall zu prüfen. Die späteren Ausführungen, insbesondere zur dabei anfallenden Investitionsentscheidung, konzentrieren sich auf diese Aspekte des Innovationsmanagements, da die Markteinführung des Produktes bei der Investitionsentscheidung geplant werden muss.

---

[20] Dies ist Gegenstand der bereits zitierten Literatur zum Innovationsmanagement.

2.2.2 Der Innovationsprozess

Im Rahmen des Innovationsmanagements muss das Unternehmen entscheiden, wie neue Produkte generiert werden sollen. Wie aus den vorhergehenden Abschnitten bekannt ist, sind der fertigen Innovation Stufen vorgelagert und das Ergebnis der Innovationstätigkeit ist mit Unsicherheit verbunden. Daher werden im Innovationsmanagement die Tätigkeitsbereiche im Unternehmen, welche auf die Generierung neuer Produkte ausgelegt sind, strukturiert. Während in Abschnitt 2.1.1 eine ergebnisorientierte Definition der Innovation gegeben wurde, kann sie daher auch als Prozess verstanden werden (Gerpott, 2005, S. 48). Dieser Prozess ist zielgerichtet von den Grundlagen einer Idee bis zum marktfähigen Produkt und wird Innovationsprozess genannt. Das Unternehmen muss überprüfen, welche Stufen zur Innovation berücksichtigt werden müssen und wie sie durchlaufen werden. Die in der Literatur vorgeschlagenen Modelle unterscheiden sich je nach gesetztem Untersuchungsschwerpunkt und Detailgrad. Von verschiedenen Autoren werden einzelne Stufen weiter gefasst als von anderen, es werden zusätzliche Stufen berücksichtigt oder oft Begriffsvariationen für ähnliche Stufen genutzt. Um diese Variationen zu verdeutlichen, werden in Abbildung 5 einige ausgewählte Stufenmodelle zusammengefasst dargestellt.[21] Sie werden in einen Rahmen gebracht, der die Stufen Ausgangssituation, Ideengenerierung, Produktentwicklung und Markteinführung unterscheidet.

Die erste Stufe des Innovationsprozesses bildet die **Ausgangssituation.**[22] Diese Stufe steht vor der Erarbeitung des eigentlichen Produktes und wird deshalb nach Geschka (1993, S. 160) auch als Vorphase bezeichnet. In dieser Stufe erfolgt eine Analyse der Markt-, Technologie- und Kundensituation, um mögliche Probleme zu identifizieren. Nach Pleschak & Sabisch (1996, S. 24) bildet diese Problemerkenntnis und die damit verbundene Strategiebildung die Basis für den weiteren Prozess. Diese Stufe bereitet somit die Entwicklung einer möglichen Produktidee vor, da das Suchfeld für mögliche Produkte festgelegt wird (Witt, 1996, S. 10).

---

[21] Diese Modelle stellen nur eine Auswahl dar, um die Diskussion in der Literatur zu verdeutlichen. Auch andere Autoren, welche in diese Übersicht aufgenommen wurden, identifizieren ähnliche Stufen des Innovationsprozesses. Weitere Modelle liefern beispielsweise Cooper (1994), Specht et al. (2002, S. 16) und Gerpott (2005, S. 48ff.).
[22] Einige Autoren berücksichtigen diese Stufe nicht, da sie, wie die Bezeichnung widerspiegelt, den Ausgang des Innovationsprozesses bildet. In diesem Verständnis kann diese Stufe auch als Teil des Innovationsprozess im weiteren Sinn verstanden werden (Gerpott, 2005, S. 49).

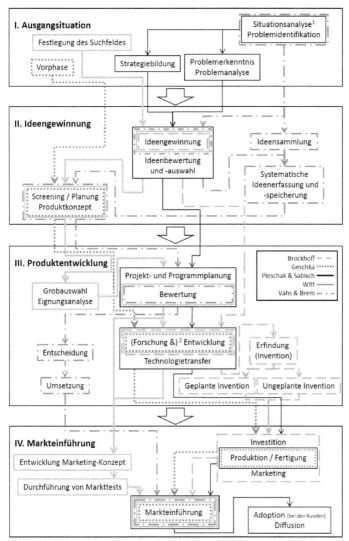

Abbildung 5: Der Innovationsprozess

Die teils vereinfachten Modelle von Brockhoff (rot, vereinfacht), Geschka (blau), Pleschak & Sabisch (schwarz, vereinfacht), Witt (beige) und Vahs & Brem (grün) kombiniert in einem Modell. Eigene Bezeichnung bei zusammengefassten Stufen.[1]Umfasst Markt-, Technologie- und Kundensituation. [2]Forschung gehört nach Abschnitt 2.2.1 zur Ideengewinnung.

Quelle: Eigene Zusammenfassung von Brockhoff (1999, S. 36), Geschka (1993, S. 160), Pleschak & Sabisch (1996, S. 24), Witt (1996, S. 10) und Vahs & Brem (2013, S. 226).

Die Produktidee ist das Ergebnis der nächsten Stufe, der **Ideengewinnung**. Als zentrale Aufgabe dieser Stufe wird in der Literatur die erfolgreiche Generierung einer Produktidee identifiziert. Für Brockhoff (1999, S. 36) bildet die Ideengenerierung sogar die erste Stufe des Innovationsprozess.[23] Vahs & Brem (2013, S. 226) fokussieren diesen Punkt besonders, da in ihrem Modell diese Stufe weiter in Ideensammlung, -generierung, -erfassung und -speicherung sowie Screening differenziert wird. Sie betonen, dass die systematische Ideenspeicherung für Unternehmen wichtig ist, da Ideen nicht immer sofort genutzt werden können. Nach der Ideengewinnung kann in dieser Stufe auch schon eine erste Auswahl der Ideen erfolgen, um das weitere Vorgehen zu planen (Geschka, 1993, S. 160, Vahs & Brem, 2013, S. 226, Witt, 1996, S. 10). Pleschak & Sabisch (1996, S. 24) empfehlen dafür auch eine erste Bewertung der Ideen.

Diese Vorüberlegungen werden in der **Produktentwicklung** aufgegriffen und weiter umgesetzt. Die Stufe der Produktentwicklung ist dabei eng mit der Forschung und Entwicklung verbunden, die in vielen Modellen der zentrale Punkt dieser Stufe im Innovationsprozess ist. Da die Aufgaben des F&E- bzw. Technologiemanagement komplex sind, wird auch die Stufe der Produktentwicklung teilweise sehr verschieden untergliedert.[24] Einige Autoren stellen vor die Forschung und Entwicklung zunächst eine Bewertung der gewonnenen Produktideen (Pleschak & Sabisch, 1996, S. 24, Vahs & Brem, 2013, S. 226, Witt, 1996, S. 10).[25] Die eigenen F&E-Anstrengungen können auch von externen Forschungsinstituten, Unternehmen und Transfereinrichtungen unterstützt werden (Pleschak & Sabisch, 1996, S. 24). Dies kann zu Forschungskooperationen führen oder zu Erkenntnissen, die direkt in der eigenen weiteren Produktentwicklung oder durch Lizenzübernahme zur Produkteinführung genutzt werden können. Brockhoff (1999, S. 36) betont in seinem Modell den Schritt der Invention, die sowohl geplant als auch ungeplant gelingen kann. So können ungeplante Inventionen Nebenprodukte des eigentlich angestrebten Ziels sein und auch zu Innovationen werden. In dem Modell von Vahs & Brem (2013, S. 226) ist die Umsetzung des Produktes differenziert zu betrachten, da hierzu sowohl die Entwicklung als auch bereits den Aufbau der Produktion zählen. Ziel dieser Stufe ist die Umsetzung der zuvor ausgewählten Idee in einem marktfähigen und wirtschaftlich erfolgreichen Produkt. Ersteres gehört zur

---

[23] Brockhoff (1999, S. 36) verknüpft in dem kompletten Modell die einzelnen Stufen und ihre Ergebnisse. Dabei berücksichtigt er explizit, dass bei jeder Stufe auch ein Misserfolg ein mögliches Resultat ist.
[24] Dieser Punkt wurde in Abschnitt 2.2.1 diskutiert. In der Literatur wird Forschung und Entwicklung als wichtiger Punkt im Innovationsmanagement identifiziert, aber die Aufgaben von F&E und Technologiemanagement unterschiedlich interpretiert.
[25] Auch Pleschak & Sabisch (1996, S. 24) betonen in ihrem kompletten Modell, dass zu jeder Stufe ein Misserfolg möglich ist.

Produktentwicklung, weshalb die Umsetzung dort einzuordnen ist, letzteres macht eine Innovation aus, die erst bei der Markteinführung entstehen kann. Dementsprechend ist die **Markteinführung** die letzte und zentrale Stufe des Innovationsprozess.[26] Im Vergleich zu den anderen Modellen hebt Witt (1996, S. 10) die Entwicklung eines Marketingkonzepts und die Durchführung von Markttests vor der eigentlichen Markteinführung hervor. Weiterhin geht er davon aus, dass das Marketingkonzept zeitgleich mit der technischen Lösung entwickelt werden kann. Dies ist einzigartig unter den Modellen, da die Produktentwicklung und die Markteinführung mit dem zugehörigen Marketing in der Regel als sequentielle Abläufe dargestellt werden. Geschka (1993, S. 160) und Pleschak & Sabisch (1996, S. 24) stellen den Aufbau der Produktionsanlagen bzw. Fertigung als wichtigen Schritt vor die eigentliche Markteinführung des Produktes. Spätestens in diesem Schritt (bzw. in den anderen Modellen bei Markteinführung) entscheidet sich das Unternehmen somit für den Verkauf des Produktes und muss entsprechende Investitionsausgaben tragen. Deshalb wird dieser Schritt im Innovationsprozess von Brockhoff (1999, S. 36) auch klar als Investition bezeichnet. Er berücksichtigt deshalb auch in der letzten Stufe den möglichen Fehlschlag, dass der Verkauf des Produktes nach der Markteinführung die Investition nicht erwirtschaften kann, was einen ökonomischen Misserfolg bedeuten würde. Ob die Markteinführung erfolgreich ist, hängt maßgeblich von der zukünftigen Adoption des Produktes durch die Kunden ab.

Neben der Untersuchung der genannten Stufen im Innovationsprozess wurden in der Literatur verschiedene Weiterentwicklungen angestrebt, um den Prozess im Unternehmen besser zu steuern. So existiert das sogenannte **Stage-Gate-Modell** bereits in mehreren Generationen (Cooper, 1994, Cooper & Sommer 2016). Es fügt, wie der Name andeutet, Schleusen in den Innovationsprozess ein, die vom Produkt überwunden werden müssen, bevor es die nächste Entwicklungsstufe durchläuft. Dabei wird überlegt, welche Stufen angemessene Meilensteine darstellen und welche Abteilungen die jeweiligen Abschnitte betreuen sollen. Dieser Ansatz lässt sich leicht in die vorgestellten Modelle des Innovationsprozesses einbauen. Es ist jedoch fraglich, ob der Innovationsprozess so linear und mit klaren Übergängen zwischen den Innovationsstufen in jedem Unternehmen umgesetzt werden kann (Gerpott, 2005, S. 53). Weiterhin ist der Einfluss externer Forschungspartner in der Literatur wieder stärker in den Fokus gerückt, und zwar unter dem Konzept der **Open Innovation** (Chesbrough, 2006, S. 21ff.). Dieser

---

[26] Nach Gerpott (2005, S. 49) kann die Markteinführung des Produktes als Hauptaufgabe der Innovationstätigkeit verstanden werden und bildet deshalb den Innovationsprozess im engeren Sinn.

Literaturstrang betont ebenfalls die Möglichkeit, den Innovationsprozess durch Ideen von außen anzureichern, Ideen außerhalb der eigenen Entwicklung an andere Unternehmen zu lizenzieren oder beide Strategien zu kombinieren. Der Einfluss externer Forschung wird in der Management-Literatur allerdings bereits seit Jahren untersucht, weshalb ein alleiniger Fokus auf dieses Innovationskonzept nicht den kompletten Prozess darstellt (Trott & Hartmann, 2009).

Zusammenfassend kann festgestellt werden, dass die Strukturierung des Innovationsprozesses in der Literatur recht homogen erfolgt, auch wenn die Anzahl der berücksichtigten Stufen, deren Einflüsse und Übergänge eher heterogen sind. Dies zeigt, dass es keinen eindeutigen Innovationsprozess im Unternehmen gibt. Während für ein allgemeines Verständnis eine grobe Strukturierung reicht, kann es in der Praxis notwendig sein, genauere Gliederungsschritte zur berücksichtigen. Dies trifft vor allem zu, wenn diese Stufen mit einem Stage-Gate versehen werden sollen. Der genaue Innovationsprozess wird unternehmensabhängig sein und selten so linear wie von den Modellen beschrieben stattfinden (Gerpott, 2005, S. 53, Vahs & Brem, 2013, S. 231).

Für die weitere Untersuchung ist es angebracht, den Innovationsprozess in die vier genannten Stufen zu gliedern mit dem Wissen, dass sie jeweils Unterpunkte besitzen und die Übergänge fließend sein können.[27] Die Ausgangssituation führt zur Erkenntnis eines zu lösenden Problems. Die Ideengewinnung generiert eine oder mehrere Ideen zur Problemlösung, die in der Projektentwicklung zu Produkten entwickelt werden, eine sogenannten Invention, und bei der Markteinführung zeigt sich, ob das Produkt ein Misserfolg am Markt oder eine tatsächliche Innovation ist. Die Markteinführung ist dabei der entscheidende Schritt, bei dem sich das Unternehmen zur Investition in die notwendigen Produktionsmöglichkeiten verpflichten muss. Das heißt, auf dieser Stufe im Innovationsprozess muss die Investitionsrechnung zur Bestimmung des erwarteten wirtschaftlichen Erfolgs des neuen Produktes durchgeführt werden.[28]

Wie erfolgreich das Produkt wird, hängt, wie Pleschak & Sabisch (1996, S. 24) verdeutlichen, von seinem zukünftigen Absatz ab. Das anspruchsvolle Ziel des Unternehmens ist es in dieser Stufe des Innovationsprozesses den Erfolg von Innovationen zu prognostizieren. Die zukünftige Entwicklung der genutzten Technologie hat darauf einen

---

[27] Die genutzte Bezeichnung ist frei gewählt und orientiert sich an der zitierten Literatur. Rogers (2003, S. 136ff.) unterscheidet alternativ beispielsweise die Stufen Problemerkennung, Forschung, Entwicklung, Vermarktung und Diffusion/Adoption.
[28] Die Wirtschaftlichkeitsprüfung einer Produktidee kann in allen Phasen ab der Generierung der Idee erfolgen (Erichson, 2002, S. 423). Auch wenn das Unternehmen bereits in vorgelagerten Schritten die mögliche Vorteilhaftigkeit eines Produktes überwacht hat, fällt die endgültige Entscheidung über die Markteinführung des finalen Produktes letztendlich an dieser Stelle des Innovationsprozesses.

maßgeblichen Einfluss. Zur erfolgreichen Umsetzung des Innovationsprozesses muss ein Unternehmen kontinuierlich die Technologieentwicklung vor dem Hintergrund aktueller Umwelt- und Unternehmensfaktoren überwachen. Auf dieser Basis lassen sich aus der Umwelt Chancen und Risiken aus Sicht von Technologie, Wettbewerb- und Nachfrage sowie unternehmensintern Stärken und Schwächen auf spezifischen Technologiefeldern ableiten (Gerpott, 2005, S. 99). Weiterhin braucht das Unternehmen möglichst viele Informationen über das Produkt, die Kunden und die Marktbedingungen, um die Verkaufsentwicklung eines Produktes zu schätzen (Trott, 2012, S. 65). So hängt die Entwicklung oft auch von anderen Produkten ab und beeinflusst wiederum den Erfolg anderer Produkte. Durch diese Einflussfaktoren kommt es trotz eines erfolgreichen Innovationsprozess regelmäßig vor, dass Innovationen von einem Unternehmen nicht sofort übernommen werden (Tirole, 1988, S. 401). Unternehmen warten teilweise auf eine Erhöhung der Nachfrage, wollen die Investitionen nicht sofort tragen, prognostizieren sinkende Kosten für eine Technologie in der Zukunft oder können die Unsicherheit einer Technologie an sich nicht abschätzen.

2.2.3 Technologieprognose und Produktlebenszyklus

Die Technologieprognose beobachtet aktuelle Entwicklungen am Markt, um entscheidungsunterstützend die Wahl und Weiterentwicklung von relevanten Technologien zu unterstützen. Es sollen Aussagen darüber getroffen werden, wann eine neue Technologie erstmals zur Verfügung steht, wie leistungsstark sie in der Zukunft sein wird und wie gut sie bzw. die auf ihr basierenden Produkte und Prozesse später am Markt aufgenommen werden (Gerpott, 2005, S. 109). Ziel dieser Evaluierung ist die bestmögliche Schätzung der zukünftigen Leistungsfähigkeit der Technologie, der damit verbundenen Akzeptanz des Produktes am Markt und somit letztendlich der Zahlungsströme aus dem Produktverkauf. Zur Prognose der Marktentwicklung können sowohl quantitative als auch qualitative Verfahren eingesetzt werden.[29]

Qualitative Methoden nutzen Einschätzungen von Experten, um Vorhersagen über zukünftige Zustände zu treffen. Zu diesen Verfahren gehören unter anderem die Expertenbefragung, die Szenario-Analyse und die Untersuchung von Technologie-Portfolios (Gerpott, 2005, S. 112, Vahs & Brem, 2013, S. 120ff.). In der Szenario-Analyse sollen systematische Zukunftsbilder in Form von konsistenten Szenarien gebildet werden.

---

[29] An dieser Stelle sollen nur einige ausgewählte Methoden vorgestellt werden, um einen Einblick in die Vielseitigkeit der Prognoseansätze zu geben.

Dafür wird vor allem der Einfluss großer struktureller Veränderungen auf die mögliche zukünftige Entwicklung des heutigen Zustandes betrachtet. Quantitative Verfahren greifen hingegen oft auf historische Daten zurück, um durch die Unterstellung eines funktionalen Zusammenhangs Aussagen über die Zukunft zu treffen. Die Trendextrapolation, die Regressionsanalyse, die Modellsimulation und die Kosten-Nutzen-Analyse gehören zu diesen Methoden (Gerpott, 2005, S. 111f.). In der Praxis finden sowohl qualitative als auch quantitative Methoden Anwendung. So wird beispielsweise in der Automobilbranche die Szenario-Analyse genutzt, um Bestandszahlen von Kunden oder Gesamtnachfragen zu prognostizieren, und darauf aufbauend die Modellsimulation, um einzelne Marktanteile unter Berücksichtigung des Käuferverhaltens und anderer Einflussfaktoren zu bestimmen (Kieckhäfer, 2013, S. 51f.).[30]

Diese Methoden haben das Ziel, die Nutzbarkeit und den Mehrwert einer Technologie für das Unternehmen abzuschätzen. Sie sind häufig komplex in der Anwendung und greifen auf eine Vielzahl möglicher Einflussfaktoren zurück. Ergänzend zu diesen Methoden wurden deshalb Prognosemodelle entwickelt, welche die zukünftige Entwicklung eines Produktes mit einigen wenigen Variablen, häufig der Zeit seit der Produktumsetzung, in einen gesetzmäßigen Zusammenhang zu bringen (Gerpott, 2005, S. 112f.). Zu diesen Modellen gehören auch die sogenannten nachfragezyklusbezogenen Modelle, welche die Verbreitung eines neuen Produktes am Markt untersuchen. Dieser Abschnitt beschäftigt sich auf Basis dieser Modelle mit der Frage, wie die Absatzzahlen eines neuen Produkts geschätzt werden können.

Für den Erfolg einer Innovation ist es letztendlich entscheidend, wie sie von Kunden am Markt angenommen wird. Als Grundlage für die Abschätzung des wirtschaftlichen Erfolgs dienen die geschätzten Verkäufe des Produktes (Erichson, 2002, S. 415). Der Verkaufserfolg eines Produktes hängt dabei davon ab, ob sich genügend Kunden für das neue Produkt entscheiden. Der Entscheidungsprozess gipfelt zwar in der Kaufentscheidung, hängt aber von einer Reihe von vorgelagerten Bedingungen ab. So muss der Kunde abschätzen, ob er sich einen Mehrwert durch das Produkt verspricht und ob er bereit ist, die eventuell neue Technologie zu akzeptieren. Dieser Prozess – und damit die Verbreitung eines Produktes am Markt – hängt entscheidend von der Zeit ab (Gerpott, 2005, S. 119). Der genaue Verlauf über die Zeit wird als Adoption bzw. Diffusion bezeichnet und bildet einen eigenen Forschungsstrang.[31] Die kontinuierliche

---

[30] Die Stärke von Simulationsmodellen liegt in der Möglichkeit, Interdependenzen zwischen diesen Faktoren explizit zu berücksichtigen und auch systemverändernde Aspekte zu berücksichtigen (Kieckhäfer, 2013, S. 53).
[31] Siehe Bass (1969), Bass (2004), Gerpott (2005, S. 119ff.), Islam & Meade (2000), H. Lee et al. (2014), Mahajan & Muller (1996), Norton & Bass (1987), Peres et al. (2010) oder auch Rogers (2003, S. 5f.).

Weiterentwicklung dieser Modelle ist wichtig für das Verständnis von Innovationen und erlaubt eine immer genauere Marktprognose (Hauser et al., 2006).

Das Ziel der Untersuchung all dieser Modelle ist die Prognose, wann sich Kunden erstmals für den Erwerb eines Produktes entscheiden.[32] Dabei muss unterschieden werden, ob es darum geht, ob ein einzelner Nachfrager das Produkt erstmals nutzt oder wie verbreitet das Produkt am Markt bereits ist. Ersteres wird als Adoption (des Kunden) bezeichnet, Letzteres als Diffusion (am Markt) (Schmalen & Xander, 2002, S. 441, Trott, 2012, S. 71, Vahs & Brem, 2013, S. 407). Die Adoptionsentscheidung ist Gegenstand der Adoptionsforschung, welche das Kaufverhalten bzw. die Übernahme der Innovation durch einzelne Kunde untersucht. Die Marktdurchdringung von Produkten wird hingegen von der Diffusionsforschung betrachtet. Dabei besteht ein direkter Zusammenhang zwischen beiden Betrachtungsweisen, denn die aggregierten einzelnen Adoptionsentscheidungen der Kunden bilden letztlich den Diffusionsverlauf des Produktes am Markt.

Die Diffusion hängt davon ab, wie die einzelnen potentiellen Kunden durch verschiedene Kommunikationswege innerhalb bestehender sozialer Gruppen von der Innovationen erfahren, bevor sie diese übernehmen (Rogers, 2003, S. 155ff.). Ob der einzelne potentielle Kunde bereit ist ein Produkt zu kaufen, hängt wiederum davon ab, wie er mit dem neuen Produkt umgeht (Mick & Fournier, 1998). Einige Kunden ignorieren neue Produkte zunächst oder dauerhaft, beispielsweise wenn es sich um eine inkrementelle Innovation handelt. Manche potentiellen Kunden, die sogenannten Imitatoren, warten zunächst die Erfahrungen anderer Kunden ab, um dann eine Kaufentscheidung zu treffen. Kunden können gerade bei großen Innovationen zögern, althergebrachte alternative Produkte aufzugeben, welche sie bisher genutzt haben. Andere erwerben die Innovation bereits bei der Produkteinführung. Diese Kunden werden in der Literatur als Innovatoren bezeichnet und sind in der Adoptionsforschung von besonderer Bedeutung, da sie häufig als Meinungsführer mit hoher Kommunikationsbereitschaft eingestuft werden (Rogers, 2003, S. 300). Das heißt, sie beeinflussen die nachfolgenden potentiellen Kunden und somit die Diffusion insgesamt nachhaltig.

Dass der Einfluss dieser beiden Kundentypen und somit die Verbreitung des Produktes am Markt vom Zeitverlauf abhängig ist, geht zurück auf Überlegungen von Rogers (2003, S. 281ff.). Die Innovatoren werden getrieben durch den Neuheitsfaktor der Innovation zu Beginn des Zeitverlaufs, die Imitatoren dagegen durch zeitabhängigen sozialen Druck, der umso größer wird, je mehr Nachfrager sich bereits für den Kauf des

---

[32] In der Literatur wird der Kunde unterschiedlich bezeichnet, z.B. auch als Nutzer oder Nachfrager.

Produktes entschieden haben. Beide Kundentypen haben über den gesamten Produktlebenszyklus einen Einfluss auf den Produktverkauf, jedoch variiert die Stärke des Einflusses über die Zeit. Rogers (2003, S. 281ff.) klassifiziert und unterteilt die Kundenkäufe, welche aus Innovatoren und Imitatoren bestehen können, anhand von Zeitintervallen in Innovatoren, frühe Adoptoren, die frühe und späte Mehrheit sowie die Nachzügler (siehe Abbildung 6).

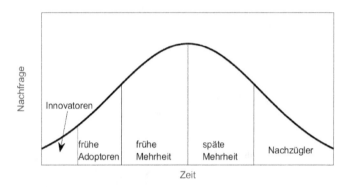

Abbildung 6: Käuferkategorisierung nach Neuheit
Klassifizierung der Kundenkäufe nach dem Zeitpunkt der Adoption des Produktes.
Quelle: Angelehnt an Rogers (2003, S. 281).

Wird davon ausgegangen, dass die Käufe über die Zeit Erstkäufe des neuen Produktes darstellen, so lässt sich aus diesem Zeitverlauf die Diffusion des Produktes am Markt ableiten. Auf Basis dieser Vorüberlegungen wurden über die Zeit mehrere Modelle entwickelt, mit welchen die Kaufentscheidung in Abhängigkeit von der Zeit beschrieben werden kann (Mahajan et al., 1990). Die grundlegenden Modelle versuchen direkt die Käufe zu einem bestimmten Zeitpunkt auf den Einfluss der Innovatoren, der Imitatoren oder der kombinierten Wirkung zurückzuführen. So berücksichtigt das erste Modell von Fourt & Woodlock (1960) zunächst ausschließlich den Einfluss der Innovatoren auf die beobachten Käufe am Markt. Sie gehen davon aus, dass die Änderung der gesamten bisherigen Kunden $dq(t)$ mit der Formel[33,34]

---

[33] In dem Artikel wird dieser Zusammenhang nicht formal ausgedrückt, sondern lediglich ausformuliert. Die hier verwendete Modellierung wurde gewählt, um die direkte Überleitung zu den späteren Modellen zu ermöglichen.
[34] In den Modellen wird die Nachfrage zeitstetig als Approximation der diskreten Welt modelliert. Das heißt, anstatt einer bestimmten ganzzahligen Anzahl Kunden zu jedem Zeitpunkt kann hier über einen infinitesimal kleinen Zeitraum dt eine infinitesimal kleine Nachfrage $dq(t)$ entstehen.

Produktinnovationen

$$\frac{dq(t)}{dt} = \alpha \bigl(Q - q(t)\bigr) \qquad (2.1)$$

beschrieben werden kann, wobei α den Wachstumsparameter durch Innovatoren, Q das maximale Marktvolumen und $q(t)$ die Summe der bisherigen Verkäufe darstellt.[35] Das maximale Marktvolumen bzw. das Marktpotential gibt die Sättigungsgrenze im gegebenen System an. Sie stellt die maximale Anzahl an potentiellen Kunden dar, die das Produkt erwerben (Schmalen & Xander, 2002, S. 446). Der Verlauf der Nachfrage ist in Abbildung 7 dargestellt.

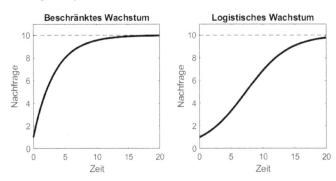

Abbildung 7: Innovatoren- und Imitatorenkäufe

Die Innovatorenkäufe als beschränktes Wachstum nach Gleichung (2.1) und die Imitatorenkäufe als logistisches Wachstum nach Gleichung (2.2) im Vergleich zum maximalen Marktvolumen $Q = 10$ mit $q(0) = 1$, $a = 0{,}3$ und $b = 0{,}3$.

In diesem Modell wird der Verlauf der Verkäufe maßgeblich durch den Diffusionsparameter α beeinflusst. Er gibt den Anteil der Kunden an, welche sich aus der Gruppe der bisherigen Nichtkäufer in jeder Periode zum Kauf entscheiden. Die Nichtkäufer ergeben sich dabei direkt aus der Differenz zwischen den möglichen Kunden und der Summe der bisherigen Käufer. Daraus wird erkenntlich, dass mit zunehmender Zeitdauer und somit mehr bisherigen Käufer die Zahl der Erstkäufer abnimmt. Weiterhin gilt, je größer der Wachstumsparameter α ist, desto besser wird das neue Produkt am Markt angenommen und erreicht somit schneller den maximal möglichen Absatz. Auf Basis dieses Modells könnte somit die Verbreitung eines Produktes am Markt beschrieben werden, wenn dieser Markt ausschließlich durch Innovatoren charakterisiert werden kann.

---

[35] Das maximale Marktvolumen ist die deterministische Obergrenze der möglichen zu verkaufenden Produkte. Da angenommen wird, dass jeder Kunde das Produkt nur einmal kaufen kann, bildet dies somit die Zahl der potentiellen Käufer am Markt ab. Die Summe der bisherigen Verkäufe ist die kumulierte Menge der einzelnen Käufe der Vorperioden über die Zeit und somit gleich $q(t) = \int_0^t dq(\tau)\, d\tau$.

Ein zweites Modell lieferte Mansfield (1961), welcher die Nutzungsentscheidung eines neuen Produktes ausschließlich durch die Betrachtung von Imitatoren untersucht. Obwohl sich die Untersuchung auf die Entscheidung eines Unternehmens, welches eine neue Innovation nutzen möchte, konzentriert, können die Ergebnisse direkt auf die Kaufentscheidung von Kunden übertragen werden. Mansfield (1961) modelliert die Änderung der Kunden als

$$\frac{dq(t)}{dt} = \frac{b}{Q} q(t)(Q - q(t)), \tag{2.2}$$

wobei b nun den Wachstumsparameter der Imitatoren angibt. Der Verlauf wird ebenfalls in Abbildung 7 dargestellt. Die Anzahl der Neukunden hängt in diesem Modell somit nicht nur von dem Wachstumsparameter und dem Anteil der Kunden ab, die das Produkt bisher nicht gekauft haben, sondern auch vom Verhältnis der bisherigen Käufer zum gesamten Marktvolumen $\frac{q(t)}{Q}$. Das heißt, die Kraft des Imitationsparameters ist proportional zur Anzahl der Kunden, die das Produkt bereits gekauft haben. Dieser Zusammenhang verdeutlicht den Imitationseffekt. Wie für den Wachstumsparameter im vorherigen Modell wird das Produkt besser am Markt aufgenommen, je größer die Imitationsintensität durch den Parameter b gegeben ist.[36] In diesem Modell steigt die Zahl der neuen Käufer mit zunehmender Zeit. Dies liegt daran, dass über die Zeit immer mehr Kunden das Produkt bereits gekauft haben und dadurch die Wahrscheinlichkeit steigt, dass ein Imitator mit einem vorherigen Käufer in Kontakt kommt. Dies würde die Imitation schließlich auslösen und zu neuen Kunden führen.

Aus diesen beiden Modellen ergibt sich das bekannte Modell von Bass (1969). Das Modell von Fourt & Woodlock (1960) betrachtet ausschließlich die Innovatoren, welche durch die Informationen der Massenmedien bzw. Werbung beeinflusst werden. Im Modell von Mansfield (1961) werden die Imitatoren hingegen durch Mundpropaganda beeinflusst. Nach Bass (1969) treiben beide Kräfte die Verbreitung des Produktes am Markt. Er bezeichnet den Einfluss der Werbung auch als externe Information innerhalb der Gruppe der potentiellen Käufer. Diese Informationen können beispielsweise über Zeitungsanzeigen, Werbebanner auf Internetseiten oder Fernsehwerbung das Kaufverhalten der Innovatoren beeinflussen. Der Einfluss der Mundpropaganda basiert hingegen auf der Verbreitung von interner Information. Die Kommunikation und

---

[36] Mansfield (1961) betrachtet auch verschiedene Faktoren, welche die Übernahme des neuen Produktes beeinflussen. Für Unternehmen hängt die Übernahmeentscheidung von dem erwarteten Nutzen und den notwendigen Investitionen ab. Diese Überlegung lässt sich leicht auf Endkunden übertragen, welche ebenfalls einen erwarteten Nutzen gegen den Kaufpreis abwägen.

die Weitergabe von Informationen der Kunden, die das Produkt bereits gekauft haben, an bisherige Nichtnutzer fördert Imitationsverhalten. Das Bass-Modell berücksichtigt beide Einflüsse simultan, indem es die vorherigen Modelle additiv zusammenfasst. Bass (1969) folgt damit den Überlegungen von Rogers (2003, S. 281ff.), wonach die Neukunden in jeder Periode aus Imitatoren und Innovatoren bestehen können.[37] Der Verlauf der Neukunden über die Zeit kann dann mit

$$dq = a\big(Q - q(t)\big)dt + \frac{b}{Q}q(t)\big(Q - q(t)\big)dt \qquad (2.3)$$

beschrieben werden.

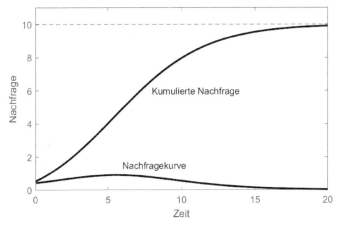

Abbildung 8: Die Nachfrage im Bass-Modell

Die Nachfragekurve und kumulierte Nachfrage im Bass-Modell nach Gleichung (2.3) im Vergleich zum maximalen Marktvolumen $Q = 10$.

Das Bass-Modell beschreibt den Produktlebenszyklus somit modelltheoretisch. Aber auch in der Praxis hat es breite Anwendung gefunden. Dies liegt nicht zuletzt an seiner relativen Einfachheit und der Erkenntnis, dass es oft sehr gut zu historischen Daten passt (Hauser et al., 2006). Für die weitere Anwendbarkeit des Modells spricht zudem, dass daraus direkt Aussagen zu den Einnahmen aus dem Produktverkauf abgeleitet werden können. Dafür spricht die Überlegung, dass diese Einnahmen eng mit den Absatzzahlen zusammenhängen. Tatsächlich kann angenommen werden, dass der Um-

---

[37] Bass (1969) zitiert in seiner Arbeit selbstverständlich eine frühere Version des Buches von Rogers (2003, S. 281ff.) aus dem Jahr 1962. Die entsprechende Aussage hat sich in der aktuelleren Version aber nicht geändert.

satz proportional zu den Adoptionen ist (Trott, 2012, S. 68). Auch wenn ein Unternehmen die zukünftige Marktentwicklung nicht direkt auf Basis des Bass-Modells prognostizieren kann, so spricht die kombinierte Erkenntnis der empirisch passenden Daten und der Zusammenhang mit dem Umsatz dennoch für eine Berücksichtigung des Produktlebenszyklus an sich. Er sollte somit bei der Marktprognose und der Vorteilhaftigkeitsbestimmung einer Innovation eingebunden werden. Aufbauend auf dieser Prognose muss das Innovationsmanagement den Umgang des Unternehmens mit der Innovation planen, wie im nächsten Abschnitt besprochen wird.

2.2.4 Innovationsstrategien

Basierend auf der prognostizierten Marktentwicklung für ein spezifisches Produkt oder allgemeiner einer Technologie kann das Innovationsmanagement Handlungsempfehlungen für das Unternehmen ableiten. Dies geschieht vor dem Hintergrund der Frage, wie das Unternehmen von der erwarteten Marktentwicklung profitieren kann. Dafür stehen dem Unternehmen oft mehrere Innovationsstrategien zur Verfügung, die sowohl mit dem Anfang als auch dem Ausgang des in Abschnitt 2.2.2 diskutierten Innovationsprozesses zusammenhängen. Obwohl dieser Prozess kontinuierlich verläuft, muss das Unternehmen zu bestimmten Zeitpunkten strategische Entscheidungen treffen. Denn wie aus Abschnitt 2.2.1 bekannt ist, beschäftigt sich das Innovationsmanagement nicht nur mit der Markteinführung der Innovation, welche letztendlich zur Teilnahme an der erwarteten positiven Marktentwicklung führt, sondern auch mit der Beschaffung der notwendigen Technologien, um dies überhaupt durchführen zu können. Somit steht das Unternehmen vor drei wichtigen Entscheidungen: Es muss klären, woher die Innovation ausgehend von der Ideenfindung und dem Technologiemanagement im Unternehmen kommen kann, wie die Innovation vom Unternehmen genutzt werden soll und wann die Innovationsstrategie vom Unternehmen umgesetzt werden soll.

Als Ausgangspunkt des Innovationsprozesses muss das Unternehmen die möglichen **Innovationsquellen** der potentiellen zukünftigen Produkte identifizieren. Diese Quellen liefern in der Regel die notwendigen technologischen Grundlagen für die zukünftigen Innovationen (Gerpott, 2005, S. 251ff.). Der klassische Ansatz ist die bekannte interne Forschung und Entwicklung neuer Produkte. In der Regel bietet die interne F&E, ausgehend von der identifizierten Problemstellung und den daraus resultierenden Ideen, den Anstoß zur Technologieentwicklung und die Basis für spätere Innovation. In der Literatur werden darüber hinaus verschiedene Ansätze zur externen

Technologie- bzw. Innovationsbeschaffung identifiziert, darunter F&E-Kooperationen, der Rechteerwerb externer F&E und der Unternehmenskauf (Gerpott, 2005, S. 251ff., Vahs & Brem, 2013, S. 149ff.). F&E-Kooperationen können unterschiedliche Formen annehmen. So können sich Unternehmen mit strategischen Partnern an gemeinschaftlichen F&E-Institutionen oder Forschungsclustern beteiligen. Klassischerweise werden F&E-Kooperationen in Vertragsform festgehalten und gerade bei bilateralen Kooperationen in einem Joint Venture institutionalisiert (Vahs & Brem, 2013, S. 154f.). Das Unternehmen kann sich aber auch das Recht an extern fertiggestellter F&E erwerben, indem es entweder fertige Technologien oder Produkte direkt kauft oder Lizenzrechte dafür gegen Zahlung eines Entgelts erwirbt (Gerpott, 2005, S. 275f.). Stehen existierende Technologien oder Produkte nicht einzeln zum Verkauf, so besteht auch die Möglichkeit das Unternehmen zu kaufen, das sie entwickelt hat. Dieser Ansatz bietet einen fließenden Übergang zu Kooperationen in Form von Joint Ventures.[38] Insgesamt steht das Unternehmen vor der Wahl von externer Beschaffung oder interner Erzeugung einer Technologie und somit vor der klassischen Entscheidung zwischen Zukauf und Eigenfertigung. Dabei besteht ein Zusammenhang zwischen dem Unsicherheitsgrad des Erfolgs des Technologieerwerbs und den Transaktionskosten, nach dem Spezialtechnologien (je nachdem, wie vertraut das Unternehmen mit dem Markt oder der Technologie ist) höhere Transaktionskosten bei externem Erwerb aufzeigen (Gerpott, 2005, S. 255). Das führt dazu, dass Unternehmen eine Innovation eher intern entwickeln, wenn die technologische Unsicherheit eher hoch ist, die Investitionserfordernisse hoch sind und die Entwicklung für die Wettbewerbsposition des Unternehmens entscheidend ist (Gerpott, 2005, S. 258). Es ist davon auszugehen, dass dies gerade bei radikalen Innovationen regelmäßig der Fall ist.

Sollte das Unternehmen über geeignete potentielle Produkte verfügen, muss es sich mit der Frage des **Innovationszeitpunktes** beschäftigen. Das heißt, es muss planen, wann das Produkt auf den Markt gebracht werden soll. Dieser Markteintritt ist eine sehr wichtige Phase des Innovationsprozesses und hat neben dem Ausmaß des Markteintritts eine große Auswirkung auf den Erfolg des Produktes (Trott, 2012, S. 401). Der Zeitpunkt der Produkteinführung ist für das Unternehmen ein langfristiges und nachhaltiges Instrument zur Wettbewerbsbeeinflussung, während spätere Anpassungen der Produktionskapazitäten, Produkteigenschaften oder auch Preise nur mittel- oder kurzfristige Entscheidungsmöglichkeiten darstellen (Tirole, 1988, S. 205). So kann der Zeitpunkt einer Innovation einen Vorteil verschaffen oder sie benachteiligen

---

[38] Unternehmenskäufe und Joint Ventures bilden einen eigenen Literaturstrang. Für einen guten Überblick und eine Abgrenzung zwischen beiden Möglichkeiten siehe Welling (2013, S. 36ff. & 45ff.)

(Trott, 2012, S. 401): Vorreiter können einen Wettbewerbsvorteil erhalten, indem sie Kunden an das eigene Produkt binden oder Standards setzen. Im anderen Fall kann ein zu früher Markteintritt auch ein Fehler sein, da es unklar ist wie sich der Markt entwickeln wird, vor allem weil die Annahme der neuen Technologien durch die Kunden ungewiss ist.

Gerpott (2005, S. 216ff.) unterscheidet bei der Wahl des Innovationszeitpunktes zwischen Strategien für das Inventions- und für das Innovationstiming. Das Inventionstiming beschäftigt sich mit der Frage, wann eine Technologie das erste Mal für eine Anwendung auf dem Markt zur Verfügung stehen muss.[39] Dabei übernehmen Ersterfinder oder Pionierunternehmen die Rolle der Ersten im Wettbewerb, die in F&E für eine neue Technologie investieren. Nachfolgende Unternehmen betreiben diese Aktivität erst, wenn bereits erste F&E-Ergebnisse erreicht wurden, wobei sie eine Technologie entweder abwandeln oder direkt imitieren. Bedeutender ist jedoch das Innovationstiming, da dort entschieden wird, wann ein Produkt auf den Markt gebracht werden soll.

Für den Markeintritt eines Unternehmens werden in der Literatur mehrere mögliche **Innovationsstrategien** identifiziert. Diese Strategien oder die Art der Einführung sind eng mit dem Markteintrittszeitpunkt verbunden und Teil der Entscheidungen zu einer Neuprodukteinführung (Schmalen & Xander, 2002, S. 441).[40] Das Verständnis von Markteintrittsstrategien ist entscheidend für das Verständnis von Innovationen an sich. Dies gilt vor allem vor dem Hintergrund, dass Unternehmen versuchen sich gegen den Markteintritt anderer Unternehmen abzusichern, um die Entlohnung für ihre Innovation zu erhalten. Das heißt, während der Innovationszeitpunkt den Markteintritt mit Rücksicht auf den erwarten Produktlebenszyklus betrachtet, beschäftigt sich die Innovationsstrategie mit dem Markteintritt in Bezug auf das Verhalten der potentiellen Wettbewerber (Fischer et al., 2007). Die Literatur identifiziert verschiedene Strategien, wann eine Innovation auf den Markt gebracht werden soll. Dazu zählen Marktpioniere, frühe Folger und späte Folger (Gerpott, 2005, S. 216ff., Hauschildt et al., 2016, S. 81ff.). Der Eintrittszeitpunkt über den Produktlebenszyklus wird in Abbildung 9 gezeigt.

---

[39] Diese Entscheidung wird in der weiteren Ausführung nicht berücksichtigt. Letztendlich muss eine Technologie in ein Produkt überführt und letzteres auf den Markt gebracht werden, um dem Unternehmen einen Vorteil zu generieren.
[40] An dieser Stelle wird vernachlässigt, wie das Unternehmen den Markt betritt. Das heißt, die möglichen Markteintrittsformen wie Unternehmensgründung, Export, Joint Venture usw. werden nicht besprochen (für einen Überblick siehe Vahs & Brem, 2013, S. 418ff.).

Produktinnovationen

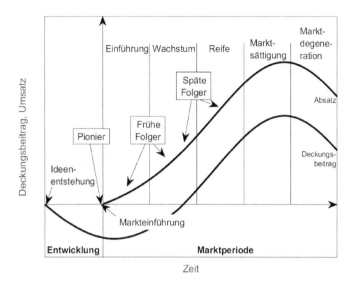

Abbildung 9: Markteintrittsstrategien über den Produktlebenszyklus

Der Markteintrittszeitpunkt über den Produktlebenszyklus und der mit dem Produktlebenszyklus verbundene Absatz und Deckungsbeitrag vor dem Hintergrund der einzelnen Produktlebenszyklusphasen.

Quelle: Angelehnt an Bullinger (1994, S. 109), Trott (2012, S. 328) und Vahs & Brem (2013, S. 108).

Es wird generell davon ausgegangen, dass Pioniere einen Wettbewerbsvorteil besitzen, da sie den Markt eröffnen und als Erste mit dem Verkauf des neuen Produktes beginnen.[41] Es gibt eine Vielzahl weiterer möglicher Gründe, die für einen Pioniervorteil sprechen (Kerin et al., 1992, Fischer et al., 2007). Dazu gehört auch, dass diese Unternehmen Markteintrittsbarrieren aufbauen können, zum Beispiel durch Wechselkosten der Kunden, Reputationen, Erfahrungseffekte, die Sicherung des Zugangs zu wichtigen Ressourcen oder die Bildung eines dominanten Designs (Hauschildt et al., 2016, S. 81ff.). Allerdings besteht bei dieser Strategie ein großes Marktrisiko. Außerdem muss der Pionier auch erhebliche Investitionen für die Marktvorbereitung tragen, wenn das Produkt eine wesentliche Neuheit für die Kunden darstellt. Trotzdem und auch wenn

---

[41] Diese Aussage impliziert nicht unbedingt ein erfolgreiches Produkt oder eine Innovation. Auch bei einem sehr schlechten Produkt und sehr geringer Nachfrage hätte das erste Unternehmen, dass den Markt eröffnet, einen Vorteil gegenüber späteren Unternehmen. Der Vorteil wäre bei einer sowieso schlechten Nachfrage nur nichts wert und die Investition in das Produkt hätte (im Nachhinein) nicht getätigt werden sollen.

neuere Literatur die Nachteile von Marktpionieren herausarbeitet, wird von einem breiten Literaturstrang weiterhin davon ausgegangen, dass Pioniere einen entscheidenden Vorteil auf dem Markt besitzen (Hauser et al., 2006). Im Gegensatz zu den Pionieren treten Marktfolger später in den Markt ein. Frühe Folger profitieren von der reduzierten Unsicherheit bezüglich der Entwicklung des Marktes und tragen geringere Risiken bezüglich des Markterfolges (Hauschildt et al., 2016, S. 82). Während der Erfolg des neuen Produktes am Markt zwar weiterhin nicht sicher ist, sind doch die Chancen für den Markterfolg besser abschätzbar. Marktfolger leiden ggf. unter der eventuell vorhandenen Marktmacht des bereits präsenten Unternehmens (Gerpott, 2005, S. 219f.). Es gibt aber auch Hinweise, dass frühe Folger Vorteile gegenüber späteren und späten Folgern haben, da der Markt zwar entwickelter, aber noch nicht gesättigt ist (Fischer et al., 2007). Späte Folger werden auch als Imitatoren bezeichnet (Hauschildt et al., 2016, S. 83). Bei der Imitation werden erfolgreiche Innovationen von anderen Unternehmen übernommen, um die eigene Wettbewerbsposition zu stärken. Imitatoren treten meistens auf, wenn die Unsicherheit größtenteils abgebaut wurde und ein entwickelter Markt betreten werden kann. Für diese Unternehmen kann es schwer abschätzbar sein, wie lange der Produktlebenszyklus der Innovation noch andauert. Weiterhin müssen sie häufig eine klare Positionierungsstrategie wie Kostenführerschaft oder Marktsegmentspezialisierung entwickeln, um sich von den zu diesem Zeitpunkt etablierten Unternehmen abzugrenzen (Trott, 2012, S. 217f.).

Die zentralen Vorteil eines Marktführers und somit eines in der Regel innovativen Unternehmens werden oft darin gesehen, dass das Unternehmen das Produkt vor den Wettbewerbern auf den Markt bringt und somit eine Monopolstellung besitzt (Fischer et al., 2007, Trott, 2012, S. 217f.). Auch ein Spezialist in einem Marktsegment kann eine Art Monopolstellung in einem kleinen Teilbereich des Marktes einnehmen. Durch den erwähnten Aufbau von Markteintrittsbarrieren kann diese Monopolstellung ggf. länger aufrechterhalten und dauerhaft ein Wettbewerbsvorteil erreicht werden.[42] Ziel des innovativen Unternehmens ist dabei immer, die Kontrolle über die potenziellen Einnahmen aus dem Produktverkauf zu erlangen, die aus der Marktprognose abgeleitet wurden. Das heißt, das Unternehmen möchte, insbesondere mit der Wahl von Innovationszeitpunkt und -strategie, einen möglichst großen Teil des Marktes für sich beanspruchen. Durch die strategische Wahl der Markteinführung wird somit, aufbauend

---

[42] In den weiteren Ausführungen wird angenommen, dass das Unternehmen die Produktinnovation ohne direkten Einfluss bzw. Berücksichtigung der Wettbewerber plant. Nichtsdestotrotz kann angenommen werden, dass der Einfluss des Wettbewerbs indirekt in der Prognose der Absatzzahlen oder der darüber angenommenen Unsicherheit enthalten ist.

auf der Prognose des erwarteten Absatzes, mit der Vermarktung des Produktes begonnen. Um diesen Vermarktungsstart zu ermöglichen, müssen die für die Strategie notwendigen Investitionen getätigt werden. Die gewählte Markteinführung hat somit letztendlich einen Einfluss auf die Einnahmen und die Ausgaben, die für die Produkteinführung nötig sind (Trott, 2012, S. 217f.).

2.3 Investition in Produktinnnovationen

Dass Innovationen zu wirtschaftlichem Wachstum in einer Gesellschaft und im Unternehmen führen, ist unumstritten. Die Frage ist, wie das einzelne Unternehmen von einer Innovation profitieren kann. Damit eine Innovation im Unternehmen entstehen kann, muss das potentielle Produkt vom Innovationsmanagement in einem Prozess gesteuert und der Markt abgeschätzt werden. Zusätzlich muss das Unternehmen vor der Markteinführung umfangreiche Investitionen tätigen, um das entwickelte Produkt zu übernehmen und mit der Produktvermarktung zu beginnen. Der Absatz und die (Anfangs-)Investition über den Produktlebenszyklus ist bereits aus Abbildung 9 ersichtlich. In diesem Unterkapitel werden deshalb die Bewertungsansätze und Einflussfaktoren betrachtet, welche bei der Planung einer Investition in Produktinnovationen berücksichtigt werden sollten.

Die mit der Markteinführung verbundenen hohen Kapitalanforderungen stellen für Unternehmen eine Markteintrittsbarriere dar (Tirole, 1988, S. 306). Diese oft irreversiblen Investitionen müssen gegen die prognostizierten Absätze abgewogen werden. Das heißt, die Vorteilhaftigkeit eines Produktes muss bewertet werden. Die dafür möglichen Bewertungsansätze werden in Abschnitt 2.3.1 vorgestellt.

Die Investition in Produkte umfasst auf dieser Stufe des Innovationsprozesses alle für die Markteinführung notwendigen Ausgaben. Für produzierende Unternehmen sind vor allem Investitionen in Produktionsanlagen notwendig, mit denen die für die Markteinführung notwendige Produktionskapazität aufgebaut werden soll (Erichson, 2002, S. 416). In den vergangenen Jahren ist der erforderliche Kapitaleinsatz durch Automatisierung und Mechanisierung noch gestiegen (Günther & Tempelmeier, 2016, S. 2). Bei der Investitionsplanung muss das Unternehmen gleichzeitig entscheiden, wie viel Produktionskapazität es aufbauen will. Wie in Abschnitt 2.3.2 diskutiert wird, dient dazu ebenfalls die Marktprognose. Letztendlich kann das mit der Kapazitätswahl verbundene Ausmaß des Markteintritts auch den Erfolg des Produktes beeinflussen.

Auch nachdem die Forschung erfolgreich abgeschlossen und ein fertiges Produkt entwickelt wurde, bestehen große Unsicherheiten für das Unternehmen. Deshalb reicht ein funktionierendes Produkt eventuell nicht aus, um eine möglicherweise große Investition zu rechtfertigen. Jedes Unternehmen muss sich zu diesem Zeitpunkt fragen, ob diese Investition angesichts der Erwartungen über den zukünftigen Markt sinnvoll ist. Da die Abschätzung des zukünftigen Marktes nur eine Prognose ist und die Markteintrittsstrategie sowie die Kapazitätswahl den Erfolg des Produktes beeinflussen können, sind die zukünftigen Einnahmen aus dem Produktverkauf unsicher. Vor diesem Hintergrund wird in Abschnitt 2.3.3 besprochen, welche Unsicherheiten die erwarteten Einnahmen des Unternehmens beeinflussen können.

2.3.1 Bewertungsansätze für Produktideen

Aus den vorangegangenen Kapiteln ist bekannt, dass die Bewertung von neuen Produkten vor dem Hintergrund der im Innovationsmanagement zu überwachenden Technologie und eines sich ständig verändernden Marktes potentieller Nachfrager geschehen muss. Gleichzeitig hängt die Bewertung vom Markteinführungszeitpunkt ab, der aufgrund dieser technologischen oder wirtschaftlichen Unsicherheit zeitlich variabel sein kann. Das Innovationsmanagement versucht durch die Wechselwirkung auch den Marktzyklus eines Produktes zu steuern (Vahs & Brem, 2013, S. 27). Aus diesen Vorüberlegungen wird ersichtlich, dass sowohl der Markt als auch die Technologien des potentiellen Produktes beobachtet werden müssen, um die Profitabilität der Innovation bewerten zu können.

In der Regel stehen einem Unternehmen weniger Finanzierungsmöglichkeiten zur Verfügung, als es potentielle neue Projekte bzw. Produkte zur Auswahl hat. Die notwendigen Investitionen haben zur Folge, dass Unternehmen oft einzelne potentielle Produkte zur Bewertung und Fortführung unter denen auswählen müssen, welche mit einer Technologie potentiell möglich wären (Tirole, 1988, S. 278). Daher müssen aus der Vielzahl möglicher Projekte die vielversprechendsten ausgewählt werden. Um die Unternehmensziele zu erreichen, muss strategisch entschieden werden, ob und auf welchen Märkten das Unternehmen aktiv werden will, um die Produktpolitik festzulegen und damit zu entscheiden, welche Produkte gewählt werden sollen (Günther & Tempelmeier, 2016, S. 37). Bei dieser Produktwahl ist es unerheblich, ob dem Unternehmen eine oder mehrere potentielle Produktideen zur Verfügung stehen. Letztendlich muss es für jede einzelne Idee abwägen, ob eine Markteinführung sinnvoll ist.

Trotzdem wird in der Literatur allgemeiner von der Produkt-, Projekt- oder Technologiewahl gesprochen, da selbst bei einem einzelnen Produkt das Unternehmen die Wahl hat, nicht zu investieren.[43]

Zur Auswahl von geeigneten Projekten gibt es eine Vielzahl möglicher Bewertungsmethoden. Mit diesen sollen diejenigen Projekte ausgewählt werden, welche den höchsten Zielerreichungsgrad haben. Diese Methoden können in qualitative, semiquantitative und quantitative Verfahren unterteilt werden (Erichson, 2002, S. 419ff., Gerpott, 2005, S. 173f., Vahs & Brem, 2013, S. 425ff.). Zu den qualitativen Methoden gehören unter anderem das Screening, die Innovation-Scorecard, die Expertenbefragung und die Bildung von Technologieportfolios. Diese Methoden versuchen die Entscheidung auf Basis von fachkompetenten Einschätzungen über das Potential eines Projektes zu unterstützen. Quantitative Methoden wie die Kapitalwertmethode, interner Zinsfuß, Amortisation, Rentabilität, Monte-Carlo-Simulation, Entscheidungsbäume und Realoptionen greifen hingegen auf finanzwirtschaftliche Kennzahlen zurück.

Auch wenn diese Methoden hier nicht umfänglich vorgestellt werden können, wird doch eine Einschätzung hinsichtlich ihrer Eignung zur Investitionsplanung getroffen. Entscheidend ist, basierend auf den in Abschnitt 2.1.3 festgelegten Zielen, was das Unternehmen als erfolgreiche Technologie bzw. erfolgreiches Produkt bewerten will. In vielen Fällen umfasst der Erfolg aber neben ökonomischen auch ökologische und soziale Aspekte, welche dem Unternehmen generell einen Nutzen bieten (Dyckhoff & Spengler, 2010, S. 84). Wird dieser Nutzen in Geldeinheiten bewertet, so müssen monetäre Bewertungsansätze genutzt werden. Außerdem ist das Ziel eines Unternehmens in der Regel die Maximierung des Projektwertes und somit letztendlich des Unternehmenswertes. Deshalb bieten sich quantitative Verfahren wie die Investitionsrechnung zur Projektbewertung an.

Gerade am Anfang des Innovationsprozesses stehen die notwendigen Daten zur finanziellen Bewertung aber nicht zur Verfügung. Die Marktprognose und somit die Abschätzung der Verkaufszahlen kann noch nicht erfolgen, sodass ggf. eher auf qualitative Methoden zurückgegriffen werden muss. Im laufenden Innovationsprozess und mit Informationsgewinnen sollten sich die Bewertungskriterien ändern (Vahs & Brem,

---

[43] Die jeweils gewählte Terminologie hängt vom gewählten Bewertungszeitpunkt ab.

2013, S. 426).[44] Bei Konzentration auf das Ende des Innovationsprozess wird die notwendige Anwendung quantitativer Methoden deutlicher: Da die Markteinführung hohe Investitionen fordert, sollte zur Wirtschaftlichkeitsprüfung die Investitionsrechnung genutzt werden, um die Markteinführung zu bewerten (Erichson, 2002, S. 423). In Abbildung 10 wird verdeutlicht, dass zwar grundsätzlich alle Bewertungsmethoden zur Vorteilhaftigkeitsbestimmung eingesetzt werden können, jedoch mit fortschreitendem Innovationsprozess vermehrt finanzwirtschaftliche Methoden eingesetzt werden sollten. Da der Aufbau von Produktionskapazitäten Kapital bindet, sollte diese Entscheidung auch mit Methoden der Investitionsrechnung geplant werden.

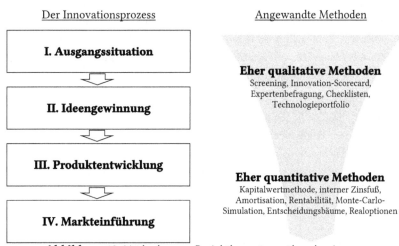

Abbildung 10: Methoden zur Projektbewertung über den Innovationsprozess

Die **Investitionsrechenverfahren** können wiederum anhand der eingangs genannten Faktoren der Markteinführung hinsichtlich ihrer Eignung eingeschätzt werden. Eine Investition sollte nur durchgeführt werden, wenn die Einnahmen aus dem Produktverkauf auf der einen Seite die Ausgaben für die Markteinführung und die Produktionsausgaben auf der anderen Seite erwirtschaften, aber zusätzlich auch ausreichen, um die Entwicklungsausgaben zu decken (Günther & Tempelmeier, 2016, S. 44). Selbst wenn zur Fertigung einer neuen Produktgeneration bereits bestehende Anlagen genutzt werden können, so entstehen trotzdem Kosten für die Umrüstung dieses Sys-

---

[44] Innerhalb der Produktion bzw. Produktionsplanung kann die Kosten- und Erlösrechnung eingesetzt werden (siehe Dyckhoff & Spengler, 2010, S. 88ff.).

tems (Günther & Tempelmeier, 2016, S. 4). Werden die Investitionen in Produktionsanlagen mit weiteren notwendigen Investitionen wie für Marketing strategisch geplant, können sie die Marktsituation für das Produkt verbessern und es kann damit eventuell ein größerer Absatz erreicht werden (Trott, 2012, S. 402). Dies ist auch dadurch begründet, dass gerade Marktpioniere durch Investitionen und hohe Kapazitäten eine bessere Stellung durch den Aufbau von Markteintrittsbarrieren erreichen können (Gerpott, 2005, S. 219f.). Andererseits legt sich das Unternehmen mit Investitionen auch auf ein bestimmtes Produkt fest, das es zumindest für die nächste Zeit vertreiben wird. Das Unternehmen gibt dabei Flexibilität auf, während es gleichzeitig irreversible Investitionen tätigt. Diese Flexibilität hat für das Unternehmen zunächst zumindest einen qualitativen Wert, und die optimale Nutzung der Flexibilität sollte an sich schon ein Teilziel des Innovationsprozess sein (Vahs & Brem, 2013, S. 42).

Es zeigt sich, dass die Flexibilität mit Investitionsrechenverfahren auch quantitativ bewertet werden kann, indem der **Optionscharakter** der Investition berücksichtigt wird. Hauschildt et al. (2016, S. 420) sprechen sich sehr klar für den Optionscharakter der Innovation aus und stellen fest, dass bei der Bewertung eines Innovationsprojektes der Optionscharakter der Innovation berücksichtigt werden muss. Aus dem Projekt einer Innovation entsteht einem Unternehmen immer Flexibilität. Wird diese nicht entsprechend berücksichtigt, kann der Wert einer Innovation systematisch unterbewertet werden (Hauschildt et al., 2016, S. 420). Dennoch wird die Optionsbewertung bisher wenig eingesetzt, da sie relativ komplex ist (Vahs & Brem, 2013, S. 427). Nach einer Umfrage von Griffin (1997) wendeten immerhin über 30 % der befragten Firmen die Optionsbewertung zur Technologiewahl an, während der Kapitalwert von über 60 % aller Firmen genutzt wurde und die meisten anderen mehrere Verfahren nutzten. Aus dieser Umfrage lässt sich bereits ablesen, dass Investitionsrechenverfahren für die Innovationsbewertung sinnvoll sind und Unternehmen der Optionsbewertung grundsätzlich offen gegenüberstehen.

2.3.2 Produktionsplanung und Kapazitätswahl

Sobald sich ein Unternehmen entscheidet ein Produkt auf den Markt zu bringen, muss es auch dessen zukünftige Produktion planen. Für das Unternehmen ist die dafür notwendige Investitionspolitik ein wichtiger Teil der strategischen Entwicklungsplanung (Günther & Tempelmeier, 2016, S. 28). Mit den in der Produktion erstellten Produkten sollen Einnahmen generiert werden, welche die mit der Produktion verbundenen Ausgaben decken und die notwendigen Investitionen rechtfertigen. Dementsprechend muss eine Strategie für das Produktionsprogramm und die damit verbundene Investitionsplanung entwickelt werden. Dies geschieht natürlich vor dem Hintergrund der prognostizierten Nachfrageentwicklung. Ist die Marktentwicklung des neuen Produktes nicht so erfolgreich, wie vom Unternehmen prognostiziert wurde, können im Nachhinein die Produktionsmöglichkeiten zu groß gewählt worden sein, was den Wert der Investition stark negativ beeinflussen könnte.

In der Literatur zur Produktionswirtschaft wird die Produktion als in betrieblichen Systemen stattfindende Bildung von Faktorkombinationen, absetzbaren Leistungen oder derivaten Produktionsfaktoren verstanden (Corsten & Gössinger, 2016, S. 2). Dabei wird auch von einem **Produktionssystem** gesprochen. In diesem System geht es, anders ausgedrückt, um einen Prozess der Transformation zur Leistungserbringung (Dyckhoff & Spengler, 2010, S. 3f.). Durch diese Leistung soll eine Wertschöpfung im Unternehmen realisiert werden. Ein Produktionssystem kann sowohl die Produktion an sich als auch verschiedene Stufen der Produktion bzw. deren Subsysteme beschreiben, wie ein Fertigungssegment, eine Anlage, ein Werk, einen Betrieb usw. Wird im weiteren Verlauf von Investitionen in die Produktion gesprochen, wird darunter immer eine Investition in das benötigte Produktionssystem verstanden, egal ob für die Markteinführung eine Anlage oder ein neues Werk benötigt wird und welcher Input und Output dafür berücksichtigt werden muss. Zu beachten ist, dass das Produktionssystem eng mit den anderen Systemen des Unternehmens, wie dem Absatzmarkt (Corsten & Gössinger, 2016, S. 2) oder dem Marketing, sowie fast allen anderen betriebswirtschaftlichen Funktionen (Dyckhoff & Spengler, 2010, S. 5) verbunden ist. Deshalb muss die Planung des Produktionssystems mit Rücksicht auf die äußeren Gegebenheiten operativ agieren, aber vor allem strategisch geplant werden.

Dabei stellt sich vor allem die Frage, welche **Produktionskapazität** das Produktionssystem haben muss. Ein Produktionssystem wird maßgeblich durch seine Kapazität und Flexibilität charakterisiert (Corsten & Gössinger, 2016, S. 10ff.). Die Kapazität beschreibt das Leistungsvermögen des Produktionssystems und kann in qualitative und quantitative Kapazität unterschieden werden. Die quantitative Kapazität beschreibt dabei die mögliche Menge, die in zeitlicher, räumlicher und funktionaler Hinsicht produziert werden kann. Um die Verbindung von Marktprognose und Produktion herzustellen, wird in dieser Arbeit das quantitative Maß, das heißt die Menge der produzierten Einheiten, als Produktionskapazität betrachtet. Die maximale Leistung des Produktionssystems, und somit seine maximale Kapazität, wird durch die Produktionsintensität, die mögliche Einsatzzeit und die gleichzeitig nutzbaren Produktionsfaktoren (Kapazitätsquerschnitt) bestimmt (Corsten & Gössinger, 2016, S. 12, Dyckhoff &

Spengler, 2010, S. 47). Die Kombination der drei jeweils maximalen Leistungen ergibt schließlich die Maximalkapazität des Systems. Aus produktionswirtschaftlicher Sicht gibt es jedoch nicht die eine Kapazität, sondern sie kann in der Regel zwischen der Minimal- und Maximalkapazität angepasst werden (Corsten & Gössinger, 2016, S. 13f.). Diese Anpassungsmöglichkeit stellt die oben genannte Flexibilität des Produktionssystems dar. Sie beschreibt, ob, in welchem Umfang und in welcher Zeit die Leistung angepasst werden kann. Wie gut ein Produktionssystem auf die zukünftige Nachfrage reagieren kann, hängt von der Kapazität und der Flexibilität ab. Der Einfluss der Nachfrage auf die Produktion ist nicht zu vernachlässigen (Schiemenz & Schönert, 2005, S. 87f.). Letztendlich bestimmt die Nachfrage nicht nur die Art der Produktion, also welches Produkt hergestellt werden muss, sondern auch dessen Menge. Die zukünftige Entwicklung des Absatz muss daher in der Produktion berücksichtigt werden (Schiemenz & Schönert, 2005, S. 87f.). Dieser Absatz kann nur prognostiziert werden und unterliegt Schwankungen. Bei der Investitionsentscheidung muss daher genau geplant werden, welche Produktionsmöglichkeiten zukünftig für den Absatz vorgehalten werden müssen. Das Unternehmen muss die Kapazität des Produktionssystems soweit aufbauen, dass die erwartete Nachfrage den eigenen Zielen entsprechend bedient werden kann.

Die **Produktionsplanung** ist ein Teil der Aufgabenbereiche des Produktionsmanagements. Das Produktionsmanagement setzt die gegebenen Produktionsziele der Unternehmensleitung um. Es hat deshalb die Planung und Steuerung der Produktion zur Aufgabe (Dyckhoff & Spengler, 2010, S. 29, Zäpfel, 1982, S. 30). Wird das Produktionsmanagement nach dem Planungshorizont unterschieden, so lässt es sich in das strategische, taktische und operative Management unterscheiden (Corsten & Gössinger, 2016, S. 25f., Dyckhoff & Spengler, 2010, S. 30f., Zäpfel, 1982, S. 36ff.).[45] Dabei entscheidet das strategische Produktionsmanagement über den Rahmen der Produktionsbereitschaft bei der Produktion. Das taktische Produktionsmanagement beschäftigt sich hingegen mit den Produktionsplänen und das operative Produktionsmanagement mit laufenden Anpassungsentscheidungen. Bei dieser Differenzierung stellt sich die Frage, welche Stufe die Produktionskapazitäten plant. Zu den Aufgaben des allgemeinen strategischen Managements gehört, die Erfolgspotentiale und die Wettbewerbsposition des Unternehmens abzuschätzen (Dyckhoff & Spengler, 2010, S. 32, Günther &

---

[45] Eine alternative, weit verbreitete Gliederung ist die Unterscheidung nach der inhaltlichen Beschäftigungsebene. Dabei wird nach Produkt- und Programmgestaltung, Potentialgestaltung und Prozessgestaltung unterschieden (Corsten & Gössinger, 2016, S. 27ff.).

Tempelmeier, 2016, S. 26). Dementsprechend sollte gerade das strategische Produktionsmanagement die wettbewerbsfähige Produktion sicherstellen, indem es die möglichen Kapazitäten langfristig plant. Als alternative Betrachtungsweise gibt das strategische Management nach Günther & Tempelmeier (2016, S. 24) die Rahmenbedingungen vor und das taktische Produktionsmanagement zielt darauf ab, diese Anforderungen zu erfüllen, indem es z.B. die Infrastruktur, das Layout und eben auch die Produktionskapazitäten plant. Insgesamt gehören deshalb Gestaltungsaufgaben bezüglich der zukünftigen Produktion sowohl zum strategischen als auch zum taktischen Produktionsmanagement (Dyckhoff & Spengler, 2010, S. 31). Demgemäß würden an dieser Schnittstelle die Vorhersage der Rahmenbedingungen, Produktwahl, Absatzprognose und Kapazitätsplanung stattfinden.[46]

Diese Planung der Produktion wird im **Produktionsprogramm** umgesetzt. Ein Unternehmen plant mit dem Produktionsprogramm, welche Produkte es in welchen Mengen herstellen möchte (Corsten & Gössinger, 2016, S. 255). Dies gilt sowohl gezielt für einzelne als auch übergreifend für alle Produkte im Unternehmen. Die Produktionsprogrammplanung kann ebenfalls in strategische und operative Entscheidungen untergliedert werden (Schiemenz & Schönert, 2005, S. 157ff.). Bei der strategischen Produktionsprogrammplanung müssen langfristig neue Produkte in das Produktionsprogramm aufgenommen werden. Corsten & Gössinger (2016, S. 255) unterscheiden zusätzlich die taktische Programmplanung, welche die benötigten Kapazitäten für die Produkte festlegt, die in der strategischen Programmplanung in das Produktionsprogramm aufgenommen wurden. Auf der Stufe der taktischen Produktionsprogrammplanung erfolgt daher die enge Verknüpfung von Programm- und Investitionsentscheidungen (Corsten & Gössinger, 2016, S. 256).

Das Produktionsprogramm muss bei der **Kapazitätswahl** den durch die Nachfrage prognostizierten Absatz berücksichtigen. In der Literatur werden die potentiell absetzbaren Produkte in kundenindividuelle und standardisierte Erzeugnisse unterteilt (Dyckhoff & Spengler, 2010, S. 15). Im Gegensatz zur Auftragsproduktion erfolgt bei der angebotsorientierten Produktion der Verkauf der fertigen Produkte erst nach der Produktion (Corsten & Gössinger, 2016, S. 31, Günther & Tempelmeier, 2016, S. 10). Dadurch entstehen zwar einerseits höhere Absatzunsicherheiten, aber andererseits werden konstante Kapazitätsauslastungen ermöglicht (Corsten & Gössinger, 2016, S.

---

[46] Bei bekannten Produkten würde das Produktionsmanagement diese Aufgabe eigenständig erfüllen können. Bei innovativen Produktideen muss hingegen eng mit dem Innovationsmanagement zusammengearbeitet werden, um die Produktionsplanung in den Innovationsprozess zu integrieren.

31). Dies ist der Grund, warum die zukünftige Nachfrage bei der Planung berücksichtigt werden muss. Gleichzeitig erfolgt bei der angebotsorientierten Produktion auch eine Standardisierung des Produktes für beliebige Käufer im Gegensatz zu einer individuellen Produktion (Corsten & Gössinger, 2016, S. 170). Die Verknüpfung von Nachfrage und Kapazitätsplanung hat zur Folge, dass die Planung auch die Unsicherheit des zukünftigen Absatzes berücksichtigen muss. Nach Corsten & Gössinger (2016, S. 256f.) gibt es zwei Möglichkeiten, mit unsicherer zukünftiger Nachfrage umzugehen: Die Produktion kann unabhängig von der Nachfrage bzw. dem Absatz betrieben und Überproduktionen möglicherweise gelagert werden, oder es können Produkte synchron zum Absatz produziert werden. Dann sollte die Produktionskapazität so groß sein wie die größtmögliche Nachfrage, um alle Kunden bedienen zu können. Wird die Produktion dem Absatz angepasst, wird von einem kundenorientierten Produktionsprogramm gesprochen, was zu einer stochastischen Programmplanung führt. Bei der marktorientierten Programmbildung wird die Produktion hingegen auf Basis von Absatzprognosen vorgenommen. In der Realität werden für die Kapazitätswahl im Produktionsprogramm häufig Mischformen angewendet.

Zusammenfassend lässt sich feststellen, dass die zukünftige Produktion strategisch geplant werden muss, wenn ein Produkt auf den Markt eingeführt werden soll. Dieser Schritt bedeutet, dass sich das Unternehmen entschließt das Produkt in sein Produktionsprogramm aufzunehmen und die notwendigen Kapazitäten zu planen. Die Kapazitätswahl ist bei unsicherer zukünftiger Nachfrage, wie es bei Innovationen der Fall ist, schwierig. Das Kapazitäten ex ante festgelegt werden müssen, ist in vielen Situationen realistisch (Tirole, 1988, S. 217). Während arbeitskraftintensive Produktionen noch kleinere Änderungen in der Produktion erlauben, sind technologieintensive Produktionen meist sehr produktspezifisch (Trott, 2012, S. 290f.). In chemische Produktionsanlagen müssen beispielsweise Millionen investiert werden und solche Anlagen können oft nur ein bestimmtes chemisches Produkt herstellen. Eine ständige Anpassung von technologieintensiven Produktionsanlagen wie Neubau, Kapazitätsanpassung oder Abbruch der Produktionsstätte ist daher nicht kontinuierlich möglich. Alternativ kann im Rahmen des Produktionssystems auch eine Flexibilität der Produktion eingeplant werden, welche die Anpassungsfähigkeit des Systems, z.B. auf veränderte Angebots- oder Nachfragebedingungen, ermöglicht (z.B. Fine & Freund ,1990, oder Francas et al., 2009). In den späteren Ausführungen wird diese Flexibilität aber nicht näher betrachtet, sondern stattdessen die geplante Produktionskapazität gegen die nötigen Investitionen abgewogen. Aus den gewonnenen Erkenntnissen lässt sich zusammenfassend ableiten, dass die Produktionsplanung die Kapazitätswahl umfasst, welche von der prognostizierten Nachfrage abhängt und Einfluss auf die Investitionsplanung hat.

2.3.3 Unsicherheit

Unternehmerische Entscheidungen werden immer von Unsicherheit beeinflusst. Wie bereits in Abschnitt 2.2.1 besprochen, behandelt das Management den Umgang mit dieser Unsicherheit (Trott, 2012, S. 85). Unternehmen versuchen durch die Schaffung von Strukturen und Abläufen im Unternehmen mit dieser Unsicherheit umzugehen. In der Managementliteratur werden einzelne Unsicherheitsfaktoren identifiziert, welche genau spezifizierbare Entscheidungssituation betreffen, und die allgemeine Unsicherheit, welche die gesamte Unsicherheit für das Unternehmen abbildet (Macharzina & Wolf, 2015, S. 670f.). Für den Unternehmenserfolg ist im Wesentlichen die allgemeine Unsicherheit ausschlaggebend, welche, da sie das gesamte Unternehmen beeinflusst, auch einzelne Entscheidungen umgibt. Gerade im Rahmen des Innovationprozesses und der mit der Produkteinführung verbundenen Investitionen muss sich das Unternehmen dieser Unsicherheit besonders bewusst sein. Bei der Einführung eines neuen Produktes besteht ein ständiges Innovations- und Marktrisiko (Schmalen & Xander, 2002, S. 441). So bedeutet das Management von Innovationen den Umgang mit der Unsicherheit, die sie unausweichlich umgibt (Trott, 2012, S. 85). Da sich diese Unsicherheit durch den Erhalt neuer Informationen ändern kann, ist die Produktentwicklung und Markteinführung keine einmalige Entscheidung, sondern ein dynamischer Prozess (Yao et al., 2012).

Für die genauere Betrachtung der möglichen Unsicherheitsfaktoren und ihres Einflusses auf den Innovationsprozess muss zunächst hinterfragt werden, was unter Unsicherheit zu verstehen ist. Obwohl sowohl in der Literatur als auch in der Praxis von Unsicherheit beim unternehmerischen Handeln und beim Umgang mit Innovationen gesprochen wird, so herrscht oft keine einheitliche Definition. In diesem Zusammenhang wird auch häufig von unternehmerischem Risiko gesprochen. In seiner wegweisenden Arbeit unterscheidet Knight (1921, S. 20) zwischen Unsicherheit und Risiko, wobei beim Risiko der Entscheider den möglichen zukünftigen Umweltzuständen eine Wahrscheinlichkeit für das Eintreten der Zustände zuordnen kann. Diese Überlegung erscheint auch in der Arbeit von Ellsberg (1961), der zwischen „messbarer" und „unmessbarer" Unsicherheit differenziert. Knight (1921, S. 20) geht sogar so weit zu sagen, dass messbare Unsicherheit bzw. Risiko in diesem Sinne überhaupt keine Unsicherheit an sich ist. Er spricht von nicht messbarer Unsicherheit als „wahrer" Unsicherheit, die deshalb in der Literatur auch als Knightsche Unsicherheit bezeichnet wird (Welling et al., 2015). Im deutschen Sprachgebrauch wird dies weiterhin als Ungewissheit bezeichnet (Bamberg et al., 2012, S. 109ff., Eisenführ et al., 2010, S. 305).[47] In dieser Arbeit wird deshalb davon ausgegangen, dass Risiko eine Art der Unsicherheit mit einer bekannten Wahrscheinlichkeitsverteilung darstellt, während Ungewissheit eine zweite Art von Unsicherheit ohne bekannte Verteilung beschreibt.[48] In der weiteren Arbeit wird, der Literatur zu Investitionsentscheidungen unter Unsicherheit folgend (siehe Dixit & Pindyck, 1994, S. 3), weiterhin allgemein von Unsicherheit gesprochen. Bei der Investitionsplanung wird aber implizit von Risiko ausgegangen, es sei denn, es wird explizit von Ungewissheit gesprochen.

Für das Management des Innovationsprozesses und die Planung der Investition in die Markteinführung des Produktes ist es wichtig, die Arten bzw. **Quellen der Unsicherheit** zu identifizieren. Die Kategorisierung der Unsicherheitsquellen ist in der Literatur nicht einheitlich. Sie unterscheidet sich zum einen je nach gewähltem Fokus, ob das Unternehmen an sich, der gesamte Innovationsprozess, nur die Forschung und Entwicklung oder die Markteinführung betrachtet wird. Weiterhin unterscheidet sie sich nach dem Untersuchungsgestand, sodass einzelne Faktoren stärker betont bzw. feiner gegliedert werden. Abbildung 11 gibt einen aus der Literatur abstrahierten Überblick. Die genannten Unsicherheitsfaktoren wirken über den gesamten Innovationsprozess, jedoch in unterschiedlicher Stärke in den einzelnen Stufen.

Die Unsicherheitsquellen können nach internen und externen sowie innovationsspezifischen und allgemeinen Faktoren unterschieden werden (Freeman & Soete, 1997, S. 243, Specht et al., 2002, S. 25). Die Abbildung zeigt, dass die Unsicherheit in technische, Markt- sowie politische und ökonomische Unsicherheit gegliedert werden kann, wobei die letzteren zwei auch allgemein als Geschäftsunsicherheit oder als allgemeines Umfeld verstanden werden können (Freeman & Soete, 1997, S. 243, Hauschildt et al., 2016, S. 45). Wird die Risikomanagementliteratur betrachtet, so sind die Marktunsicherheit sowie politische, ökonomische und soziale Unsicherheiten extern gegeben (Macharzina & Wolf, 2015, S. 674).[49] Während das Unternehmen interne Faktoren

---

[47] Diese Differenzierung wird auch in der englischsprachigen Literatur unterstützt (siehe z.B. Ellsberg, 1961).
[48] Aufgrund der Unterscheidung von Knight (1921, S. 20) differenzieren einige Lehrbücher Entscheidungssituationen nach Sicherheit, Risiko und Unsicherheit (z.B. Vahs & Schäfer-Kunz, 2007, S. 69) oder bezeichnen letztere Unsicherheit auch als Unsicherheit im engeren Sinn (Laux et al., 2014, S. 83).
[49] Es gibt auch Unsicherheiten, die sich aus dem Unternehmensgeschäft allgemein ergeben (Macharzina & Wolf, 2015, S. 674). Hauschildt et al. (2016, S. 45) betonen weiterhin, dass auch die Unternehmenseigenschaften den Innovationsprozess beeinflussen. Diese Unternehmensfaktoren werden als Veränderung im Unternehmen oder allgemeine Unsicherheit von der Betrachtung ausgeschlossen. Es wird davon ausgegangen, dass sie indirekt auf die technische Unsicherheit, den Markterfolg oder die allgemeine ökonomische Unsicherheit wirken.

gegebenfalls durch Investitionen steuern kann, sind die externen Faktoren exogen gegeben. So kann das Unternehmen zwar in technologische Machbarkeitsstudien investieren, muss aber die mögliche Änderung gesetzlicher Rahmenbedingungen abwarten. Das heißt, die externe Unsicherheit ist schwer abschätzbar, einer ständigen Änderung unterzogen und wird über die Zeit aufgelöst bzw. lernt das Unternehmen über diese externen Faktoren. Weiterhin lässt sich die Unsicherheit in innovationsspezifisch und allgemein unterteilen (Freeman & Soete, 1997, S. 243). So wirken die politischen und sonstigen ökonomischen Faktoren auf das gesamte Unternehmen und alle Unternehmen der Branche, wohingegen die technische und Marktunsicherheit innovationsspezifisch wirkt.

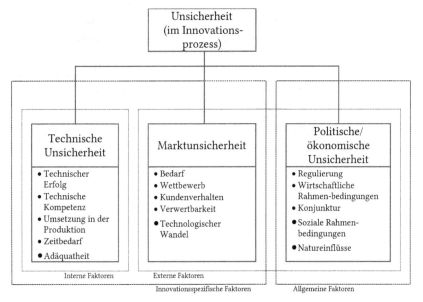

Abbildung 11: Unsicherheitsfaktoren im Innovationsprozess

Wie Abbildung 11 zeigt, umfassen die genannten Unsicherheitsquellen jeweils **mehrere Unsicherheitsfaktoren**. Technologische Unsicherheit entsteht im Unternehmen, da die erfolgreiche Umsetzung nicht sicher vorhergesagt werden kann (Gerpott, 2005, S. 253).[50] Das heißt, die erfolgreiche Verarbeitung der Technologie in einem Produkt oder die Umsetzung in der Produktion ist nicht sicher. Dies kann der Fall sein,

---

[50] Hauschildt et al. (2016, S. 45) identifizieren die Technologie als externen Faktor, beschreiben jedoch die unternehmensinterne Wirkung. In der Abbildung wird sie den internen Faktoren zugeordnet, da der Fokus auf der

wenn das Unternehmen nichts über die Technologie weiß oder darüber, wie sie angewendet werden kann. Diese Unsicherheit kann z.B. dadurch eintreten, dass extern erworbenes Wissen nicht zu den technologischen Kernkompetenzen des Unternehmens passt. Gleichzeitig besteht Performanceunsicherheit, also Unsicherheit, ob die Technologie zur Problemlösung eingesetzt werden kann und ob sie dies in der richtigen Art tut, also die notwendigen Marktvoraussetzungen erfüllt (Huchzermeier & Loch, 2001). Neben dieser Unsicherheit über die technische Machbarkeit sind auch die für die Produktentwicklungen notwendigen Investitionen teilweise schwer abschätzbar (Specht et al., 2002, S. 26). Dies ist auch damit verbunden, dass die benötigte Zeit unsicher ist (Huchzermeier & Loch, 2001). Insgesamt können diese technologischen Unsicherheitsfaktoren zwar durch F&E abgebaut aber, nie komplett entfernt werden (Freeman & Soete, 1997, S. 243).

Die Marktunsicherheit umfasst Faktoren, welche die erfolgreiche Markteinführung und den Produktverkauf beeinflussen können. Zum einen sind die Eigenschaften des Marktes wie Marktgröße, Marktwachstum, Markteintritt und Wettbewerb an sich unsicher (Hauschildt et al., 2016, S. 45). Das heißt, die Vorteilhaftigkeit eines Marktes wird durch das Verhalten der Kunden und der Wettbewerber beeinflusst. Aus Wettbewerbssicht beeinflusst das strategische Verhalten der Wettbewerber den Markterfolg (Günther & Tempelmeier, 2016, S. 44). Neue bzw. alternative Produkte können von der Konkurrenz am Markt platziert werden. Auf der anderen Seite ist das Kundenverhalten unsicher, weil beispielsweise die Kundenbedürfnisse nur schwer abgeschätzt werden können (Souder & Moenaert, 1992). So könnten die Kunden nach Kock et al. (2011) die neue Technologie nicht verstehen oder als inkompatibel zu existierenden Produkten empfinden, was die Chance auf einen Markterfolg verringern könnte. Das Produkt kann somit von den Kunden einfach zurückgewiesen werden (Hauschildt et al., 2016, S. 415). Neben diesen Marktunsicherheitsfaktoren existieren weitere Einflüsse, zu denen demographische Veränderungen und die Bedrohung durch Ersatzprodukte gezählt werden können (Huchzermeier & Loch, 2001). Das heißt, auch der Einfluss der Unsicherheit des unternehmensexternen technologischen Wandels, welcher die Ersatzprodukte bedingt, gehört zur Marktunsicherheit. Durch diese Faktoren kann festgestellt werden, dass hauptsächlich die Marktunsicherheit die in Abschnitt 2.2.3 angesprochene Marktprognose erschwert.

---

technischen Umsetzbarkeit liegt. Der Einfluss des technologischen Wandels, der später besprochen wird, wird den Marktfaktoren zugeordnet.

Politische und ökonomische Unsicherheit entsteht durch Faktoren, die nicht zwangsweise nur auf das Investitionsprojekt des Unternehmens wirken (siehe Clark, 1997). Der allgemeinste Faktor ist dabei die Konjunkturentwicklung an sich, welche die Produktplanung erschwert (Günther & Tempelmeier, 2016, S. 44). Dazu gehören aber auch Eigenschaften des Unternehmensumfeldes wie die gesellschaftliche Einstellungen zur Innovation, der rechtliche Rahmen und die staatliche Förderung (Hauschildt et al., 2016, S. 45). In dieser Reihe existiert auch die soziale Unsicherheit (Schmalen & Xander, 2002, S. 441). Sie entsteht durch den Einfluss der Innovation auf mehrere Interessengruppen und wird deshalb zu den politischen und ökonomischen Faktoren gezählt, da sie diese wiederum beeinflusst. Wird der rechtliche Rahmen des Unternehmens betrachtet, so besteht eine allgemeine Regulierungsunsicherheit, welche auch bestehende Technologien betreffen kann (Welling et al., 2015). Diese Unsicherheit kann auch Auswirkungen auf das konkrete Innovationsprojekt bzw. die verwendete Technologie haben, wenn der Umgang mit ihr noch nicht geregelt ist. So können beispielsweise Gesetzesänderungen in Kraft treten, die eine Umsetzung der Innovation vereinfachen oder erschweren (Vahs & Brem, 2013, S. 32).

2.4 Zusammenfassung

In den vorangegangenen Unterkapiteln wurde aufgezeigt, das neuartige Produkte durch ihre erfolgreiche Vermarktung zu Innovationen werden. Gleichzeitig ist diese Vermarktung mit dem Ziel des Markterfolges der Grund, weshalb Unternehmen neue Produkte entwickeln und auf den Markt bringen. Um die Entwicklung des Produktes und die notwendigen Schritte bis zur Markteinführung zu überwachen, werden die potentiellen Produkte im Rahmen des Innovationsmanagements zur Marktreife gebracht. In diesem Innovationsprozess ist gerade die Markteinführung von besonderer Bedeutung und mit notwendigen strategischen Entscheidungen verbunden. Diese betreffen vor allem die Wahl der Innovationsstrategie, insbesondere die Wahl des optimalen **Markteintrittszeitpunkts**, und die Produktionsplanungen, insbesondere der damit verbundenen **Kapazitätswahl** für den Markteintritt. Diese Entscheidungen erfolgen unter Berücksichtigung der möglichen zukünftigen Marktentwicklung, speziell des potentiellen **Absatzes** des Produktes. Gleichzeitig haben diese Entscheidungen, neben weiteren für den Markteintritt notwendigen Ausgaben, einen maßgeblichen Einfluss auf die notwendigen **Investitionen** für den Markteintritt. Dementsprechend ist die Markteinführung eines neuen Produktes eine komplexe Investitionsentscheidung.

Die Markteinführung ist gerade vom Zeitfaktor und einer ökonomischen **Verwertungsunsicherheit** geprägt (Specht et al., 2002, S. 26). So müssen für die Markteinführung und die damit notwendige Investitionsplanung viele Faktoren berücksichtigt werden. Diese umfassen beispielsweise das mögliche Marktvolumen, das Marktwachstum, den Marktanteil der Firma, Produktionsausgaben, den Verkaufspreis und die Lebensdauer des Produktes usw., wobei all diese Faktoren oft nur abgeschätzt werden können, da sie teilweise mit großer Unsicherheit verbunden sind (Park, 2016, S. 610).

Aus diesen beispielhaften Faktoren und den vorangegangenen Unterkapiteln ist bekannt, dass eine Vielzahl von Faktoren die Gesamtunsicherheit des Innovationsprojektes beeinflussen. Während jegliche Unternehmung von Unsicherheit betroffen ist, trifft dies auf Innovationsprojekte besonders zu:[51] Unsicherheit ist die inhärente Eigenschaft von Innovationen. Gerade radikale Innovationen sind nur schwer planbar (Hauschildt et al., 2016, S. 163) und besitzen eine höhere Unsicherheit als beispielsweise kleine Verbesserungen (Freeman & Soete, 1997, S. 244). Diese betrifft neben der Erzeugung neuer Produktideen vor allem die Verwertung des Produktes und somit dessen Vermarktbarkeit bzw. den Erfolg am Markt (Corsten et al., 2016, S. 2). Aus der Literatur ist bekannt, dass durch die Unsicherheit über den gesamten Innovationsprozess bis zur Produkteinführung bereits viele Ideen gescheitert sind. Aber auch bei der Markteinführung ist die Unsicherheit sehr hoch (Freeman & Soete, 1997, S. 242): Nicht jede Produkteinführung ist erfolgreich in der Hinsicht, dass das Produkt auf dem Markt angenommen wird und sich verbreitet (Schmalen & Xander, 2002, S. 441). Diese Unsicherheit verursacht, dass der potentielle Absatz des Produktes schwer vorhergesagt werden kann, was wiederum die Wahl des Markteintrittszeitpunkts und die der Kapazität für das Unternehmen erschwert.

Aus diesem Grund muss der Absatz vom Unternehmen geschätzt werden. Marktprognosen vor der Markteinführung sind besonders wichtig, um die Wirtschaftlichkeit des neuen Produktes abzuschätzen (Erichson, 2002, S. 416). Der potentielle Absatz sollte immer unter Berücksichtigung des **Produktlebenszyklus** eines Produktes erfolgen. Zum einen sind Unternehmen durch Produktlebenszyklen gezwungen innovativ zu sein und neue Produkte auf den Markt zu bringen, da es unsicher ist, wie lange bestehende Produkte Einnahmen erwirtschaften. Andererseits ist für ein neues Produkt unsicher, wie lange der dafür prognostizierte Markt erhalten bleiben wird. Gleichzeitig

---

[51] Einige Autoren beziehen sich auf F&E- oder Innovationsunsicherheiten. Hier soll der Argumentation von Specht et al. (2002, S. 25) gefolgt werden, wonach diese Unterscheidung mit Hinblick auf das Ziel der Vermarktung der F&E-Ergebnisse nicht sinnvoll ist.

haben immer kürzer werdende Produktlebenszyklen einen großen Einfluss auf die Unsicherheit im Innovationsprozess, insbesondere auf die Unsicherheit hinsichtlich der Verwertbarkeit des Produktes (Specht et al., 2002, S. 27). Aus diesem Grund ist es für das Unternehmen wichtig zu berücksichtigen, welche Faktoren den Produktlebenszyklus und somit den Absatz des Produktes beeinflussen.

Da der Markteintritt und insbesondere der Aufbau von Produktionskapazitäten für das neue Produkt mit notwendigen Ausgaben für das Unternehmen verbunden sind, handelt es dabei um Investitionsentscheidungen. Mit der Investition in ein Produkt beschränkt sich das Unternehmen, da anschließend durch die entstehenden Fixkosten nicht mehr zwischen allen möglichen Produkten, die mit einer Technologie möglich wären, gewählt werden kann (Tirole, 1988. S. 278). Aus diesem Grund müssen die Investitionsausgaben gegen die nur schwer abschätzbaren Einnahmen aus dem Produktverkauf abgewogen werden. Die Unsicherheit muss dementsprechend auch bei der Bewertung der Investition in die Markteinführung berücksichtigt werden. Das heißt, die Investition in das neue Produkt ist eine **Investition unter Unsicherheit**.

Der Wert des Investitionsprojektes hängt somit maßgeblich von den genannten Unsicherheitsquellen ab (Huchzermeier & Loch, 2001). Die Investitionsplanung vor dem Hintergrund unsicherer zukünftiger Einnahmen ist für Unternehmen eine große Herausforderung. Obwohl Unsicherheit oft negativ konnotiert ist, so sind in der Regel positive und negative Ergebnisse einer Entscheidung möglich. Das Unternehmen möchte mit der Investition von den positiven Ergebnissen profitieren und die negativen möglichst vermeiden. Somit sollen aus der Investition in die Markteinführung des Produktes möglichst hohe zukünftige Einnahmen generiert werden, unter Berücksichtigung einer potentiellen negativen Marktentwicklung. Aus diesem Grund hat das Unternehmen durch die Wahlmöglichkeiten der Kapazität und des Markteintrittszeitpunkts einen Vorteil, da es durch die Unsicherheit den Markt für das potentielle Produkt beobachten und über dessen Entwicklung lernen kann. Mit dem Erhalt neuer Informationen kann das Unternehmen die Produktentwicklung und Markteinführung von Zeit zu Zeit überdenken und die damit verbundenen Entscheidungen an die aktuelle Marktentwicklung anpassen (Yao et al., 2012). Insgesamt kann festgestellt werden, dass durch höhere Unsicherheit über die Einnahmen aus dem Produktverkauf nach der Investition die Bedeutung (der Wert) der Handlungsflexibilität des Managements, insbesondere später investieren zu können, steigt (Roberts & Weitzman, 1981).[52]

---

[52] Roberts & Weitzman (1981) gelangen auch ohne Optionsbewertung zu dieser Erkenntnis.

Produktinnovationen 61

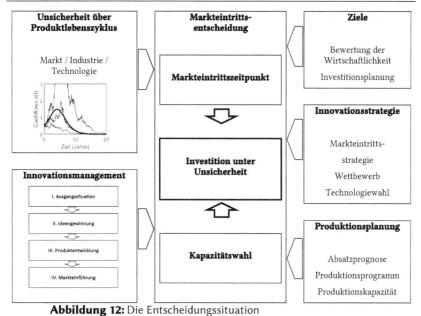

Abbildung 12: Die Entscheidungssituation

Die Entscheidung, in ein neues Produkt zu investieren, als Investition unter Unsicherheit bei der Wahlmöglichkeit des Markteintrittszeitpunktes und der Kapazität vor dem Hintergrund unsicherer Produktlebenszyklen, der Ziele des Unternehmens, der geplanten Innovationsstrategie und der Produktionsplanung im Rahmen des Innovationsmanagements.

Somit sind alle F&E-Aktivitäten eines Unternehmens, welche auf die Vermarktung eines Produktes ausgelegt sind, als mehrere Entscheidungen zu bestimmten Zeitpunkten mit Handlungsflexibilität des Unternehmens zu betrachten, welche immer unter Unsicherheit über die erwarteten Einnahmen aus dem Produktverkauf erfolgen (Gerpott, 2005, S. 180). Abschließend kann zusammengefasst werden, dass die Markteinführung eines neuen Produktes eine Investitionsentscheidung unter Unsicherheit ist, die vor dem Hintergrund der möglichen Handlungsflexibilitäten des Unternehmens wie der Wahl des Markteintrittszeitpunktes und der Produktionskapazitätsplanung geplant und bewertet werden muss. Die Unsicherheit hat mehrere Quellen, die vor allem den möglichen zukünftigen Absatz über den Produktlebenszyklus und somit die möglichen zukünftigen Einnahmen aus dem Produktverkauf beeinflussen. Abbildung 12 verdeutlicht diesen Zusammenhang.

Während die Unsicherheit der technischen Entwicklung des Produktes noch in der Hand des Unternehmens liegt, ist die allgemeine Marktunsicherheit außerhalb der

Kontrolle des Unternehmens (Freeman & Soete, 1997, S. 248). Diese Unsicherheit begründet Fragen zur Markteinführung, z.B. Wie groß ist der Markt, hat das Produkt Wachstumschancen in diesem Markt, sind die potentiellen Einnahmen hoch genug, wie schnell muss das Produkt auf den Markt gebracht werden und wie schnell wird es von ihm aufgenommen? Die Unsicherheit kann über verschiedene Industrien und Produkte stark variieren und auf verschiedene Unternehmen unterschiedlich wirken. So kann sie einen negativen Einfluss auf die Investitionsneigung von Unternehmen haben, gerade wenn sie noch relativ jung sind (Caggese, 2012). Die Überwachung der Innovation in einem Innovationsprozess ist eine Methode, mit der Unsicherheit umzugehen (Souder & Moenaert, 1992). Das heißt, die Innovation sollte durch das Innovationsmanagement gezielt gesteuert werden und damit sollte auch die Investitionsentscheidung unter Unsicherheit die Eigenschaften und Flexibilität des Unternehmens bei der Produktinnovation berücksichtigen.

3 Investitionen unter Unsicherheit

Wenn ein Unternehmen plant, ein neues Produkt auf den Markt zu bringen, so hat dies in vielerlei Hinsicht finanzielle Auswirkungen. Auf der einen Seite erhofft sich das Unternehmen Einnahmen aus dem zukünftigen Produktverkauf. Diese möglichen Zahlungsströme müssen über den erwarteten Verkaufszeitraum geschätzt und bewertet werden. Auf der anderen Seite muss das Unternehmen, um diese Einnahmen zu ermöglichen, Investitionsausgaben für den Vermarktungsstart tätigen. Diese umfassen beispielsweise den Aufbau einer neuen Produktionsanalage oder die Planung einer Marketingstrategie. Das Unternehmen steht somit im Fall der Einführung eines neuen Produktes vor einer Investitionsentscheidung, welche sowohl bewertet als auch geplant und gesteuert werden muss.

Unternehmen haben ein besonderes Interesse, Entscheidungen wie die einer Investition, die einen finanziellen Einfluss auf das Unternehmen haben, zu optimieren. Bei Investitionen nimmt ein Unternehmen heute Ausgaben auf sich mit der Aussicht auf spätere Einnahmen, die es in Folge der Anfangsausgaben erhält. Die Entscheidung, eine Produktionsanlage zu kaufen, ist genauso eine Investition wie die Entscheidung, eine ganze Firma zu kaufen oder auch einen unattraktiven Produktionsstandort aufzugeben.[53]

Der Zusammenhang und die Wirkung solcher und anderer finanzwirtschaftlicher Entscheidungen ist Untersuchungsgegenstand der Unternehmensfinanzierung. Diese beschäftigt sich mit der Finanzierung und der Investitionsplanung des Unternehmens (Perridon et al., 2016, S. 11f.). Investitionen ermöglichen einem Unternehmen die Generierung von Einnahmen durch das eingesetzte Vermögen. Nach der Wertadditivität spiegelt die Summe aller Zahlungsströme eines Unternehmens, die aus allen seinen Projekten fließen, seinen Unternehmenswert wider. Es ist intuitiv ersichtlich, dass die Bindung der knappen Finanzmittel des Unternehmens durch die Auswahl geeigneter Investitionsmöglichkeiten möglichst optimal geplant werden muss. Die entsprechenden Entscheidungen sollten so getroffen werden, dass sie zur Maximierung des Unternehmenswertes beitragen (Brealey et al., 2017, S. 7f.). Demgemäß entspricht eine Op-

---

[53] Letzteres wird mitunter auch als Desinvestition bezeichnet. Doch auch wenn beim Verkauf von Vermögensgegenständen Kapital freigesetzt wird, so sind mit der Organisation und Durchführung des Prozesses Ausgaben verbunden, wodurch die Entscheidung eine Investition darstellt.

© Springer Fachmedien Wiesbaden GmbH, ein Teil von Springer Nature 2020
S. Kupfer, *Investition in Innovation*, https://doi.org/10.1007/978-3-658-28446-6_3

timierung der Investitionsentscheidung hinsichtlich der Maximierung ihres Ertrags einer Maximierung des Unternehmenswertes. In der klassischen Investitionsbewertung wird dafür die Kapitalwertmethode angewendet.[54]

Wie im vorangegangenen Kapitel diskutiert wurde, sind die für die Markteinführung von Produktinnovationen notwendigen Investitionen immer mit Unsicherheit und Flexibilität des Unternehmens verbunden. Dadurch können die klassischen Methoden zu Investitionsentscheidungen nur bedingt für die Modellierung der Produktinnovation und Entscheidungsunterstützung eingesetzt werden. In der Bewertung von Investitionen unter Unsicherheit wird hingegen berücksichtigt, dass die Zahlungsströme teilweise unsicher und abhängig von den Handlungsspielräumen des Unternehmens sind, welche zumindest den Zeitpunkt der Investition betreffen. So kann etwa eine Investition verschoben werden, um weitere Informationen über das Projekt zu erhalten.

In diesem Kapitel wird gezeigt, warum die Kapitalwertmethode für die Bewertung solcher Projekte nur bedingt geeignet ist und wie Investitionen unter Unsicherheit alternativ modelliert werden können. Weiterhin dient das Kapitel dazu, ein grundlegendes Verständnis für die Investitionsentscheidungen eines Unternehmens vor dem Hintergrund der Irreversibilität der Investition, der damit verbundenen Unsicherheit, des flexiblen Investitionszeitpunkts und deren interdependenten Wirkungsweisen zu bilden. Dies bildet die Grundlage für das Verständnis der Investitionsmodelle in den folgenden Kapiteln, welche die Besonderheiten von Investitionen in Produktionsanlagen neuer Produkte berücksichtigen. In Unterkapitel 3.1 werden zunächst klassische Methoden der Investitionsbewertung unter Verwendung der Kapitalwertmethode vorgestellt. Als Erweiterung dazu wird in Unterkapitel 3.2 gezeigt, dass bei Investitionen die Unsicherheit und Handlungsflexibilität besonders berücksichtigt werden müssen. Darauf aufbauend wird in Unterkapitel 3.3 erläutert, wie Investitionen dieser Art modelltheoretisch bewertet werden können. Das kanonische Modell für Investitionen unter Unsicherheit wird schließlich in Unterkapitel 3.4 vorgestellt.

---

[54] Dixit & Pindyck (1994, S. 4) nennen die klassische Investitionsbewertung „Orthodox Theory", wohl weil sie eine bekannte Methode darstellt, sich die Theorie aber aus ihrer Sicht nicht weiterentwickelt hat.

3.1 Klassische Investitionsentscheidungen

Dieses Unterkapitel beschäftigt sich mit der klassischen Investitionsbewertung, zu der es eine Reihe etablierter Lehrbücher gibt, die nicht alle in diesem Abschnitt gewürdigt werden können.[55] Die Ausgangssituation und Betrachtungsweise der Investitionsentscheidung ähneln sich literaturübergreifend. So plant das Unternehmen mit der Investition zukünftige Einnahmen zu erwirtschaften, welche die notwendigen Ausgaben zum Investitionszeitpunkt rechtfertigen und ggf. sogar die Erwirtschaftung eines Gewinns ermöglichen. Das im vorangegangenen Unterkapitel angeführte Beispiel, eine Produktionsanlage für ein neues Produkt aufzubauen, um es verkaufen zu können, entspricht einer solchen Investitionsentscheidung.

Sowohl Einnahmen als auch Ausgaben sind Zahlungsströme in der Hinsicht, dass sie dem Unternehmen durch die Investition zu- oder abfließen.[56] Sowohl in der englisch- als auch deutschsprachigen Literatur hat sich für diese Zahlungsströme auch der Oberbegriff Cashflow durchgesetzt.[57] Würden diese Ausgaben und Einnahmen zeitgleich zum Zeitpunkt der Investition anfallen, könnten sie direkt miteinander verglichen werden. Dies ist aber in der Regel nicht der Fall. So muss für den Verkauf einer Produktinnovation zunächst in die Produktion und Markteinführung investiert werden. Das heißt, die notwendigen Ausgaben liegen häufig zeitlich vor den erhofften Einnahmen. Aus diesem Grund muss der heutige Wert der zukünftigen Zahlungsströme bestimmt werden (Park, 2016, S. 94). Das heißt, der Zeitwert des Geldes muss berücksichtigt werden (Fisher, 1930, S. 13). Dieser besagt, dass heute verfügbares Geld mehr wert ist als zukünftig verfügbares Geld, weshalb ein Zahlungsstrom in der Gegenwart höher bewertet werden sollte als ein späterer Zahlungsstrom. Der Zeitwert des Geldes ist somit der Wertunterschied zwischen dem in der Zukunft nominal anfallenden Betrag des Zahlungsstroms und dessen heutigem Wert (Berk & DeMarzo, 2016, S. 78, Park, 2016, S. 86). Die Bewertung des zukünftigen Betrags entspricht der Diskontierung des Zahlungsstroms, wodurch sein heutiger Barwert bestimmt wird (Kruschwitz & Husmann, 2012, S. 149).[58]

---

[55] Siehe dazu unter anderem Berk & DeMarzo (2016, S. 111ff.), Bieg & Kußmaul (2009, S. 71ff.), Brealey et al. (2017, S. 19ff.), Breuer (2012, S. 39ff.), Franke & Hax (2009, S. 166ff.), Götze (2014, S. 73ff.), Kruschwitz (2014, S. 25ff.) und Perridon et al. (2016, S. 52ff.).
[56] An dieser Stelle wird auf eine weitere Differenzierung zu Ein- und Auszahlungen verzichtet. Es geht vielmehr um den Zu- oder Abfluss von Mitteln zu einem bestimmten Zeitpunkt. Dazu wird von möglichen Kreditvorgängen abstrahiert, sodass die Begriffe zusammenfallen (siehe Zantow et al., 2016, S. 22f.).
[57] Werden einzelne Perioden bzw. Zeitpunkte betrachtet, so wird der Cashflow auch als Differenz zwischen Einnahmen und Ausgaben betrachtet (Brealey et al., 2017, S. 133).
[58] Die Diskontierung ist somit die der Verzinsung entgegengesetzte Wirkung des Zeitwertes des Geldes, wobei der Wert eines heutigen Betrags in der Zukunft bestimmt wird.

Im **einperiodigen Fall unter Sicherheit** wird davon ausgegangen, dass ein einzelner Zahlungsstrom zu einem bestimmten zukünftigen Zeitpunkt anfällt. Wird der Fall diskreter Zahlungen und Verzinsung betrachtet, so bestimmt sich der **Barwert BW** eines zum Zeitpunkt $t = 1$ anfallenden Zahlungsstroms als

$$BW = \frac{x}{1+r}, \qquad (3.1)$$

wobei r der projektspezifische Kalkulationszinssatz ist.[59] Dieser Zinssatz ist projektspezifisch, da er dem Risiko des Projektes entsprechen muss. Hat das Investitionsprojekt kein Risiko, so kann der Zahlungsstrom mit dem risikolosen Zinssatz bewertet werden. Für reale Projekte muss hingegen der risikoadäquate Zinssatz gewählt werden (Brealey et al. 2017, S. 23, Hull, 2012, S. 944).[60]

Die Annahme, dass nur eine Periode existiert, also ein zukünftiger und ein gegenwärtiger Zeitpunkt, ist in der Praxis leicht zu widerlegen und unrealistisch. Die Bewertung einzelner zukünftiger Zahlungsströme kann jedoch auch für den Fall angewendet werden, dass die Zahlungsströme über **mehrere Perioden** anfallen. Die Rückflüsse aus der Investition werden dann als x_t bezeichnet die zu den diskreten Zeitpunkten $t = 1, \dots, T$ anfallen, wobei T das Ende der Projektlaufzeit darstellt. Abbildung 13 illustriert die möglichen Zahlungsströme über (a) eine oder (b) mehrere Perioden und auch die daraus ableitbare Möglichkeit, dass die Zahlungsströme (c) über mehrere Perioden einem Wachstum unterliegen können. Auf Basis dieser einfachen Fälle könnte das Unternehmen für das Beispiel der Investition in eine Produktionsanlage die zukünftigen Zahlungsströme planen. Im einperiodigen Fall fällt der Zahlungsstrom von beispielsweise $x = 100$ in der ersten Periode $t = 1$ an. In dem dargestellten mehrperiodigen Fall würde der Zahlungsstrom $x_t = 100$ über alle Zeitpunkte $t = 1, \dots, 5$ anfallen. Wird davon ausgegangen, dass der Zahlungsstrom jährlich um 25 wächst, so könnte der Fall mit Wachstum Zahlungsströme in Höhe von $x_1 = 50$, $x_2 = 75$, $x_3 = 100$, $x_4 = 125$ und $x_5 = 150$ darstellen. Um den Wert dieser Zahlungsströme zu bestimmen, müssen sie in jedem Fall diskontiert werden.

---

[59] In der diskreten Betrachtungsweise fallen die Zahlungen und die Verzinsung zu bestimmten Zeitpunkten t an. Im Gegensatz dazu fallen sie bei zeitstetiger Betrachtungsweise kontinuierlich an. Zur vereinfachten Diskussion der Zusammenhänge wird an dieser Stelle auf den diskreten Fall zurückgegriffen.

[60] Dieser Zinssatz kann beispielsweise mit der so genannten Capital-Asset-Pricing-Methode (CAPM) bestimmt werden (Kruschwitz & Husmann, 2012, S. 187ff.). Diese notwendige Berücksichtigung des Risikos bei der Bewertung des Zahlungsstroms verdeutlicht den Rendite-Risiko-Zusammenhang bei Investitionsentscheidungen. Für einen guten Überblick über die Bewertung von Risiko siehe auch Berk & DeMarzo (2016, S. 318ff.).

Investitionen unter Unsicherheit 67

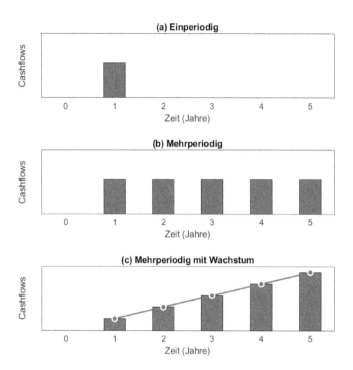

Abbildung 13: Verschiedene Arten von Zahlungsströmen

Grafische Darstellung der auftretenden positiven Zahlungsströme nach der Art des Eintrittszeitpunktes und der Möglichkeit des Wachstums.

Zur Bestimmung des Wertes der Zahlungsströme wird davon ausgegangen, dass sie jeweils am Ende der entsprechenden Periode stattfinden (Park, 2016, S. 90). Der Barwert des einzelnen Zahlungsstroms kann wieder mit Formel (3.1) bestimmt werden. Der gesamte gegenwärtige Wert ergibt sich schließlich aus der Summe der einzelnen Barwerte, also als

$$BW = \frac{x_1}{(1+r)^1} + \frac{x_2}{(1+r)^2} + \cdots + \frac{x_T}{(1+r)^T} \quad (3.2)$$

oder

$$BW = \sum_{t=1}^{T} \frac{x_t}{(1+r)^t}, \quad (3.3)$$

und stellt den Barwert der gesamten Investitionsrückflüsse dar (Kruschwitz & Husmann, 2012, S. 151). Da diese Rückflüsse somit den gesamten Wert ausmachen, den das Investitionsprojekt für das Unternehmen hat, wird dieser Barwert auch als **Projektwert** V bezeichnet.

Bei der Investitionsentscheidung muss der ermittelte Projektwert gegen die Investitionsausgaben abgewogen werden. Diese fallen in der Regel als negativer Zahlungsstrom am Anfang der Investition bzw. zum Investitionszeitpunkt an. Werden die Investitionsausgaben lediglich als weiterer (negativer) Barwert betrachtet, so ist der heutige Wert der Investition die Differenz aller Ausgaben und Einnahmen des Projektes (Berk & DeMarzo, 2016, S. 81). Dies ergibt den Nettobarwert oder auch Kapitalwert der Investition (Kruschwitz & Husmann, 2012, S. 6). Werden die für die Investition notwendigen Anfangsausgaben von den restlichen Zahlungsströmen getrennt als **Investitionsausgaben** I betrachtet, so ist der **Kapitalwert** KW gleich

$$KW = -I + V = -I + \sum_{t=1}^{T} \frac{x_t}{(1+r)^t}.[61] \qquad (3.4)$$

Zum Zeitpunkt, zu dem die Investitionsmöglichkeit besteht, kann das Unternehmen die Vorteilhaftigkeit und somit Investitionsentscheidung anhand des Kapitalwerts abwägen. Die Investition ist für das Unternehmen vorteilhaft, sobald der Kapitalwert größer als Null ist. In diesem Fall sollte das Projekt angenommen bzw. durchgeführt werden, da damit der Unternehmenswert gesteigert würde. Eine Ablehnung sollte hingegen bei negativem Kapitalwert erfolgen. Bei den Investitionsausgaben sollten nur solche Ausgaben berücksichtigt werden, welche zum Zeitpunkt der Investition anfallen und somit entscheidungsrelevant sind (Brealey et al., 2017, S. 137). Vorangegangene Ausgaben müssen als sogenannte „Sunk Cost" unberücksichtigt bleiben, etwa die bereits getätigten Entwicklungsausgaben zum Zeitpunkt der Entscheidung über die Markteinführung des Produktes.

Für die Investitionsplanung ergeben sich in der Praxis einige Probleme. So muss geklärt werden, wie die einzelnen Einnahmen geschätzt werden können und was der optimale Diskontierungsfaktor ist. Wie bereits angedeutet wurde, kann das Risiko des Projektes im Kalkulationszinsfuß mittels verschiedener Methoden berücksichtigt werden. Die Ausgaben und Einnahmen müssen ebenfalls für jedes Investitionsprojekt ein-

---

[61] Eine Normalinvestition ist der Fall, in dem nach anfänglichen Ausgaben nur noch Einnahmen aus dem Projekt fließen.

Investitionen unter Unsicherheit

zeln geschätzt werden. Für die Investitionsplanung kann versucht werden, die Zahlungsströme über unterschiedliche Annahmen bzw. Modelle zu prognostizieren.[62] Eine solche Annahme wäre der Fall des Wachstums der Zahlungsströme, wozu wiederum der Fall des exponentiellen Wachstums gehört. Angenommen, der anfängliche Zahlungsstrom x_0 wächst mit dem Wachstumsfaktor μ exponentiell, so sind die zukünftigen Zahlungsströme x_t zum jeweiligen Zeitpunkt t gleich $x_t = x_0 e^{\mu t}$. Dieser Fall wird in Abbildung 14 verdeutlicht.

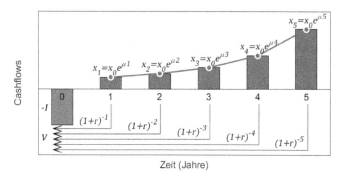

Abbildung 14: Zahlungsstrom mit exponentiellem Wachstum

Grafische Darstellung der auftretenden positiven Zahlungsströme und deren Diskontierung, des daraus resultierenden Projektwertes und der notwendigen Investitionsausgaben.

Auch an dieser Stelle kann wieder das Beispiel des Baus einer Produktionslage für die zukünftige Vermarktung eines Produktes aufgegriffen werden. Wird ähnlich dem vorangegangenen Beispiel von einem Zahlungsstrom von zunächst $x_0 = 100$ sowie einem Kalkulationszinssatz von $r = 0{,}1$ ausgegangen und ein Wachstumsfaktor von $\mu = 0{,}05$ angenommen, so ergibt dies Zahlungsströme in Höhe von $x_1 = 105{,}13$, $x_2 = 110{,}52$, $x_3 = 116{,}18$, $x_4 = 122{,}14$ und $x_5 = 128{,}40$.[63] Diesen sollen Investitionsausgaben in Höhe von $I = 400$ gegenüberstehen. Die Zahlungsströme müssen, wie in der Abbildung verdeutlicht, entsprechend diskontiert werden. Der Projektwert beträgt in diesem Fall

---

[62] Für die Schätzung des Absatzes und der damit verbundenen Einnahmen im Fall von Produktinnovationen siehe Abschnitt 2.2.3.
[63] Es wird davon ausgegangen, dass die Zahlungsströme erst eine Periode nach der Investition erwirtschaft werden können. Dies entspricht zum Beispiel einem Fall, in dem nach dem Kauf einer Maschine die Produktion erst anlaufen muss, bevor das Produkt ein Jahr später auf dem Markt eingeführt werden kann.

$$V = \sum_{t=1}^{5} \frac{100e^{0,05t}}{(1+0,1)^t} = 437{,}35.$$

Dieser Projektwert muss entsprechend Formel (3.4) gegen die Investitionsausgaben abgewogen werden, was einen Kapitalwert von

$$KW = -400 + 437{,}35 = 37{,}35$$

ergibt. Demnach wäre in diesem Fall das Investitionsprojekt durchzuführen.

Eine weitere Betrachtungsweise ist der Fall, dass der Cashflow über **mehrere Perioden unter Unsicherheit** anfällt. Diese Betrachtungsweise berücksichtigt bei der Prognose der zukünftigen Einnahmen, dass die Zahlungsströme teilweise unsicher sein können und gegebenenfalls sogar in Abhängigkeit von der Investitionsentscheidung des Unternehmens stehen können. Die Kapitalwertmethode kann auch für die Möglichkeit unsicherer Cashflows angepasst werden. Dabei werden für die Cashflows mehrere mögliche Umweltzustände betrachtet und mit ihren jeweiligen Eintrittswahrscheinlichkeiten gewichtet (Kruschwitz, 2014, S. 285ff.). Dieser Fall wird in Abbildung 15 verdeutlicht, welche das vorangegangene Beispiel exponentiellen Wachstums erweitert. In diesem Beispiel wird Unsicherheit über die Zahlungsströme dadurch eingeführt, dass sich das Projekt einmalig zum Zeitpunkt $t = 1$ entweder negativ mit einer Wahrscheinlichkeit p oder positiv mit einer Wahrscheinlichkeit $(1 - p)$ entwickeln kann. Im positiven Fall erhöhen sich alle zukünftigen Zahlungsströme um den Faktor h, im negativen Fall verringern sie sich um den Faktor u. Um die erwarteten Zahlungsströme zu jedem zukünftigen Zeitpunkt zu erhalten, müssen sie jeweils mit der Eintrittswahrscheinlichkeit gewichtet werden. Um den Projektwert der Zahlungsströme zu erhalten, müssen die erwarteten Zahlungsströme wiederum diskontiert werden. Der Kapitelwert lässt sich in diesem Fall mit der Formel

$$KW = -I + \sum_{t=1}^{T} \frac{px_t^u + (1-p)x_t^h}{(1+r)^t} \qquad (3.5)$$

bestimmen. Angenommen, es gelten die gleichen Daten wie im vorangegangenen Beispiel und zusätzlich der Wachstumsfaktor $h = 1{,}3$, ein unvorteilhafter Faktor von $u = 0{,}4$ und die Eintrittswahrscheinlichkeit $p = 0{,}3$. In diesem Fall beträgt der Kapitalwert

$$KW = -400 + \sum_{t=1}^{5} \frac{0{,}3(40e^{0{,}05t}) + (1-0{,}3)(130e^{0{,}05t})}{(1+0{,}1)^t} = 50{,}47.$$

In diesem Beispiel ist der Kapitalwert im Vergleich zum vorhergehenden Fall gestiegen, obwohl bei negativer Entwicklung die Veränderung größer ist als bei positiver Entwicklung, und zwar weil die Eintrittswahrscheinlichkeit für den positiven Fall größer ist.

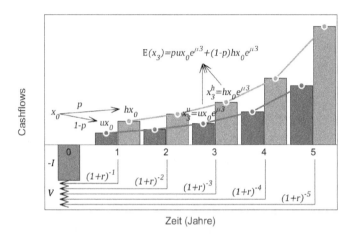

Abbildung 15: Zahlungsstrom mit Unsicherheit

Grafische Darstellung der auftretenden positiven Zahlungsströme und deren Diskontierung, des daraus resultierenden Projektwertes und der notwendigen Investitionsausgaben unter Unsicherheit.

Doch auch diese Betrachtungsweise ist nur eingeschränkt anwendbar. So haben Unternehmen in der Realität selten eine exakte Vorstellung davon, wie sich der zukünftige Cashflow entwickeln wird und können oft nur eine Verteilung möglicher Cashflows angeben. Viel restriktiver ist die Annahme, das Unternehmen würde sich weiterhin nur zum einmaligen Zeitpunkt der Investitionsmöglichkeit für oder gegen die Investition entscheiden. Dadurch könnte das Unternehmen bei späterer unvorteilhafter oder vorteilhafter Entwicklung seine Entscheidung nicht mehr anpassen. Die meisten Investitionsprojekte haben deshalb einen Optionscharakter: Das Unternehmen kann, aber muss nicht investieren und kann die Investition gegebenfalls verschieben oder andere investitionsverändernde Entscheidungen treffen. Daher sollte für die Planung unsicherer Investitionsprojekte, wie der Markteinführung eines Produktes, nicht auf die Kapitalwertmethode, sondern auf andere Methoden wie die dynamische Optimierung zurückgegriffen werden, wie im folgenden Unterkapitel argumentiert wird.

3.2 Investitionsentscheidungen unter Unsicherheit

Die klassischen Methoden der Investitionsrechnung können nur bedingt für die Investitionsplanung von Projekten unter Unsicherheit eingesetzt werden (Baecker et al., 2003, S. 22ff.). Flexibilität tritt zumindest bei der Möglichkeit des Unternehmens auf, den Investitionszeitpunkt wählen zu können. Die Kapitalwertmethode geht jedoch davon aus, dass die Investition nur heute oder nie ausgeführt werden kann. Bei einer Interpretation der Investitionsmöglichkeit als Option kann hingegen teilweise die Auflösung der Unsicherheit abgewartet werden und die Investitionsentscheidung zumindest über eine bestimmte Zeit verschoben werden.[64]

Die schnell wachsende Literatur zu Investitionen unter Unsicherheit hat gezeigt, dass die Flexibilität des Unternehmens die Investitionsentscheidung stark beeinflusst. Sie bildet zusammen mit der Irreversibilität der Investitionsausgaben eine besondere Entscheidungsstruktur.[65] So haben nach Lambrecht (2017) ohne Irreversibilität weder Unsicherheit, Risikopräferenzen noch Wachstumsraten von Zahlungsströmen einen Einfluss auf die Investitionsentscheidung, wodurch weder die Betrachtung von Flexibilität noch einfachste Kapitalwertkalkulationen notwendig wären. Die meisten Investitionen sind jedoch zumindest teilweise irreversibel, da die zu Beginn eines Projektes getätigten Ausgaben in der Regel am Ende nicht wiedergewonnen werden können. Arrow (1968), Baldwin (1982), Brock et al. (1982), Brennan & Schwartz (1985), McDonald & Siegel (1986) sowie Pindyck (1988) waren einige der ersten, welche die Irreversibilität und Flexibilität einer Investition unter Unsicherheit betrachteten.[66] Dies brachte die Erkenntnis, dass Unternehmen mit der Investitionsmöglichkeit eine Wahlmöglichkeit erhalten, welche Optionscharakter hat (Park, 2016, S. 718). Sie besagt, die Firma kann, muss aber nicht in ein bestimmtes Projekt investieren (Dixit & Pindyck, 1994, S. 6, Kruschwitz, 2014, S. 389). Da, wie bereits angedeutet, viele Projekte Flexibilität und irreversible Investitionen aufweisen, besitzen viele dieser Projekte Optionscharakter. Anders als bei Finanzoptionen besteht bei solchen Projekten die Option auf reale Vermögensgegenstände wie Produktionsanlagen, Gebäude, Maschinen

---

[64] Die Kapitalwertmethode erlaubt zwar die Interpretation der Investitionsmöglichkeit als Portfolio aus n unterschiedlichen und sich gegenseitig ausschließenden Investitionen, die zu n unterschiedlichen Zeitpunkten gestartet werden können. Es müsste jedoch bereits vorher entschieden werden, welche dieser Investitionen schließlich gewählt wird.
[65] Klassische Investitionsmethoden können nicht beide Fälle gleichzeitig betrachten. Sie gehen implizit davon aus, dass die Investition entweder reversibel ist oder im Falle von Irreversibilität nicht verschoben werden kann (Dixit & Pindyck, 1994, S. 6).
[66] Mit der Flexibilität ist auch eng die Wahl des optimalen Investitionszeitpunktes verbunden. Diese zeitliche Flexibilität wird im folgenden Abschnitt 3.2.1 diskutiert.

usw.[67] Eine zentrale Überlegung dieser Betrachtungsweise ist, dass zum Zeitpunkt der Investition die Option, (später) investieren zu können, gegen den Kapitalwert der Investition eingetauscht wird und sich die Option auflöst. Anders gesagt, erhält das Unternehmen die aus Unterkapitel 3.1 bekannten zukünftigen Cashflows des Projektes für die Zahlung der Investitionsausgaben und die Aufgabe der Option. Zusätzlich kann eine Investitionsmöglichkeit auch eingebettete Optionen enthalten, wie das Projekt später zu erweitern oder zu beenden.[68] Das heißt, statt der Cashflows könnte das Unternehmen auch eine weitere (Investitions-) Option erhalten.

Letztendlich stellt der Verlust der bereits vorhandenen Option Opportunitätskosten dar, die das Projekt zusätzlich erwirtschaften muss (Dixit & Pindyck, 1994, S. 6). Daher sollte nur investiert werden, wenn der Wert der zukünftigen Cashflows die Ausgaben zum Kauf des Projektes um den Wert der Investitionsoption übersteigt. Nach dieser Sichtweise könnte die Kapitalwertmethode derart angepasst werden, dass vom traditionellen Kapitalwert KW die Opportunitätskosten in Form des Optionswertes, der aufgegeben werden muss, abgezogen werden.[69] Aus Unterkapitel 3.1 ist bekannt, dass der Kapitalwert sich aus der Differenz des Barwertes der Cashflows und der Investitionen zusammensetzt, sodass $KW = V - I$. Der angepasste Kapitalwert AKW ist dann gleich

$$AKW = V - I - F, \qquad (3.6)$$

wobei F den Optionswert der Möglichkeit, investieren zu können, darstellt. Aus dieser Betrachtungsweise ist ersichtlich, dass der Barwert der Cashflows V nun wesentlich höher sein muss, damit die Investition für das Unternehmen vorteilhaft ist. Dementsprechend würden Unternehmen unter Berücksichtigung des Optionscharakters der Investitionsmöglichkeit erst bei in Erwartung profitableren Projekten tatsächlich investieren, als sie es bei Anwendung der Kapitalwertmethode tun würden. Das heißt, die Projekte müssen eine viel höhere Mindestrendite (Hurdle Rate) überwinden (Dixit & Pindyck, 1994, S. 7).

Eine andere Betrachtungsweise des Zusammenhangs zwischen dem klassischen Kapitalwert und dem zusätzlichen Wert durch die Handlungsflexibilität liefern beispielsweise Park (2016, S. 720) und Trigeorgis (2001, S. 103ff.). In ihrer Sichtweise erhält das

---

[67] Aus der Beobachtung, dass Unternehmen neben den bereits vorhanden realen Vermögensgegenständen an sich auch noch die Option auf weitere Investitionen in diese haben, prägte bereits Myers (1977) den Begriff der Realoption.
[68] Diese wird in Abschnitt 3.2.2 thematisiert.
[69] Dies setzt aber bereits die korrekte Bewertung aller in der Investitionsmöglichkeit vorhandenen Optionen voraus (Dixit & Pindyck, 1994, S. 7). Das heißt, die Investitionsmöglichkeit muss weiterhin als Investition mit Optionscharakter bewertet werden.

Unternehmen durch die Handlungsflexibilität in der Investitionsentscheidung einen Mehrwert, der zu einem erweiterten Kapitalwert EKW führt.[70] In dieser Betrachtungsweise wird der klassische Kapitalwert in der Hinsicht „erweitert", dass das Unternehmen zusätzlich zu diesem Kapitalwert KW einen Flexibilitätswert FW erhält. Tatsächlich ist der erweiterte Kapitalwert unter dieser Betrachtungsweise gleich dem **Optionswert F** der Investitionsmöglichkeit, welcher sich aus dieser Sicht formal als

$$F = EKW = V - I + FW, \tag{3.7}$$

darstellen lässt.

Auch wenn der Zusammenhang zwischen dem klassischen Kapitalwert und dem Optionswert und dessen Wirkungsweise in der Investitionsentscheidung aus unterschiedlichen Richtungen verdeutlicht wird, so stehen diese doch im Zusammenhang. Wird Gleichung (3.7) in Gleichung (3.6) eingesetzt, so ergibt dies $AKW = -FW$. Auch wenn diese Aussage zunächst wenig sinnvoll erscheint, so erfasst sie doch die zentrale Wirkungsweise des Optionscharakters der Investitionsmöglichkeit: Der angepasste Kapitalwert ist so lange negativ, wie das Unternehmen durch die Aufrechterhaltung der Investitionsoption – und somit des Optionswertes F – einen positiven Flexibilitätswert FW erhält. Erst wenn die Handlungsflexibilität für das Unternehmen keinen Wert mehr hat, also $FW = 0$ und somit $AKW \geq 0$ ist, sollte das Unternehmen investieren.

Aus diesen zwei Betrachtungsweisen ergeben sich mehrere Implikationen. Zum einen berücksichtigt die Betrachtung der Investitionsmöglichkeit als Option den Kapitalwertgedanken indirekt, jedoch muss bzw. kann die Kapitalwertmethode angepasst werden, wie Gleichung (3.6) zeigt. Dazu muss weiterhin der Optionswert bestimmt werden. Weiterhin unterschätzt die Kapitalwertmethode den Wert der Investitionsmöglichkeit, wie aus Gleichung (3.7) ersichtlich ist: Das Unternehmen hat einen zusätzlichen Wert aus der Handlungsflexibilität. Der gesamte Wert der Investitionsmöglichkeit, also der Optionswert, ist stark abhängig von der erwähnten Unsicherheit des Projektes.

Die Auswirkung der Handlungsflexibilität wird in Abbildung 16 beispielhaft dargestellt. Es wird ein denkbarer Fall betrachtet, in dem das Unternehmen ähnlichen unsicheren Zahlungsströmen wie im vorangegangenen Beispiel gegenübersteht, aber zu-

---

[70] In der Literatur werden die Begriffe angepasster und erweiterter Kapitalwert nicht einheitlich verwendet. Aus diesem Grund werden an dieser Stelle beide Betrachtungsweisen klar voneinander abgegrenzt und beide Begriffe getrennt eingeführt.

Investitionen unter Unsicherheit

sätzlich die Möglichkeit besitzt, die Investitionsentscheidung um eine Periode zu verschieben. Das heißt, das Unternehmen muss nicht vor der Auflösung der Unsicherheit im Zeitpunkt $t = 0$ investieren, sondern kann warten und beobachten, ob sich der Markt vorteilhaft entwickelt. In dem abgebildeten Fall würde das Unternehmen im Zeitpunkt $t = 1$ nur investieren, wenn sich der Markt vorteilhaft entwickelt hat. Die Entscheidung, mit der Investition zu warten, ist auch vorteilhaft, obwohl das Unternehmen dadurch die Zahlungsströme zum Zeitpunkt $t = 1$ verpasst und erst ab $t = 2$ die vorteilhaften Zahlungsströme erhalten kann. Bereits in diesem einfachen Beispiel lässt sich die Auswirkung des Optionscharakters einer Investitionsmöglichkeit und der Wert der Flexibilität verdeutlichen. Die Unsicherheit aus dem vorangegangenen Beispiel soll vereinfacht angenommen werden, indem ein Wachstumsfaktor $h = 1,5$, ein unvorteilhafter Faktor $u = 0,5$ und eine Eintrittswahrscheinlichkeit $p = 0,5$ angenommen wird. Dies hat zur Folge, dass im Erwartungswert zum Zeitpunkt $t = 0$ die zukünftigen Zahlungsströme denen entsprechen, die im Beispiel für Abbildung 14 angenommen wurden. Daraus ergibt sich, dass auch der Kapitalwert der Investition, sollte das Unternehmen in $t = 0$ investieren, der gleiche ist, nämlich

$$KW = -400 + \sum_{t=1}^{5} \frac{0,5(50e^{0,05t}) + (1-0,5)(150e^{0,05t})}{(1+0,1)^t} = 37,35.$$

Dieser Wert entspricht dem sogenannten inneren Wert $V - I$ der Investitionsmöglichkeit aus Gleichung (3.6) und (3.7). Nun stellt sich die Frage, wie hoch der Flexibilitätswert des Unternehmens ist. Sollte sich das Unternehmen entscheiden zu warten, so muss es die Investition erst in $t = 1$ tätigen und erhält dafür alle nachfolgenden Zahlungsströme. Gleichzeitig wird die Investition nur durchgeführt, wenn der Markt sich positiv entwickelt. Aus diesem Grund müssen die Investitionsausgaben und Zahlungsströme mit der Wahrscheinlichkeit $p = 0,5$ gewichtet werden und um eine Periode von $t = 1$ auf den Entscheidungszeitpunkt $t = 0$ diskontiert werden.[71] Der Kapitalwert dieser Investition entspricht demnach

$$KW = 0,5\left(-400 + \sum_{t=1}^{4} \frac{150e^{0,05t}}{(1+0,1)^t}\right) \frac{1}{(1+0,1)^1} = 62,02.$$

---

[71] Der Zeitpunkt $t = 0$ ist der Entscheidungszeitpunkt, da sich das Unternehmen zu diesem Zeitpunkt entscheiden muss, sofort zu investieren oder noch eine Periode zu warten.

Es ist zu erwähnen, dass dies im Vergleich zu sicheren Zahlungen einen erwarteten Kapitalwert darstellt. Das heißt, der letztendlich realisierte Kapitalwert der Investitionsentscheidung hängt von der späteren beobachteten Entwicklung des unsicheren Cashflows ab.

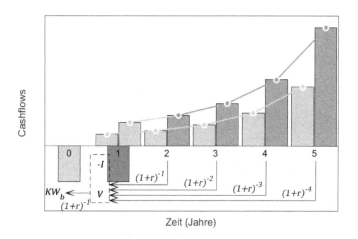

Abbildung 16: Zahlungsstrom mit Handlungsflexibilität

Grafische Darstellung der auftretenden positiven Zahlungsströme und deren Diskontierung, des daraus resultierenden Projektwertes und der notwendigen Investitionsausgaben unter Handlungsflexibilität des Unternehmens.

Bei diesem erwarteten Kapitalwert ist die Investition an sich vorteilhaft und sollte durchgeführt werden. Das Unternehmen hat außerdem einen zusätzlichen Vorteil, wenn es die Investition später durchführt, da der Kapitalwert in diesem Fall höher ist als im Fall der sofortigen Investition. Es hat einen Mehrwert durch die Handlungsflexibilität. Der Flexibilitätswert kann aus der Gleichung (3.7) hergeleitet werden. Da das Unternehmen planen wird zum späteren Zeitpunkt zu investieren, entspricht der Wert der Investition dem Optionswert F. Ein Umstellen der Formel liefert dann den Flexibilitätswert

$$FW = F - (V - I) = 62{,}02 - 37{,}35 = 24{,}67.$$

Auch in diesem Beispiel lässt sich die zuvor angesprochene Wirkungsweise des Optionscharakters erklären. Zum Zeitpunkt $t = 0$ könnte das Unternehmen zu einem Kapitalwert $KW = 37{,}35$ kommen. Der angepasste Kapitalwert AKW wäre jedoch negativ, da $AKW = -FW = -24{,}67$. Durch die Investition zu diesem Zeitpunkt würde das Unternehmen zwar den inneren (Kapital-)Wert erhalten, jedoch den Optionswert

$F = 62{,}02$ aufgeben. Erst zum Zeitpunkt $t = 1$, wenn der Optionswert dem inneren Wert entspricht und das Unternehmen keinen zusätzlichen Flexibilitätswert mehr hat, also $FW = 0$ ist, sollte es investieren.

Es gibt auch **Kritik an der Optionsbewertung** von realen Investitionsprojekten. Zum einen ist es problematisch den risikoadäquaten kalkulatorischen Zinssatz zu finden, wie er in Gleichung (3.4) zur Bestimmung des Projektwerts benötigt wird, wenn Optionen im Projekt enthalten sind (Hull, 2012, S. 945). Dies erschwert die Anpassung der Kapitalwertmethode auf den Optionsgedanken weiter. Stattdessen könnte die Optionsbewertung direkt erfolgen, jedoch lassen sich nach Kruschwitz (2014, S. 389) Finanzoptionen nicht auf die Realwirtschaft übertragen lassen. Er kritisiert, dass das Projekt zum einen nicht teilbar ist, viel schlimmer aber noch, dass es nicht an einem Markt dupliziert werden kann (Kruschwitz, 2014, S. 427). Demnach kann die klassische Optionsbewertung mit einem Duplikationsportfolio nicht angewendet werden. Sowohl das Problem des kalkulatorischen Zinssatzes als auch das der fehlenden Handelbarkeit des Projektes können jedoch umgangen werden. Eine Option muss nicht über ein Duplikationsportfolio bewertet werden, sondern kann durch zeitlich rekursives Betrachten der Investitionsmöglichkeit bewertet werden. Dieser Ansatz wird als dynamische Programmierung bezeichnet (Dixit & Pindyck, 1994, S. 93ff.). Die Methoden des Duplikationsportfolios und der dynamischen Programmierung sind durch das Prinzip der risikolosen Bewertung verbunden und führen oft zu ähnlichen Ergebnissen, obwohl die dynamische Programmierung weniger restriktive Annahmen hinsichtlich der Handelbarkeit des Projektes benötigt (Madlener et al., 2005).[72] Die dynamische Programmierung kann allgemein zur dynamischen Optimierung eingesetzt werden, da sie die gesamte Entscheidung nur in die aktuell notwendige Entscheidung und die Bewertung aller zukünftigen Entscheidungen unterteilt. Hat das Projekt ein Ende, kann der Wert der Investitionsmöglichkeit am Ende der Projektdauer bestimmt werden und dann rückwärts für alle vorherigen Zeitpunkte. Der Vorteil dieser Methode ist, dass das Unternehmen die Cashflows des Projektes nicht am Markt duplizieren können muss, um die Investitionsmöglichkeit zu bewerten, und gleichzeitig Risikopräferenzen angenommen werden können (Welling et al., 2015).

Die Bewertung von Investitionsmöglichkeiten unter Unsicherheit mit Berücksichtigung des Optionscharakters ist mittlerweile weit verbreitet bei der Planung von Investitionsentscheidungen und trägt zum Verständnis verschiedener Probleme in der

---

[72] Für die Bewertung kann dann einerseits ein risikoadäquater Zins genutzt werden oder zusätzlich zu dieser Methode die Risikoneutralität des Investors unterstellt werden. In letzterem Fall kann der risikolose Zinssatz zur Bewertung genutzt werden.

Realität bei (Jeon & Nishihara, 2015). Das heißt, neben der korrekten Bewertung trägt die Berücksichtigung der Handlungsflexibilitäten auch zur **Strukturierung** der Investitionsentscheidung an sich bei. Deshalb kann festgestellt werden, dass optimale unternehmerische Handlungsentscheidungen die Berücksichtigung des Konzepts der Investition unter Unsicherheit erfordern (Bollen, 1999). Zusammengefasst geht es dabei um irreversible Investitionsentscheidungen unter Unsicherheit und die Berücksichtigung der Handlungsflexibilität des Unternehmens (Dixit & Pindyck, 1994, S. 7).

Somit haben drei Faktoren einen entscheidenden Einfluss auf die Investitionsentscheidung und sollten deshalb auch bei der Planung der Markteinführung eines neuen Produktes berücksichtigt werden: die Unsicherheit über die zukünftige Entwicklung des Projektes, die Irreversibilität der Investition und die Flexibilität des Unternehmens.

3.2.1 Einflussfaktoren

Der Wert einer Investitionsmöglichkeit zu einem bestimmten Zeitpunkt hängt kritisch von den erwarteten Rückflüssen aus dem Projekt, den Investitionsausgaben und der Handlungsflexibilität des Unternehmens ab, wie Gleichung (3.7) im vorangegangenen Abschnitt verdeutlicht. Gerade die Cashflows aus dem Produktverkauf und der Wert der Handlungsflexibilität hängen zusätzlich stark von der Unsicherheit des Projektes ab. Diese Faktoren müssen unbedingt bei der Entscheidung berücksichtigt werden und werden deshalb in diesem Abschnitt näher betrachtet.

Die **Irreversibilität der Investitionsausgaben** führt dazu, dass eine Investitionsentscheidung nicht rückgängig gemacht werden kann, um zu einem späteren Zeitpunkt, beispielsweise durch den Erhalt neuer Informationen, eine andere Entscheidung zu treffen.[73] So schließt eine irreversible Entscheidung im Allgemeinen weitere Handlungsmöglichkeiten auf lange Sicht in der Zukunft aus (Henry, 1974). Werden vor diesem Hintergrund irreversible Investitionen betrachtet, so beschränken sie somit weitere zukünftige Investitionsmöglichkeiten (Arrow, 1968). Wird noch spezifischer eine Produktinvestition betrachtet, so beschränken die notwendigen fixen Investitionsausgaben das Unternehmen beispielsweise auf ein einzelnes Produkt aus vielen denkbar möglichen Produkten (Tirole, 1988, S. 278). Zum Zeitpunkt der Investition werden daher aus den Investitionen aus betriebswirtschaftlicher Sicht versunkene Ausgaben.[74]

---

[73] Wird die Investitionsmöglichkeit analog zu einer Finanzoption betrachtet, so entsprechen die Investitionsausgaben dem Ausübungspreis der Option.
[74] In der englischsprachigen Literatur wird von „Sunk Costs" gesprochen, die nach der Entscheidung bzw. Investition nicht zurückgewonnen werden können.

Diese treten insbesondere bei firmen- oder industriespezifischen Investitionen auf (Dixit & Pindyck, 1994, S. 8). Auch aufgrund von imperfekten Märkten oder spezifischen Investitionen, die keinen Wert für andere Unternehmen haben, können Ausgaben ggf. nicht wieder zurückgewonnen werden und sind deswegen versunkenen Ausgaben (Tirole, 1988, S. 307). Ein Beispiel für solche Ausgaben sind Marketing- und Werbeinvestitionen, aber auch eine Produktionsanlage für Batterien von Elektrofahrzeugen ist spezifisch für die Elektrotechnikindustrie. Unter starkem Wettbewerb kann diese Anlage auch nicht einfach weiterverkauft werden, da sie für alle Firmen den gleichen Wert hat (Dixit & Pindyck, 1994, S. 8). In diesem Fall kann dann keine der Firmen mit dieser Anlage noch einen Gewinn machen. Es kann jedoch, auch bei Produktionsanlagen, unterschiedliche Grade der Irreversibilität geben (Henry, 1974). Das heißt, manche Investitionen können teilweise rückgängig gemacht werden, z.B. können Maschinen umgenutzt werden. Eventuell kann die Anlage noch für einen niedrigeren Wert als den Einkaufspreis weiterverkauft werden (Tirole, 1988, S. 308). Dann bekommt das Unternehmen eventuell nicht den angemessenen Preis für den Investitionsgegenstand, sondern nur einen Marktpreis (Dixit & Pindyck, 1994, S. 8). In einem solchen Fall sind die Investitionen teilweise irreversibel: Der Teil, der noch zur Disposition steht, stellt lediglich fixe Ausgaben dar, der irreversible Teil versunkene Ausgaben. Der Unterschied zwischen fixen und versunkenen Ausgaben kann auch fließend sein (Tirole, 1988, S. 308). Der Fokus dieser Arbeit liegt auf der langfristigen Bindung von Kapital zur angestrebten ebenfalls langfristigen Generierung von Cashflows. Dementsprechend gibt das Unternehmen mit der Investition aufgrund der Irreversibilität seine Handlungsflexibilität auf.

Die Investitionsentscheidung ist weiterhin von **Unsicherheit** geprägt. Diese beeinflusst neben dem Wert der Investitionsmöglichkeit an sich vor allem die Möglichkeit des Unternehmens, mit der Investition zu warten (Dixit & Pindyck, 2004, S. 62). Durch diese Möglichkeit kann das Unternehmen die Tätigung der irreversiblen Investitionsausgaben auf spätere Zeitpunkte verschieben, um über das Projekt zu lernen. Dadurch kann sich gegebenfalls die Unsicherheit zu dem Projekt über die Zeit auflösen oder zumindest verringern (Tong & Reuer, 2007, S. 3f.). Das Unternehmen profitiert dann von der Unsicherheit, da es bei einer positiven Entwicklung über ein nun vorteilhafteres Projekt entscheiden kann und bei einer negativen Entwicklung die Investition nicht getätigt hat (Trigeorgis & Mason, 2004, S. 48). Der Wert des Projektes ist dabei durch den Wert der erwarteten zukünftigen Einnahmen geprägt, welche von der Unsicherheit beeinflusst werden.[75] In der Realität haben Unternehmen selten eine exakte Vorstellung davon, wie sich der zukünftige Cashflow entwickeln wird. Aus diesem Grund wird davon gesprochen, dass die zukünftigen Einnahmen unsicher sind, was wiederum das unsichere Projekt und die Investitionsentscheidung unter Unsicherheit begründet. Wie in Abschnitt 2.3.3 diskutiert, wird dabei Unsicherheit als der Fall verstanden, dass für eine Reihe möglicher Einnahmen eine Wahrscheinlichkeitsverteilung angegeben werden kann. Eine größere Unsicherheit bedeutet somit eine größere Variabilität des letztendlich realisierten Kapitalwerts des Projektes (Park, 2016, S. 609). Diese Schwankungen können, wie ebenfalls in Abschnitt 2.3.3 diskutiert wurde, vielfältige Ursachen haben und somit auch einen oder mehrere Parameter im Entscheidungsprozess beeinflussen. Häufig bewirken diese unterschiedlichen Quellen der Unsicherheit letztendlich alle hauptsächlich eine größere Schwankung des genannten Projekt-Cashflows. Kann für diesen kummulierten Effekt eine Wahrscheinlichkeitsverteilung angegeben werden, so können auch statistische Aussagen über die erwartete Entwicklung der zukünftigen Cashflows getroffen werden.

Wie bereits angesprochen, hat das Unternehmen die Möglichkeit, mit der Investition auf die Entwicklung des Projekts zu warten und somit von der **zeitlichen Flexibilität** hinsichtlich der Investitionsmöglichkeit zu profitieren (Trigeorgis & Mason, 2004, S. 47ff.). Gerade im Rahmen des Innovationsmanagements ist die Planung einer Markteinführung ein wichtiger Schritt und der damit verbundene Zeitpunkt der Investition in die Innovation von entscheidender Bedeutung (Vahs & Brem, 2013, S. 47 & 348). Unternehmen haben aber bei den meisten Projekten zumindest teilweise zeitliche Flexibilität. So können Unternehmen entweder die Investition auf einen bestimmten späteren Zeitpunkt verschieben oder jederzeit über einen bestimmten Zeitraum ausüben, wobei letzteres für Unternehmen öfter der Fall ist.[76] Auf der anderen Seite kann es strategische Überlegungen geben, welche eine Verzögerung verhindern können (Vahs & Brem, 2013, S. 348).[77] Diese wiegen somit die zeitliche Flexibilität teilweise auf. Diese Restriktionen können in der Bewertung der Investitionsmöglichkeit direkt berücksichtigt werden. Ist das Unternehmen beispielsweise im Besitz eines Patents für eine bestimmte Technologie, so besitzt sie einen zeitlich begrenzten Schutz

---

[75] Unsicherheit kann dabei durch viele Faktoren wirken, z.B. auch über unsichere Diskontfaktoren wie in Ingersoll & Ross (1992).
[76] Bei der ersten Art der Investitionsmöglichkeit wird analog zu Finanzoptionen vom europäischen Typ gesprochen, bei der zweiten vom amerikanischen Typ.
[77] Dies trifft insbesondere bei der Markteinführung von Innovationen zu (Vahs & Brem, 2013, S. 348). Abschnitt 2.2.4 erläutert einige dieser möglichen strategischen Überlegungen.

(Dixit & Pindyck, 2004, S. 61). Innerhalb dieser Zeit kann das Unternehmen das potentielle Produkt mit zeitlicher Flexibilität auf den Markt bringen. Ein weiteres Beispiel für eine Beschränkung der Flexibilität ist der Fall, dass für den Aufschub des Projektes Ausgaben anfallen. Auch diese Einschränkung kann problemlos berücksichtigt werden, da beim Optionsgedanken der Investitionsmöglichkeit diese Ausgaben zusammen mit den entgangenen Einnahmen gegen den Informationsgewinn abgewogen werden.[78] Gleichzeitig profitiert das Unternehmen in der Regel von einem späteren Investitionszeitpunkt, da der Barwert der in der Zukunft liegenden Investitionsausgaben geringer ist als der Wert der Ausgaben bei früherer Investition. Dieser Einfluss bewirkt, dass eine Investitionsmöglichkeit für das Unternehmen mehr Wert hat, je später die Investition durchgeführt wird. Welcher der bisher genannten Effekte überwiegt, ist projektspezifisch und der optimale Investitionszeitpunkt muss zusammen mit dem Wert der Investitionsmöglichkeit bestimmt werden.

3.2.2 Klassische Investitionsoptionsarten und Erweiterungen

Neben der zeitlichen Flexibilität prägt vor allem die Art der Investitionsentscheidung bzw. der Handlungsflexibilität des Unternehmens die strategische Entscheidungssituation. Aus diesem Grund können die Investitionen anhand dieser Flexibilität nach der Art der Investitionsoption differenziert werden.[79] Tabelle 2 fasst diese Optionsarten zusammen und liefert neben einer allgemeinen Beschreibung auch eine für diese Arbeit relevante produktorientierte Betrachtung sowie einige Märkte, in denen diese Optionen besonders relevant sein können. Es können Aufschuboptionen, Abbruchoptionen, Skalierungsoptionen, Wechseloptionen und sequentielle Optionen unterschieden werden.[80] In der Literatur werden teilweise noch weitere Optionsarten identifiziert mit dem Ziel, die reale Entscheidungssituation genauer zu spezifizieren. So können Optionen auch in operative und strategische Optionen untergliedert werden (Lukas, 2004, S. 33). Die präsentierten Optionen lassen sich aber häufig den genannten Grundarten zuordnen. Allen Optionen ist gemein, dass ein Unternehmen zumindest eine Zahlung

---

[78] Beim Innovationsmanagement sollte beispielsweise die Entwicklung so lange vorangetrieben werden, wie das Risiko im Vergleich zum potentiellen Nutzen gering ist (Vahs & Brem, 2013, S. 352).
[79] Eine solche Betrachtung der Optionsarten ist in vielen Arbeiten Standard und kann deshalb auch an dieser Stelle nicht vernachlässigt werden. Ein solcher Überblick ist beispielsweise in Copeland & Antikarov (2003, S. 12f.), Hull (2012, S. 950), Koller et al. (2005, S. 566ff.), Lukas (2004, S. 33ff.), Park (2016, S. 724) und Trigeorgis (2001, S. 104f.) zu finden. In diesem Abschnitt werden diese Betrachtungsweisen durch die produktorientierte Betrachtung ergänzt.
[80] Teilweise werden für die gleichen Optionsarten unterschiedliche Begriffe verwendet. Die Aufschuboption kann beispielsweise auch als Verzögerungsoption oder einfach nur als Investitionsoption bezeichnet werden. Die charakteristischen Eigenschaften der Optionsarten machen sie jedoch eindeutig identifizierbar.

gegen eine andere Zahlung tauscht. Das heißt, es muss die unsicheren Projekteinnahmen V (bzw. eine Austauschbeziehung mehrerer Projekte oder eine Folgeoption) gegen eine feste Zahlung I (oder einen Restwert A) abwiegen.[81] Zu jedem möglichem Zeitpunkt, zu dem die Option ausgelöst werden kann, erhält das Unternehmen dann entweder die Differenz dieser beiden Größen bei der Ausübung oder Null. Dies entspricht dem in Tabelle 2 angegebenen Maximum aus diesen beiden Größen.

Die **Aufschuboption** ist die klassische Option, mit der Investition warten zu können, um über den Markt zu lernen. Das Unternehmen hat bei dieser Option die Möglichkeit, das Projekt zumindest zeitweise zu verschieben, wobei der mögliche Zeitraum dieser Wartefrist sowohl beschränkt als auch unbeschränkt sein kann. Der letzte Fall entspricht einer unbefristeten (perpetual) Option. Diese Option besteht, wie in den vorangegangenen Abschnitten diskutiert wurde, fast immer und ist somit zweifellos die bedeutsamste Option. Bereits die frühen Arbeiten von Baldwin (1982), Brennan & Schwartz (1985), McDonald & Siegel (1986) oder Dixit & Pindyck (1994) beschäftigen sich mit dieser Handlungsflexibilität des Unternehmens.[82]

Die **Abbruchoption** oder auch Liquidationsoption ist die der Investitionsoption entgegengesetzte Entscheidung eines Unternehmens, ein Projekt zu beenden, zu verkaufen oder zu schließen. Da das Unternehmen auch in diesem Fall die Wartemöglichkeit besitzt, ist der Hauptunterschied die Abwägung der notwendigen Abbruchausgaben für die Liquidation gegen den Liquidationswert des Projektes (Brennan & Schwartz, 1985, Dixit, 1989, McDonald & Siegel, 1985, und Myers & Majd, 1990). Das heißt, diese Option ist vor allem bei unvorteilhafter Geschäftsentwicklung wertvoll.

Die **Skalierungsoption** stellt je nach Situation eine Erweiterungs- oder Reduktionsoption dar, wie beispielsweise in Brennan & Schwartz (1985), Dixit (1995), He & Pindyck (1992) oder Pindyck (1988) beschrieben. Sie werden auch Produktionsoptionen genannt. Bei dieser Option kann mit einer Investition die Kapazität der Produktion erweitert werden, falls die Kapazität zunächst zu klein gewählt wurde und eine Erhöhung der Kapazität einen höheren Projektwert verspricht, oder bei negativer Entwicklung verringert werden (Hull, 2012, S. 950). Unter diesen Optionen wird auch die Möglichkeit verstanden, das Projekt kurzfristig komplett stillzulegen und ggf. zu einem späteren Zeitpunkt wieder zu reaktivieren (McDonald & Siegel, 1985).

---

[81] Dem Unternehmen müssen Oppurtinitätskosten entstehen. So wäre es auch denkbar ein Projekt gegen ein anderes Projekt einzutauschen, wobei das abzugebende Projekt eine negative Zahlung darstellt. Außerdem ist es auch möglich, dass beide zu tauschenden Zahlungen unsicher sind wie z.B. die Einnahmen und die Ausgaben.
[82] Die angesprochene Literatur ist sehr umfangreich. In der nachfolgenden Diskussion können deshalb immer nur einige Arbeiten genannt werden.

Tabelle 2: Arten von Investitionsoptionen

Optionsart	Allgemeine Beschreibung	Produktorientierte Betrachtung	Marktbeispiele
Aufschuboption	Die allgemeinste Option. Das Unternehmen kann eine bestimmte Zeit warten, um über das Projekt zu lernen.	Die Produkteinführung wird verschoben, um mehr über den Markt zu lernen oder das Produkt zu entwickeln.	Alle Märkte, vor allem solche die, neu für das Unternehmen sind.
	\multicolumn{3}{c}{$\max(V - I, 0)$ Zum Zeitpunkt der Investition erhält das Unternehmen den Projektwert V für die Zahlung der Investitionsausgaben I.}	
Abbruchoption	Sollte der Markt sich negativ entwickeln, kann das Projekt aufgeben werden, um einen Teil des Wiederverkaufswerts zu erhalten.	Der Produktverkauf erwirtschaftet keine Gewinne mehr und das Unternehmen überlegt die Produktion einzustellen.	Eintritt in unbekannte Märkte; kapitalintensive Industrien.
	\multicolumn{3}{c}{$\max(A - V, 0)$ Zum Zeitpunkt des Abbruchs erhält das Unternehmen den Verkaufswert aus dem Abbruch A und gibt dafür den Projektwert V auf.}	
Skalierungsoption (Projektumfang vergrößern oder verkleinern)	Sollte sich der Markt positiv oder negativ entwickeln, kann das Projekt entsprechend ausgeweitet oder verkleinert (bzw. stillgelegt) werden, um sich dem Markt anzupassen.	Die Kapazität der Produktion eines Produktes wird bei stärkerer Nachfrage erhöht oder bei fallenden Preisen oder Nachfrage entsprechend verringert.	Zyklische Märkte; schnell wachsende Märkte, in denen zunächst klein investiert wird; unvorteilhafte Märkte, die später wachsen können.
	\multicolumn{3}{c}{$\max(V_{skaliert} - V_{alt} - I, 0)$ Wird das Projekt skaliert, so wächst der aktuelle Projektwert zum skalierten Projektwert $V_{skaliert}$ wofür das Unternehmen den unvorteilhafteren aktuellen (alten) Projektwert V_{alt} aufgibt bei Zahlung der Ausgaben I.}	
Wechseloption	Ändern sich die Marktbedingungen grundsätzlich, kann das aktive Projekt ggf. gegen ein anderes eingetauscht werden.	Wird das eine Produkt durch Preis oder Nachfrage unattraktiv, kann stattdessen ein anderes Produkt vertrieben werden. Auch Inputfaktoren sind änderbar.	Produkte, die in kleinen Mengen hergestellt werden und während der Marktlage angepasst werden.
	\multicolumn{3}{c}{$\max(V_{neu} - V_{alt} - I, 0)$ Das aktive (alte) Projekt V_{alt} wird aufgegeben, um ein komplett neues Projekt V_{neu} starten zu können. Für den Wechsel sind die Investitionsausgaben I notwendig.}	
Sequentielle Optionen (Wachstumsoption)	Das Projekt besteht aus mehreren Stufen, vor denen entschieden werden kann, ob weiter investiert werden soll. Jede Stufe ist eine Option auf die nächsten.	Vor der globalen Produkteinführung wird das Produkt auf einem Testmarkt verkauft. Sind die Verkaufsdaten gut, wird in einen größeren Markt investiert.	In vielen Industrien regelmäßig der Fall, vor allem, wenn Testmärkte oder Testprodukte genutzt werden.
	\multicolumn{3}{c}{$\max(F_i(V) - I_i, 0)$ Für die Zahlung der Investitionsausgaben I_i für die aktuelle Stufe i erhält das Unternehmen die Option $F_i(V)$ in die nächste Stufe investieren zu können, welche vom Wert des Projektes V abhängt.}	

Als weitere spezielle Art lassen sich noch die Verbundoptionen identifizieren, welche mehrere Optionseigenschaften kombinieren.

Quelle: Kombiniert und abgewandelt aus Park (2016, S. 724) und Trigeorgis (2001, S. 104f.) mit eigenen Ergänzungen.

Im Vergleich dazu kann bei der **Wechseloption** bei entsprechender Marktänderung direkt das Projekt an sich verändert werden, also die Art und Weise, wie Einnahmen generiert werden. Beim Produktverkauf kann somit sowohl der Produktmix als auch die verwendete Inputkombination verändert werden, um veränderte Projekteinnahmen zu generieren und gegen das alte Projekt einzutauschen. Klassische Ansätze für vielfältige Wechselmöglichkeiten lieferten bereits Kulatilaka (1993), Kulatilaka & Trigeorgis (1994), Margrabe (1978) oder Triantis & Hodder (1990). Aber auch neuere Arbeiten betrachten diese Optionsart wie z.b. Hagspiel, Huisman, Kort, et al. (2016), die den Wechsel von einer alten unvorteilhaften Technologie bzw. einem Produkt zu einem neuen untersuchen.

Als letztes spielen **sequentielle Optionen** in vielen Entscheidungssituationen eine entscheidende Rolle. Durch die sequentielle Natur der Investitionsmöglichkeit stellen diese Optionen immer Verbundoptionen dar (Geske, 1979). So erhält das Unternehmen durch die erste Investitionsoption, sobald die Investition ausgeübt wird, weitere Investitionsmöglichkeiten. Sequentielle Optionen werden, je nach Betrachtungsweise bzw. Anwendungsfeld, auch als Wachstumsoption oder Erweiterungsoption bezeichnet.[83] Bei einer Wachstumsoption ist die erste Investition die Voraussetzung für spätere Folgeprojekte, welche mit dem ersten Projekt in Wechselbeziehung stehen können (Trigeorgis, 2001, S. 104f.). Das heißt, die erste Investition ist eine Plattforminvestition, durch die zukünftige Wachstumsmöglichkeiten entstehen (Baldwin, 1982). Ein klassisches Beispiel ist die Investition in eine erste neue Produktart, durch die später weitere und neuere Produktgenerationen vermarktet werden können. Diese Optionsart wird beispielsweise von Brealey et al. (2017, S. 573ff.), Kort et al. (2010), Myers (1977) und Pindyck (1988) untersucht. Analog dazu wirken auch Erweiterungsoptionen, die im Vergleich zu Wachstumsoptionen nicht über mehrere Projekte, sondern innerhalb eines Projektes bestehen. In diesem Fall besteht ein einzelnes Projekt aus mehreren Teilphasen, die jeweils eine Option auf die nächstfolgende Teilphase sind. Carr (1988), Dixit & Pindyck (1994, S. 321) und Koussis et al. (2013) haben, um einige Beispiele zu nennen, diese Art der Investitionsfolge untersucht. Für Produktinnovationen könnte die erste Teilphase die Vermarktung des Produktes auf einem Testmarkt darstellen, bevor es bei positiver Entwicklung auf dem Gesamtmarkt eingeführt wird. Den Erweiterungsoptionen können auch Investitionen mit Vorlaufzeit (Time-to-build) zugeordnet werden, bei denen das Projekt nach der Ideenphase bzw. Investitionsentscheidung

---

[83] Diese Erweiterungsoptionen dürfen nicht mit der Skalierungsoption, also der Möglichkeit, die Kapazität zu erweitern, verwechselt werden. Eine sprachliche Trennung ist jedoch schwierig. So verwendet Hull (2012, S. 950) den Begriff Erweiterungsoption für diese Art der Kapazitätserweiterung. Statt Erweiterungsoption könnte diese Investitionsart auch als stufenweise Investition bezeichnet werden (Trigeorgis, 2001, S. 104f.).

eine Übergangszeit wie eine Bauphase vor der endgültigen Fertigstellung durchlaufen muss. Bar-Ilan & Strange (1996), Friedl (2002) und Majd & Pindyck (1987) sind einige Beispiele für diesen Literaturstrang.

Neben diesen typischen Investitionsarten gibt es auch eine Reihe von investitionsspezifischen Modellerweiterungen, die in allen Arten vorkommen können. So können die Investitionsentscheidungen mit Überlegungen zu Wettbewerbssituationen, Finanzierungsbedingungen des Unternehmens, möglichen Subventionen oder Steuern, dem Bilden von Portfolios von Investitionsmöglichkeiten und der Berücksichtigung von Lerneffekten erweitert werden. Diese Möglichkeiten werden in Tabelle 3 zusammengefasst.

Tabelle 3: Erweiterung von Investitionsoptionen

Optionserweiterung	Allgemeine Beschreibung	Produktorientierte Betrachtung	Praxisbeispiel
Wettbewerb und Spieltheorie	Die Investitionsentscheidung hängt von den Entscheidungen eines anderen Unternehmens ab.	Bei der Markteinführung eines neuen Produktes kann ein Wettbewerber ein ähnliches Produkt einführen und Nachfrage abgreifen.	Apple kündigte im Januar 2010 das iPad an und im September 2010 folgt Samsung mit dem Galaxy Tab.
Finanzierung	Das Unternehmen muss zur Investition Fremdkapital aufnehmen oder hat durch dieses Einfluss auf die Investitionsentscheidung.	Zur Markteinführung des Produktes muss das Unternehmen Fremdkapital aufnehmen.	Start-up Mister Spex erhält Fremdkapital von der Deutschen Handelsbank.
Subventionen und Steuern	Der Staat ändert die Cashflows des Projektes, was Auswirkungen auf die optimale Investitionsentscheidung des Unternehmens hat.	Durch die Subvention des Produktes ist es für das Unternehmen eher vorteilhaft, das Produkt auf den Markt zu bringen.	Steuervorteil für Elektroautos in Deutschland ab 2019.
Portfolios	Das Unternehmen besitzt mehrere, möglicherweise interdependente Optionen die gesteuert werden müssen.	Mehrere Produkte auf dem Markt, die unterschiedliche Zielgruppen bedienen; neue in der Entwicklung, welche die alten ersetzen könnten.	Samsung bietet High-End- und Mainstream-Smartphones sowie Zubehör an.
Lernen	Durch weitere Investition kann das Unternehmen endogene Unsicherheit abbauen und dadurch über den Markt oder das Projekt lernen.	Durch Investitionen in Machbarkeitsstudien kann die technische Machbarkeit des Produktes getestet werden.	Lindt eröffnet erstes Schokoladencafé in Sydney.

Die Investitionsentscheidung ändert sich entscheidend, wenn das Unternehmen keine isolierte Investitionsentscheidung treffen kann, sondern unter **Wettbewerb** steht oder eine sonstige **spieltheoretische Entscheidungssituation** vorliegt (Chevalier-

Roignant et al. 2011, Smit & Trigeorgis, 2006, Smit & Trigeorgis, 2017).[84] Bereits frühe Arbeiten zeigten, dass Unternehmen in diesem Fall ihre Investitionen nicht immer aufschieben sollten, da durch Wettbewerb und die Möglichkeit des Markteintritts von Wettbewerbern ein Druck entsteht, eher zu investieren (Smit & Ankum, 1993). Lukas & Welling (2014a) zeigen, dass eine höhere Unsicherheit nicht immer zu einer Verzögerung der Investition führt. Dieser Literaturstrang lässt sich weiter untergliedern nach Marktsituation, Verhandlungsstrategie und Informationslage der Unternehmen. So können Unternehmen einen neuen Markt betreten (Mason & Weeds, 2010, Weeds, 2002), in einem bestehenden Markt agieren (Pawlina & Kort, 2006) oder planen ein anderes Unternehmen zu übernehmen (Betton & Morán, 2003, Hackbarth & Morellec, 2008, Lukas & Welling, 2012). Die Unternehmen können kooperativ (Alvarez & Stenbacka, 2006, Pawlina & Kort, 2006, Welling, 2013, S. 108ff.) oder nicht-kooperativ (Lambrecht, 2004) agieren und simultan (Morellec & Zhdanov, 2005) oder sequentiell (Betton & Morán, 2003) entscheiden. In einigen Modellen besitzen die Unternehmen asymmetrische Informationen über die Situation (Décamps & Mariotti, 2004, Graham, 2011).

In der Realität wird häufig auch **Fremdkapital** zur **Finanzierung** der Investition eingesetzt. Dies kann zu vorzeitigen oder verspäteten Investitionen führen, da es zu Interessenskonflikten zwischen Eigenkapital- und Fremdkapitalgebern des Unternehmens bei der Wahl des Investitionszeitpunktes führen kann (Mauer & Sarkar, 2005). Weiterhin zeigt Pawlina (2010), dass die Möglichkeit der Eigenkapitalgeber, im Notfall eine strategische Restrukturierung von Fremdkapital vorzunehmen, Investitionen in der Wachstumsphase verhindert. Auch das Ausmaß der Investition ist von der Fremdkapitalfinanzierung betroffen. Während Wong (2010) unter beschränkter Fremdkapitalquote keinen Zusammenhang zeigt, wenn das Unternehmen den Steuervorteil gegen die Insolvenzkosten des Fremdkapitals abwägt, verzögert nach Sarkar (2011) die unbeschränkte Fremdkapitalfinanzierung die Investition ggf. zwar, kann aber dann zu größeren Investition führen. Die Auswirkung des Ausmaßes der Beschränkung der Fremdkapitalfinanzierung auf die Investition wird von Shibata & Nishihara (2012) untersucht und von Shibata & Nishihara (2015) um die Möglichkeit erweitert, Fremdkapital wahlweise über den Markt oder die Bank aufzunehmen. Sie finden, dass die Investitionsstrategie nicht monoton in Bezug auf die Beschränkung ist.

---

[84] Im Vergleich dazu „spielt" das Unternehmen in der klassischen Literatur ausschließlich gegen die Natur.

Ein weiterer Literaturstrang untersucht den Einfluss von **Subventionen und Steuerpolitik** auf die Investitionsentscheidungen von Unternehmen (Pennings, 2000). Während erste Arbeiten den getrennten Einfluss untersuchten, werden in der Praxis oft beide Möglichkeiten der Investitionssteuerung vom Staat gleichzeitig angewendet. Aus diesem Grund zeigen Danielova & Sarkar (2011), warum der Staat sowohl Subventionen als auch Steuerpolitik nutzt für den Fall, dass das geförderte Unternehmen Fremdkapital aufnehmen kann, und Sarkar (2012) für den Fall unterschiedlicher Diskontierungsfaktoren von Staat und Unternehmen. Armada et al. (2012) hingegen untersuchen mehrere Subventionsarten, wie Investitionszulagen, Einnahmenzulagen und Garantien, gegen Schaden, mit denen der Staat Investitionen in öffentlich-privaten Partnerschaften steuern kann. Besondere Aufmerksamkeit in der Literatur erhält auch die Förderpolitik des Staates im Bereich der erneuerbaren Energien (Boomsma et al., 2012, Welling, 2016).

Weiterhin besitzen Unternehmen oft nicht nur einzelne, sondern mehrere Projekte, die sich ggf. auch gegenseitig beeinflussen können und deshalb als **Portfolios von Optionen** betrachtet werden müssen (Trigeorgis, 1993). Demnach bieten die Ressourcen eines Unternehmens in Form bestehender Projekte, Wissen und Fähigkeiten sowie externen Gegebenheiten nichts anderes als Optionen zukünftiger Handlungsmöglichkeiten (Bowman & Hurry, 1993). Da diese Ressourcen in Abhängigkeit voneinander stehen, bildet das Unternehmen somit ein komplexes System von Optionen, welche eventuell nicht alle zeitgleich ausgeübt werden können und unterschiedlich korreliert sind (Anand et al., 2007). Aber auch einzelne Unternehmensbereiche können bereits Portfolios enthalten, beispielsweise mehrere F&E-Projekte einer Forschungsabteilung (Vassolo et al., 2004). McGrath & Nerkar (2004) zeigen jedoch empirisch, dass zusätzliche F&E-Optionen ein großes bestehendes Portfolio nicht immer genügend bereichern, um aktiv danach zu suchen.

Während das Unternehmen allgemein durch Warten von der Unsicherheit profitieren und über den Markt lernen kann, so gibt es auch Situationen, in denen das Unternehmen durch **Lernen endogene Unsicherheit reduziert** (Pindyck, 1993). In diesen Fällen kann das Unternehmen durch Investitionen die unternehmensinterne Unsicherheit, z.B. über die technische Machbarkeit eines Projektes, abbauen (Bowman & Hurry, 1993, Kogut & Kulatilaka, 2001). Martzoukos (2000) ist der erste, der Lernen als das zufällige Ausmaß des Einflusses einer Handlungsentscheidung des Unternehmens auf den Projektwert untersucht. Diese Handlungsentscheidung wird zwar optimal getroffen, ist aber mit weiteren notwendigen Investitionen verbunden. Dieses Modell wird von Koussis et al. (2007) um den Fall der Pfadabhängigkeit erweitert, von Martzoukos

(2008) um Mehrdimensionalität und von Martzoukos & Zacharias (2013) um die spieltheoretischen Überlegungen zweier Unternehmen, die Forschung vor dem Hintergrund externer Lerneffekte betreiben. Somit ist sind Lerneffekte gerade vor dem Hintergrund der Technologieentwicklung zu berücksichtigen (McGrath, 1997).

3.2.3 Anwendungsgebiete von Investitionsoptionen in der Forschung

Eine weitere Möglichkeit der Klassifizierung von Investitionsoptionen sind die möglichen Anwendungsgebiete, welche auch gleichzeitig Forschungsfelder in der Literatur darstellen. In jedem einzelnen dieser Anwendungsgebiete können prinzipiell alle Arten von Optionen und Modellerweiterungen, die in Abschnitt 3.2.2 genannt wurden, berücksichtigt werden. Die Anwendungsgebiete umfassen unter anderem den Markteintritt, Unternehmensübernahmen (M&A), Joint Ventures (JV), Supply Chains, Infrastrukturinvestitionen, Forschung und Entwicklung (F&E) sowie Innovationen und Technologien. Tabelle 4 gibt einen Überblick der Anwendungsgebiete und nennt Übertragungsmöglichkeiten auf Produktinvestitionen. Dabei bilden die Investitionen in F&E und neue Innovationen den Kern der Investition in neue Produkte.

Internationale Unternehmen investieren regelmäßig im Ausland und bauen dort Niederlassungen oder Produktionskapazitäten auf; sie tätigen sogenannte ausländische Direktinvestitionen zum **Markteintritt**. Oft folgen dabei auf eine anfängliche Investition strategische Folgeinvestitionen, welche erst durch die erste Investition möglich wurden. Dadurch hat die Anfangsinvestition einen hohen strategischen Wert und gibt dem Unternehmen zusätzliche Handlungsoptionen (Hule, 2000, Kogut & Kulatilaka, 1994). Dieser Optionscharakter der Plattforminvestitionen wurde in der Literatur mehrfach gewürdigt, oft vor dem Hintergrund der Wahlmöglichkeit der Art des Markteintritts (Gilroy & Lukas, 2006b). So betrachten Pennings & Sleuwaegen (2004) mehrere Möglichkeiten, in einen neuen Markt einzutreten, indem ein Unternehmen beispielsweise vom reinen Export als erstes zu einer eigenen Niederlassung wechselt oder ggf. komplexere Unternehmensstrukturen wählt.

Tabelle 4: Anwendungsgebiete von Investitionsoptionen

Optionsanwendung	Allgemeine Beschreibung	Produktorientierte Betrachtung	Praxisbeispiel
Markteintritt (Foreign Direkt Investment)	Das Unternehmen investiert im Ausland und tätigt damit ggf. eine Plattforminvestition, welche nachfolgende Investitionen ermöglicht.	Das eigene Produkt wird in einem anderen Land vertrieben, wofür eine Produktion vor Ort eröffnet oder ausgeweitet wird.	Harley-Davidson erweitert Produktion außerhalb der USA, um Preise für EU-Kunden halten zu können.
M&A (mit Earn-Outs)	Der Käufer erhofft sich von der Unternehmensübernahme Synergieeffekte, welche je nach Verhandlungssituation verteilt werden.	Um sich strategische Patente zu sichern, wird ein anderes Unternehmen aufgekauft, um dadurch die eigene Wettbewerbsposition zu verbessern.	IBM kauft Red Hat für Marktführerschaft bei Unternehmens-Clouds.
JV	Unternehmen kooperieren und bündeln die Ressourcen zur Erreichung eines Ziels, profitieren jedoch auch von späteren (impliziten) Handlungsmöglichkeiten.	Zur gemeinsamen Technologieentwicklung wird ein Unternehmen gegründet, das später von einer der beteiligten Firmen übernommen werden kann.	Fujitsu und Siemens gründen Fujitsu Siemens Computers für den Bereich „Computer Systems".
Supply Chain	Mögliche Veränderungen in einer Lieferkette miteinander verbundener Unternehmen besitzen für diese Unternehmen Optionscharakter.	Ein Unternehmen hat ein Ziel, das einem Partner Ausgaben verursacht, weshalb über Ausgleichszahlungen und Zeitpunkt der Durchführung verhandelt werden muss.	Ikea verpflichtet sich zu Nachhaltigkeit und investiert in eine nachhaltige Supply Chain.
Infrastruktur	Die Planung und Durchführung von Projekten von öffentlichem Interesse, ggf. durch öffentlich private Partnerschaften, besitzen besondere Vertragsstrukturen.	Für den Abtransport der eigenen Produkte wird in Infrastruktur investiert, wobei das Bauprojekt mit der Regionalverwaltung koordiniert wird.	Kernenergiebetreiber E.ON, RWE, Vattenfall und ENBW sowie die Stadtwerke München transferieren Investitionssummen für Endlagerstätten an den Bund.
F&E	Durch die zielgerichtete Anstrengung oft sequentieller Natur, wobei technische Unsicherheit von besonderer Relevanz ist.	Das Unternehmen investiert in einen Prototypen, um bei technischer Machbarkeit daraus ein fertiges Produkt zu entwickeln.	Tesla investiert in F&E für Elektrofahrzeuge und autonomes Fahren.
Innovation und Technologie	Die Eigenschaften der Technologie, insbesondere endliche Lebensdauer und technischer Fortschritt, prägen die Entscheidung.	Ein fertiges Produkt kann auf den Markt gebracht werden, wobei das Produkt durch technische Neuerungen in 5 Jahren obsolet werden kann.	VW entwickelt neuen Zweiliter-Diesel, um CO_2-Flottenemissionen zu erreichen, obwohl Diesel-Technologie vor dem Aus steht.

Solche Strukturen können beispielsweise durch **Unternehmensübernahmen** entstehen.[85] Das kaufende Unternehmen erhofft sich durch die Übernahme Synergieeffekte (Lambrecht, 2004). Beispielsweise nehmen Betton & Morán (2003) diese Effekte in einer sequentiellen Verhandlungssituation als unsicher, aber endogen an. Wird die Übernahme als Investition unter Unsicherheit betrachtet, kann sowohl die Abgabe des Übernahmeangebots als auch dessen Annahme Optionscharakter haben, je nach angenommener Verhandlungssituation. Dies kann, wie Lukas & Welling (2012) zeigen, soweit gehen, dass sogar der Verkäufer dem Käufer ein Angebot machen kann.[86] Die Synergieeffekte können dabei auch, wie bei Hackbarth & Morellec (2008), von der Größe des Unternehmens abhängen. Selbst bei negativen Synergien kann nach Thijssen (2008) eine Übernahme sinnvoll sein, wenn das Unternehmen dadurch Diversifikationseffekte erreichen kann. Alvarez & Stenbacka (2006) betrachten weiterhin den Fall, dass Unternehmensteile ohne Synergieeffekte an einen dritten Investor weiterveräußert werden können. Weitere Arbeiten zu Unternehmensübernahmen berücksichtigen den Optionscharakter auch bei der Betrachtung der Finanzierungsstrategie des übernehmenden Unternehmens (Morellec & Zhdanov, 2005) oder des Übernahmeverhaltens auf Industrieebene (Hackbarth & Miao, 2012). Eine zusätzliche Erweiterung dieses Literaturstrangs bildet die Einbeziehung weiterer Verhandlungsaspekte wie der Möglichkeit von Earn-outs, welche den verhandelnden Unternehmen einen speziellen optionsartigen Vertrag ermöglicht (Lukas et al., 2012).[87]

Aber nicht nur komplette Übernahmen anderer Unternehmen haben Optionscharakter, sondern auch Kooperationen mit anderen Unternehmen, sogenannte **Joint Ventures**.[88] Bei einer solchen Kooperation bündeln zwei unabhängige Unternehmen ihre Ressourcen in einem neuen, gemeinsam geführten Unternehmen.[89] Der Ansatz, Joint Ventures als Optionen zu betrachten geht, unter anderem maßgeblich auf Kogut (1991) zurück. Nach ihm treibt nicht die Vorteilhaftigkeit des Joint Ventures an sich die Investition in die Kooperation, sondern vor allem die zukünftigen Handlungsmöglichkeiten daraus. Pennings & Sleuwaegen (2004) untersuchen das Joint Venture als eine Möglichkeit, einen Markt zu betreten, wohingegen bei T. Lee (2004) ein internationales

---

[85] Die Literatur zu Unternehmensübernahmen berücksichtigt insbesondere, dass eine Übernahme der oben genannten Wechseloption gleicht, bei der Anteile des eigenen Unternehmens gegen Anteile des anderen Unternehmens getauscht werden können.
[86] Die Autoren greifen dabei unter zusätzlichen Annahmen, wie sicheren Synergieeffekten und der Vernachlässigung von Transaktionskosten, auf das Modell von Betton & Morán (2003) zurück.
[87] Earn-outs sind ein bekanntes Instrument der Vertragsgestaltung bei Unternehmensübernahmen. Für einen sehr guten Literaturüberblick siehe Heimann (2014, S. 91ff.).
[88] Eine weitere Art der Unternehmenskooperation ist eine strategische Allianz (siehe Gilroy & Lukas, 2006a).
[89] Für eine guten Überblick über die Eigenschaften, Ziele und Stabilität von Joint Ventures siehe Welling (2013 S. 45ff.).

Unternehmen zu einer Kooperation mit einem lokalen Unternehmen gezwungen ist. In beiden Modellen wird jedoch die Möglichkeit zur Beendigung der Kooperation und somit deren Dauer vernachlässigt. Chi (2000) betrachtet hingegen explizit das Ende des Joint Ventures. Auch Lukas (2007) betrachtet die mögliche Auflösung und zusätzlich deren Einfluss auf die Entstehungsphase und Dauer der Kooperation. Lukas (2013) betrachtet weiterhin den Fall, dass ein Unternehmen das Recht zur kompletten Übernahme des Joint Ventures zu einem späteren Zeitpunkt kaufen kann. Welling (2013 S. 117ff.) gelingt die spieltheoretische Modellierung einer kooperativen Vertragsverhandlung unter Berücksichtigung der expliziten Übernahmeoption für das Käuferunternehmen, das in der Vorstufe nur ein JV gründen möchte.

Weitere Optionen in Entscheidungssituationen für Unternehmen wurden auch innerhalb des **Supply Chain Management** identifiziert. Wird die Supply Chain als Verbindung verschiedener Zulieferer, produzierender Unternehmen und Händler, welche in gegenseitiger Abhängigkeit stehen, betrachtet, so ergeben sich bei Veränderungen innerhalb einer Supply Chain immer Handlungsoptionen (Alvarez & Stenbacka, 2007, Goh et al., 2007, Triantis & Hodder, 1990). Da die einzelnen Teilnehmer in der Supply Chain voneinander abhängen, ist es naheliegend, für diese Situationen auch spieltheoretische Ansätze zu entwickeln, wie die Modelle von Chen (2012), Cvsa & Gilbert (2002) oder Burnetas & Ritchken (2005). Als Beispiel des Verhandlungsgegenstandes betrachten Lukas & Welling (2014b) die Einführung einer CO_2-Reduktion innerhalb der Supply Chain.

Auch die Planung von **Infrastrukturprojekten** ist eine Investition unter Unsicherheit. Dieser Literaturstrang beschäftigt sich sowohl mit dem Entwurf solcher Projekte als auch der beim Betrieb vorhandenen Handlungsflexibilität und kann weiter nach der Art des Projektes differenziert werden. Im Bereich des Straßenverkehrs bewerten Galera & Solino (2010) Lizenzrechte für den Bau von Abschnitten, die oft Optionscharakter haben, wenn beispielsweise vom Staat bestimmte Mindesteinnahmen durch Maut garantiert wird. Im Bereich des Schienenverkehrs untersuchen Gao & Driouchi (2013) die Investitionsentscheidung vor dem Hintergrund von Ungewissheit, die beim Planen von öffentlichen Verkehrsmittel auftreten kann. Diese beiden Arten von Infrastrukturprojekten können Transportnetze schaffen, deren Aufbau als Investitionsentscheidung an sich von Chow & Regan (2011) untersucht wird. Auch die Investitionen in Energieerzeugung gehören zu diesem Literaturstrang (Martínez Ceseña et al., 2013,

Näsäkkälä & Fleten, 2005, Wickart & Madlener, 2007).[90] Besondere Aufmerksamkeit erhalten insbesondere auch die erneuerbaren Energien (Schmit et al., 2011, Welling, 2016). So untersuchen Bøckman et al. (2008) ein Wasserkraftprojekt, dessen gewählte Kapazität vom Deckungsbeitrag der Stromerzeugung bei einem gegebenen Strompreis abhängt.[91] Dieser Literaturstrang hat gemein, dass die Investition mit dem Staat oder in Abhängigkeit von ihm getroffen werden muss oder von technischen Faktoren abhängt, welche direkt in das Modell übernommen werden müssen.

Auch die **Forschung und Entwicklung** eines Unternehmens, die der Investition in die Produkteinführung vorgelagerte ist, hat Optionscharakter. In einer frühen Arbeit zu diesem Thema berücksichtigen Pennings & Lint (1997), dass neue Informationen über den möglichen Produktwert nicht kontinuierlich, sondern zu zufälligen Zeitpunkten zu erwarten sind. Gerade bei der Betrachtung von Forschungsaktivitäten wird häufig explizit die sequentielle Natur der Investition bedacht, nach der die Investition in Forschung und Entwicklung späteren Investitionen in fortgeschrittene Forschungsanstrengungen oder die Produktvermarktung vorgelagert ist (Berk et al., 2004, Cassimon et al., 2011, Pennings & Sereno, 2011). Auch die technische Unsicherheit, z.B. in Form der technischen Machbarkeit für das Unternehmen, wird berücksichtigt (Berk et al., 2004, Cassimon et al., 2011, Weeds, 2002). Ebenso wird der Einfluss des Wettbewerbs auf die F&E-Aktivitäten untersucht, beispielsweise von Lambrecht (1996) Miltersen & Schwartz (2004) und Weeds (2002). Whalley (2011) zeigt, dass risikoaverse Entrepreneure F&E-Projekte aufgrund ihrer Unsicherheit schlechter bewerten. Li (2011) untersucht, wie finanzielle Engpässe das Unternehmensrisiko gerade innovativer und somit forschungsintensiver Unternehmen erhöhen. Childs & Triantis (1999) zeigen, wie Unternehmen gleichzeitig mehrere interdependente Forschungsprojekte durchführen, obwohl am Ende nur ein Projekt vollständig durchgeführt werden kann. Dieser Forschungsstrang fokussiert somit häufig, wie Forschung und Entwicklung einem Unternehmen in einer vorgelagerten Stufe Optionen zu fertigen Produkten generieren und wie das Unternehmen davon, z.B. im Wettbewerb, profitieren kann.

Der Literatur zur Investitionen in Forschung und Entwicklung schließt sich die Untersuchung der Investition in **Produkte oder Technologien** an. Für die Möglichkeit eines Unternehmens, in unterschiedliche Produktgenerationen zu investieren, die sich

---

[90] Madlener et al. (2005) untersuchen die Übernahme von Technologien zur Energieerzeugung in der Türkei empirisch auf Basis von modelltheoretischen Überlegungen.
[91] Linnerud et al. (2014) zeigen empirisch, dass im Bereich von kleinen Wasserkraftprojekten große Investoren unter politischer Unsicherheit tatsächlich ihre Investitionen verschieben, wohingegen kleine Investoren nach der klassischen Kapitalwertmethode zu entscheiden scheinen.

über die Zeit verbessern, identifizieren Grenadier & Weiss (1997) vier mögliche Strategien bei den Handlungsoptionen des Unternehmens: Es kann die neue Technologie sofort kaufen und ihr bleiben, bis zur neuen Technologie warten, um die ältere zu übernehmen, eine Technologiegeneration überspringen, um nur die neuere zu kaufen, oder jede Technologie kaufen, sobald sie erhältlich ist. Farzin et al. (1998) betrachten eine ähnliche Übernahmeentscheidung für den Fall, dass das Unternehmen weder den Zeitpunkt noch das Ausmaß der technologischen Neuerung genau abschätzen kann. Die Möglichkeit einer weiteren stufenweisen Verbesserung der neuen Technologien in zukünftigen Generationen betrachten Alvarez & Stenbacka (2001). Andere Ansätze wie das Modell von Huisman & Kort (2003) betrachten die Wahl zwischen bestehender und neuer, aber unsicherer Technologie vor dem Hintergrund des Wettbewerbs, oder sie berücksichtigen die Lebensdauer des Produktes und dessen Einfluss auf die Einnahmen aus dem Produktverkauf, wie Chance et al. (2008). Dieser Literaturstrang versucht somit insbesondere die Besonderheiten der Investition in neue Technologie oder Produkte, wie den technologischen Fortschritt und die Unsicherheit der Lebensdauer des Produktes, zu berücksichtigen, die auch schon in Abschnitt 2.2.3 und 2.3 angesprochen wurden.[92] Die für diese Arbeit besonders relevanten Arbeiten werden zudem in Unterkapitel 4.2 vorgestellt.

Neben diesen Literatursträngen gibt es noch eine Vielzahl weiterer Themen, die nur kurz angesprochen werden. So geht die Literatur zum Rohstoffabbau maßgeblich auf den Artikel von Brennan & Schwartz (1985) zurück und findet bei der Ölproduktion (z.B. Smith & McCardle, 1998) oder bei der Baumernte (Clarke & Reed, 1989, Insley, 2002) Anwendung. Auch im Bereich Risikokapital und Unternehmensgründungen werden Optionen untersucht (Bouvard, 2014). Trigeorgis & Reuer (2017) betonen weiterhin den Bereich der Marktbewertung und Performancemaße. Investitionsentscheidungen, die neben Unsicherheit auch Ambiguität über die zukünftige Entwicklung enthalten, werden am Beispiel einer ökologischen Investition von Welling et al. (2015) untersucht.

Diese Aufzählung kann allenfalls als kleiner Einblick in die Literatur gelten. Die möglichen Anwendungsfelder sind im Detail sehr vielfältig, wie dieser und die vorangegangenen Abschnitte zeigen. Eine vertiefende Übersicht liefern auch die Zusammenfassungen von Chevalier-Roignant et al. (2011), Huberts et al. (2015), Lambrecht (2017), Ragozzino et al. (2016), Smit & Trigeorgis (2004, S. 108f.) und Trigeorgis & Reuer (2017).

---

[92] Die Aussichten auf zukünftige Produktgenerationen oder Produktverbesserungen begrenzen die Möglichkeit der Vermarktung der bestehenden Produktgeneration zwangsweise.

Für das investierende Unternehmen ist es wichtig in jeder Entscheidungssituation zu untersuchen, welche Investitionsoptionen vorliegen. Gegebenenfalls muss beim Vorliegen mehrerer Optionen auch entschieden werden, welche die strategisch wichtigeren Optionen sind, um die Komplexität der Entscheidung zu reduzieren. Nach der Identifizierung der Hauptentscheidungsstruktur muss die Investitionsmöglichkeit bewertet und kritische Entscheidungsfaktoren identifiziert werden, wie im nächsten Kapitel gezeigt wird.

3.3 Bewertungsmethoden unter Unsicherheit

In der Einleitung zum vorangegangenen Unterkapitel wurde bereits eine Investitionsentscheidung unter Unsicherheit beispielhaft vorgestellt. Bei dieser Bewertung wurde eine bestimmte Form der Unsicherheit unterstellt: Die Cashflows x_t konnten sich einmalig mit einer bestimmten Wahrscheinlichkeit zu vorgegebenen Ausprägungen positiv oder negativ entwickeln. Gleichzeitig hing der Wert der Investitionsmöglichkeit maßgeblich von der angenommen zugrunde liegenden Entwicklung, also dem Trend, dieser Cashflows ab. Außerdem wurde festgestellt, dass der Wert der Investitionsmöglichkeit (der Option) von ihrem inneren Wert, also der Differenz von Projektwert und Investitionsausgaben, abhängt. Zusätzlich muss auch ein Flexibilitätswert berücksichtigt werden, der von den zukünftigen Handlungsmöglichkeiten und der Entwicklung des Projektwertes abhängt. Während der innere Wert zu bestimmten Zeitpunkten ermittelt werden kann, muss der Flexibilitätswert aus zusätzlichen Überlegungen hergeleitet werden, um den gesamten Optionswert zu bestimmen.

In diesem Unterkapitel wird gezeigt, wie auf Basis einfacherer Annahmen zur Entwicklung der Cashflows des Projektes und der Kenntnis seines inneren Wertes, zum Beispiel bei der Investition zu einem bestimmten Zeitpunkt, Bewertungsansätze unter Unsicherheit genutzt werden können. Im Folgenden wird von einer zeitstetigen Modellierung der zugrunde liegenden zukünftigen Cashflows ausgegangen. Gleichzeitig wird die Unsicherheit über diese Cashflows allgemeiner modelliert werden als im einführenden Beispiel. Dazu wird auf eine besondere Art stochastischer Prozesse zurückgegriffen, so genannte Itô Prozesse.

3.3.1 Stochastische Prozesse

Die prognostizierte Entwicklung der Cashflows x aus Unterkapitel 3.1 kann als zeitstetiger Prozess mittels Differentialgleichung beschrieben werden. Dabei beträgt die

Änderung der Cashflows $dx = a(x,t)dt$ und die bekannte Funktion $a(x,t)$ beeinflusst die Wachstumsrate des Prozesses über einen Zeitschritt dt. Der Wachstumsfaktor kann unterschiedlich ausgeprägt sein und generell von den momentanen Cashflows x und dem Zeitpunkt t abhängen. Für die einführenden Beispiele wäre für kein Wachstum die Wachstumsrate $a(x,t) = 0$ wie in Abbildung 13.b, für lineares Wachstum $a(x,t) = a$ wie in Abbildung 13.c und für exponentielles Wachstum $a(x,t) = \mu x$ wie in Abbildung 14.

Stochastische Prozesse können genutzt, werden die unsichere Entwicklung der Cashflows aus Unterkapitel 3.2 allgemeiner zu berücksichtigen. Ein solcher Prozess ist eine Variable, die sich über die Zeit zumindest teilweise unsicher entwickelt (Hull, 2012, S. 358).[93] Er beschreibt zeitlich geordnete und zufällige Vorgänge. Für die Entwicklung der stochastischen Variable über die Zeit kann eine Wahrscheinlichkeitsverteilung angegeben werden. Das heißt, es kann zu jedem Zeitpunkt eine Aussage darüber getroffen werden, mit welcher Wahrscheinlichkeit die Variable innerhalb einer bestimmten Spanne liegt. Wird die Zeit als stetig angenommen, entwickelt sich auch der stochastische Prozess zeitstetig.

Im Beispiel in Unterkapitel 3.2 findet nur einmalig eine zufällige Auf- oder Abwärtsbewegung der Cashflows statt. Auch für die zufällige Variable der Cashflows kann zu jedem Zeitpunkt eine Wahrscheinlichkeit angegeben werden, in welchem Bereich sie sich befindet. Für die zukünftige Entwicklung der Cashflows in dem Beispiel ist aber der Zeitpunkt t der Betrachtung wichtig, da er vor oder nach der zufälligen Bewegung liegen kann. Alternativ könnte sich statt der einmaligen zufälligen Auf- oder Abwärtsbewegung der Cashflows der zufällige Vorgang für jeden Zeitschritt dt wiederholen. In diesem Fall würde der stochastische Prozess zu den Markov-Prozessen gehören. Diese besitzen die Markov-Eigenschaft, nach der nur zum jeweiligen Zeitpunkt t bekannte Informationen über den Prozess x sind wichtig, um die zukünftige Entwicklung des Prozesses zu beschreiben (Hull, 2012, S. 358). Das heißt, die Wahrscheinlichkeitsverteilung von x_{t+dt} hängt nur von x_t ab.

Ein wichtiger stochastischer Prozess, der die Basis der in dieser Arbeit weiter verwendeten stochastischen Prozesse bildet, ist der Wiener-Prozess W, der auch als Brownsche Bewegung bezeichnet wird. Die Änderung des Prozesses über einen Zeitschritt dt wird als Wiener-Inkrement dW bezeichnet. Die Zuwächse des Prozesses

---

[93] An dieser Stelle wird nur eine kurze und sehr allgemeine Einführung gegeben. Für eine detaillierte Einführung und formale Definition siehe z.B. (Øksendal, 2010, S. 7ff.).

sind voneinander unabhängig. Das heißt, für zwei beliebige Zeitintervalle dt sind die Wertänderungen dW unabhängig. Dies impliziert die eben beschriebene Markov-Eigenschaft (Hull, 2012, S. 360). Weiterhin sind die Zuwächse des Prozesses normalverteilt: Die Änderung des Wiener-Prozess dW beträgt $dW = \epsilon_t \sqrt{dt}$, wobei ϵ_t mit $\epsilon_t \sim N(0,1)$ eine standardnormalverteilte Zufallsvariable ist. Deshalb ist das Wiener-Inkrement normalverteilt mit Erwartungswert $\mathbb{E}(dW) = 0$ und Varianz $Var(dW) = dt$ (Hull, 2012, S. 360). Da die Zufallsvariable ϵ_t zeitlich nicht korreliert ist, sind auch die Wiener Inkremente dW unabhängig voneinander. Das heißt, die Entwicklung des Prozesses W ist auch zufällig und hängt von den einzelnen zufälligen beobachten Änderungen dW ab.

Zu den Markov-Prozessen gehören auch die Itō-Prozesse. Sie bilden eine Klasse von stochastischen Prozessen mit besonderen Eigenschaften (siehe Øksendal, 2010, S. 21ff.). Auch der einfache Wiener-Prozess gehört zu den Itō-Prozessen. Ein großer Vorteil dieses Prozesses ist, dass er auch in komplexere stochastische Prozesse integriert werden kann um vielfältige stochastische Änderungen zu beschreiben. So kann auch der (mögliche) Cashflow x einer Investitionsmöglichkeit eine stochastische Variable darstellen und seine Änderung als Itō-Prozess beschrieben werden.[94] Itō-Prozesse können in Differentialschreibweise als stochastische partielle Differentialgleichung (SPDGL) angegeben werden und besitzen die allgemeine Form

$$dx = a(x,t)dt + b(x,t)dW, \qquad (3.8)$$

mit dem Inkrement eines Wiener-Prozesses dW sowie den Funktionen $a(x,t)$ und $b(x,t)$ (Øksendal, 2010, S. 21). Hier finden sich bereits zwei wichtige Eigenschaften des Prozesses. Der erste Term der Differentialgleichung beschreibt das bereits eingangs betrachtete deterministische Wachstum. Der zweite Term fügt diesem Wachstum über das Wiener-Inkrement eine stochastische Komponente hinzu. Beide Terme werden maßgeblich durch die Funktionen $a(x,t)$ und $b(x,t)$ beeinflusst. Dadurch beeinflussen sie wiederum die Entwicklung des stochastischen Prozesses über die Zeit.

Zwei bekannte Itō-Prozesse sind die **geometrische Brownsche Bewegung** und der Mean-Reverting-Prozess. Die geometrische Brownsche Bewegung (gBB) liegt vor, wenn die Funktionen $a(x,t) = \mu x$ und $b(x,t) = \sigma x$ von den Konstanten eines

---

[94] Im Allgemeinen kann der Wert x den Zustand einer beliebigen stochastischen Größe angeben.

Wachstumsparameters μ und einem Maß für die Unsicherheit σ sowie der zum jeweiligen Zeitpunkt aktuellen Höhe der Zahlungsströme $x(t)$ abhängen (Øksendal, 2010, S. 66f.). In diesem Fall ist

$$dx = \mu x dt + \sigma x dW \qquad (3.9)$$

die Differentialgleichung des Prozesses. Wenn zum Ausgangszeitpunkt $t = 0$ der Wert $x(0) = x_0$ für die aktuelle Ausprägung des Prozesses beobachtet wird, ist

$$x(t) = x_0 e^{\left(\mu - \frac{1}{2}\sigma\right)t + \sigma W} \qquad (3.10)$$

die eindeutige Lösung der Differentialgleichung und

$$\mathbb{E}\big(x(t)\big) = x_0 e^{\mu t} \qquad (3.11)$$

der Erwartungswert des stochastischen Prozess (Wilmott et al., 1995, S. 21). Das heißt, in Erwartung wächst die geometrische Brownsche Bewegung exponentiell, wie in den Beispielen aus Unterkapiteln 3.1 und 3.2 angenommen. Die Entwicklung eines einzelnen spezifischen Prozesses hängt nach Formel (3.10) jedoch von der zufälligen Realisation des Wiener-Prozesses ab. Drei solcher möglichen Realisationen sind in Abbildung 17 (a) und (b) abgebildet, zusammen mit dem Erwartungswert und zwei Quantilen für den Betrachtungszeitpunkt heute bzw. in vier Jahren.

Ein bekannter Mean-Reverting-Prozess ist der Ornstein-Uhlenbeck-Prozess, welcher auf die Arbeit von Uhlenbeck & Ornstein (1930) zurückgeht. Für diesen Prozess ist $a(x,t) = \eta(\varepsilon - x)$ und $b(x,t) = \sigma$, wobei ε der namensgebende langfristige Mittelwert oder Normalwert des Prozesses ist und v die Geschwindigkeit angibt, mit der Prozesse wieder zum Mittelwert zurückkehren. Die Differentialgleichung ist demnach

$$dx = \eta(\varepsilon - x)dt + \sigma dW \qquad (3.12)$$

und

$$\mathbb{E}\big(x(t)\big) = \varepsilon + (x_0 - \varepsilon)e^{-\eta t}. \qquad (3.13)$$

ist der Erwartungswert des Prozess (Dixit und Pindyck, 1994, S. 74). Der Prozess schwankt langfristig um seinen Mittelwert, auch wenn er sich, wie in Abbildung 17 (c) gezeigt wird, diesem ggf. erst vom Ausgangswert x_0 annähern muss.[95]

---

[95] Der deterministische Term der Differentialgleichung bewirkt das Wachstum in Abhängigkeit von der Entfernung zum Mittelwert. Wenn der Wert von x größer als der Mittelwert ist, so zieht das negative Vorzeichen den Wert nach unten und somit zurück zum Mittel. Ist x kleiner als der Mittelwert, so zieht das positive Wachstum x von unten zurück zum Mittelwert. Trotzdem wird diese Entwicklung von der Unsicherheit beeinflusst und der Trend eventuell sogar überlagert.

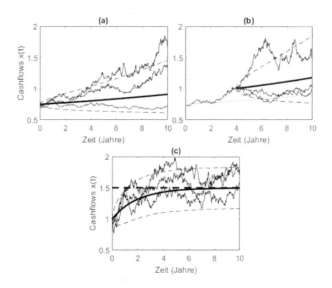

Abbildung 17: Simulation bekannter Itō-Prozesse

Drei simulierte Prozesse mit Erwartungswert (fett) sowie oberem 0,95 und unterem 0,05 Quantil (gestrichelt) mit $x_0 = 1, \mu = 0,05, \mathcal{E} = 1,5, \eta = 0,5$ und $\sigma = 0,2$ für (a) die geometrische Brownsche Bewegung, (b) die geometrische Brownsche Bewegung mit Erwartungsbildung in $t = 4$ und ehemaligem Erwartungswert (gepunktet), (c) den Ornstein-Uhlenbeck-Prozess mit Mittelwert (fett gestrichelt).

Für die Bewertung von Optionen, die von einem solchen Itō-Prozess, egal welcher spezifischen Form, abhängig sind, kann auf eine Besonderheit der Prozesse zurückgegriffen werden. Für Funktionen, die von einem Itō-Prozess nach Gleichung (3.8) abhängig und zumindest zweimal differenzierbar nach x und nach t sind, kann mittels Itō's Lemma eine Art Taylorreihenentwicklung der Funktion gebildet werden (Hull, 2012, S. 370f.).[96] Dies ist von besonderem Interesse, um die Änderung des Wertes einer Option auf den zugrunde liegenden Itō-Prozess zurückzuführen. Anders ausgedrückt wird so beschrieben, wie sich der Optionswert ändert, wenn sich die Zeit t oder der zugrunde liegende Wert der Investitionsmöglichkeit $x(t)$ ändert. Sei $F(x,t)$ der Optionswert, eine stetige Funktion und wie beschrieben differenzierbar, so ist die Änderung des Optionswertes dF mit Ableitungen höherer Ordnung nach x gleich

---

[96] Itō's Lemma kann somit als eine Art Taylorreihenentwicklung verstanden werden. Taylorreihen können jedoch nur bei deterministischen Variablen verwendet werden. Itō's Lemma hingegen erlaubt die Behandlung des stochastischen Prozesses dx, der selbst nicht differenzierbar ist. Somit erlaubt Itō's Lemma die Ableitung und Integration stochastischer Prozesse.

$$dF = \frac{\partial F}{\partial t}dt + \frac{\partial F}{\partial x}dx + \frac{1}{2}\frac{\partial^2 F}{\partial x^2}(dx)^2 + \frac{1}{6}\frac{\partial^3 F}{\partial x^3}(dx)^3 + \cdots. \quad (3.14)$$

Während im Falle normaler Differenzialrechnungen die Ableitungen höherer Ordnung verschwindenn müssen sie bei stochastischen Differentialgleichungen wie in Gleichung (3.8) weiter berücksichtigt werden (Hull, 2012, S. 377f.). Dies erschließt sich durch Einsetzen der Gleichung (3.8) für dx in $(dx)^2$. Da Terme in $(dt)^n$ für $n > 1$ schneller gegen Null gehen als dt selbst, wenn $dt \to 0$, reduziert sich die durch Einsetzen erhaltene Gleichung[97]

$$(dx)^2 = a^2(x,t)(dt)^2 + 2a(x,t)b(x,t)(dt)^{\frac{3}{2}} + b^2(x,t)dt \quad (3.15)$$

zu

$$(dx)^2 = b^2(x,t)dt. \quad (3.16)$$

In Gleichung (3.14) müssen die erste und zweite Ableitung[98] nach x beachtet werden, wenn x ein Itō-Prozess ist (Hull, 2012, S. 378). Dadurch ergibt sich nach Itō's Lemma die allgemeine Regel, dass dF gleich

$$dF = \frac{\partial F}{\partial t}dt + \frac{\partial F}{\partial x}dx + \frac{1}{2}\frac{\partial^2 F}{\partial x^2}(dx)^2 \quad (3.17)$$

ist.

Zur Bewertung der Investitionsmöglichkeit F bzw. zum Lösen dieser Differentialgleichung gibt es mehrere Möglichkeiten. Diese lassen sich grob in analytische und numerische Methoden unterscheiden.

3.3.2 Analytische Lösung

Dixit und Pindyck (1994, S. 100ff.) skizzieren den Ansatz der **dynamischen Programmierung** wie folgt. Der Wert einer Investitionsmöglichkeit hängt von einer Zustandsgröße x ab, die in diesem Fall der zugrunde liegende Wert der Investition ist. Es

---

[97] An dieser Stelle sei nochmal darauf verwiesen, dass $(dW)^2 = dt$ gilt.
[98] Für die dritte – und analog für jede höhere – Ableitung gilt wieder, dass $(dt)^3$ schneller gegen Null geht, wenn $dt \to 0$. Dadurch können diese Terme in der Ableitung ignoriert werden.

ist möglich, dass die Firma durch die Investitionsmöglichkeit zu jedem Zeitpunkt direkte Einnahmen $e_t(x_t)$ erhält, die grundsätzlich von dem zugrunde liegenden Wert abhängig sein können.[99]

Das Unternehmen ist bestrebt, zu jedem Zeitpunkt t den Wert der Investitionsmöglichkeit $F_t(x_t)$ zu maximieren. Dabei hat das Unternehmen zu jedem Zeitpunkt t zwar Wissen über den zugrunde liegenden Wert x_t, nicht aber über seine zukünftigen, unsicheren und zufälligen Werte x_τ für $t < \tau$. Jedoch kann, weil x ein Markov-Prozess ist, zu jedem Zeitpunkt für zukünftige Werte x_{t+1} auf Basis des heutigen Wertes x_t die Wahrscheinlichkeitsverteilung $\Phi_t(x_{t+1}|x_t)$ angegeben werden. Da die zukünftigen Zustände x_t unsicher sind, wird über $F_{t+1}(x_{t+1})$, die zukünftigen Werte der Investitionsmöglichkeit in der nächsten Periode $t+1$, der heutige Erwartungswert $\mathbb{E}_t[F_{t+1}(x_{t+1})] = \int_{-\infty}^{\infty} F_{t+1}(x_{t+1}) d\Phi_t(x_{t+1}|x_t)$ gebildet.[100] Dieser zukünftige Wert wird berücksichtigt, indem er mit dem entsprechenden Faktor $\frac{1}{1+r}$ von der jeweils nächsten zur jetzigen Periode diskontiert wird, wobei r der Diskontfaktor ist.

Der Wert der Investitionsmöglichkeit $F_t(x_t)$ bildet nun den Kapitalwert aller zukünftigen Einnahmen des Unternehmens ab und ergibt sich aus der Summe der direkten Einnahmen und dem diskontierten Erwartungswert $\mathbb{E}_t[F_{t+1}(x_{t+1})]$, sodass

$$F_t(x_t) = e_t(x_t) + \frac{1}{1+r} \mathbb{E}_t[F_{t+1}(x_{t+1})]. \tag{3.18}$$

Dieser Zusammenhang ist von fundamentaler Bedeutung und als Bellman-Gleichung bekannt. Sie besagt, dass die nachfolgenden Perioden ein eigenes Optimierungsproblem mit optimaler Handlungsempfehlung darstellen, welches in den darauf folgenden Perioden anfällt und unabhängig von der Anfangsentscheidung ist. Diese optimalen Entscheidungen der nachfolgenden Perioden werden im Erwartungswert des zukünftigen Wertes der Investitionsmöglichkeit $\mathbb{E}_t[F_{t+1}(x_{t+1})]$ zusammengefasst.

Dieses Prinzip lässt sich für die kontinuierliche Zeit anpassen. Die Zeitperiode sei nun von beliebiger Länge Δt und der heutige Wert der Variable x_t allgemein bezeichnet mit x. Des Weiteren wird $e(x)$ als die Rate der Einnahmen definiert. Die tatsächlichen Einnahmen über die Zeit Δt ergeben sich somit aus dem Produkt $e(x)\Delta t$ und der Diskonteffekt als $\frac{1}{1+r\Delta t}$. Der zukünftige Optionswert ergibt sich aus der stochastischen

---

[99] In der weiteren Arbeit wird dies auf keine Investitionsoption zutreffen. In Unterkapitel 5.3 wird aber ein Modell vorgestellt, in dem der Projektwert V analog zu Optionen bewertet wird. In diesem Fall erwirtschaftet das aktuelle Projekt stets den aktuellen Cashflow $e_t(x_t) = x_t$.
[100] Dies impliziert eine Periodenlänge von $\Delta t = 1$.

Änderung der zugrunde liegenden Variable Δx und der Zeit Δt und beträgt $F(x + \Delta x, t + \Delta t)$. Der Erwartungswert über diese zukünftige Ausprägung wird nur auf Basis des heutigen Zustands der Variable x gebildet und beträgt somit $\mathbb{E}[F(x + \Delta x, t + \Delta t)|x]$. Gleichung (3.18) wird durch die entsprechenden Verallgemeinerungen angepasst:

$$F(x,t) = e(x,t)\Delta t + \frac{1}{1 + r\Delta t} \mathbb{E}[F(x + \Delta x, t + \Delta t)|x]. \tag{3.19}$$

Durch Multiplikation mit $1 + r\Delta t$ ergibt sich zunächst

$$F(x,t) + r\Delta t F(x,t) = e(x,t)\Delta t(1 + r\Delta t) + \mathbb{E}[F(x + \Delta x, t + \Delta t)|x] \tag{3.20}$$

Wird $F(x,t)$ auf die rechte Seite gebracht, mit dem Erwartungswert zusammengefügt und der entstehende Term $\mathbb{E}[F(x + \Delta x, t + \Delta t)|x - F(x,t)]$ als Erwartungswert der Änderung des Optionswertes $\mathbb{E}[dF]$ geschrieben, ergibt sich

$$r\Delta t F(x,t) = e(x,t)\Delta t(1 + r\Delta t) + \mathbb{E}[dF]. \tag{3.21}$$

Durch Division mit Δt erhält man, wenn Δt → 0,

$$rF(x,t) = e(x,t) + \frac{1}{dt}\mathbb{E}[dF]. \tag{3.22}$$

Nach Itō's Lemma kann dF erweitert werden zu

$$dF = F_t(x,t)dt + F_x(x,t)dx + \frac{1}{2}F_{xx}(x,t)(dx)^2. \tag{3.23}$$

An dieser Stelle kann die Verlaufshypothese nach Gleichung (3.8) für dx eingesetzt werden. Da der Erwartungswert des Wiener-Inkrement $\mathbb{E}[dW] = 0$ ist ergibt sich somit

$$\mathbb{E}[dF] = \left[F_t(x,t) + a(x,t)F_x(x,t) + \frac{1}{2}b^2(x,t)F_{xx}(x,t)\right]dt. \tag{3.24}$$

Wird dies wiederum in Gleichung (3.22) eingesetzt, erhält man

$$rF(x,t) = e(x,t) + F_t(x,t) + a(x,t)F_x(x,t) + \frac{1}{2}b^2(x,t)F_{xx}(x,t). \tag{3.25}$$

Durch anschließendes Umformen kann der Wert der Investitionsmöglichkeit als **partielle Differentialgleichung** ausgedrückt werden:

$$\frac{1}{2}b^2(x,t)F_{xx}(x,t) + a(x,t)F_x(x,t) + e(x,t) + F_t(x,t) - rF(x,t) = 0. \tag{3.26}$$

Der weitere Lösungsansatz hängt von der gegebenen Problemstellung und den Abhängigkeiten der zugrunde liegenden Variablen ab. Die partielle Differentialgleichung hat in einigen interessanten Sonderfällen eine analytische Lösung. Zum einen muss der zu betrachtende Zeithorizont investieren zu können, also die Restlaufzeit der Option, unbeschränkt sein. Wenn zum anderen die Funktionen e, a und b sowie die Zustandsgröße x nicht von der Zeit abhängig sind, dann ist auch der Wert der Option F nicht von der Zeit abhängig (Dixit & Pindyck, 1994, S. 107).[101] Dies führt zu weiteren Vereinfachungen, da die Variablen nicht mehr von der Zeit abhängen und die partielle Ableitung des Wertes der Investitionsmöglichkeit nach der Zeit nicht mehr berücksichtigt werden muss. Gleichung (3.26) wird dann zu einer gewöhnlichen Differentialgleichung der Form:

$$\frac{1}{2}b^2(x)F_{xx}(x) + a(x)F_x(x) + e(x) - rF(x) = 0. \quad (3.27)$$

Um eine Lösung für die Differentialgleichung zu finden, können weitere Kenntnisse über die Investitionsentscheidung herangezogen werden. Es handelt sich bei der Investition um ein sogenanntes Optimal-Stopping-Problem, bei dem der Entscheider zu jedem Zeitpunkt die Wahl hat, zu warten und den Wert der Option $F(x)$ offenzuhalten, oder zu investieren, um den erwarteten Gewinn, oder inneren Wert, des Projektes zu erhalten. Der Gewinn bildet die Differenz aus den erwarteten zukünftigen Einnahmen des Projektes $V(x)$ und den Investitionsausgaben $I(x)$, die beide vom zugrunde liegenden Wert der Investitionsmöglichkeit x abhängig sein können. Der Gewinn ist dann

$$\pi(x) = V(x) - I(x). \quad (3.28)$$

Es gibt einen kritischen Wert x^*, auf dessen einer Seite sich die Investition lohnt, also der Gewinn $\pi(x^*)$ größer ist, und auf dessen anderer Seite der Optionswert $F(x^*)$ größer ist und das Unternehmen mit der Investition warten sollte. Dieser Wert x^* wird als **optimaler Investitionsschwellwert** bezeichnet. Das Unternehmen sollte optimal zum Zeitpunkt t^* mit

$$t^* = inf\{t \geq t_0 | x(t) \geq x^*\}, \quad (3.29)$$

investieren, zu dem der Zahlungsstrom x erstmals den optimalen Schwellwert x^* erreicht (Sarkar, 2000). Der Schwellwert selbst ist Teil der Lösung der Differentialglei-

---

[101] Theoretisch sind auch analytische Lösungen für partielle Differentialgleichungen möglich. Da diese Fälle in der vorliegenden Arbeit nicht betrachtet werden, wird an dieser Stelle die Unabhängigkeit von der Zeit unterstellt. Die nachfolgenden Lösungsansätze könnten analog übertragen werden, alle Werte würden dann aber von der Zeit abhängen. Alternative numerische Verfahren zur Lösung der partiellen Differentialgleichung werden im nachfolgenden Kapitel behandelt.

chung, die bei der Investitionsmöglichkeit für $x < x^*$, in der sogenannten Continuation Region, gilt. Für die Grenze entlang des Schwellwertes x^* ist bekannt, dass der Optionswert gleich dem inneren Wert der Investitionsmöglichkeit sein muss. Diese Gleichheitsbedingung wird Value-Matching Condition genannt und besagt, dass

$$F(x^*) = \pi(x^*). \tag{3.30}$$

Die zweite Bedingung, die an der Grenze entlang des Schwellwertes gilt, ist die Smooth-Pasting Condition, die besagt, dass

$$F_x(x^*) = \pi_x(x^*). \tag{3.31}$$

Das heißt, die Ableitungen des Optionswertes und des inneren Wertes entlang des optimalen Investitionsschwellwertes müssen gleich sein. Durch diese zwei Bedingungen wird es in den späteren Kapiteln möglich sein, eine analytische Lösung für die Differentialgleichung (3.27) zu finden (Dixit & Pindyck, 1994, S. 109). Die genaue Lösung hängt von einer Reihe von Faktoren ab, wie der genauen Form der Verlaufshypothese des Itō-Prozesses, der Einnahmen pro Periode und des inneren Wertes. Der innere Wert der Investitionsmöglichkeit hängt wiederum von der Art der Option ab, wie in Tabelle 2 in Abschnitt 3.2.2 für einige Optionsarten gezeigt wurde. Für die Lösung der partiellen Differentialgleichung (3.26) muss häufig auf numerische Methoden zurückgegriffen werden. Diese werden im folgenden Kapitel diskutiert.

3.3.3 Numerische Verfahren

Wie im vorangegangenen Kapitel diskutiert wurde, kann die partielle Differentialgleichung des Optionswertes häufig nicht analytisch gelöst werden (Kwok, S. 313). Für die Bestimmung des Optionswertes stehen eine Reihe von numerischen Verfahren zur Verfügung, welche entweder den stochastischen Prozess oder die Lösung der Differentialgleichung approximieren (Schulmerich, 2003, S. 67). Dazu zählen die Binomialmethode, Monte-Carlo-Simulation, Finite-Elemente-Verfahren und Finite-Differenzen-Verfahren. Den Verfahren ist gemein, dass sie in unterschiedlichen Anwendungsgebieten jeweils Stärken und Schwächen haben. Diese beziehen sich auf die Kriterien Anwendbarkeit, Genauigkeit, numerische Stabilität, Rechenzeit und schließlich auch Einfachheit der Anwendung. Während die Anwendbarkeit ein mögliches Ausschlusskriterium darstellt, werden die anderen Kriterien oft gegen die Einfachheit der Anwendung abgewogen. Da in dieser Arbeit auf Finite Differenzen zurückgegriffen wird, werden die anderen Methoden an dieser Stelle nur kurz vorgestellt.

Bei der Monte-Carlo-Simulation wird nicht die PDE gelöst, sondern direkt der stochastische Prozess (3.8) über die Zeit in mehreren Durchläufen simuliert. Die Monte-Carlo-Methode wurde erstmals von Boyle (1977) zur Optionsbewertung angewendet. Die Simulation erlaubt die Berechnung des Optionswertes für jede Trajektorie, die darauf aufbauende Erwartungswertbildung und die anschließende risikoneutrale Diskontierung (Seydel, 2012, S. 109). Die Methode arbeitet daher vorwärts in der Zeit und ist auch geeignet komplexe Ausgaben zu berücksichtigen (Hull, 2012, S. 538, Kwok, 2008, S. 314). Sie ist traditionell eher für Optionen europäischen als amerikanischen Typs einfach anwendbar (Glasserman, 2004, S. 421, Hull, 2012, S. 532). Anpassungen für Wahlrechte, die jederzeit ausgeübt werden können, sind möglich, aber aufwendig, etwa der Ansatz von Longstaff & Schwartz (2001) und einige andere Methoden (Glasserman, 2004, S. 421ff.). Des Weiteren ist auch die Ermittlung eines Investitionsschwellwertes teilweise nur ungenau und mit erheblichen rechenintensiven Aufwand möglich (Seydel, 2012, S. 136ff.).

Die Methode von Cox, Ross und Rubinstein, auch Binomialmodell genannt, nimmt an, dass der zugrundeliegende Wert x_t über jedes Zeitintervall um einen bestimmten Wert steigen oder fallen kann (Cox et al., 1979). Da jedem zukünftigen Wert ein Optionswert zugeordnet werden kann, ist es möglich durch risikoneutrale Bewertung den Optionswert zu jeder Zeit rekursiv zu bestimmen. Erweiterungen zu Trinomialbäumen (Kwok, 2008, S. 323f.) oder Pentanomialbäumen (Bollen, 1999) sind für genauere Ergebnisse oder bessere Anwendbarkeit ebenfalls möglich. Die Binomialmethode ist sowohl für europäische als auch amerikanische Optionen geeignet, aber komplexer bei pfadabhängigen Ausgaben (Hull, 2012, S. 581). Durch die einfache Implementierung ist die Methode vor allem geeignet, um ohne größeren Aufwand den Gegenwartswert einer Option zu bestimmen (Seydel, 2012, S. 14).

Während die vorhergehenden Methoden die stochastische Entwicklung des Prozesses abbilden, wird beim Verfahren der Finiten Elemente die zugrunde liegende Differentialgleichung (3.26) selbst mit Hilfe von Nebenbedingungen gelöst. Dieses Verfahren ist besonders geeignet, wenn das zugrunde liegende Gitternetz aus Zeit-Werte-Kombinationen an ein einzelnen Stellen angepasst werden muss, um die Stabilität des Algorithmus zu verbessern oder genauere Ergebnisse zu erhalten (Topper, 2005, S. 4f.). Die Genauigkeit und Stabilität des Verfahrens muss aber gegen seine Komplexität abgewogen werden. Für die meisten Probleme im Bereich der Optionsbewertung ist die Methode unnötig aufwendig und nur im Falle mehrerer zugrunde liegender Variablen vorteilhaft (Seydel, 2012, S. 229).

Als Alternative bietet sich die **Finite-Differenzen-Methode** an (Wilmott et al., 1995, S. 135). Sie wurde erstmals durch Brennan & Schwartz (1978) zur Optionsbewertung angewendet. Im Gegensatz zu einigen anderen numerischen Methoden sind auch pfadabhängige Optionen, z.b. asiatische Optionen, lösbar (Fusai & Roncoroni, 2008 S. 373ff.). Eine weiterer Vorteil der Finiten-Differenzen-Methoden ist, dass der Investitionsschwellwert direkt als Teillösung der Berechnung der Optionswerte ermittelt wird (Seydel, 2012, S. 193). Diese lösen ebenfalls die Differentialgleichung (3.26) durch Diskretisierung der in ihr enthaltenen Differenziale, welche auf Taylor-Serien-Erweiterungen beruhen (Kwok, 2008, S. 313). Die Optionswerte werden, wie in anderen Methoden, entlang eines Gitternetzes aus Zeit-Werte-Kombinationen mit Hilfe von bekannten Randbedingungen rekursiv gelöst. Dazu werden die möglichen Werte des Cashflows und der Zeit auf einem Gitternetz in der benötigten Schrittweite eingetragen. Jede Kombination von beobachtbarem Cashflow und Zeitpunkt ergibt dann einen Knotenpunkt auf diesem Netz. Die Lösung der Differentialgleichung, also der Wert der Option, in das Produkt investieren zu können, kann dann zu jedem dieser Knotenpunkte näherungsweise berechnet werden (Seydel, 2012, S. 158f.). Die einzelnen Werte des Gitters können rekursiv gelöst werden, da die Randwerte des Problems, das heißt, der Wert der Option zum Ende der Laufzeit sowie bei hohem (unendlichem) und niedrigem (Null) Cashflow, genau definiert sind. Abbildung 18 zeigt ein Beispiel für ein solches Optionswert-Gitternetz.[102]

Die möglichen beobachtbaren Cashflows werden im Bereich $0 < x < x_{max}$ berücksichtigt. Während in der Realität die Cashflows jeden beliebigen Wert bis unendlich annehmen können, werden sie bei der numerischen Lösung nur bis zu einer geeigneten Obergrenze x_{max} berücksichtigt. Die Schrittweite zwischen den Cashflows beträgt Δx und der Wert entlang des Gitters steigt mit zunehmendem $i = 0,1,\ldots,n$ wobei gilt, dass

$$x = i\Delta x. \qquad (3.32)$$

Die Zeit t wird ebenfalls nur bis zu einem geeigneten Zeitpunkt T berücksichtigt, der bestenfalls der Endzeitpunkt der Optionslaufzeit ist. Für alle Zeitpunkte $0 < t < T$ fällt die Zeit mit Schrittweite Δt mit zunehmendem $k = 0,1,\ldots,m$, wobei[103]

$$t = T - k\Delta t. \qquad (3.33)$$

---

[102] Für die weitere Betrachtung wird angenommen, dass die momentanen Einnahmen $e(x) = 0$ sind. Der Ansatz lässt sich jedoch problemlos auf andere Fälle erweitern.
[103] Diese Vorgehensweise ist angebracht, da die Optionswerte über die Zeit rekursiv bestimmt werden.

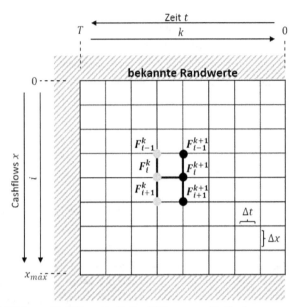

Abbildung 18: Gitter der Finite-Differenzen-Methode

Gitter, auf dessen Basis für jeden möglichen Cashflow x und jeden möglichen Zeitpunkt t der jeweilige Optionswert F_i^k errechnet wird.

Der Wert der Investitionsmöglichkeit zu jedem Zeitpunkt ist im Gitternetz mit F_i^k eingezeichnet. Dabei ist

$$F_i^k = F(i\Delta x, T - k\Delta t). \tag{3.34}$$

Die Optionswerte am Rand des Gitters, welche in der Abbildung gestrichelt umrandet sind, sind, wie erwähnt, bekannt und werden zur Lösung der Differentialgleichung genutzt.

Bei der Berechnung der Gitterpunkte werden mehrere Verfahren unterschieden, von denen vor allem die Explizite Methode, die Implizite Methode und die **Crank-Nicolson-Methode** zu nennen sind. Bei allen drei Methoden wird das Differenzial des Optionswertes nach der Zeit, also das Gamma der Option, mittels

$$\frac{\partial F}{\partial t} \approx \frac{F_i^k - F_i^{k+1}}{\Delta t} \tag{3.35}$$

approximiert.[104] Die Methoden unterscheiden sich hinsichtlich der Berechnung der ersten und zweiten Ableitung nach dem Cashflow x. Während die explizite Methode nur bekannte Werte zum Zeitpunkt t an der Stelle k mit der Approximation

$$\frac{\partial F}{\partial x} \approx \frac{F_{i+1}^k - F_{i-1}^k}{2\Delta x} \tag{3.36}$$

nutzt, greift die implizite Methode auf zeitlich frühere Werte an der Stelle $k+1$ zurück mit

$$\frac{\partial F}{\partial x} \approx \frac{F_{i+1}^{k+1} - F_{i-1}^{k+1}}{2\Delta x}. \tag{3.37}$$

Die gleiche Unterscheidung ergibt sich bei der Berechnung der zweiten Ableitung. In der expliziten Methode wird mit

$$\frac{\partial^2 F}{\partial x^2} \approx \frac{F_{i+1}^k - 2F_i^k + F_{i-1}^k}{\Delta x^2} \tag{3.38}$$

approximiert, in der impliziten Methode mit

$$\frac{\partial^2 F}{\partial x^2} \approx \frac{F_{i+1}^{k+1} - 2F_i^{k+1} + F_{i-1}^{k+1}}{\Delta x^2}.\text{[105]} \tag{3.39}$$

Die gesamte Differentialgleichung (3.26) kann somit im expliziten Fall umgeformt werden zu

$$a_i^k \frac{F_{i+1}^k - 2F_i^k + F_{i-1}^k}{\Delta x^2} + b_i^k \frac{F_{i+1}^k - F_{i-1}^k}{\Delta x} + \frac{F_i^k - F_i^{k+1}}{\Delta t} + d_i^k F_i^k = 0, \tag{3.40}$$

wobei die Koeffizienten a_i^k, b_i^k und d_i^k für alle konkreten Werte für von x und t ausgerechnet werden können und direkt in die Berechnung einfließen.[106] Mit dem hier beschriebenen expliziten Finite-Differenzen-Verfahren lässt sich die Differentialgleichung mit den Nebenbedingungen lösen, da die Formel nach F_i^{k+1} umgestellt werden kann. Der Wert für F_i^{k+1} wird aus den drei bekannten Punkten F_{i+1}^k, F_i^k und F_{i-1}^k berechnet durch die Gleichung

---

[104] In der nicht finanzwissenschaftlichen Literatur wird in der Regel die Ableitung nach der Zeit mit $\frac{F_i^{k+1} - F_i^k}{\Delta t}$ approximiert, wobei die Zeit t mit zunehmenden k steigt (siehe z.B. Seydel, 2012, S. 161). Auf dieser Basis werden Anfangswertprobleme gelöst, um einen Endwert zu berechnen. Durch das in dieser Arbeit angewendete rekursive Vorgehen und das damit einhergehende rekursive Durchlaufen der Zeit nach Formel (3.33) würde dieser Notation folgend Δt negativ. Dem wurde durch die Berechnung des Differenzials nach Formel (3.35) Rechnung getragen.
[105] Dieser sogenannte zentralisierte Ansatz ist genauer als andere Möglichkeiten der Approximation (Thomas, 1998, S. 11).
[106] In der impliziten Methode würden die Koeffizienten und der Optionswert an der Stelle $k+1$ genutzt werden.

$$F_i^{k+1} = A_i^k F_{i-1}^k + \left(1 + B_i^k\right) F_i^k + C_i^k F_{i+1}^k \tag{3.41}$$

mit $A_i^k = v_1 a_i^k - \frac{1}{2} v_2 b_i^k$, $B_i^k = -2 v_1 a_i^k + \Delta t d_i^k$ und $C_i^k = v_1 a_i^k + \frac{1}{2} v_2 b_i^k$ wobei $v_1 = \frac{\Delta t}{\Delta x^2}$ und $v_2 = \frac{\Delta t}{\Delta x}$.[107]

Das heißt, um den Optionswert zum Zeitpunkt t zu berechnen (linke Seite), werden die Werte aus $t + \Delta t$ (rechte Seite) an den Stellen $x + \Delta x$, x und $x - \Delta x$ genutzt. Diese Gleichung gilt nur für alle x-Werte zwischen $i = 1, \ldots, n - 1$, da die Werte F_{-1}^k und F_{n+1}^k außerhalb des Gitters liegen würden und somit nicht definiert sind. Aus diesem Grund gibt es zum Lösen der $n + 1$ gesuchten Optionswerte nur $n - 1$ Gleichungen (Seydel, 2012, S. 169). Die restlichen zwei Bedingungen an der Stelle $i = 0$ und $i = n$ können ohne Probleme aus der Randbedingungen (3.30) hergeleitet werden (Trigeorgis, 1999, S. 312). Für die Zahlungsströme $x = 0$ und $x = x_{max} = n\Delta x$ kann an diesen Stellen der innere Wert der Option als Optionswert eingetragen werden.[108] Dieser Wert wurde für einige Optionen bereits in Tabelle 2 des Abschnitts 3.2.2 beschrieben und stellt für die klassische Investitionsoption immer das Maximum der Differenz aus dem Projektwert mit den Investitionsausgaben und Null dar.

In dieser Arbeit wird die Crank-Nicolson-Methode verwendet, da sie die explizite und implizite Methode kombiniert und dadurch genauere und numerisch relativ stabilere Ergebnisse erreicht werden können.[109] Die Bestimmung des Optionswertes mit der expliziten Methode ist nicht für alle Differentialgleichungen gleichermaßen sinnvoll. Das Problem besteht darin, dass die explizite Methode nicht für alle möglichen Koeffizienten unbedingt numerisch stabil ist (Fusai & Roncoroni, 2008, S. 100f.). Um die nötige Stabilität zu erreichen, müssen gegebenfalls sehr kleine Zeitschritte Δt gewählt werden, in Abhängigkeit von den gewählten Schritten der Zahlungsströme Δx (Morton & Mayers, 1994, S. 30, Seydel, 2012, S. 165). Die implizite Methode hat den gleichen Diskretisierungsfehler und wäre dabei uneingeschränkt stabil, verursacht allerdings einen höheren Rechenaufwand (Morton & Mayers, 1994, S. 25f.). Im Gegensatz dazu ist die Crank-Nicolson-Methode mit einer Konsistenzordnung von 2 genauer und hat

---

[107] Da bei der Bestimmung des Optionswertes nur drei mögliche zukünftige Optionswerte berücksichtigt werden, ähnelt das Verfahren den Baumverfahren, wobei die explizite Finite-Differenzen-Methode sogar identisch mit der Trinominalbaum-Methode ist (Hull, 2012, S. 557, Kwok, 2008, S. 333).
[108] An dieser Stelle sei noch einmal darauf hingewiesen, dass x_{max} groß genug gewählt wurde, damit die Option an dieser Stelle auf jeden Fall den inneren Wert annimmt. Der Wert $x = 0$ ist für die vorgestellte geometrische Brownsche Bewegung angemessen, muss aber für andere Itô-Prozesse, für die dies nicht eine absorbierende Grenze darstellt, ggf. angepasst werden.
[109] Aus diesem Grund wird an dieser Stelle auf die Angabe eines Pseudocodes zur Implementierung des Verfahrens verzichtet. Er wird beispielsweise in Fusai & Roncoroni (2008 S. 96) gezeigt und Hull (2012, S. 576) zeigt ein gelöstes Optionsgitter für einen amerikanischen Put.

den Vorteil, generell stabil zu sein (Morton & Mayers, 1994, S. 30, Trigeorgis, 1999, S. 319, Seydel, 2012, S. 167).

Die Crank-Nicolson-Methode wird in Wilmott (2006, S. 1229ff.) ausführlich besprochen und hier aufbereitet wiedergegeben. Sie gewichtet den expliziten und impliziten Ansatz zu gleichen Teilen, um die erste Ableitung durch

$$\frac{\partial F}{\partial x} \approx \frac{1}{2}\left(\left(\frac{F_{i+1}^k - F_{i-1}^k}{2\Delta x}\right) + \left(\frac{F_{i+1}^{k+1} - F_{i-1}^{k+1}}{2\Delta x}\right)\right). \tag{3.42}$$

und die zweite Ableitung mit durch

$$\frac{\partial^2 F}{\partial x^2} \approx \frac{1}{2}\left(\left(\frac{F_{i+1}^k - 2F_i^k + F_{i-1}^k}{\Delta x^2}\right) + \left(\frac{F_{i+1}^{k+1} - 2F_i^{k+1} + F_{i-1}^{k+1}}{\Delta x^2}\right)\right) \tag{3.43}$$

zu approximieren (Trigeorgis, 1999, S. 319). Die gesamte Differentialgleichung kann dann mit

$$\frac{1}{2}\left(a_i^k\left(\frac{F_{i+1}^k - 2F_i^k + F_{i-1}^k}{\Delta x^2}\right) + a_i^{k+1}\left(\frac{F_{i+1}^{k+1} - 2F_i^{k+1} + F_{i-1}^{k+1}}{\Delta x^2}\right)\right) + \tag{3.44}$$

$$\frac{1}{2}\left(b_i^k\left(\frac{F_{i+1}^k - F_{i-1}^k}{2\Delta x}\right) + b_i^{k+1}\left(\frac{F_{i+1}^{k+1} - F_{i-1}^{k+1}}{2\Delta x}\right)\right) +$$

$$\frac{F_i^k - F_i^{k+1}}{\Delta t} +$$

$$\frac{1}{2}(d_i^k F_i^k + d_i^{k+1} F_i^{k+1})$$

approximiert werden. Im Fall konstanter Koeffizienten wäre es egal, ob sie zum Zeitpunkt k oder $k+1$ berechnet würden, und die Gleichung würde sich vereinfachen lassen. Da in der weiteren Arbeit auch zeitabhängige Koeffizienten auftreten, wird weiterhin die exakte Form beschrieben. Die Gleichung kann umgestellt werden, um alle Werte für $k+1$ auf die linke Seite und für k auf die rechte Seite zu bringen, sodass

$$-A_i^{k+1} F_{i-1}^{k+1} + (1 - B_i^{k+1}) F_i^{k+1} - C_i^{k+1} F_{i+1}^{k+1} \tag{3.45}$$
$$= A_i^k F_{i-1}^k + (1 + B_i^k) F_i^k + C_i^k F_{i+1}^k$$

mit

$$A_i^k = \frac{1}{2} v_1 a_i^k - \frac{1}{4} v_2 b_i^k, \quad A_i^{k+1} = \frac{1}{2} v_1 a_i^{k+1} - \frac{1}{4} v_2 b_i^{k+1}, \tag{3.46}$$

$$B_i^k = -v_1 a_i^k + \frac{1}{2} \Delta t d_i^k, \quad B_i^{k+1} = -v_1 a_i^{k+1} + \frac{1}{2} \Delta t d_i^{k+1}, \tag{3.47}$$

$$C_i^k = \frac{1}{2}v_2 a_i^k + \frac{1}{4}v_2 b_i^k, \quad C_i^{k+1} = \frac{1}{2}v_2 a_i^{k+1} + \frac{1}{4}v_2 b_i^{k+1}, \tag{3.48}$$

wobei $v_1 = \frac{\Delta t}{\Delta x^2}$ und $v_2 = \frac{\Delta t}{\Delta x}$. Bei der Crank-Nicolson-Methode werden, wie in Abbildung 18 verdeutlicht, auf Basis dreier bereits bekannter bzw. errechneter Punkte in grau die drei schwarzen Punkte gleichzeitig iterativ bestimmt.

Da die Optionswerte zeitlich rekursiv bestimmt werden, sind die Werte auf der rechten Seite der Gleichung (3.45) bekannt. Diese Gleichung kann auch in Matrixschreibe dargestellt werden als

$$\begin{pmatrix} -A_1^{k+1} & 1-B_1^{k+1} & -C_1^{k+1} & & & & 0 \\ 0 & -A_2^{k+1} & 1-B_2^{k+1} & & & & \\ & 0 & & & 1-B_{n-2}^{k+1} & -C_{n-2}^{k+1} & 0 \\ & & & & -A_{n-1}^{k+1} & 1-B_{n-1}^{k+1} & -C_{n-1}^{k+1} \end{pmatrix} \begin{pmatrix} F_0^{k+1} \\ F_1^{k+1} \\ \vdots \\ \vdots \\ F_{n-1}^{k+1} \\ F_n^{k+1} \end{pmatrix} \tag{3.49}$$

$$= \begin{pmatrix} A_1^k & 1+B_1^k & C_1^k & & & & 0 \\ 0 & A_2^k & 1+B_2^k & & & & \\ & 0 & & & 1+B_{n-2}^k & C_{n-2}^k & 0 \\ & & & & A_{n-1}^k & 1+B_{n-1}^k & C_{n-1}^k \end{pmatrix} \begin{pmatrix} F_0^k \\ F_1^k \\ \vdots \\ \vdots \\ F_{n-1}^k \\ F_n^k \end{pmatrix}.$$

Wie im Fall der expliziten Methode enthält dieses Gleichungssystem $n-1$ Gleichungen für $n+1$ unbekannte Optionswerte, welche durch die $n-1$ Reihen und $n+1$ Spalten der Matrix dargestellt werden. Die bereits diskutierten Bedingungen können wiederrum genutzt werden, um dieses Gleichungssystem in ein System mit quadratischen $n-1$ Matrizen der Form $\mathbf{M}_L^{k+1}\mathbf{f}^{k+1} + \mathbf{r}^k = \mathbf{M}_R^k \mathbf{f}^k$ zu überführen (Wilmott, 2006, S. 1230f.). Durch die Randbedingungen können die Optionswerte F_0^{k+1} und F_n^{k+1} einfach berechnet werden. Für die klassische Investitionsoption ist $F_0^{k+1} = 0$ und $F_n^{k+1} = V(x) - I = V(n\Delta x) - I$. Da ebenfalls die Werte $-A_1^{k+1}$ und $-C_{n-1}^{k+1}$ berechnet werden können, kann dieser Teil der Matrix zum Vektor $\mathbf{r}^k$ ausmultipliziert werden, sodass

$$\begin{pmatrix} 1-B_1^{k+1} & -C_1^{k+1} & & & 0 \\ -A_2^{k+1} & 1-B_2^{k+1} & & & \\ & & 1-B_{n-2}^{k+1} & -C_{n-2}^{k+1} & \\ 0 & & -A_{n-1}^{k+1} & 1-B_{n-1}^{k+1} \end{pmatrix} \begin{pmatrix} F_1^{k+1} \\ \vdots \\ \vdots \\ F_{n-1}^{k+1} \end{pmatrix} + \begin{pmatrix} -A_1^{k+1}F_0^{k+1} \\ 0 \\ \vdots \\ 0 \\ -C_{n-1}^{k+1}F_n^{k+1} \end{pmatrix} \quad (3.50)$$

$$= \mathbf{M}_L^{k+1}\mathbf{f}^{k+1} + \mathbf{r}^k.$$

Der Vektor $\mathbf{r}^k$ kann nun ebenfalls auf die rechte Seite der Gleichung gebracht werden, wodurch in

$$\mathbf{M}_L^{k+1}\mathbf{f}^{k+1} = \mathbf{M}_R^k\mathbf{f}^k - \mathbf{r}^k \quad (3.51)$$

auf der rechten Seite nur die berechenbare Matrix $\mathbf{M}_R^k$, der bekannte Vektor $\mathbf{r}^k$ und die ebenfalls aus dem späteren Zeitpunkt k bereits bekannten Optionswerte $\mathbf{f}^k$ stehen. Die rechte Seite ist somit komplett bestimmbar und die Matrix $\mathbf{M}_L^{k+1}$ auf der linken Seite ist auch bekannt. Das Problem besteht nun darin, die Optionswerte $\mathbf{f}^{k+1}$ zum früheren Zeitpunkt $k+1$ zu bestimmen. Der direkte Weg besteht darin, die Matrix $\mathbf{M}_L^{k+1}$ zu invertieren, um $\mathbf{f}^{k+1}$ direkt zu bestimmen.[110]

Um die frühzeitige Ausübungsmöglichkeit bei amerikanischen Optionen zu berücksichtigen, muss auf jeder Zeitstufe $k+1$ überprüft werden, ob der jeweilige Optionswert $\mathbf{f}^{k+1}$ größer als der Vektor der inneren Werte $\boldsymbol{\pi}^{k+1}$ ist, welche sich für jedes x nach Gleichung (3.28) bestimmen lassen. Ansonsten ist eine vorzeitige Ausübung optimal und der innere Wert muss gespeichert werden. Die Überprüfung erfolgt mit

$$\mathbf{f}^{k+1} = \max(\mathbf{f}^{k+1}, \boldsymbol{\pi}^{k+1}).[111] \quad (3.52)$$

Der Pseudocode für die Implementierung des Crank-Nicolson-Algorithmus wird in Abbildung 19 beschrieben.

---

[110] Dieser Ansatz ist je nach Modell teilweise mit hohem Rechenaufwand verbunden (Fusai & Roncoroni, 2008 S. 127, Wilmott, 2006, S. 1233). Alternativ könnten deshalb auch iterative Verfahren benutzt werden (Fusai & Roncoroni, 2008 S. 127). Dazu gehören die Jacobi-Methode, die Gauss-Seidel-Methode und das (Projected) Successive Over-Relaxation Verfahren (Cryer, 1971, Fusai & Roncoroni, 2008 S. 127ff., Seydel, 2012, S. 189f., Wilmott, 2006, S. 1237ff.).

[111] In Gleichung (3.28) hängt der innere Wert vereinfacht nur von der Höhe der Zahlungsströme ab. Er kann jedoch gerade bei der numerischen Lösung auch von der Zeit abhängen. Der innere Wert muss dann für die entsprechende Höhe des Zahlungsstroms und den Zeitpunkt $k+1$ bestimmt werden.

```
// Initialisiere Daten
T = Konstante;
xmax = Konstante;
n = Konstante;        /Anzahl Zahlungsstromschritte
m = Konstante;        /Anzahl Zeitschritte
dt = T/m;
dx = xmax/n;
sonstige in a, b und c enthaltenen Parameter der
    Differentialgleichung
Bestimmen der inneren Werte (pi) und Randbedingungen

// Optionswertberechnung
for k = 2:m+1
    /Berechnung der Koeffizienten
    for i = 1:n-1
        t=T-(k-1)*dt;
        Berechnung für k (obige Notation) von a, b und c
            sowie A, B und C
        t=T-(k-2)*dt;
        Berechnung für k+1 (obige Notation) von a, b und c
            sowie A, B und C
    end
    /Erstellung der bekannten Matrizen und Vektoren
    Erzeugen der Matrix Ml (Vektor r ausmultipliziert)
    Erzeugen der Matrix Mr
    Bestimmung des bekannten Vektors r
    falt = F(2:n,k-1);
    q = Mr*falt-r;
    /Bestimmung des neuen Optionswertes
    fneu = inv(Ml)*q;
    F(2:n,k) = max(fneu,pi);
end
```

Abbildung 19: Pseudocode des Crank-Nicolson-Finite-Differenzen-Verfahren

Der Pseudocode orientiert sich an einer Implementierung in Matlab. Da ein Zugriff auf die Matrix an der Stelle Null wie $k = 0$ und $i = 0$ nicht möglich ist, müssen die Zählschleifen bei 1 beginnen und dafür jeweils bis $m + 1$ bzw. $n + 1$ laufen.

3.4 Das kanonische Investitionsmodell unter Unsicherheit

Mit den Erkenntnissen der vorangegangenen Unterkapitel lässt sich eine Investitionsentscheidung unter Unsicherheit grundlegend modellieren, beschreiben und planen. Den Ausgangspunkt bildet dabei für die restliche Arbeit das kanonische Investitionsmodell unter Unsicherheit (siehe Dixit & Pindyck, 1994, S. 140ff.). In diesem Modell folgen die Cashflows $x(t)$ zu jedem Zeitpunkt t aus dem Produktverkauf einer geometrischen Brownschen Bewegung. Der aus Abschnitt 3.3.1 bekannte Itō-Prozess folgt der Differentialgleichung

$$dx = \mu x dt + \sigma x dW. \tag{3.53}$$

Das Unternehmen kann diese unsicheren Cashflows generieren, sobald es die Investitionsausgaben $I > 0$ tätigt. Bei der Investitionsentscheidung muss das Unternehmen abwägen, ob es sofort investieren will, um die Cashflows zu generieren, oder ob es die Investition aufschiebt. Diese Wahlmöglichkeit entspricht der einfachsten der in Abschnitt 3.2.2 vorgestellten Investitionsoptionen.

Um die Ergebnisse mit der Literatur und insbesondere Sarkar (2000) vergleichen zu können, wird davon ausgegangen, dass das Unternehmen die Cashflows mit einem Diskontfaktor bewertet, der mit Hilfe des Capital-Asset-Pricing-Modells (CAPM) bestimmt wird. Durch den Diskontfaktor $r + \upsilon\rho\sigma$ verlangt das Unternehmen zusätzlich zum risikolosen Zinssatz $r \geq 0$ einen Aufschlag aus dem Produkt des Marktpreises für Unsicherheit $\upsilon \geq 0$, der Korrelation des Projekts mit dem Markt $\rho \in \mathbb{R}$ und der Unsicherheit σ (Merton, 1973).[112] Die Differenz aus dieser erwarteten Rendite und der Wachstumsrate der Cashflows μ wird als Minderrendite $\delta = r + \upsilon\rho\sigma - \mu$ bezeichnet (McDonald & Siegel, 1984).[113]

Mit diesem Diskontfaktor ist der Projektwert $V(x)$ der Cashflows gleich

$$V(x) = \mathbb{E}\int_t^\infty x(s)e^{-(r+\upsilon\rho\sigma)s}ds = \int_t^\infty x_0 e^{\mu s}e^{-(r+\upsilon\rho\sigma)s}ds = \frac{x}{r+\upsilon\rho\sigma-\mu}. \quad (3.54)$$

Zum Zeitpunkt der Investition erhält das Unternehmen den aus Gleichung (3.28) bekannten inneren Wert der Investitionsmöglichkeit

$$\pi(x) = \frac{x}{r+\upsilon\rho\sigma-\mu} - I, \quad (3.55)$$

also die Differenz aus Projektwert und Investitionsausgaben.

Der optimale Investitionszeitpunkt t^* nach Gleichung (3.29) ist der Zeitpunkt, zu dem die Cashflows erstmals den optimalen Investitionsschwellwert x^* erreichen. Dieser lässt sich mit dem in Abschnitt 3.3.2 vorgestellten Ansatz bestimmen. Der Wert der

---

[112] Als Voraussetzung für die Anwendung des CAPM müssen perfekte Kapitalmärkte vorliegen, sodass das Projekt repliziert werden kann. Wäre dies der Fall, so könnte anstatt der dynamischen Programmierung zur Bestimmung des Optionswertes auch die Replikationsmethode genutzt werden. Diese restriktive Annahme wird an dieser Stelle lediglich zur Vergleichbarkeit der Ergebnisse in diesem Unterkapitel mit denen der Literatur getroffen.
[113] McDonald & Siegel (1984) nutzen den Begriff „rate-of-return shortfall". Nach Reinhardt (1997, S. 85ff.) entspricht die Minderrendite bei Aktien der Dividendenrendite und bei Rohstoffen der Convenience Yield. Bei anderen Vermögensgegenständen, wie den Einnahmen aus dem Produktverkauf, muss die Minderrendite hingegen immer aus der Differenz aus geforderter Rendite r und Wachstumsrate μ bestimmt und als Opportunitätskosten bewertet werden. Für eine detaillierte Diskussion vor dem Hintergrund von Produktlebenszyklen siehe Abschnitt 5.2.2.

Investitionsmöglichkeit $F(x)$ lässt sich nach Gleichung (3.27) zu jedem Zeitpunkt mit der Differentialgleichung

$$\frac{1}{2}\sigma^2 x^2 F_{xx}(x) + (\mu - \upsilon\rho\sigma)x F_x(x) + F_t(x) - rF(x) = 0 \qquad (3.56)$$

beschreiben.[114] Die Randbedingungen aus Gleichung (3.30) und (3.31) für den jeweiligen inneren Wert aus Gleichung (3.55) sind

$$F(x^*) = \frac{x^*}{r + \upsilon\rho\sigma - \mu} - I \qquad (3.57)$$

und

$$\frac{\partial F(x^*)}{\partial x} = \frac{1}{r + \upsilon\rho\sigma - \mu}. \qquad (3.58)$$

Die allgemeine Lösung für die Differentialgleichung (3.56) hat die Form

$$F(x) = A_1 x^{\beta_1} + A_2 x^{\beta_2}, \qquad (3.59)$$

wobei

$$\beta_1 = \frac{1}{2} - \frac{r - \delta}{\sigma^2} + \sqrt{\left(\frac{r - \delta}{\sigma^2} - \frac{1}{2}\right)^2 + \frac{2r}{\sigma^2}} > 1, \qquad (3.60)$$

$$\beta_2 = \frac{1}{2} - \frac{r - \delta}{\sigma^2} - \sqrt{\left(\frac{r - \delta}{\sigma^2} - \frac{1}{2}\right)^2 + \frac{2r}{\sigma^2}} < 0,$$

und A_1 und A_2 zwei Konstanten sind, die durch die Randbedingungen bestimmt werden müssen (Dixit & Pindyck, 1994, S. 142f.). Die Lösung (3.59) kann zunächst reduziert werden. Da die Cashflows bei Null bleiben, wenn sie diesen Wert erreichen, muss auch der Optionswert an dieser Stelle gleich Null sein, also $F(0) = 0$. Damit diese Bedingung erfüllt ist, muss wegen $\beta_2 < 0$ die Konstante $A_2 = 0$ sein. Der Optionswert ist somit

$$F(x) = A_1 x^{\beta_1}. \qquad (3.61)$$

Wird diese Formel in die Randbedingungen an der Stelle x^* eingesetzt, so ist

$$A_1 = \frac{(\beta_1 - 1)^{\beta_1 - 1} I^{-(\beta_1 - 1)}}{(\delta \beta_1)^{\beta_1}} \qquad (3.62)$$

---

[114] Der Term $a(x)$ nimmt in diesem Fall den Wert $r - \delta$ an (siehe Dixit & Pindyck, 1994, S. 151).

und der optimale Investitionsschwellwert ist

$$x^* = \frac{\beta_1}{\beta_1 - 1}(r + \upsilon\rho\sigma - \mu)I. \text{ [115]} \qquad (3.63)$$

Da dies nur von konstanten Parametern und nicht von der Zeit abhängt, ergibt sich somit der bekannte konstante Schwellwert.[116] Im Vergleich zur klassischen Kapitalwertmethode, bei der investiert würde, sobald $V(x) > I$, ist der optimale Investitionsschwellwert hier ein Vielfaches der für das Projekt notwendigen Investitionsausgaben. Das Unternehmen beobachtet den Markt ausgehend von einem am Anfang zum Zeitpunkt t_0 möglichen Cashflow x_0 so lange, bis der momentan mögliche Cashflow $x(t)$ den Schwellwert x^* erreicht.

---

[115] Im kanonischen Modell ohne CAPM-Diskontfaktor ist der optimale Investitionsschwellwert gleich $x^* = \frac{\beta_1}{\beta_1-1}(r-\mu)I$.

[116] Auf eine genauere Untersuchung dieses Schwellwertes wird an dieser Stelle verzichtet. Einen sehr guten Überblick liefern bereits Dixit & Pindyck (1994, S. 152ff.).

4 Produktinnovation unter Unsicherheit in der Literatur

Die vorangegangenen beiden Kapitel haben einen Überblick über Produktinnovationen und Investitionen unter Unsicherheit gegeben. Dabei wurden insbesondere die charakteristischen Merkmale einer Investition in die Markteinführung eines neuen Produktes besprochen und gezeigt, wie eine Investition unter Unsicherheit modelliert und bewertet werden kann. Es ist deutlich geworden, dass sich die beiden Themen in wichtigen Teilbereichen überschneiden. Die Methodik der Modellierung der Investitionsentscheidung unter Unsicherheit kann zur Innovationsbewertung herangezogen werden. Diese Arbeit setzt daher an der Schnittstelle des Innovationsmanagements und der Investitionsbewertung an, um wichtige Aspekte der Bewertungsmöglichkeiten von Innovationen zu untersuchen. In diesem Kapitel wird zusammengefasst, wie Investitionsentscheidungen unter Unsicherheit bei Produktinnovationen bisher in der Literatur modelliert worden sind. Das Ziel dieses Kapitels ist es, Forschungslücken und geeignete Modellierungsansätze zu identifizieren. Dabei werden die drei Schwerpunkte Wirkungsweise der Unsicherheit auf die Investitionsentscheidung, Bedeutung des Produktlebenszyklus bei der Cashflow-Prognose und Auswirkung der Möglichkeit der Kapazitätswahl des Unternehmens betrachtet.

In Unterkapitel 4.1 wird die Bedeutung der Unsicherheit für die Investition untersucht. Dabei wird der traditionell unterstellte Zusammenhang, dass Unsicherheit die Investition verzögert, sowie mögliche Maße für die Investitionsneigung des Unternehmens kritisch hinterfragt. Nur durch dieses Verständnis kann die Investitionsstrategie des Unternehmens in den nachfolgenden Kapiteln interpretiert werden. Zwei alternative Möglichkeiten zur Berücksichtigung des Produktlebenszyklus in der Investitionsentscheidung werden in Unterkapitel 4.2 vorgestellt. Die Modellierung der Cashflows auf Basis eines verhaltensökonomischen Modells oder als Regime-Switch sollen das traditionell unterstellte exponentielle Wachstum korrigieren. In Unterkapitel 4.3 wird diskutiert, wie in der Literatur die Möglichkeit des Unternehmens, die Kapazität oder das Ausmaß der Investition zu wählen, untersucht wird. Diese Möglichkeit lässt das Unternehmen höhere Investitionsausgaben gegen mögliche höhere Cashflows abwägen und beeinflusst die Investitionsstrategie grundlegend. Alle Erkenntnisse werden in Unterkapitel 4.4 zusammengefasst, um die eigenen Modellerweiterungen im nachfolgenden Kapitel zu begründen.

© Springer Fachmedien Wiesbaden GmbH, ein Teil von Springer Nature 2020
S. Kupfer, *Investition in Innovation*, https://doi.org/10.1007/978-3-658-28446-6_4

4.1 Unsicherheit und Investition

Unternehmen, die neue Produkte entwickeln und sie zu am Markt erfolgreichen Innovationen verwirklichen wollen, stehen kontinuierlich Unsicherheit gegenüber. Für das investierende Unternehmen bedeutet dies, dass es bei der Investitionsplanung die Unsicherheit berücksichtigen muss. Dabei ist es vor allem von Interesse, welchen Einfluss die Unsicherheit auf die Investition hat. Mit dieser Fragestellung beschäftigt sich die Literatur zu Investitionen unter Unsicherheit seit einigen Jahrzenten (siehe z.b. McDonald & Siegel, 1986, Dixit & Pindyck, 1994, Lukas & Welling, 2014a). Wie in Unterkapitel 3.2 grundlegend verdeutlicht wurde, lohnt es sich unter Berücksichtigung des Optionscharakters der Investition, unter Unsicherheit den Zeitpunkt der Investition anzupassen. Die grundlegende Aussage der Literatur ist, dass es sich lohnt mit der Investition zu warten, um den Markt zu beobachten und dadurch zusätzliche Informationen über das Investitionsprojekt zu erlangen. Dadurch kann der Wert des Innovationsprojektes zu einem späteren Zeitpunkt besser eingeschätzt werden und die Investitionsentscheidung wird erleichtert. Durch den Informationsgewinn über die Zeit und die damit verbundene Reduktion der Unsicherheit erhält die Möglichkeit des Wartens für das Unternehmen einen Wert, welcher als Optionswert verstanden wird. Da höhere Unsicherheit am Markt vor der Produkteinführung einen Anreiz schafft, mit der Investition zu warten, ist eine logische Annahme, dass dadurch auch der Optionswert erhöht wird. Deshalb wurde in der Literatur traditionell davon ausgegangen, dass eine höhere Unsicherheit immer zu einer Verzögerung der Investition führt (siehe z.B. Majd & Pindyck, 1987, Dixit & Pindyck, 1994, Metcalf & Hassett, 1995).

In letzter Zeit wurde dieser Zusammenhang kritisch hinterfragt (Gutiérrez, 2007, Gryglewicz et al., 2008, Lukas & Welling, 2014a, Lund, 2005, Sarkar, 2000, Wong, 2007). Zum einen ist von Interesse, ob Unsicherheit tatsächlich immer zu einer späteren Investition führt oder ob es auch Kräfte gibt, die diesem monotonen Zusammenhang entgegenwirken. Weiterhin wurde gezeigt, dass die Wirkungsweise der Unsicherheit auf die Investition von anderen Blickwinkeln aus als nur dem Investitionszeitpunkt betrachtet werden kann. Um in den späteren Kapiteln die Modelle diskutieren zu können, muss daher hinterfragt werden, mit welchem Maß die Wirkung der Unsicherheit auf die Investition überhaupt quantifiziert werden kann. Diese Fragen werden vor dem Hintergrund des Investitions-Unsicherheits-Zusammenhangs in den folgenden Abschnitten diskutiert.

4.1.1 Die Wirkung der Unsicherheit in der Literatur

Der Zusammenhang von Unsicherheit und Investition ist in der Literatur von entscheidender Relevanz, da die Unsicherheit sowohl auf den Wert des Investitionsprojektes als auch den optimalen Investitionszeitpunkt wirkt. Der Investitions-Unsicherheits-Zusammenhang wird dabei als der Einfluss verstanden, den eine Veränderung der Unsicherheit im Modell auf die Investitionsneigung des Unternehmens hat. Es wird davon ausgegangen, dass die Unsicherheit im Modell durch einen Faktor berücksichtigt wird und dessen Änderung untersucht werden kann. Die Investitionsneigung beschreibt das Vorhaben des Unternehmens, eine Einmalzahlung in ein einzelnes Investitionsprojekt vorzunehmen, um die zukünftigen unsicheren Einnahmen zu erhalten.[117] Für die weitere Diskussion muss entschieden werden, welcher Zusammenhang bei der Untersuchung der Wirkung der Unsicherheit auf die Investition in der Literatur überhaupt untersucht werden soll.

Mehrere Autoren haben in letzter Zeit versucht den Investitions-Unsicherheist-Zusammenhang genauer zu untersuchen. In der klassischen Literatur wird davon ausgegangen, dass eine höhere Unsicherheit immer zu einer späteren Investition führt. Das heißt, höhere Unsicherheit hat aus dieser Sicht immer einen monoton negativen Einfluss auf die Investitionsneigung. Es muss jedoch kritisch hinterfragt werden, wie diese Investitionsneigung bestimmt wurde. Auch muss weiter untersucht werden, ob der Zusammenhang wirklich so eindeutig geklärt werden kann.[118]

Um diese Fragen zu diskutieren, werden zunächst die Arbeiten vorgestellt, welche den Investitions-Unsicherheits-Zusammenhang explizit zum Forschungsgestand hatten. Die Modelle bauen aufeinander auf und orientieren sich am kanonischen Investitionsmodell von Dixit & Pindyck (1994, S. 184).[119] Mit Hilfe kleiner Abwandlungen innerhalb der Modelle wird gezeigt, dass der Investitions-Unsicherheits-Zusammenhang neu hinterfragt werden muss. Um diesen zu deuten, werden von den Autoren teilweise

---

[117] Die einzelne Investition kann sich auch in mehrere Einzelzahlungen zu verschiedenen Zeitpunkten aufgliedern, da diese durch Diskontierung als Barwert zum Zeitpunkt der erstmaligen Zahlung berechnet werden können. Modelltheoretisch ergibt sich dadurch wieder eine Einmalzahlung. Wichtig bei mehreren Zahlungen ist, dass diese mit der ersten Investitionsentscheidung verpflichtend werden, damit keine weiteren Optionen eröffnet werden.

[118] Die Erkenntnisse sind durch klassische Modelle wie in Dixit & Pindyck (1994, S. 184) geprägt. Wie in Abschnitt 3.2.2 diskutiert wurde, sind jedoch vielfältige Anwendungsmöglichkeiten denkbar, welche komplexere Modelle erfordern. Gerade vor dem Hintergrund der Entwicklung zu komplexeren Modellen ist die vorliegende Diskussion notwendig.

[119] An dieser Stelle werden das grundlegende Investitionsmodell und seine Herleitungen nicht noch einmal vorgestellt. Der Lösungsansatz wurde bereits in Abschnitt 3.3.2 vorgestellt. Für die nachfolgenden Modelle werden nur die wichtigsten Modelländerungen erläutert.

neue Maße für die Investitionsneigung eingeführt. Die Entwicklung und der Zusammenhang der Modelle werden in Abbildung 20 verdeutlicht. Während die Maße im folgenden Abschnitt präsentiert werden, werden die Modelle zunächst bezüglich ihrer Aussagen zur Monotonie des Einflusses der Unsicherheit auf die Investition diskutiert.

Der traditionell angenommene Zusammenhang, dass die Unsicherheit monoton negativ auf den Investitionszeitpunkt wirkt, wurde zuerst von **Sarkar (2000)** hinterfragt. Sarkar nutzt nur eine kleine Abwandlung des Modells von Dixit & Pindyck (1994, S. 184), um zu zeigen, dass der negative Einfluss höherer Unsicherheit auf die Investition nicht immer vorherrscht. Statt des risikolosen Zinssatzes zur Diskontierung greift Sarkar (2000) auf das intertemporale Capital Asset Pricing Modell (CAPM) von Merton (1973) zurück.[120] Durch diesen Ansatz wird das systematische Risiko des Projektes berücksichtigt. Es wird davon ausgegangen, dass das Projekt mit dem Markt zu einem Faktor ρ korreliert ist und der Marktpreis für das Risiko v beträgt. Der angepasste risikoadäquate Zinssatz ist dann $r_R = r + v\rho\sigma$. Durch die Anpassung des Zinssatzes ändert sich der Barwert des Projektes V und auch der optimale Investitionsschwellwert x^*. Die Anpassung hat auch zur Folge, dass sich das β als Teil der Lösung der Differentialgleichung ändert, wodurch ebenfalls der Schwellwert und der Optionswert beeinflusst werden. Dies hat wiederum zur Folge, dass eine Änderung der Unsicherheit nun über mehrere Faktoren auf den Investitionsschwellwert wirkt. Wie Sarkar (2000) zeigt, ist dieser Schwellwert zwar weiterhin monoton wachsend mit höherer Unsicherheit, jedoch führt dies nicht immer zu einer späteren Investition. Er argumentiert, dass die Unsicherheit nicht nur, wie oben beschrieben, den Investitionsschwellwert beeinflusst, sondern ebenfalls die möglichen zukünftigen Einnahmen. Diese werden durch die Modellierung als geometrische Brownsche Bewegung ebenfalls von der Unsicherheit mitbestimmt. Dadurch könnte eine höhere Unsicherheit zwar ggf. den Investitionsschwellwert erhöhen, aber durch die höhere Schwankung der GBM eventuell auch die Wahrscheinlichkeit, dass er trotzdem gerissen wird.

---

[120] Siehe Unterkapitel 3.4.

Produktinnovationen unter Unsicherheit in der Literatur

Kanonisches Modell
Cashflows $x(t)$ folgen
$$dx = \mu x dt + \sigma x dW$$
Investitionsausgaben I
Diskontierrate r
Unendliche Projektdauer
Projektwert V ist
$$V = \frac{x}{r - \mu}$$
Optimaler Schwellwert ist
$$x^* = \frac{\beta}{\beta - 1}(r - \mu)I$$

Einfluss der Unsicherheit auf den Investitionsschwellwert
Unsicherheit wirkt monoton negativ auf den Investitionszeitpunkt

Gryglewicz et al. (2008)
Endliche Projektdauer $T < \infty$
Projektwert V ist
$$V = \frac{x\left(1 - e^{-(r-\mu+\upsilon\rho\sigma)T}\right)}{r - \mu + \upsilon\rho\sigma}$$
Optimaler Schwellwert ist
$$x^* = \frac{\beta}{\beta - 1} \frac{(r - \mu + \upsilon\rho\sigma)}{\left(1 - e^{-(r-\mu+\upsilon\rho\sigma)T}\right)} I$$

Einfluss der Unsicherheit auf den Investitionsschwellwert
Investitions-Unsicherheits-Zusammenhang ist U-förmig

Sarkar (2000)
Diskontierrate r_R nach dem CAPM
$$r_R = r + \upsilon\rho\sigma$$
Projektwert V ist
$$V = \frac{x}{r - \mu + \upsilon\rho\sigma}$$
Optimaler Schwellwert ist
$$x^* = \frac{\beta}{\beta - 1}(r - \mu + \upsilon\rho\sigma)I$$

Wahrscheinlichkeit, innerhalb einer bestimmten Zeit zu investieren
Negativer monotoner Zusammenhang nicht immer vorhanden

Lukas & Welling (2014a)
Verhandlung zweier Firmen, bei der A Mehrwert ψV verteilt und B den Investitionszeitpunkt wählt
Investitionsausgaben und Projektwert sind
$$I_A = (1 - \Gamma)I \quad I_B = \Gamma I$$
$$V_A = (1 - \psi)V \quad V_B = \psi V$$
Optimaler Schwellwert ist
$$x^* = \left(\frac{\beta}{\beta - 1}\right)\left(\frac{\delta}{1 - e^{-\delta T}}\right)\left(1 + \frac{\Gamma}{\beta - 1}\right)I$$

Schwellwert, erwarteter Zeitpunkt und Wahrscheinlichkeit
Investitions-Unsicherheits-Zusammenhang generell nicht monoton

Wong (2007)
Projektwert V folgt
$$dV = \mu V dt + \sigma V dW$$
Optimaler Schwellwert ist
$$V^* = \frac{\beta}{\beta - 1} I$$

Einfluss der Unsicherheit auf die erwartete Zeit bis zur Investition
Investitions-Unsicherheits-Zusammenhang nicht monoton; bei $\rho > 0$ nie monoton

Gutiérrez (2007)
Keine Änderungen

Modellabhängige Kombination von Wong (2007) und Sarkar (2000)
Nicht immer monoton; Im kanonischem Modell nur bei $\mu < 0$ negative Wirkung

Abbildung 20: Modelle des Investitions-Unsicherheits-Zusammenhang

Die angewandten Modellvariationen zur Untersuchung des Investitions-Unsicherheits-Zusammenhangs mit jeweiliger Abhängigkeit, mit genutzten Maßen und Erkenntnissen.

Diese Ergebnisse hinterfragen erstmals den monotonen Investitions-Unsicherheits-Zusammenhang. Da sie auf einem numerischen Beispiel beruhen, sind allgemeine Aussagen nicht möglich. **Lund (2005)** weist bei der Untersuchung der Ergebnisse von Sarkar (2000) darauf hin, dass der kombinierte Effekt der Unsicherheit nicht immer zu einer höheren Investitionswahrscheinlichkeit führen muss, sondern modellabhängig ist. Dies ist vor allem begründet durch die sowohl hohen als auch niedrigen möglichen Schwankungen der geometrischen Brownschen Bewegung.

Wong (2007) setzt diese Untersuchung fort, indem er den erwarteten Investitionszeitpunkt untersucht. Er nutzt das Modell von Sarkar (2000) und verändert es hinsichtlich des Projektwertes. Anstatt anzunehmen, dass der dem Projektwert zugrunde liegende Cashflow $x(t)$ einer geometrischen Brownschen Bewegung folgt, geht er davon aus, dass der Projektwert V selbst einer solchen Bewegung folgt.[121] Wong (2007) zeigt, dass auch unter dieser Annahme der Investitions-Unsicherheits-Zusammenhang nicht monoton ist, sondern ein U-förmiger Zusammenhang zu beobachten ist. Dabei gelingt ihm der Beweis, dass diese Wirkung auf den Investitionszeitpunkt immer zu beobachten ist, wenn die Korrelation des Projektes zum Markt $\rho > 0$ ist. In diesem Fall führt bei niedriger Unsicherheit eine leichte Erhöhung dieser zu einem früheren erwarteten Investitionszeitpunkt, während bei hoher Unsicherheit eine weitere Erhöhung die erwartete Investition beschleunigt. Da auch bei Wong (2007) sowohl der Investitionsschwellwert als auch der mögliche Verlauf der geometrische Brownschen Bewegung beeinflusst werden, ist die Wirkung der Unsicherheit auf die Investitionsneigung modellabhängig.

Gryglewicz et al. (2008) untersuchen ebenfalls den Einfluss der Unsicherheit auf die Investitionsneigung. Wie Abbildung 20 zeigt, stützen sie ihre Untersuchung ebenfalls auf das Modell von Sarkar (2000) und erweitern es hinsichtlich der möglichen Projektlebenszeit. Das heißt, sie gehen davon aus, dass die Cashflows $x(t)$ nicht unendlich lange erwirtschaftet werden können, sondern eine exogene Projektdauer $T < \infty$ gegeben ist. Vor diesem Hintergrund können sie beweisen, dass der Investitions-Unsicherheits-Zusammenhang ebenfalls U-förmig ist, wenn der optimale Investitionsschwellwert betrachtet wird. Sie zeigen in ihrem Modell, wie die Unsicherheit über insgesamt drei unterschiedliche Effekte auf den Schwellwert einwirkt: Erstens werden bei einer auf die Unsicherheit angepassten Diskontrate die zukünftigen Cashflows weniger wert, wodurch der Schwellwert sinkt. Zweitens erhöht eine höhere Unsicherheit,

---

[121] Diese Annahme ist nicht ungewöhnlich. Tatsächlich präsentieren bereits Dixit & Pindyck (1994, S. 136ff. und 177ff.), dass sowohl der Projektwert als auch der Cashflow einer geometrischen Brownschen Bewegung folgen kann.

wie bekannt, den Optionswert und somit auch den Schwellwert. Drittens wird durch den Einfluss einer höheren Diskontrate die Verfügbarkeitsprämie verringert und somit ebenfalls der Schwellwert verringert. Die letzten beiden Effekte werden auch von Wong (2007) beobachtet. Welcher dieser Diskont-, Volatilitäts-, und Verfügbarkeitsprämieneffekte überwiegt und wie die Unsicherheit auf den Investitionsschwellwert insgesamt wirkt, ist modellabhängig. Gryglewicz et al. (2008) zeigen, dass die Erkenntnis des nicht monotonen Zusammenhangs auch unter verschiedenen weiteren Modellvariationen hinsichtlich einer stochastischen Projektdauer, eines konkaven Risiko-Diskontraten-Zusammenhangs, eines anderen Cashflow-Verlaufs und endlicher Optionsdauer Bestand hat.

Auch **Gutiérrez (2007)** kann zeigen, dass der negative Investitions-Unsicherheits-Zusammenhang nicht monoton negativ ist. Er untersucht modellabhängig den Einfluss der Unsicherheit auf den erwarteten Investitionszeitpunkt oder die Wahrscheinlichkeit, innerhalb einer bestimmten Zeit zu investieren. Unter dieser Auffassung kann selbst im kanonischen Investitionsmodell ein negativer Zusammenhang nur beobachtet werden, wenn die Wachstumsrate der Cashflows α negativ ist.

Einen weiteren Hinweis auf einen nicht monoton negativen Einfluss der Unsicherheit auf die Investitionsneigung liefern **Lukas & Welling (2014a)**. Sie erweitern in ihrem Modell den Ansatz von Gryglewicz et al. (2008) um die Verhandlung über die Teilung der Projekteinnahmen und der nötigen Investitionsausgaben zwischen zwei Unternehmen. Während das eine Unternehmen den Teil $(1 - \psi)V$ der möglichen zukünftigen Einnahmen für sich beansprucht und den Teil ψV dem zweiten Unternehmen anbietet, wählt das zweite Unternehmen den Investitionszeitpunkt. Dabei teilen die Unternehmen auch die Investitionsausgaben zu den Teilen $(1 - \Gamma)I$ und ΓI. Unter diesen Bedingungen ist der vom zweiten Unternehmen optimierte Investitionsschwellwert U-förmig. Im Gegensatz zu Gryglewicz et al. (2008) hat dieses Ergebnis auch unter unendlicher Projektdauer Bestand. Unter Berücksichtigung des Untersuchungsansatzes von Wong (2007) zeigen Lukas & Welling (2013), dass der erwartete Investitionszeitpunkt ebenfalls nicht monoton von der Unsicherheit abhängt. Numerisch kann weiterhin gezeigt werden, dass auch die Interpretation von Sarkar (2000) des Einflusses der Unsicherheit auf die Wahrscheinlichkeit, innerhalb einer bestimmten Zeit zu investieren, nicht monoton ist. Dies begründen Lukas & Welling (2013) damit, dass neben dem zusätzlichen Verhandlungseffekt alle drei bisher beobachteten Wirkungsweisen der Unsicherheit auf die Investitionsneigung wirken.

Obwohl die Autoren einzelne Abweichungen vom monotonen Wirkungszusammenhang der Unsicherheit auf die Investitionsneigung zeigen können, wird bei der Wirkung der Unsicherheit weiterhin ein allgemein monotoner Zusammenhang unterstellt. In der Literatur wird davon ausgegangen, dass diese einzelnen Abweichungen nur auf spezifischen Modellannahmen beruhen. Diese wurden exemplarisch an den einzelnen vorgestellten Modellen diskutiert und in Abbildung 20 zusammengefasst. Bei der Diskussion des Einflusses der Unsicherheit auf die Investitionsneigung wurden bereits mehrere mögliche Interpretationen dieser Neigung angesprochen. Diese werden im Folgenden genauer vorgestellt und hinsichtlich ihrer Eignung untersucht.

4.1.2 Der Investitions-Unsicherheits-Zusammenhang

Die Untersuchung der Investitionsneigung erfolgt unter Anwendung unterschiedlicher Verständnisweisen für den zu untersuchenden Einfluss der Unsicherheit auf die Investitionsneigung eines Unternehmens. Diese Interpretationsweisen wurden von den einzelnen Autoren vorgeschlagen, um den Einfluss angemessen untersuchen zu können. In diesem Abschnitt werden die einzelnen Interpretationen genauer vorgestellt. Diese umfassen den Einfluss der Unsicherheit auf den **optimalen Investitionsschwellwert,** den **erwarteten Investitionszeitpunkt,** die **Wahrscheinlichkeit, innerhalb einer bestimmten Zeit zu investieren,** und den **modellabhängig kombinierten Ansatz** von Investitionszeitpunkt und Investitionswahrscheinlichkeit. Weiterhin wird diskutiert, wie geeignet die einzelnen Interpretationsmöglichkeiten sind, um die Neigung des Unternehmens zu beschreiben, einmalig in ein einzelnes Projekt zu investieren. Die vier Maße zur Untersuchung des Investitions-Unsicherheits-Zusammenhangs werden in Abbildung 21 verdeutlicht. Sie werden im Folgenden vorgestellt.

Wie in Unterkapitel 3.4 gezeigt, wird bei Lösung der Investitionsmodelle als Teillösung der optimale Investitionsschwellwert bestimmt, zu dem das Unternehmen investieren sollte. Da dieser Schwellwert von der Unsicherheit abhängt, wurde dieser Wirkungszusammenhang als erstes weitreichend untersucht und als Interpretation des Investitions-Unsicherheits-Zusammenhangs genutzt. Gryglewicz et al. (2008) sind Vertreter der Literaturströmung, die den **Einfluss der Unsicherheit auf den Investitionsschwellwert** untersucht. Sie zeigen in ihrem Modell, wie die Unsicherheit über insgesamt drei unterschiedliche Effekte – den Diskontier-, Volatilitäts- und Verfügbarkeitsprämieneffekt – auf den Schwellwert einwirkt. Jedoch bewirkt eine Veränderung des

Investitionsschwellwerts durch den Einfluss der Unsicherheit nicht direkt eine Änderung des Investitionszeitpunktes. Tatsächlich ist der optimale Investitionsschwellwert x^* zwar abhängig von der Unsicherheit σ, jedoch enthält dieser Schwellwert kein Maß für die Zeit. Das heißt, es kann nicht festgestellt werden, wann dieser Schwellwert von der Marktentwicklung der Cashflows erreicht wird. Hinzu kommt, dass dieser Schwellwert, wie Gryglewicz et al. (2008) zeigen, modellabhängig von der Zeit abhängen kann und dadurch auch die Wirkungsweise der Unsicherheit zeitabhängig ist. Dadurch kann diese Interpretation auch nicht genutzt werden, um die Investitionsneigung des Unternehmens zu untersuchen.[122]

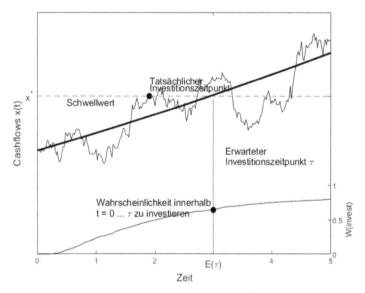

Abbildung 21: Maße für den Investitions-Unsicherheits-Zusammenhang

Es werden die drei Maße für den Investitions-Unsicherheits-Zusammenhang nach Gryglewicz et al. (2008), Wong (2007) und Sarkar (2000) dargestellt. Gutiérrez (2007) kombiniert das Maß von Wong (2007) und Sarkar (2000). Die linke Achse zeigt den Cashflow $x(t)$ mit einem möglichen Verlauf (durchgezogene Linie), erwarteten Verlauf (fette durchgezogene Linie) und optimalen Schwellwert (rote gestrichelte Linie). Die rechte Achse im unteren Bereich zeigt die Wahrscheinlichkeit, zu investieren, $W(Invest)$ (durchgezogene Linie) und den erwarteten Investitionszeitpunkt (rote senkrechte Linie).

---

[122] Ein höherer (niedriger) Schwellwert stellt nur einen niedrigeren (höheren) Investitionsanreiz dar.

Sarkar (2000) hatte bereits vor Gryglewicz et al. (2008) das Konzept eingeführt, die Investitionsneigung als die **Wahrscheinlichkeit, innerhalb einer bestimmten Zeit zu investieren,** zu messen. Wenn durch eine Erhöhung der Unsicherheit die Wahrscheinlichkeit, in einer bestimmten Zeit τ zu investieren, erhöht wird, so beschleunigt Unsicherheit die Investition. Das heißt, durch dieses Maß kann die Investitionsneigung beschrieben werden. Da die Investition nur einmal stattfinden kann, ist die Wahrscheinlichkeit, dass sie vor einem bestimmten Zeitpunkt stattfindet, genau definiert. Weiterhin kann die Wahrscheinlichkeit nur einen Wert zwischen null und eins annehmen. Aus Sicht der Wahrscheinlichkeitstheorie existiert dadurch diese Wahrscheinlichkeit und sie ist messbar. Somit kann durch Interpretation der Investitionsneigung als Investitionswahrscheinlichkeit das Vorzeichen der Wirkung der Unsicherheit untersucht werden. Außerdem kann durch die kardinale Skalierung auch die partielle Ableitung für jede Höhe der Unsicherheit bestimmt werden. Der Zusammenhang zwischen Unsicherheit und Investitionsneigung kann also untersucht werden, jedoch ist auch dieses Maß nicht uneingeschränkt eindeutig. Die Investitionswahrscheinlichkeit hängt davon ab, zu welchem Zeitpunkt τ sie bestimmt wird. Somit hängen auch das Vorzeichen und der Verlauf der Wahrscheinlichkeit unter dem Einfluss der Unsicherheit von diesem Zeitpunkt ab.[123]

Eine weitere Interpretationsmöglichkeit für die Wirkung der Unsicherheit auf die Investition liefert Wong (2007). Er beschreibt den Zusammenhang als den **Einfluss der Unsicherheit auf die erwartete Zeit bis zur Investition**. Das heißt, er misst die Zeit, bis der optimale Investitionsschwellwert in Erwartung gerissen wird. Wird durch eine Erhöhung der Unsicherheit erwartet, dass die Investition vom Unternehmen später durchgeführt wird, so verzögert die Unsicherheit die Investition. Das heißt, die Unsicherheit hat einen negativen Einfluss auf die Investitionsneigung. Ist auch eine Investition zu einem unendlich späten Zeitpunkt eine zulässige Lösung, so ist dieses Maß genau definiert. Ein weiterer Vorteil des Maßes ist, dass es nicht von anderen Parametern abhängt. Wie bei dem von Sarkar (2000) vorgeschlagenen Maß wirkt die Unsicherheit jedoch wieder über mehrere Effekte auf die Investitionsneigung des Unternehmens. Da auch bei Wong (2007) sowohl der Investitionsschwellwert als auch der mögliche Verlauf der geometrischen Brownschen Bewegung beeinflusst werden, ist die Wirkung der Unsicherheit auf die erwartete Zeit bis zur Investition modellabhängig. Ein weiteres Problem ergibt sich dadurch, dass dieses Maß nur angewendet werden kann, falls das Unternehmen mit Sicherheit jemals investieren wird, also der

---

[123] Die Abhängigkeit der Wahrscheinlichkeit vom gewählten Betrachtungszeitpunkt τ kann für jedes nicht triviale Investitionsmodell gezeigt werden. Dieser Punkt wird auch näher in Abschnitt 5.1.1 diskutiert.

Investitionsschwellwert mit Sicherheit irgendwann gerissen wird.[124] Anders ausgedrückt sind keine geeigneten Aussagen zum Investitions-Unsicherheits-Zusammenhang möglich, wenn die erwartete Zeit bis zur Investition unendlich ist.

Gutiérrez (2007) schlägt hingegen vor, die Blickwinkel von Sarkar (2000) und Wong (2007) zu nutzen und ihre **Ansätze modellabhängig zu kombinieren**, um die Wirkung der Unsicherheit auf die Investitionsneigung zu untersuchen. Wenn das Unternehmen mit Sicherheit irgendwann investieren wird, sollte die erwartete Zeit bis zur Investition gemessen werden, ansonsten die Wahrscheinlichkeit, dass das Unternehmen überhaupt jemals investieren wird. Wenn eine Erhöhung der Unsicherheit die erwartete Zeit bis zur Investition verringert oder die Wahrscheinlichkeit, innerhalb einer bestimmten Zeit zu investieren, erhöht, so beschleunigt Unsicherheit die Investition. Die erwartete Zeit bis zur Investition und die Wahrscheinlichkeit, in endlicher Zeit zu investieren, existieren in jedem Fall und sind eindeutig. Somit kann durch den kombinierten Ansatz die Investitionsneigung eines Unternehmens für jede Unsicherheit untersucht werden. Die Kombination der Ansätze ist dadurch begründet, dass das Maß von Wong (2007) bei bestimmten Modellen ggf. nicht bestimmt ist. Sollte das Unternehmen nicht sicher jemals investieren, so kann der erwartete Zeitpunkt der Investition nicht bestimmt werden. Durch den Übergang von einem Maß zum anderen für eine bestimmte Höhe von Unsicherheit kann dem kombinierten Ansatz an dieser Stelle ein numerischer Wert zugewiesen werden. Der Einfluss einer Änderung der Unsicherheit kann trotzdem bestimmt werden.[125] Doch auch dieses Maß hat Einschränkungen: Während es von keinem weiteren Parameter abhängt, misst es die Investitionsneigung doch in zwei unterschiedlichen Einheiten. Dadurch beschreibt die Höhe der Maße die Investitionsneigung unterschiedlich.[126]

---

[124] Es gibt Fälle, in denen das Unternehmen niemals mit Sicherheit investieren wird, weil es wahrscheinliche Fälle gibt, in denen der Markt sich nie positiv genug entwickeln wird. Ein intuitiver Fall ist, wenn das Patent für eine Technologie ausläuft. Konnte bis zum Ende des Patentschutzes kein geeigneter Markt für das Produkt gefunden werden, gibt es die Möglichkeit, dass das Unternehmen nie investieren wird. Dies ist jedoch bereits im kanonischen Investitionsmodell der Fall, falls die Unsicherheit mit $\sigma > \sqrt{2\mu}$ hoch genug ist (siehe Gleichung (5.1) für die formale Herleitung des erwarteten Investitionszeitpunktes).
[125] An diesem Punkt wäre die Wahrscheinlichkeit, jemals zu investieren, gleich eins, aber gleichzeitig die erwartete Zeit bis zur Investition unendlich. Wird die Unsicherheit in diesem Punkt verringert, ist die erwartete Zeit wieder endlich. Wird die Unsicherheit in diesem Punkt erhöht, ist die Wahrscheinlichkeit, jemals zu investieren, leicht kleiner als eins.
[126] Eine größere erwartete Zeit bis zur Investition verringert die Investitionsneigung, während eine größere Wahrscheinlichkeit, innerhalb einer bestimmten Zeit zu investieren, die Investitionsneigung erhöht.

4.1.3 Bedeutung für die spätere Auswertung

In den vorangegangenen Abschnitten wurde gezeigt, wie Unsicherheit auf die Investitionsentscheidung von Unternehmen einwirkt und wie dieser Einfluss beschrieben werden kann. Das Verständnis für diesen Wirkungszusammenhang ist für Unternehmen, welche innovative Produkte erfolgreich auf den Markt bringen wollen, von zentraler Bedeutung. Das Unternehmen muss wissen, ob es mehr oder weniger wirtschaftliches Interesse hat, in das Produkt zu investieren. Dies beschreibt seine Investitionsneigung, die durch ein geeignetes Maß quantifiziert werden muss.

Es kann festgestellt werden, dass der optimale Investitionsschwellwert als Maß ungeeignet ist, da er nicht die Investitionsneigung des Unternehmens erfasst. Die erwartete Zeit bis zur Investition ist ein geeignetes Maß, wenn das Unternehmen in dem Modell nicht unendlich lange mit der Investition warten möchte. Andernfalls lässt sich die Wirkung der Änderung der Unsicherheit nicht beschreiben. Die Wahrscheinlichkeit, innerhalb einer bestimmten Zeit zu investieren, ist ebenfalls ein geeignetes Maß für die Investitionsneigung. Allerdings hängt es von der betrachteten Zeit, innerhalb der investiert werden kann, ab, womit auch die Wirkung der Änderung der Unsicherheit von der Zeit abhängt.

Die modellabhängige Kombination von erwartetem Investitionszeitpunkt und Investitionswahrscheinlichkeit ist ein vielversprechendes Maß für die Investitionsneigung. Bei dieser Interpretation ist die Wirkung der Unsicherheit immer beschreibbar und nur die partielle Ableitung der Investitionsneigung nach der Unsicherheit ist nicht genau definiert. Für die zukünftige Forschung muss für jedes entwickelte Modell geprüft werden, welches Maß für die Untersuchung des Einflusses der Unsicherheit auf die Investitionsneigung angewendet werden kann. Weiterhin sollte hinterfragt werden, ob es nicht ein geeigneteres Maß für die Investition gibt, welches nicht nur die zeitliche Komponente berücksichtigt.

Ob die Unsicherheit die Investitionsneigung positiv oder negativ beeinflusst, muss mit diesen Interpretationen für den Investitions-Unsicherheits-Zusammenhang betrachtet werden. Wie in Abschnitt 4.1.1 gezeigt wurde, führen bereits kleine Abweichungen vom klassischen Investitionsmodell zu einem nicht monotonen Einfluss der Unsicherheit auf die Investitionsneigung. Dies ist somit bei komplexeren Modellen regelmäßig der Fall.127 In der diskutierten Literatur werden diese Abweichungen aber oft so interpretiert, dass dies nur vereinzelte Abweichungen aufgrund der angewendeten modifizierten Modelle sind. Es muss abschließend untersucht werden, ob die Unsicherheit einen eindeutigen monotonen Einfluss auf die Investitionsneigung hat. Dies muss vor allem vor dem Hintergrund geschehen, dass die Investitionsentscheidung in eine Produktinnovation generell komplexer sein wird, als durch das klassische Investitionsmodell abgebildet werden kann.

4.2 Produktlebenszyklen

Die Vorteilhaftigkeit eines neuen Produktes für ein Unternehmen liegt vor allem in der Erschließung von neuen Marktabsatzpotentialen und somit Einnahmen aus dem Produktverkauf. Neben der im vorangegangenen Unterkapital angesprochenen Unsicherheit über die Absatzmöglichkeiten ist für die Bewertung der Investition in dieses Produkt vor allem die erwartete Entwicklung dieser Absatzpotentiale, also der Trend, entscheidend. Um die optimale Investitionsentscheidung treffen zu können, muss die erwartete Marktentwicklung deshalb abgeschätzt und bei der Planung der Investition berücksichtigt werden. In der Literatur zu Investitionen unter Unsicherheit wird traditionell ein exponentieller Verlauf der zukünftigen Einnahmen angenommen.[128] Dies lässt sich auf die Übernahme der Bewertungsmethode von Finanzoptionen zurückführen, bei denen bereits von Black & Scholes (1973) exponentielles Wachstum unterstellt wurde. Der Verlauf und vor allem das Wachstum der Einnahmen beeinflussen nicht nur die Vorteilhaftigkeit aus dem Produktverkauf, sondern ebenfalls die optimale Investitionsentscheidung des Unternehmens. Erwartet das Unternehmen ein stärkeres Wachstum der Einnahmen, kann es von Vorteil sein, mit der Investition länger zu warten.

Die optimale Investitionsentscheidung ändert sich entscheidend, wenn die Annahmen zur Marktentwicklung geändert werden. So zeigen bereits Dixit & Pindyck (1994, S. 161ff.) die Modellierung als einen um den Mittelwert schwankenden Prozess oder auch Gryglewicz et al. (2008) den Einfluss endlicher Absatzmöglichkeiten. Diese Modelle

---

[127] Es kann davon ausgegangen werden, dass die Modelle in der Zukunft durch den Fortschritt der Wissenschaft und die wachsende Leistungsfähigkeit der zur Lösung der Modelle eingesetzten Computer an Komplexität zunehmen werden. Vor diesem Hintergrund sind ein besseres Verständnis und eine Diskussion der Blickwinkel notwendig.

[128] Statt auf den exponentiellen Verlauf der Einnahmen kann auch auf einen exponentiellen Verlauf des Projektwertes geschlossen werden, weshalb dieser in einigen Modellen auch direkt betrachtet wird. Siehe Dixit & Pindyck (1994, S. 175ff.) für die Herleitung dieses Zusammenhangs.

bilden die komplexe Marktstruktur bei einer Produktinnovation jedoch nur unzureichend ab.[129] Das Unternehmen muss bei der Planung der Investition unter Unsicherheit den Verlauf des Produktverkaufs angemessen abschätzen und berücksichtigen.

4.2.1 Kritik an der Annahme exponentiellen Wachstums

Um Investitionsentscheidungen modelltheoretisch abbilden zu können, müssen Annahmen bezüglich des Verlaufs der zukünftigen Einnahmen aus einem Projekt, wie der Vermarktung eines Produktes, getroffen werden. Eine Betrachtungsmöglichkeit besteht darin, die erwarteten Einnahmen mit einer Verlaufshypothese zu beschreiben. Wie in Abschnitt 3.3.1 diskutiert wurde, können für diesen Verlauf unterschiedliche Annahmen getroffen und die Einnahmen mit Hilfe einer stochastischen Differentialgleichung beschrieben werden. Klassische Modelle zu Investitionsentscheidungen unter Unsicherheit gehen davon aus, dass der Verlauf der Projekteinnahmen, also die Einnahmen aus dem Produktverkauf, einem Wiener-Prozess oder einer geometrischen Brownschen Bewegung folgen (siehe bspw. Brennan & Schwartz, 1985, Dixit, 1989, McDonald & Siegel, 1986). Bei letzterem stochastischen Prozess wachsen die Einnahmen in Erwartung exponentiell an, unterliegen aber zu jedem Zeitpunkt unsicheren Schwankungen.

Ein Vorteil dieses Modellierungsansatzes liegt darin, dass er häufig zu analytischen Lösungen hinsichtlich der optimalen Investitionsstrategie über eine große Breite von modellierten Investitionsmöglichkeiten führt (Bollen, 1999). Gleichzeitig hat das investierende Unternehmen durch den exponentiellen Verlauf in der Regel einen Vorteil davon, die Investition zumindest zeitweise aufzuschieben und dabei über den wachsenden Markt zu lernen. Durch das zeitlich unbeschränkte Wachstum kann das Unternehmen unvorteilhafte Phasen überstehen und von vorteilhaften Marktentwicklungen profitieren, wodurch das Investitionsrisiko nach unten beschränkt ist. Durch diese Annahme hat das Unternehmen einen geringeren Investitionsdruck und einen Anreiz, die Investition zu verschieben. Während das Unternehmen zwar ohne Investition zunächst auch mögliche Einnahmen verschiebt, muss es die Investitionsausgaben ebenfalls erst später tätigen.

---

[129] Siehe Unterkapitel 2.2.3.

Die aus der Modellierung für Finanzoptionen übernommene Annahme, Projekteinnahmen würden in Erwartung einem exponentiellen Verlauf folgen, ist nicht auf Produktinnovationen übertragbar, wie Abbildung 22 verdeutlicht. Wie in Abschnitt 2.2.3 erläutert wurde, muss für die Abschätzung des Markterfolges eines neuen Produktes die Absatzentwicklung nach Produkteinführung betrachtet werden. Diese Entwicklung wird maßgeblich vom Diffusionsvorgang des Produktes am Markt getrieben. Oft können diese Absatzzahlen bei bekannter Preisstrategie unmittelbar in Einnahmen übertragen werden, da der Umsatz aus dem Produktverkauf häufig proportional zu den Produktverkäufen ist (Trott, 2012, S. 68). Dies hat zur Folge, dass in der Realität die Einnahmen aus dem Produktverkauf zunächst eine typische Wachstumsphase und später eine Sättigungsphase durchlaufen, wie dies beim Diffusionsverlauf eines Produktes zu erwarten ist. Die Sättigung kann durch verschiedene Marktsituationen hervorgerufen werden, die sich in einer nachlassenden Nachfrage äußern, hervorgerufen durch die Einführung besserer Technologie, entstehenden Wettbewerb und andere Möglichkeiten. Die eintretende Sättigung impliziert einen zufälligen Zeitpunkt, zu dem sich der Trend der Einnahmen ändert. Dadurch entsteht, mit Blick auf den Absatz in der jeweiligen Periode, für langlebige Produkte ein deutlicher glockenförmiger Verlauf der Einnahmen. Dieser Verlauf steht in klarem Widerspruch zu dem traditionell angenommenen exponentiellen Verlauf. Während beim exponentiellen Verlauf am Ende eines Produktlebenszyklus stark steigende Absätze erwartet würden, können in der Realität oft nur noch marginale Einnahmen generiert werden (Peres et al., 2010).

Der glockenförmige Verlauf der Einnahmen über die Zeit stellt immer nur die Erwartung dar. Für jedes einzelne Produkt kann der tatsächlich beobachtbare oder realisierte Verlauf von dieser Erwartung abweichen. Ein nicht erfolgreiches Produkt kann sogar direkt in fallende Verkaufszahlen übergehen. Dementsprechend sind Abweichungen beim Verlauf in einer retrospektiven Betrachtung zu erwarten (Boswijk & Franses, 2005, Qin & Nembhard, 2012). Bei der Planung einer Investition in eine Produktinnovation sind diese zu erwartenden Abweichungen als Unsicherheit zu interpretieren (Bollen, 1999). Der charakteristische Verlauf der Produkteinnahmen und die gleichzeitige Unsicherheit stellen für das Management eine große Herausforderung dar. Es ist zu erwarten, dass die klassische Investitionsstrategie angepasst werden muss, während die Innovation den Produktlebenszyklus durchläuft und der erwartete Projektwert sowie der Wert der Investitionsmöglichkeit sich über die Zeit ändern.

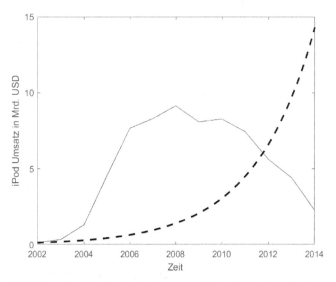

Abbildung 22: Vergleich eines exponentiellen Verlaufs und eines tatsächlichen Produktlebenszyklus am Beispiel des iPod

Der jährliche Umsatz des Apple iPod in Mrd. USD (durchgezogene Linie) und ein unterstellter exponentieller Verlauf (fette gestrichelte Linie).

Quelle: Eigene Darstellung, Daten aus Apple (2004, S. 101), Apple (2005, S. 96), Apple (2008, S. 41), Apple (2011, S. 30) und Apple (2014, S. 27).

In der traditionellen Literatur werden die beobachtbaren Diffusionsverläufe einer Produktinnovation hingegen vernachlässigt. Gerade in sich stark ändernden Märkten, darunter solche, die durch starke technologische Veränderungen und neue Produkte gekennzeichnet sind, sind fundierte Entscheidungen von höchster Bedeutung. Für die Entscheidung, in eine Produktinnovation zu investieren, muss dieser Verlauf daher berücksichtigt werden, um die Investition optimal steuern zu können. Deshalb muss untersucht werden, wie die in Abschnitt 3.3.1 vorgestellten Itō-Prozesse angepasst werden können, um den glockenförmigen Verlauf abzubilden. In den folgenden Abschnitten werden zwei Modellierungsansätze vorgestellt.

4.2.2 Modellierung mit Hilfe des Bass-Modells

Die erwartete Kundennachfrage am Markt ist eine wichtige Grundlage, um die Vorteilhaftigkeit einer Investition in ein neues Produkt zu bewerten. Es ist daher entscheidend, diese Nachfrage zu prognostizieren und angemessen bei der Investitionsplanung zu berücksichtigen. Wird der Absatzerfolg eines Produktes anhand der Kaufentscheidung der potenziellen Kunden über die Zeit berücksichtigt, so orientiert sich der Ansatz an den Erkenntnissen der Adoptions- und Diffusionsforschung (siehe Bass, 1969, Mahajan & Muller, 1996, und Rogers, 2003, S. 5f.). Dieser Literaturstrang versucht den Entscheidungsprozess der Kunden, welcher letztendlich zur Kaufentscheidung führt, verhaltenstheoretisch zu erfassen und zu modellieren. Dabei bezeichnet Adoption die Kaufentscheidung der Kunden zu einem bestimmten Zeitpunkt und Diffusion die Verbreitung des Produktes am Markt, welche den bis zu diesem Zeitpunkt erfolgten kumulierten Adoptionen entspricht (siehe Abschnitt 2.2.3). Das wohl bekannteste Modell zur Beschreibung des Diffusionsverlaufs einer Innovation im Markt wurde von Bass (1969) vorgestellt. In diesem wegweisenden Ansatz werden die Käufe zu einem Zeitpunkt verhaltenstheoretisch auf die Kaufentscheidungen von Imitatoren und Innovatoren zurückgeführt. Durch die Erfassung dieser zwei Kräfte der Kaufentscheidung beschreibt das Modell den am Markt beobachtbaren glockenförmigen Verlauf der Produktverkäufe, indem auf eine anfängliche Wachstumsphase eine Sättigungsphase folgt (siehe Abschnitt 4.2.1).

Das Bass-Modell ist somit sehr gut geeignet, um den Produktlebenszyklus einer Innovation zu erfassen. Dies wird durch die weitläufige Anerkennung des Modells in Forschung und Praxis unterstrichen, welche vor allem auf seine Robustheit hinsichtlich historischer Daten zurückzuführen ist (Hauser et al., 2006, Van den Bulte & Lilien, 1997).[130] So wurde das Modell beispielsweise bereits zur Vorhersage von Produktverkäufen angewendet (siehe Aytac & Wu, 2013, und Qin & Nembhard, 2012). Werden die zukünftigen Absätze mit Hilfe des Bass-Modells prognostiziert, können daraus in der Regel die zu erwartenden Einnahmen aus dem Produkt direkt abgeleitet werden. Diese Prognosen liefern wiederum die eingangs beschriebene notwendige Grundlage für die Bewertung der Möglichkeit, in den Verkauf der Produktinnovation investieren zu können.

Aus bekannten Verkaufsdaten eines Produktes kann der Produktlebenszyklus ex post mit dem Bass-Modell beschrieben werden. Während in der Literatur einige anspruchs-

---

[130] Für das von Bass (1969) entwickelte Grundmodell wurden über die Zeit zahlreiche Erweiterungen und Abwandlungen vorgeschlagen. Diese berücksichtigen beispielsweise explizit die Möglichkeit von interdependenten Produktgenerationen (siehe Norton & Bass, 1987, Mahajan & Muller, 1996, Bass, 2004, und Jiang & Jain, 2012).

volle Methoden zur Parameterbestimmung bekannt sind, können die gesuchten Parameterwerte auch mit einfacher linearer Regression ermittelt werden.[131] Wird die aus Abschnitt 2.2.3 bekannte zeitkontinuierliche Form des Bass-Modells in Gleichung (2.3) betrachtet, so kann diese zu

$$\frac{dq}{dt} = \left(a + \frac{b}{Q}q(t)\right)(Q - q(t)) \tag{4.1}$$

umgeformt werden. Um den diskreten Datensätzen der historischen Verkaufszahlen zu entsprechen, kann dies analog in die zeitdiskrete Form

$$Z_t = aQ + (b-a)q_{t-1} - \frac{b}{Q}q_{t-1}^2 + \zeta_t \tag{4.2}$$

oder

$$Z_t = v_1 + v_2 q_{t-1} + v_3 q_{t-1}^2 + \zeta_t \tag{4.3}$$

gebracht werden, wobei Z_t die verkaufte Menge zum Zeitpunkt $t = 2,3,..T$, q_{t-1} die kumulierten Verkäufe bis zum Zeitpunkt $t - 1$, ζ_t den Fehlerterm der Regression und v_1, v_2 sowie v_3 die Regressionskoeffizienten beschreibt (Bass, 1969, Srinivasan & Mason, 1986). Nach erfolgter Regression lassen sich aus den Regressionskoeffizienten die geschätzten Modellparameter aus den Zusammenhängen $v_1 = aQ$, $v_2 = b - a$ und $v_1 = -\frac{b}{Q}$ durch Lösen der Gleichung ableiten, sodass $Q = \left(\left(\frac{v_2}{2v_3}\right)^2 - \frac{v_1}{v_3}\right)^{\frac{1}{2}} - \frac{v_2}{2v_3}$, $a = \frac{v_1}{Q}$ und $b = -v_3 Q$. Abbildung 23 zeigt einen auf diese Art geschätzten Produktlebenszyklus im Vergleich zu den tatsächlichen Verkaufsdaten. Wie die unterschiedlichen Verläufe zeigen, ist der idealtypische Verlauf des Produktlebenszyklus in der Realität selten zu beobachten. Selbst bei Betrachtungen ex post sind Schwankungen um den erwarteten Verlauf möglich und zu erwarten.

Analog zu diesem Vorgehen könnten die Parameter auch aus für die Zukunft prognostizierten Marktszenarien gewonnen werden. Diese Daten können mit den in Abschnitt 2.2.3 angesprochenen qualitativen oder quantitativen Methoden zur Technologie- und Nachfrageprognose vorab geschätzt worden sein. So nutzen Lukas et al. (2017)

---

[131] Da diese Arbeit nicht die exakte Parameterbestimmung des Bass-Modells thematisiert, wird an dieser Stelle nur ein Lösungsansatz skizziert. Genauere Verfahren, z.B. für ungenaue Datenquellen in Form von unregelmäßigen Zeitabständen der Datenpunkte, werden beispielsweise von Schmittlein & Mahajan (1982) anhand der Maximum-Likelihood-Methode und Srinivasan & Mason (1986) mittels nichtlinearer Regression besprochen.

Produktinnovationen unter Unsicherheit in der Literatur 135

beispielsweise die von Kieckhäfer et al. (2014) mit Hilfe eines hybriden Simulationsansatzes gewonnenen Marktdaten für Elektrofahrzeuge zur Schätzung des zukünftigen Produktlebenszyklus von Traktionsbatterien.

Die prognostizierten Daten und der daraus mit Hilfe des Bass-Modell geschätzte Verlauf des Produktlebenszyklus bilden immer nur den erwarteten Verlauf ab. Wie die Analyse der historischen Daten in Abbildung 23 gezeigt hat, kann der tatsächliche Verlauf immer vom erwarteten Verlauf abweichen. Für den Fall der Marktprognose ist er sogar mit Unsicherheit verbunden. Diese Unsicherheit muss bei der Investitionsentscheidung berücksichtigt werden. In Unterkapitel 5.2 wird deshalb gezeigt, wie Unsicherheit über den prognostizierten Produktlebenszyklus modelliert und die damit verbundene Investitionsmöglichkeit bewertet werden kann.

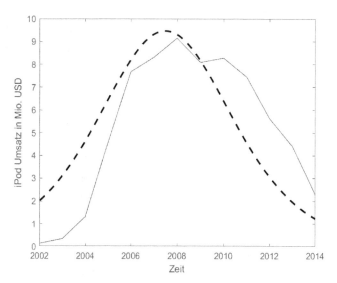

Abbildung 23: Vergleich des mit dem Bass-Modell geschätzten und tatsächlichen Produktlebenszyklus am Beispiel des iPod

Der jährliche Umsatz des Apple iPod in Mrd. USD (durchgezogene Linie) und der daraus nach dem Bass-Modell geschätzte Umsatz (fette gestrichelte Linie).

Quelle: Eigene Darstellung, Daten aus Apple (2004, S. 101), Apple (2005, S. 96), Apple (2008, S. 41), Apple (2011, S. 30) und Apple (2014, S. 27).

In der Literatur wird das Bass-Modell bei Investitionsentscheidungen unter Unsicherheit kaum direkt berücksichtigt.[132] Drei Artikel stechen heraus, welche Optionen auf Einnahmen aus dem Produktlebenszyklus eines Produktes auf Basis des Bass-Modells untersuchen. **Chance et al. (2008)** untersuchen den Wert einer Option auf Einnahmen aus einem Produktverkauf, die dem Bass-Modell folgen. Das heißt, sie betrachten nicht die Möglichkeit eines Unternehmens, in diese Produkteinnahmen zu investieren, sondern was es einem externen Investor wert wäre, ein Recht auf Anteile dieser Einnahmen zu erhalten, wenn diese zu einem bestimmten Zeitpunkt eine bestimmte Größe überschritten haben.[133] Das innovative Unternehmen, welches einem anderen Investor diese Option gewährt, bekommt dafür eine Optionsprämie und beginnt mit dem Produktverkauf. Sollte der Produktverkauf erfolgreich genug sein, muss das Unternehmen dem Investor am Ende der Optionslaufzeit die Einnahmen aus dem Produktverkauf überlassen, welche das vorher festgelegte Level überschreiten. Auf diese Weise könnte sich ein innovatives Unternehmen gegen die Unsicherheit aus dem Verkauf eines neuen Produktes absichern, wie Chance et al. (2008) am Beispiel der Filmindustrie verdeutlichen. Zur Modellierung werden nicht die einzelnen Verkäufe über die Zeit betrachtet, sondern die kumulierten Verkäufe, welche sich direkt aus dem Bass-Mode-l ergeben. Um die Unsicherheit der Verkäufe zu erfassen, betten Chance et al. (2008) das Bass-Modell in einen Gamma-Prozess sein.[134] Da lediglich der Optionswert auf die Einnahmen untersucht wird, betrachtet der Artikel den Aspekt des Risikomanagement mittels Optionen aus Sicht eines Unternehmens, welches ein neues und unsicheres Produkt bereits verkauft. Die Investitionsentscheidung, welche für die Markteinführung des Produktes notwendig ist, wird nicht untersucht.

Auch **Nikolopoulos & Yannacopoulos (2010)** untersuchen nicht eine Investition in ein Produkt an sich, um den Verkauf zu starten, sondern mögliche Folgeinvestitionen nach dem Verkaufsstart, um den Verlauf des Produktlebenszyklus zu beeinflussen. Sie entwickeln ein Modell zur Steuerung von Marketingausgaben, welche zur Generierung von Einnahmen notwendig sind, die dem Produktlebenszyklus aus dem Bass-Modell folgen. Sie fügen dem Bass-Modell Unsicherheit über die zukünftigen Einnahmen hinzu, indem sie einen stochastischen Teil in den Innovationskoeffizienten des

---

[132] Diese Aussage bezieht sich auf die direkte Verwendung des Bass-Modells im Modellansatz. Die Erkenntnisse des Modells zum Lebenszyklus eines Produktes, insbesondere zum Wechsel von Wachstums- zu Sättigungsphase oder zum Übergang von einem Produkt zum nächsten, werden häufiger betrachtet. So betrachten Koussis et al. (2013) einen mehrstufigen Produktlebenszyklus, den das Unternehmen je nach Rentabilität durchläuft.
[133] Dies entspricht einer europäischen Kaufoption. Der Inhaber der Option bekommt die positive Differenz aus den tatsächlichen Verkäufen und dem vertraglich vereinbarten Level, welches sie überschritten haben müssen. Andernfalls macht er keinen Gebrauch von seinem Optionsrecht.
[134] Ein Gamma-Prozess steigt zufällig monoton über die Zeit, was den kontinuierlich steigenden kumulativen Einnahmen entspricht.

Modells einfügen. In ihrem Modell gehen Nikolopoulos & Yannacopoulos (2010) davon aus, dass der Produktverkauf sofort zusammenbricht, sollte sich das Unternehmen entscheiden die Marketingausgaben zu stoppen. Unter diesen Bedingungen bestimmen sie die optimale Zeit, um die Werbung vor dem Hintergrund eventuell abnehmender Einnahmen zu stoppen oder die notwendigen Ausgaben ggf. optimal zu steuern. Auch dieses Modell untersucht somit nicht die Entscheidung, in die Markteinführung eines neuen Produktes zu investieren.[135]

Lukas et al. (2017) sind die ersten, die den Produktlebenszyklus auf Basis des Bass-Modells bei der Investition in ein innovatives Produkt berücksichtigen. Sie entwickeln eine stochastische Version des Produktlebenszyklus, indem sie den Verlauf des Bass-Modells in die Wachstumsrate der stochastischen Differentialgleichung integrieren. Das Unternehmen kann entscheiden, wann es investiert, um dadurch diese unsicheren Einnahmen aus dem Produktverkauf zu erhalten. Dieser Ansatz erlaubt Lukas et al. (2017), die optimale Investitionsentscheidung direkt auf die verhaltenstheoretischen Erkenntnisse des Bass-Modells zurückzuführen. Der optimale Investitionsschwellwert, bei dessen beobachtetem Marktvolumen das Unternehmen investieren sollte, verläuft S-förmig steigend über den von Bass (1969) prognostizierten Produktlebenszyklus. Somit würde ein Unternehmen zu Beginn des Lebenszyklus noch bei einem niedrigeren notwendigen Marktvolumen investieren, sobald der vom Unternehmen beobachtete Markt diese Größe erreicht. Da dem Unternehmen jedoch bekannt ist, dass die Produktverkäufe irgendwann zurückgehen werden und somit endlich sind, benötigt es zu späteren Zeitpunkten ein größeres Marktvolumen, um die Investition dann noch zu tätigen.

4.2.3 Modellierung als Regime-Switch-Prozess

Ein alternativer Ansatz bei der Bestimmung der erwarteten Kundennachfrage zur Bewertung der Investition in eine Produktinnovation ist die Betrachtung einzelner Nachfragephasen. Wie aus der Adoptions- und Diffusionsforschung (siehe Abschnitt 2.2.3) bekannt ist, kann der Produktlebenszyklus eines neuen Produktes in mehrere Abschnitte unterteilt werden (Rogers, 2003, S. 281ff.). Aus der Literatur ist bekannt, dass der Verlauf der Nachfrage über die Zeit auf die individuellen Kaufentscheidungen der

---

[135] Außerdem ist die Modellierung der Unsicherheit in dem Modell nicht angemessen. Die Unsicherheit, welche von einem Wiener-Prozess hervorgerufen wird, führt dazu, dass die vom Bass-Modell beschriebenen kumulierten Einnahmen zu jedem Zeitpunkt nach oben wie nach unten um den Erwartungswert schwanken können. Dies führt zu einem nicht monoton wachsenden Verlauf der kumulierten Einnahmen.

potentiellen Kunden zurückzuführen ist. Wird die Ursache der Bildung dieser Nachfrage nicht weiter berücksichtigt, kann der charakteristische glockenförmige Verlauf des Produktlebenszyklus an sich untersucht werden. Dabei fällt auf, dass jeder Abschnitt des Produktlebenszyklus durch unterschiedliche Entwicklungstrends der Nachfrage beschrieben werden kann: Während der Anfang des Zyklus durch zunächst schwaches und dann starkes Wachstum der Nachfrage geprägt ist, kennzeichnet sich der spätere Teil durch zunächst stark fallende und dann auslaufende Nachfrage nach dem Produkt. Diese Beobachtung steht im Einklang mit den Erkenntnissen des verhaltenstheoretischen Modells von Bass (1969), das ebenfalls eine zunächst steigende und dann fallende Nachfrage prognostiziert.

Anstatt die Produktnachfrage über den ganzen Lebenszyklus durch einen einzelnen Prozess zu beschreiben, kann deshalb die Nachfrage separat innerhalb der einzelnen Abschnitte oder Phasen des Zyklus betrachtet werden. Jeder Phase des Produktlebenszyklus wird bei diesem Ansatz ein eigener Verlauf mit individueller Wachstumsrate unterstellt und die unterschiedlichen Phasen sind mit einer Wahrscheinlichkeit verbunden, von einer Phase in eine andere zu wechseln. Diese Modellierung der auf diese Weise verbundenen Prozesse wird als Regime-Switching-Prozess bezeichnet. Während ein Regime-Switching-Prozess standardmäßig zwischen n unterschiedlichen Prozessen beliebig zufällig springen kann, ist es auch möglich gerichtete Sprünge entlang von Verläufen anzunehmen, die gemeinsam einen Produktlebenszyklus abbilden.[136] Dieser Zusammenhang wird schematisch in Abbildung 24 verdeutlicht.

Der große Unterschied zum traditionellen Ansatz der geometrischen Brownschen Bewegung liegt in dem zufälligen Zeitpunkt, in dem der Prozess von einem zu einem anderen Regime überspringt. Der Unterschied zum Produktlebenszyklus des Bass-Modells besteht darin, dass die Produktnachfrage ausschließlich über die Wachstumsrate innerhalb der Prozesse charakterisiert werden kann und die potentiellen Absätze nicht von einer erwarteten Marktobergrenze abhängen.

---

[136] Die Möglichkeit, von einem Prozess zu jedem anderen zu springen, wird über eine Matrix von Übergangswahrscheinlichkeiten gesteuert. Bei einem gerichteten Regime-Switch würde die Wahrscheinlichkeit, auf einen früheren bzw. vorgelagerten Prozess zu springen, gleich Null sein. Dies implizit wiederum, dass der Prozess letztendlich im letzten Regime verbleiben wird. Dies wird in Abschnitt 5.3.1 genauer erläutert.

Produktinnovationen unter Unsicherheit in der Literatur 139

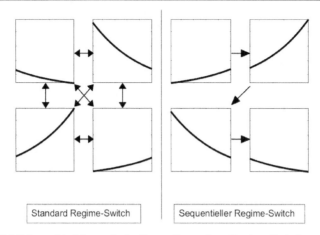

Abbildung 24: Schematische Darstellung eines Regime-Switch-Prozesses

Der theoretisch mögliche Regime-Switch erlaubt Sprünge zwischen allen möglichen Regimes. Der sequentielle Regime-Switch hingegen springt gerichtet durch die Regimes entlang des Produktlebenszyklus von der Wachstums- zur Sättigungsphase.

Eine Möglichkeit, um den Produktlebenszyklus mit Hilfe eines Regime-Switch-Prozesses zu beschreiben, ist anzunehmen, dass der Prozess lediglich einmal von einer Wachstums- in eine Sättigungsphase übergehen kann und diese jeweils exponentiell steigen bzw. fallen. Die Annahme eines exponentiellen Verlaufs in beiden Phasen hat den Vorteil, sowohl nahe an der im Eingang des Unterkapitels beschriebenen Literatur zu bleiben als auch mathematisch gute Eigenschaften für die spätere Analyse der Investitionsentscheidung zu besitzen. Der exponentielle Verlauf der Einnahmen $x(t)$ innerhalb einer Phase kann mit der aus Unterkapitel 3.1 bekannten Formel $x(t) = x_0 e^{\mu t}$ oder in der aus Abschnitt 3.3.1 bekannten Schreibweise als Differentialgleichung durch $dx = \mu x(t) dt$ ausgedrückt werden. Die Wachstumsrate μ würde in der Wachstumsphase positiv und in der Sättigungsphase negativ sein. Sie kann aus einem beliebigen Datensatz oder einer Prognose bestimmt werden, die den Verlauf der Einnahmen $x(t)$ über die Zeit angibt. Eine Besonderheit des exponentiellen Verlaufs ist, dass für die Schätzung der Wachstumsrate α lediglich der erwartete Anfangswert $x(0)$ und der erwartete Endwert $x(T)$ der jeweiligen Phase benötigt wird. Die Einnahmen zum Ende T einer Periode würden im Erwartungswert $x(T)$ betragen, sodass $x(T) = x_0 e^{\mu T}$ gelten muss. Logarithmieren beider Seiten ergibt

$$\ln(x(T)) = \mu T \ln(x(0)) \tag{4.4}$$

und Umstellen ergibt die Wachstumsrate

$$\mu = \frac{1}{T} ln\left(\frac{x(T)}{x(0)}\right) \quad (4.5)$$

des Prozess innerhalb eines Regime (Hull, 2012, S. 386). Für das vollständige Modell muss zusätzlich der Wechsel von einer Phase zur nächsten vorgegeben werden. Abbildung 25 verdeutlicht einen so geschätzten Verlauf für den Fall, dass als Wechselzeitpunkt sicher das Jahr 2008 ($t = 7$) angenommen wird. Die Beschreibung des Produktlebenszyklus mit solchen sicheren Wachstumsraten und Regime-Übergängen entspricht jedoch nicht der unsicheren Realität, die bei der Investitionsbewertung neuer Produkte berücksichtigt werden muss. Wie der Regime-Switch-Prozess mit unsicheren Wachstumsraten und zufälligen Übergängen von einem Regime zum nächsten modelliert werden kann und wie eine Investition in einem solchen Fall zu bewerten ist, wird in Unterkapitel 5.3 weiter erläutert.

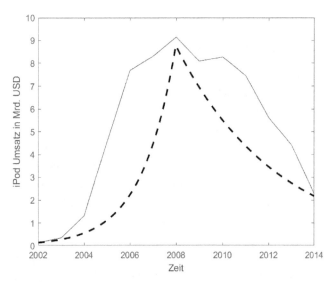

Abbildung 25: Vergleich des als Regime-Switch geschätzten und tatsächlichen Produktlebenszyklus am Beispiel des iPod

Der jährliche Umsatz des Apple iPod in Mrd. USD (durchgezogene Linie) und der daraus mit einem exponentiellen Verlauf geschätzte Umsatz (fette gestrichelte Linie) für die Annahme, dass der Wechsel sicher zum Zeitpunkt des Umsatzmaximums eintritt.

Quelle: Eigene Darstellung, Daten aus Apple (2004, S. 101), Apple (2005, S. 96), Apple (2008, S. 41), Apple (2011, S. 30) und Apple (2014, S. 27).

Regime-Switch-Prozesse, bei denen die Prozesse beliebig zwischen den Regimen wechseln können, finden in der Literatur häufig Anwendung, um zyklische Änderungen zu beschreiben (siehe Driffill et al., 2003, oder Goto et al., 2017). Die Untersuchung einer Investitionsentscheidung vor dem Hintergrund des Lebenszyklus eines Produktes mittels eines gerichteten Regime-Switch-Modells ist hingegen weniger verbreitet.

Bollen (1999) berücksichtigte als erster den Produktlebenszyklus bei der Bewertung einer Investitionsentscheidung durch einen solchen Regime-Switch. Er modelliert den Lebenszyklus als normalverteiltes stochastisches Wachstum, das zufällig zu einem entsprechenden Verfall übergehen kann, und bewertet die Möglichkeit eines Herstellers, die Produktionskapazitäten anzupassen, unter Verwendung eines Pentanominalbaums. Bollen (1999) zeigt erstmals, dass klassische Investitionsoptionen in größeren Kapazitäten den tatsächlichen Wert der Investition überbewerten, da die Einnahmen aufgrund des Produktlebenszyklus früher oder später zusammenbrechen. Er untersucht jedoch nicht die optimale Strategie, die Produktion überhaupt zu beginnen, und somit nicht die Möglichkeit des Unternehmens, in ein solches Produkt überhaupt investieren zu können.

Im Gegensatz dazu untersuchen **Gutiérrez (2005)** und **Gutiérrez & Ruiz-Aliseda (2011)** diese Investitionsmöglichkeit. Jedoch betrachtet Gutiérrez (2005) nicht die volle Unsicherheit und trifft die sehr restriktive Annahme zunächst monoton stochastisch wachsender und in der zweiten Phase monoton fallender Einnahmen. In diesem Modell ist die Investition nur in der Wachstumsphase vorteilhaft und der Investitionsschwellwert konstant. Gutiérrez & Ruiz-Aliseda (2011) reduzieren das Modell weiter, indem sie die Unsicherheit hinsichtlich der Einnahmenschwankungen komplett vernachlässigen und lediglich den Phasenwechsel stochastisch modellieren. Auch in diesem Fall kann eine Investition nur in der Wachstumsphase für das Unternehmen vorteilhaft sein. Durch die starke Abstraktion von einem Produktlebenszyklus ist das Modell hinsichtlich der Aussagekraft kritisch zu hinterfragen.

Vielversprechender ist der Ansatz von **Oshikoji (2016).** Er ist der erste, der gleichzeitig die Wahl des optimalen Investitionszeitpunkts und die optimale Kapazitätswahl in einem Regime-Switch-Modell untersucht. Der Output-Preis eines Produktes wird in diesem Modell als Markov-Switch-Prozess angenommen, bei dem technische Unsicherheit der Grund für den Übergang von einer Wachstums- in eine Sättigungsphase ist. Die Ergebnisse von Oshikoji (2016) zeigen, dass unter diesen Bedingungen das Unternehmen sowohl eher als auch weniger investiert.

4.3 Kapazitätswahl

Die Planung einer Produkteinführung ist auch immer mit der Planung der Produktion verbunden. Dies trifft vor allem auf die notwendige Produktionskapazität zu, wie in Abschnitt 2.3.2 diskutiert wurde. Dabei steht die Frage im Vordergrund, wie viel Kapazität für das Produkt vorgehalten werden muss, um die erwartete spätere Nachfrage bedienen zu können. Diese langfristig wirkende Entscheidung ist komplex, da sie vor dem Hintergrund unsicherer Nachfrageprognosen getroffen werden muss (Anupindi & Jiang, 2008). Gleichzeitig kann nicht unbeschränkt Produktionskapazität installiert werden, da die Kapazitätswahl immer mit notwendigen Investitionsausgaben verbunden ist. In der Regel heißt das, je größer die gewünschte Kapazität ist desto höher sind die dafür notwendigen Ausgaben. Gleichzeitig ist die Produkteinführung mit weiteren Ausgaben, z.B. für Marketingmaßen, verbunden. Diese können ebenfalls vom Ausmaß der Markteinführung abhängen, was auch als Kapazitätswahl interpretiert werden kann. Das Unternehmen, welches eine Produkteinführung plant, muss somit diese Ausgaben gegen die erwarteten Einnahmen aus der Nachfrage nach dem Produkt abwägen und dabei die Kapazität als moderierendes Element berücksichtigen.

Da diese Entscheidung unter Unsicherheit stattfindet und das Unternehmen Flexibilität durch die Kapazitätswahl erhält, ist die optimale Kapazitätswahl Thema eines zentralen Literaturstrangs zu Investitionen unter Unsicherheit. Es geht dabei insbesondere um das Verständnis, dass die alternative Annahme einer Pauschalinvestition und die oft damit verbundene Annahme eines unbegrenzten zukünftigen Absatzes zu Fehlinvestitionen führen können. Die für diese Arbeit relevanten Modelle beschreiben Investitionen mit einmaliger Kapazitätswahl.[137] Darunter lassen sich Modelle unterscheiden, die dem Unternehmen die Skalierung des gesamten Projekts erlauben, und solche, in denen die gewählte Kapazität die möglichen Cashflows aus dem Produktverkauf nach oben beschränkt.

4.3.1 Notwendigkeit der Kapazitätswahl

Die klassische Literatur zur Planung optimaler Investitionsentscheidungen beschäftigt sich hauptsächlich mit der Frage des optimalen Investitionszeitpunktes. Wie das kanonische Investitionsmodell in Unterkapitel 3.4 verdeutlicht, ist dieser Zeitpunkt gegeben, sobald die momentan beobachtbaren möglichen Cashflows einen optimalen Investitionsschwellwert erreichen. Zu diesem Zeitpunkt investiert das Unternehmen die

---

[137] Die von Huberts et al. (2015) erwähnten zeitdiskreten Modelle werden nicht berücksichtigt.

notwendigen Investitionsausgaben I und erhält dafür den Projektwert V, den Barwert der erwarteten zukünftigen Einnahmen, wie in Gleichung (3.28) beschrieben. Die Reduktion der Investitionsentscheidung auf den optimalen Investitionszeitpunkt unterschätzt die strategischen Handlungsmöglichkeiten des Unternehmens bei der Einführung eines neuen Produktes. Das Unternehmen hat in der Regel die Möglichkeit, das Ausmaß des Projektes zu beeinflussen, was einerseits zu möglicherweise höheren potentiellen Cashflows führt, aber andererseits auch höhere Investitionen erfordert. Diese Wirkungsbeziehung wurde auch von jeher in der Literatur zu Investitionsentscheidungen unter Unsicherheit untersucht (siehe z.B. Pindyck, 1988, He & Pindyck, 1992, und Dixit, 1993). Im Fall der Produkteinführung tritt die Anpassungsmöglichkeit in Form der Planung der Produktionskapazitäten auf, welche die späteren Absatzmöglichkeiten beeinflussen. Aus diesem Grund sollte bei der Investitionsplanung für neue Produkte auch das Problem der optimalen Kapazitätswahl berücksichtigt werden.[138]

Die Kapazitätswahl beeinflusst die Austauschbeziehung zwischen Investitionsausgaben und Projektwert. In den bisher diskutierten Investitionsbeispielen wurde immer der Annahme gefolgt, das Unternehmen müsse für die Investition einen festen Betrag investieren. Diese einmalige Pauschalinvestition erlaubt dem Unternehmen erst den Zugriff auf die Cashflows des Projekts. Diese Modellierung enthält gerade vor dem Hintergrund der Produkteinführung eine heikle Annahme: Stammen die Cashflows aus dem Produktverkauf, so stehen sie in direktem Zusammenhang mit der Nachfrage nach dem Produkt. Folgen, wie in Gleichung (3.53) angenommen, die Cashflows einer geometrischen Brownschen Bewegung, werden sie im Erwartungswert bei positivem Wachstumsfaktor über die Zeit immer größer. Dies impliziert bei konstanten Preisen eine immer höhere Nachfrage. Modellgemäß wird angenommen, das Unternehmen könnte durch die Investition die gesamten zukünftigen Cashflows generieren und dementsprechend auch die gesamte Nachfrage bedienen. Demgemäß müsste das Unternehmen sich durch die Pauschalinvestition auch unbeschränkte Produktionskapazitäten gesichert haben, um diese Nachfrage zu bedienen. Tatsächlich besteht jedoch eine Wirkungsbeziehung zwischen der Höhe der Investitionsausgaben, der daraus resultierenden Produktionskapazität, der damit bedienbaren Nachfrage und somit letztendlich dem Projektwert des neuen Produktes.

---

[138] In der Literatur wird dies alternativ auch als Wahl der Kapazitätsgröße, des Projektumfangs oder der Höhe der Investition bezeichnet. Allgemein geht es immer um den Zusammenhang, dass das Unternehmen das Ausmaß seines Engagements steuern kann und diese Entscheidung einen Einfluss sowohl auf die Investitionsausgaben als auch den Projektwert hat.

Der Zusammenhang zwischen der geplanten Produktionskapazität und den notwendigen Investitionsausgaben ist offensichtlich. Bei der Entscheidung, zukünftig auch möglichst große Mengen potentieller Nachfrage bedienen zu können, muss das Unternehmen ausreichend große Produktionsanalagen zur Verfügung stellen. Große Produktionsanlagen bedeuten aufwendigere Planungsvorbereitungen sowie mehr benötigte Materialen bzw. Maschinen, was zu höheren notwendigen Investitionsausgaben führt. Dies gilt gerade für Produkteinführungen in kapitalintensiven Industriezweigen. In der Regel können die notwendigen Investition vom Unternehmen nicht zurückgewonnen werden und sind somit irreversibel (siehe Abschnitt 3.2.1). Das heißt, das Unternehmen muss sorgfältig planen, welche Produktionskapazität in der aktuellen Marktsituation für das Produkt notwendig bzw. hinsichtlich der Investitionsplanung optimal ist. Durch die Wahlmöglichkeit der Produktionskapazität erhält das Unternehmen somit letztendlich die Möglichkeit, die Investitionsausgaben zu steuern. Je nach Marktsituation kann das Unternehmen zum Investitionszeitpunkt die Kapazität wählen und somit die Investitionsausgaben festlegen. Die Berücksichtigung dieser Wahlmöglichkeit in den Modellen vermeidet die Kritik von Dixit (1993) und Hubbard (1994), dass über den Investitionsgrad zum Investitionszeitpunkt bei fixen Ausgaben keine Aussage getroffen werden kann. Gleichzeitig kann dieser Investitionsgrad mit dem in Abschnitt 4.1.3 vorgestellten Maß der erwarteten Investition zum heutigen Zeitpunkt interpretiert werden. Für das Modell bedeutet die Möglichkeit der Kapazitätswahl, dass die Investitionsausgaben endogenisiert werden und das bisherige Problem des optimalen Investitionszeitpunktes wird zu einem Problem der simultanen optimalen Zeit- und Kapazitätswahl.

Auch der zwangsläufige Zusammenhang zwischen gewählter Produktionskapazität und realisierbarem Projektwert ist leicht erkenntlich. In der Praxis kann das Unternehmen nur in dem Umfang die Nachfrage auf dem Markt bedienen, in dem es das gewünschte Produkt produzieren kann. Das heißt, mit der Wahl der Produktionskapazität beeinflusst das Unternehmen direkt den Projektwert. Dementsprechend selbstverständlich ist es, dass die Möglichkeit der Kapazitätswahl für das Unternehmen einen Flexibilitätswert darstellt. Das Unternehmen erwartet sich in der Regel einen Vorteil davon, bei einem positiven Marktsignal eine größere Kapazität bereitstellen zu können als bei einem schlechteren Markt. Gleichzeitig legt es sich mit der Wahl der Kapazität auch langfristig fest, wenn die Investition nicht im Nachhinein angepasst werden kann. Wenn die zukünftigen Cashflows unsicher sind, hat das Unternehmen gegebenfalls einen zusätzlichen Anreiz, die Investition zu verschieben, da sich eine andere Kapazität als vorteilhafter herausstellen könnte (Dixit, 1993). Gleichzeitig hat das Unternehmen einen Vorteil, wenn es die Möglichkeit besitzt, die Produktion später flexibel den Marktbedingungen anzupassen (Bollen, 1999). So könnte das Unternehmen im Fall rückläufiger Absätze die Kapazität reduzieren, um Ausgaben zu sparen, und im entgegengesetzten Fall zusätzliche Kapazität bereitstellen. Diese Art der Kapazitätsanpassung ist eine weitere mögliche Form der Kapazitätswahl.

Berücksichtigen zeitkontinuierliche Investitionsmodelle, wie das kanonische Modell, die Möglichkeit der Kapazitätswahl des Unternehmens, lassen sich zwei Literaturstränge identifizieren. Diese stellen Modelle mit diskreter und inkrementeller Kapazitätswahl dar (Huberts et al., 2015).[139] Bei der inkrementellen Kapazitätswahl kann das Unternehmen die Produktionskapazität c an die jeweils aktuellen Bedingungen anpassen. Dabei wird zu den optimalen Zeitpunkten jeweils eine Kapazitätsänderung Δc durchgeführt und dafür die inkrementellen Investitionsausgaben $I(\Delta c)$ getragen. Je nach Modell können diese Anpassungen auch lediglich in diskreten Schritten oder komplett kontinuierlich erfolgen. Der Mehrwert aus der Kapazitätsanpassung ergibt sich aus dem Vergleich mit dem inkrementellen Projektwert $V(\Delta c)$, den das Unternehmen aus der Kapazitätsanpassung erhält. Diese inkrementelle Kapazitätswahl wird hier nicht weiter betrachtet, da viele Investitionsprojekte nur unter sehr hohen Ausgaben in der Kapazität angepasst werden können (Dixit, 1993). Es wird davon ausgegangen, dass dies bei den geplanten Produktionsanlagen der Fall ist.

Alternativ kann der Fall der diskreten Kapazitätswahl betrachtet werden. Bei dieser wird, beispielsweise im kanonischen Modell, einmalig eine Investition getätigt. Die Höhe der Investition $I(c)$ hängt hier aber von der anfangs gewählten Kapazität c ab. Gleichzeitig beeinflusst die Wahl auch den Projektwert $V(c)$, der nun ebenfalls von der Kapazität abhängt. Zum optimalen Zeitpunkt der Investition t^* optimiert das Unternehmen den inneren Wert des Projektes $V(c) - I(c)$ durch die Wahl der optimalen Produktionskapazität c^*. Wie genau die Kapazitätswahl ausfällt und wie die Kapazität den Projektwert beeinflusst, ist jedoch modellabhängig.

Dieser Literaturstrang kann noch weiter differenziert werden. Zum einen gibt es Modelle, in denen die gewählte Kapazität die Cashflows oder den Projektwert ebenso wie die notwendigen Investitionsausgaben vervielfältigt. In diesem Fall wird das Projekt durch die gewählte Kapazität skaliert. Zum anderen gibt es den Ansatz, dass die Pro-

---

[139] Es kann auch noch unterschieden werden zwischen der Investitionsentscheidung einzelner Firmen, wie in dieser Arbeit, und Investitionen unter Wettbewerb. Der zweite Literaturstrang wird hier nicht weiter berücksichtigt.

duktionskapazität den maximal möglichen Absatz oder die Cashflows aus dem Produktverkauf nach oben beschränkt. Der erste Ansatz wird in Abschnitt 4.3.2 betrachtet, der zweite in Abschnitt 4.3.3.

4.3.2 Kapazitätswahl bei skalierbaren Projekten

Einen guten Einblick in die Wirkungsweise der Kapazitätswahl bei der Investitionsentscheidung gibt bereits **Dixit (1993)** in einem einfachen Modell. Er geht zunächst davon aus, dass ein Unternehmen in $i = 1, ..., N$ verschiedene diskrete Projekte investieren kann, die sich durch die notwendigen Investitionen I_i und die dadurch mögliche produzierbare Menge c_i unterscheiden.[140] Die Ausbringungsmenge c_i stellt somit die gewählte Produktionskapazität dar. Die Projekte sind nach Investitionsausgaben geordnet, wobei eine höhere Investition auch eine höhere Kapazität ermöglicht. Für den Verkauf des Produktes erhält das Unternehmen einen Preis, der einer geometrischen Brownschen Bewegung von g Geldeinheiten folgt. Die Cashflows aus dem Produktverkauf entsprechen somit gc_i. Analog zum kanonischen Investitionsmodell ist der innere Wert zum Investitionszeitpunkt gleich der Differenz aus dem erwarteten Barwert der Cashflows und den Investitionsausgaben. Dieser Wert entspricht

$$\pi(g) = \max\left[\frac{gc_i}{r-\mu} - I_i \mid i = 1,2,...N\right], \quad (4.6)$$

wobei das Unternehmen zum Investitionszeitpunkt das dann optimale Projekt i wählt, um den Projektwert zu maximieren.[141] An diesem grundlegenden Modell ist ersichtlich, wie die gewählte Kapazität c_i ein multiplikatives Vielfaches des ursprünglichen Barwerts des Preises $\frac{g}{r-\mu}$ für eine Ausbringungsmenge von $c = 1$ ermöglicht. Dixit (1993) leitet aus diesem Modell einige grundlegende Erkenntnisse ab. Der Investitionsschwellwert ist

$$g^* = \frac{\beta}{\beta - 1}\frac{(r-\mu)}{c_i}I_i \quad (4.7)$$

für das zuvor optimal gewählte Projekt i, für welches $c_i^\beta / I_i^{\beta-1}$ am größten ist. Unter diesen Bedingungen ist es möglich, dass das Unternehmen bei $g < g^*$ nicht sofort investiert und auch kleine Projekte ignoriert, in die es, wenn sie jeweils das einzige zur

---

[140] Die Notation der Variablen dieses und der anderen Modelle ist vom Original abgewandelt, um die Untersuchung der Aussagen im Kontext dieser Arbeit zu vereinfachen.
[141] Siehe die Bestimmung des Projektwerts nach Formel (3.55).

Auswahl stehende Projekt wären, schon bei einem niedrigeren Schwellwert investiert hätte.[142] Bei der Überlegung hinsichtlich eines Kontinuums an möglichen Projekten bemerkt bereits Dixit (1993), wie die Kapazität c durch einen funktionalen Zusammenhang $c = f(I)$ an die Investitionsausgaben I gekoppelt werden könnte. Für eine innere Lösung in Form einer gewählten Kapazität müsste diese Funktion negative Skalenerträge aufweisen.

Auch **Bar-Ilan & Strange (1999)** untersuchen die Investitionsentscheidung eines Unternehmens, welches neben dem Investitionszeitpunkt auch die Kapazität wählt.[143] Anstelle der fixen Investitionsausgaben wählt das Unternehmen die Kapazität K, im Modell der Kapitalstock, und zahlt für jede Einheit den Preis k. Die Investition beträgt in diesem Modell somit $I(K) = kK$. Das Unternehmen erhält aus dem Produktverkauf einen Preis g, der wieder einer geometrischen Brownschen Bewegung folgt, muss dafür aber laufende Produktionsausgaben w zahlen. Durch die gewählte Produktionskapazität werden diese Einnahmen für immer mit einer Produktionsrate K^η, $0 \leq \eta \leq 1$, skaliert. Zu jedem Zeitpunkt nach der Investition erwirtschaftet das Unternehmen somit $K^\eta (g - w)$. Der innere Wert zum Investitionszeitpunkt ist in diesem Fall

$$\pi(g) = K^\eta \left(\frac{g}{r-\mu} - \frac{w}{r} \right) - kK, \tag{4.8}$$

wobei der linke Term wieder den Barwert der erwarteten Einnahmen widerspiegelt. Dieser Ansatz verdeutlicht somit den von Dixit (1993) vorgeschlagenen funktionalen Zusammenhang zwischen den Investitionsausgaben und dem Skalierungsfaktor der Einnahmen. Analog zu der in Unterkapitel 3.4 vorgestellten Herangehensweise ermitteln Bar-Ilan & Strange (1999) zunächst den optimalen Schwellwert

$$g^*(K) = \frac{\beta}{\beta - 1} \frac{(r-\mu)}{r} (w + rkK^{1-\eta}) \tag{4.9}$$

und die Lösung für den Optionswert $F(g, K)$ der Investitionsmöglichkeit in Abhängigkeit von einer beliebigen Kapazität K. Die Analogie zum kanonischen Modell ist leicht ersichtlich. Dieses ergibt sich durch die Wahl von $K = 1$ und $w = 0$. Durch Maximieren des Optionswertes ist die optimale Kapazität

---

[142] Das Modell ist nicht eindeutig für den Fall $g > g^*$. Hier kann es optimal sein, sofort in das gewählte Projekt zu investieren oder, falls der Preis bereits zu hoch ist, auf ein noch größeres Projekt zu warten. Das Unternehmen wird somit in den Wartebereich des nächsten Projektes gezwungen. Dieses Phänomen bei der Wahl eines oder mehrerer Projekte wird in Décamps et al. (2006) genauer diskutiert.
[143] Bar-Ilan & Strange (1999) untersuchen auch den Fall, in dem das Unternehmen die Kapazität später bei Bedarf inkrementell erhöhen kann. Diese Betrachtungsweise wird hier vernachlässigt.

$$K^{*1-\eta} = \frac{\eta}{\beta(1-\eta)-1}\frac{w}{rk} \tag{4.10}$$

und der optimale Investitionsschwellwert schließlich

$$g^* = \frac{\beta}{\beta-1}\frac{(r-\eta)}{r}\frac{(1-\eta)(\beta-1)}{\beta(1-\eta)-1}w.^{144} \tag{4.11}$$

Der Schwellwert besteht wieder aus einem Optionsfaktor und einem Faktor, der die Diskontier-Effekte umfasst, kombiniert mit einem Faktor, der die Investitions- und Produktionsausgaben beschreibt. Durch diese Modellierung stellen Bar-Ilan & Strange (1999) fest, dass eine Erhöhung der Unsicherheit zwar, wie erwartet, den Investitionsschwellwert erhöht und somit Anreize für eine spätere Investition entstehen, aber gleichzeitig die optimale Kapazität steigt. Diese zentrale Erkenntnis ist ein Grundstein für die Untersuchung der Kapazitätswahl unter Unsicherheit. Obwohl das Unternehmen erst bei höheren Preisen bzw. einer vorteilhafteren Marktlage investiert, rechtfertigt diese positive Marktlage eine höhere Kapazität und damit einhergehend ein höheres Investitionsvolumen.

Wong (2010) kombiniert die Kapazitätswahl mit der Möglichkeit der Fremdkapitalfinanzierung des Investitionsprojekts. Der grundsätzliche Ansatz zur Skalierung der Cashflows ist im Einklang mit den bisherigen Ansätzen. So erhält das Unternehmen nicht die kompletten möglichen Cashflows x, die einer geometrischen Brownschen Bewegung folgen, sondern wählt eine Kapazität $c \geq 0$, die den Cashflow zu cx skaliert. Da das Unternehmen den Steuersatz ω zahlt, erhält es nur $(1-\omega)cx$. Für diesen Cashflow muss das Unternehmen Investitionsausgaben $I(c)$ in Abhängigkeit von der Kapazität wählen. Das Besondere am Artikel von Wong (2010) ist, dass er keinen spezifischen funktionalen Zusammenhang zwischen Kapazität und Investitionsausgaben annimmt, sondern nur bestimmte Bedingungen fordert. So muss $I'(c) > 0$ und $I''(c) > 0$ gelten, um negative Skaleneffekte zu erzeugen.[145] Dieser Ansatz entspricht den Überlegungen von Dixit (1993).[146] Wird der Fall der kompletten Eigenkapitalfinanzierung betrachtet, so sind die Ergebnisse von Wong (2010) intuitiv im Rahmen der bisherigen Diskussion. Zum Zeitpunkt der Investition ist der innere Wert

---

[144] Die Maximierung erfolgt durch Ableitung des hier nicht genannten Optionswertes nach der Kapazität.
[145] In dem Modell sind auch kapazitätsunabhängige fixe Investitionskosten erlaubt, sodass zusätzlich $I(0) = 0$ und $I'(0) = 0$ angenommen wird.
[146] Wong (2010) nutzt hier nur den inversen von Dixit (1993) angesprochenen Zusammenhang, also $I = f^{-1}(c)$. Die eine Modellierung lässt sich jedoch in die andere überführen und die Erkenntnisse aus beiden Ansätzen sind ähnlich zu deuten.

$$\pi(c,x) = (1-\omega)\frac{cx}{r-\mu} - I(c). \tag{4.12}$$

Der optimale Investitionsschwellwert ist

$$x^* = \frac{\beta}{\beta-1}\frac{(r-\mu)}{(1-\omega)}\frac{I(c^*)}{c^*}, \tag{4.13}$$

wobei die optimale Kapazität c^* die Lösung der Bedingung

$$I'(c^*) = \frac{\beta}{\beta-1}\frac{I(c^*)}{c^*} \tag{4.14}$$

ist und somit von der Form von $I(c)$ abhängt. Der Schwellwert hat wieder die bekannten Faktoren, welche ein Vielfaches des Faktors, der die notwendigen Investitionsausgaben umfasst, erzeugen. Auch Wong (2010) kommt zu dem Ergebniss, dass höhere Unsicherheit den Schwellwert erhöht und größere Kapazitäten bedingt. Bei der zusätzlichen Betrachtung der Fremdkapitalfinanzierung des Projektes wird gezeigt, dass das Unternehmen einen Anreiz hat, eher zu investieren. Die optimale Kapazität ist nach Wong (2010) unabhänig vom Verschuldungsgrad des Unternehmens, egal in welcher Höhe das Unternehmen Fremdkapital aufnehmen kann. Dies deutet auf eine gute Übertragbarkeit der Erkenntnisse unter Anwendung dieses Ansatz zur Modellierung der Kapazitätswahl hin.

Sarkar (2011) nutzt das Modell von Bar-Ilan & Strange (1999) zur Kapazitätswahl und ergänzt es um einen alternativen Ansatz zur Berücksichtigung der Möglichkeit der Fremdkapitalfinanzierung. Zusätzlich besteht für das Unternehmen die Möglichkeit, einen Bankrott zu erklären, was einer Abbruchoption entspricht. Im Fall der kompletten Eigenkapitalfinanzierung ändert sich der innere Wert zum Zeitpunkt der Investition aus Formel (4.8) unter zusätzlicher Berücksichtigung der Steuer ω zu

$$\pi(g) = (1-\omega)K^\eta\left(\frac{g}{r-\mu} - \frac{w}{r}\right) + A_2 g^{\beta_2} - kK. \,^{147} \tag{4.15}$$

Der zweite Term $A_2 g^{\beta_2}$ umfasst den gesamten Mehrwert, den das Unternehmen durch die Abbruchoption erhält und der direkt den Projektwert $V(g)$ aus den Cashflows zum Investitionszeitpunkt erhöht. Für den Fall der Fremdkapitalfinanzierung ist der innere Wert komplexer, da sich der Projektwert auf die Fremd- und Eigenkapitalgeber aufteilt. Die Fremdkapitalgeber bekommen zu jedem Zeitpunkt einen Coupon Θ, den die

---

[147] Der zweite Term entsteht aus dem Optionsgedanken, der in Unterkapitel 3.4 vorgestellt wurde. Er entspricht analog dem zweiten Term in Formel (3.59). Ein ähnlicher Bewertungsansatz wird später in Abschnitt 5.3.2 zur Projektbewertung angewendet. Die Konstante A_2 kann analytisch bestimmt werden und β_2 wird in Formel (3.60) beschrieben.

Eigenkapitalgeber zahlen müssen. Der gesamte innere Wert, den das Unternehmen zum Investitionszeitpunkt maximiert, ist dann

$$\pi(g) = \left[\frac{\Theta}{r} + D_2 g^{\beta_2}\right] + \left[(1-\omega)K^\eta \left(\frac{g}{r-\mu} - \frac{w + \Theta/K^\eta}{r}\right) + G_2 g^{\beta_2}\right] - kK. \quad (4.16)$$

Der erste Term ist der Wert des Fremdkapitals, der zweite der des Eigenkapitals mit $D_2 g^{\beta_2}$ bzw. $G_2 g^{\beta_2}$ als jeweiliger Wert aus der Abbruchoption.[148] Der optimale Schwellwert, die optimale Kapazität und der optimale Coupon lassen sich in diesem Modell nur noch numerisch bestimmen. Sarkar (2011) zeigt, dass auch in diesem Modell ein höherer Schwellwert mit einer größeren Investition verbunden ist. Ein optimaler Verschuldungsgrad führt im Vergleich zur Eigenkapitalfinanzierung zu einem noch höheren Schwellwert und Investitionsvolumen. Eine Erhöhung der Steuerrate oder der Abbruchausgaben führt zu einem höheren Schwellwert bei niedrigeren Investitionen.

Auch **Pennings (2012)** führt einen eigenen Ansatz zur Kapazitätswahl durch Skalierung der Cashflows ein und wendet diesen auf eine Verhandlungssituation zwischen Käufer und Verkäufer an. Dieses Mal folgt der Projektwert V direkt einer geometrischen Brownschen Bewegung, von der das Unternehmen den Anteil $c(I)$ erhält, der von der Höhe der Investitionsausgaben I abhängt. Der innere Wert der Investition eines integretierten Unternehmens ohne Käufer und Verkäufer wäre

$$\pi(c, V) = c(I)V - I.\text{[149]} \quad (4.17)$$

Der optimale Schwellwert entspricht

$$V^* = \frac{\beta}{\beta - 1} \frac{I^*}{c(I^*)} \quad (4.18)$$

unter der zusätzlichen Bedingung

$$V^* \frac{\partial c}{\partial I}(I^*) = 1. \quad (4.19)$$

---

[148] Beide Konstanten können an dem Abbruchschwellwert analytisch bestimmt werden.
[149] Der Projektwert V wird hier nicht mit $r - \mu$ diskontiert, da angenommen wird, er sei selbst stochastischer Natur. Die Kernaussagen des Modells bleiben durch diese Annahme unverändert und sind direkt mit den bisherigen Ansätzen vergleichbar. Dieser Zusammenhang wird ausführlich in Dixit & Pindyck (1994, S. 177-184) besprochen. Würden die Cashflows x einer GBM folgen, so wäre der optimale Schwellwert mit $x^* = (r-\mu)V^*$ direkt aus diesem Modell ableitbar.

Pennings (2012) schlägt mit Rücksicht auf Optimalitätsbedingungen hinsichtlich abnehmender Skalenerträge, ähnlich der Argumentation von Dixit (1993), für den Kapazitätsfaktor den funktionalen Zusammenhang $c(I) = I/(I+1)$ vor. Im Falle des integrierten Unternehmens führt dies zu einem optimalen Schwellwert

$$V^* = \left(\frac{\beta}{\beta-1}\right)^2. \tag{4.20}$$

Die Bedingungen aus Formel (5.6) und (5.7) zeigen bereits die deutliche Ähnlichkeit zum Ansatz von Wong (2010) und dessen Bedingungen laut Formel (4.13) und (4.14). Tatsächlich zeigen Lukas & Thiergart (2018), dass beide Ansätze gleich sind. Wird die Inverse von $q(I)$ betrachtet, so ist

$$c^{-1}(I) = I(c) = \frac{c}{1-c}, \tag{4.21}$$

wodurch der innere Wert aus Formel (4.17) zu

$$\pi(c,V) = cV - I(c) = cV - \frac{c}{1-c} \tag{4.22}$$

wird. Tatsächlich führt dieser Ansatz zu dem gleichen optimalen Schwellwert in Formel (4.20). Hinsichtlich der Verhandlung, bei welcher der Projektwert geteilt wird, zeigt Pennings (2012), wie durch einen höheren Schwellwert immer größere Anreize zum Warten im Vergleich zum Grundmodell entstehen. Durch die Verhandlung kann die Kapazität hingegen je nach Verhandlungssituation gleich oder niedriger ausfallen. Für die weitere Arbeit ist entscheidend, dass der angewendete Modellierungsansatz in der Literatur breite Anerkennung findet und für die Berücksichtigung der Kapazitätswahl unter Skalierbarkeit des Projektes geeignet ist.

Das Modell von **Della Seta et al. (2012)** ergänzt die Kapazitätswahl um die Berücksichtigung von Lerneffekten bei der Nutzung einer Produktionstechnologie. Es ähnelt im Ansatz der Kapazitätswahl dem Modell von Bar-Ilan & Strange (1999). So kann das Unternehmen $I(K) = kK$ Kapital investieren, um die Produktion mit der neuen Technologie zu starten und damit zu jedem Zeitpunkt K Einheiten des Produkts herzustellen. Der Preis in g Geldeinheiten des Produktes folgt einer inversen Nachfragefunktion mit $g(K) = X - \eta K$, wobei der stochastische Parameter X, welcher einer geometrischen Brownschen Bewegung folgt, die Nachfrage verschiebt und η eine Konstante ist.[150] Im Gegensatz zu den fixen laufenden Produktionsausgaben w von Bar-Ilan &

---

[150] Della Seta et al. (2012) weisen explizit darauf hin, dass die Modellierung auch mit einer Produktionsfunktion mit abnehmenden Skalenerträgen wie K^α möglich gewesen wäre, ohne die Ergebnisse zu verändern. Dies ist wiederum ein deutlicher Verweis auf den Ansatz von Bar-Ilan & Strange (1999).

Strange (1999) lernt das Unternehmen durch die laufende Produktion und verringert dadurch diese Ausgaben über die Zeit. Abhängig von der insgesamt bisher produzierten Menge $\kappa(K) = \int_0^t K dt$ betragen die Produktionsausgaben daher $w\big(\kappa(K)\big) = w_0 e^{-\xi \kappa}$, ausgehend von einem Anfangsniveau w_0, wobei $\xi \in [0,\infty)$ den Lerneffekt beschreibt. Das Unternehmen bekommt daher zu jedem Zeitpunkt $\big(g(K) - w(\kappa(K))\big)K$, also den Preis abzüglich der Ausgaben multipliziert mit der Ausbringungsmenge. Tatsächlich ist zum Zeitpunkt der Investition die bisherige Produktionsmenge $\kappa = 0$, wodurch sich die Komplexität des Modells reduziert. Zum Investitionszeitpunkt ist der innere Wert dieses Projekts daher

$$\pi(X,K) = \frac{XK}{r-\mu} - \frac{\eta K^2}{r} - \frac{w_0 K}{r+\xi K} - kK. \tag{4.23}$$

Auch hier ist die Ähnlichkeit zu Formel (4.8) erkennbar. Der erste Term entspricht den diskontierten Einnahmen, der zweite den zusätzlichen negativen Effekten durch die gewählte Produktionsfunktion, der dritte den bekannten diskontierten Produktionsausgaben, die nun stärker diskontiert werden, und der vierte Term den Investitionsausgaben. Der optimale Schwellwert ist

$$X^* = \frac{\beta}{\beta - 1}(r-\mu)\left(\frac{\eta K}{r} + \frac{w_0}{r+\xi K} + k\right). \tag{4.24}$$

Es ist wieder ersichtlich, dass die Investition durchgeführt werden sollte, sobald ein Vielfaches der bewerteten Produktionsausgaben erreicht wird. Die optimale Kapazität wird schließlich wiederum durch die Maximierung des Optionswertes $F(X^*, K)$ bestimmt, die Optimalitätsbedingung kann jedoch nur numerisch gelöst werden. Della Seta et al. (2012) können durch dieses Modell zeigen, dass zusätzlich zu den bereits diskutierten Effekten durch höhere Lerneffekte das Unternehmen einen Anreiz hat, eher und in kleinere Kapazitäten zu investieren.

4.3.3 Kapazitätswahl bei Cashflow-Beschränkung

Nicht immer kann nach einer Investition in die Vermarktung eines Produktes die gesamte zukünftige Nachfrage bedient werden. Dies ist beispielsweise der Fall, wenn eine zu geringe Kapazität gewählt wurde. In einem solchen Fall werden die zukünftigen unsicheren Einnahmen aus dem Produktverkauf durch die Kapazitätsbeschränkung begrenzt. Die Bewertung solcher beschränkter unsicherer Cashflows wird von **Kupfer & Welling (2018)** allgemein betrachtet. Für

Unternehmen stellt sich jedoch die Frage, wie die Investitionsentscheidung in ein solches Projekt modelliert werden kann. Die Beschränkung der zukünftigen Cashflows durch die einmalige Kapazitätswahl wird von **Triantis & Hodder (1990)** vor dem Hintergrund der zukünftigen Nutzungsentscheidung der vorab installierten Kapazität untersucht. Das Unternehmen hat nach der Investitionsentscheidung die zusätzliche Flexibilität, die beschränkte Produktionskapazität auf mehrere Produkte aufzuteilen. Triantis & Hodder (1990) nehmen unsichere Produkteinnahmen mit abfallenden Nachfragekurven an. Weiterhin hat die Kapazität, welche am Anfang der Produkte angeschafft wird, eine endliche Lebensdauer T, welche in diskrete Zeitabschnitte Δt unterteilt wird. Hinsichtlich der Produktionsflexibilität wird jeweils für einen Zeitabschnitt, unabhängig von den anderen Zeitabschnitten, die fixe Kapazität auf die Produkte verteilt. Somit entsprechen diese einzelnen Entscheidung jeweils einer europäischen Option. Zu jedem fixen Zeitpunkt wird die Kapazität auf die Produkte aufgeteilt. Der Wert der gesamten Investitionmöglichkeit kann dann maximiert werden, indem die Ausgaben für die Produktionskapazität gegen den Wert der Summe dieser Optionen aufgewogen werden und die optimale Kapazität bestimmt wird. Das resultierende Entscheidungsproblem ist auch für den von den Autoren vorgestellten Fall mit zwei Produkten komplex.

Das Unternehmen erhält für das Produkt i in jedem Zeitpunkt einen Cashflow $x_i = X_i - \eta_i c_i$, wobei X_i einer geometrischen Brownschen Bewegung folgt und c_i die für das Produkt eingesetzte Kapazität darstellt, welche mit einer Konstante η_i multipliziert wird. Das Unternehmen erhält insgesamt $x_i c_i$ pro Periode Δt. Triantis & Hodder (1990) bestimmen für jedes Zeitintervall zum Zeitpunkt t den Wert der Cashflows V_t^i für jedes Produkt i. Der Wert V_t der Produktion insgesamt in jedem Zeitpunkt ergibt sich über die Summe der einzelnen Werte. Diese Summe wird über die Wahl der Kapazitäten c_i maximiert und genutzt, um den Wert der Produktionsoption F_t auf jeder Stufe zu bestimmen. Der Wert der Summe aller Produktionsoptionen ergibt schließlich wieder einen eigenen Wert π der Investitionsmöglichkeit insgesamt unter Abzug der kumulierten diskontierten laufenden Ausgaben $w_F(\bar{c})$ und der Investitionsausgaben $I(\bar{c})$. Der Wert ist

$$\pi = \sum_{0}^{T-\Delta t} F_t - \frac{w_F(\bar{c})(1 - e^{-rT})}{r} - I(\bar{c}). \tag{4.25}$$

Der Wert unterschiedlicher Kapazitäten $\bar{c}$ könnte nur durch Szenarioanalysen gewonnen werden. Das Entscheidungsproblem von Triantis & Hodder (1990) berücksichtigt somit zwar die Beschränkung der zukünftigen Produktionskapazität und dadurch die Beschränkung der möglichen Cashflows aus der Investition. Jedoch wird durch den Fokus auf die Flexibilität der Kapazitätsverwendung die Flexibilität hinsichtlich der kombinierten Wahl des optimalen Investitionszeitpunktes und der Kapazitätsinvestition vernachlässigt.

Dangl (1999) betrachtet ein allgemeines Investitionsprojekt, bei dem das Unternehmen die optimale maximale Kapazität und den optimalen Investitionszeitpunkt simultan wählt.[151] Das Besondere an dem Modell ist, dass sich das Unternehmen nicht nur für die optimale installierte Kapazität entscheidet, sondern auch die momentane Produktionsmenge zu jedem Zeitpunkt der aktuellen Marktlage anpasst. Dabei wird die produzierte Menge c zwischen null und der bei der Investition gewählten maximalen Kapazität $\bar{c}$ angepasst. Die Nachfrage nach dem Produkt X ist unsicher und folgt einer geometrischen Brownschen Bewegung. Der Preis g bestimmt sich durch eine inverse Nachfragefunktion $g = X - \eta c$ als Differenz zwischen der Nachfrage und dem Produkt der gewählten Produktionsmenge c und einer Konstante η. Das Unternehmen zahlt für die Produktion pro Stück w und erhält somit zu jedem Zeitpunkt die Cashflows $(g - w)c = \big((X - \eta c) - w\big)c$.[152] Zum Investitionszeitpunkt wählt das Unternehmen nicht die momentane Kapazität c, sondern die maximale Kapazität $\bar{c}$. Bei der Investition führt eine höhere Kapazität $\bar{c}$ zu höheren, aber abnehmenden Investitionsausgaben $I(\bar{c}) = b\bar{c}^y$, mit b als Konstante und $y \leq 1$. Eine höhere Kapazität senkt aber die laufenden Produktionsausgaben $w = w(\bar{c})$, wobei Dangl (1999) für die Untersuchung keinen spezifischen funktionalen Zusammenhang für $w(\bar{c})$ annimmt. Da das Unternehmen zu jedem Zeitpunkt die Cashflows $\big((X - \eta q) - w(\bar{c})\big)c$ maximiert, zeigt Dangl (1999), dass der Projektwert $V = \max_{c} \int_0^\infty \big(\big((X - \eta c) - w(\bar{c})\big)c\big) e^{-r\tau} d\tau$ in diesem Modell in drei Wertebereiche unterteilt ist. Diese hängen sowohl von der momentanen Nachfrage X als auch der Kapazitätsobergrenze $\bar{c}$ ab, da innerhalb der Bereiche mit unterschiedlicher Kapazität $c(X, \bar{c})$ produziert wird. Der Projektwert ist

---

[151] Bøckman et al. (2008) nutzen ein ähnliches Modell wie Dangl (1999), um Investitionen in Wasserkraftwerke zu untersuchen.
[152] Soweit ähnelt der Ansatz z.B. dem Model von Della Seta et al. (2012), das im vorangegangen Abschnitt vorgestellt wurde.

$$V(X,\bar{c}) \tag{4.26}$$

$$= \begin{cases} 0 & +A_1\bar{c}^{\beta_1} + A_2\bar{c}^{\beta_2} & \text{für } X < w \\ \dfrac{1}{4\eta}\left(\dfrac{X^2}{r-2\mu-\sigma^2} - \dfrac{2w\bar{c}}{r-\mu} + \dfrac{w^2}{r}\right) & +B_1\bar{c}^{\beta_1} + B_2\bar{c}^{\beta_2} & \text{für } w \leq X < w + \\ \dfrac{X\bar{c}}{r-\mu} - \dfrac{\eta\bar{c}^2 + w\bar{c}}{r} & +C_1\bar{c}^{\beta_1} + C_2\bar{c}^{\beta_2} & \text{für } w + 2\eta\bar{c} \leq \end{cases}$$

Dabei können die Konstanten A_1, A_2, B_1, B_2, C_1 und C_2 sowie β_1 und β_2 bestimmt werden und ähnlich den Lösungen des Optionswertes laut Formel (3.59) und (3.60) interpretiert werden. So hat das Unternehmen einen Wert aus der laufenden Produktion an sich und zusätzlich Flexibilitätswerte, da sich X stochastisch in der Zukunft entwickeln kann. So entspricht z.B. der Wert im dritten Bereich $w + 2\eta\bar{c} \leq X$ dem Wert des Projektes, falls X nie mehr fallen kann als die Differenz zwischen den diskontierten Einnahmen $\dfrac{X\bar{c}}{r-\mu}$ und den diskontierten Produktionsausgaben $\dfrac{\eta\bar{c}^2 + w\bar{c}}{r}$.[153] Der innere Wert des Projektes π ist schließlich die Differenz zwischen Projektwert $V(X,\bar{c})$ und Investitionsausgaben $I(\bar{c})$. Die optimale Kapazität $\bar{c}^*$ ergibt sich wiederum durch Maximierung dieser Differenz. Dangl (1999) führt einige Überlegungen hinsichtlich der Optimierung und des Optionswertes der Investitionsmöglichkeit $F(\bar{c})$ an, die notwendigen Bedingungen müssen jedoch numerisch gelöst werden. So werden sowohl der optimale Schwellwert $\bar{c}^*$ als auch die optimale Kapazität $\bar{c}^*(K^*)$ zum Investitionszeitpunkt durch Szenarioanalysen untersucht. Dangl (1999) stellt fest, dass höhere Unsicherheit sowohl die optimale Kapazität als auch den Schwellwert dramatisch erhöht. Dies zeigt, wie wichtig es ist, die Beschränkung des Cashflows durch die einmalige Kapazitätswahl zu berücksichtigen.

Bollen (1999) untersucht ebenfalls die einmalige Kapazitätswahl des Unternehmens.[154] Er geht davon aus, dass die momentane Nachfrage komplett durch die momentan hergestellte Kapazität c bedient wird und diese über den Zusammenhang $c = X - \eta g$ vom stochastischen Nachfrageparameter X, dem Preis g und dem Skalierungsfaktor η abhängt. Zusätzlich betrachtet er neben den Investitionsausgaben $I(\bar{c}) = w_4\bar{c}$ auch laufende Produktionsausgaben $w(c,\bar{c}) = w_1 c + \dfrac{w_2}{2\bar{c}}c^2 + w_3\bar{c}$, welche von der gewählten Maximalkapazität $\bar{c}$ und der momentanen Nachfrage abhängen sowie jeweils mit w_i skaliert werden. Bollen (1999) maximiert den Periodengewinn $g(c)c - w(c,\bar{c})$ durch Wahl einer optimalen operativen Kapazität c^*, welche gewählt wird, solange sie

---
[153] Dies ähnelt dem Wert der Cashflows nach Gleichung (4.23).
[154] Es wird auch der Fall der flexiblen Kapazitätsanpassung untersucht, der hier nicht berücksichtigt wird.

unter der Maximalkapazität $\bar{c}$ liegt. Obwohl Bollen (1999) einen unsicheren Nachfrageparameter unterstellt, optimiert er in diesem Modell nur den Projektwert

$$V = -w_4\bar{c} + \sum_{t=1}^{T} \mathbb{E}[g(c^*)c^* - w(c^*,\bar{c})]e^{-rt} \qquad (4.27)$$

über die Kapitalwertmethode in $t = 0$ durch Wahl einer optimalen zu installierenden Kapazität $\bar{c}$. Somit wird nicht die Möglichkeit des Unternehmens berücksichtigt, den Markt zunächst zu beobachtenn bevor die Investition und die Kapazitätswahl stattfinden.

Auch **Fontes (2008)** untersucht die Investitionsentscheidung eines Unternehmens, welches sowohl die optimal installierte maximale Kapazität $\bar{c}$ als auch die jeweils produzierte Menge c wählen kann, jedoch nur jetzt oder nie in $t = 0$ investieren kann.[155] Sie verwendet dabei einen ähnlichen Ansatz wie Dangl (1999) hinsichtlich der Einnahmen, wonach sich der Preis des Produktes $g = \frac{X}{\eta} - \frac{c}{\eta}$ als Differenz zwischen der stochastischen Nachfrage X und der gewählten Produktionsmenge c, jeweils skaliert durch Konstante η, ergibt.[156] Das Unternehmen erhält somit die Einnahmen $gc = ((X-c)/\eta)c$. Dafür muss es zu jedem Zeitpunkt die Produktionsausgaben $w(c)$ zahlen. Fontes (2008) greift dafür, im Gegensatz zu Dangl (1999), auf die quadratische Funktion $w(c) = w_1 c + \frac{w_2}{2\bar{c}}c^2 + w_3\bar{c}$ nach Pindyck (1988) zurück. Die Cashflows aus der Produktion betragen somit $gc - w(c)$ zu jedem Zeitpunkt, bei das Unternehmen diese Cashflows, wie in Dangl (1999), hinsichtlich der momentan produzierten Menge c maximiert. Das Unternehmen produziert entweder Null oder das Minimum aus der momentan optimalen Menge $\frac{X-\eta w_1}{2+\eta w_2/\bar{c}}$ und der Kapazitätsobergrenze $\bar{c}$. Daraus ergeben sich, wiederum analog zu Dangl (1999), drei Wertebereiche für die optimal produzierte Menge und darauf aufbauend für die Cashflows.[157] Um die Cashflows zu erhalten, muss das Unternehmen $I(\bar{c}) = w_4\bar{c}$ ausgeben. Um den Optionswert F und die Kapazitätswahl zu bestimmen, nutzt Fontes (2008) das Binominalbaumverfahren.[158] Dabei werden zunächst mögliche Entwicklungen des nicht stochastischen Faktors X für beliebige diskrete Zeitschritte $t \in (0,T)$ bis zur finalen Periode T betrachtet und der Op-

---

[155] Fontes (2008) untersucht auch die Möglichkeit der flexiblen Kapazitätsanpassung in Anlehnung an Bollen (1999). Diese Betrachtungsweise wird hier nicht weiter berücksichtigt.
[156] Der Zusammenhang ergibt sich aus der Umstellung der Nachfragefunktion $c = X - \eta g$ des Monopolisten.
[157] Implizit gilt dies auch für den Projektwert, der hier nicht berücksichtigt wird.
[158] Dies ist eins der in Abschnitt 3.3.3 vorgestellten numerischen Lösungsverfahren für den Optionswert.

tionswert F_t für jeden Zeitpunkt rekursiv mittels dynamischer Programmierung bestimmt. In jedem Zeitpunkt erhält das Unternehmen dann möglicherweise einen Restwert R des Projektes, falls es beende wirdt, oder die Summe aus den Cashflows $gc - w(c)$ und dem diskontierten Erwartungswert der Option $\frac{F_{t+1}}{1+r}$ der nachgelagerten Stufe. Nachdem alle nachgelagerten Stufen auf diese Weise berechnet wurden, hat das Unternehmen schließlich die Möglichkeit, in der ersten Stufe $t = 0$ die Investition zu tätigen, falls

$$F_0 = \max_{0<\bar{c}<\bar{c}_{max}} \left(\frac{F_1}{1+r} - I(\bar{c}) \right) = \max_{0<\bar{c}<\bar{c}_{max}} \left(\frac{F_1}{1+r} - w_4\bar{c} \right) > 0, \qquad (4.28)$$

falls also die rekursiv bestimmte erwartete Entwicklung des Projektes abzüglich der notwendigen Investitionsausgaben maximiert über die Kapazität $\bar{c}$ positiv ist. Durch dieses Entscheidungsmodell als Jetzt-oder-nie-Investition entfällt die Betrachtung eines optimalen Schwellwertes. Fontes (2008) kann jedoch zeigen, dass auch die Möglichkeit der nachträglichen Anpassung der maximalen Kapazität nicht immer einen zusätzlichen Mehrwert bietet. Dies ist insbesondere bei hoher Unsicherheit, wie bei der Produkteinführung einer Innovation, der Fall. Fontes (2008) führt dies darauf zurück, dass das Unternehmen bei stärker schwankender Nachfrage nicht unbedingt besser auf die ungenügende Informationslage reagieren kann. Diese Erkenntnis deutet daraufhin, dass vor allem die anfängliche Kapazitätswahl bei der Entscheidungsplanung berücksichtigt werden sollte.

Hagspiel, Huisman, & Kort (2016) erweitern das Modell von Dangl (1999), in dem die Produktionsmenge zwischen Null und maximaler Kapazität angepasst werden kann, um die Möglichkeit der fixen Produktionsrate bei maximaler Kapazität. Dadurch können sie genauer untersuchen, welche zusätzlichen Effekte durch die Möglichkeit der Anpassung der Produktionsmenge an die optimale Kapazität und den optimalen Investitionszeitpunkt wirken. Zusätzlich führen sie kapazitätsabhängige Produktionsausgaben $w_h c$ für die Aufrechterhaltung des notwendigen Kapitals für die Produktionskapazität ein. Dadurch ändern sich im flexiblen Fall die Cashflows der laufenden Produktion gegenüber Dangl (1999) zu $(g - w)c - w_h c = ((X - \eta c) - w)c - w_h c$. Da das Unternehmen durch die zusätzlichen Ausgaben ein Interesse hat, die Produktion in einigen Fällen für die Zahlung eines fixen Betrags I abzubrechen, ändert sich der Projektwert $V(X, Q)$ von Dangl (1999) nicht nur hinsichtlich der zusätzlichen Produktionsausgaben, sondern ist nun in vier statt drei Wertebereiche unterteilt.[159] Für

---

[159] Durch die Ähnlichkeit der Modelle wird auf eine Wiedergabe des Projektwertes verzichtet.

den unflexiblen Fall der fixen Produktionsrate in Höhe der maximalen Kapazität wird die Produktionsmenge auf $c = \bar{c}$ fixiert. Der Projektwert $V_{fix}(X, \bar{c})$ wird damit analog bestimmt und besteht in diesem Fall aus drei Wertebereichen, die sich aus dem Wert beim Abbruch, bei stillgelegter Produktion und der vollen Produktion zusammensetzen. Sowohl für den flexiblen als auch den unflexiblen Fall müssen der optimale Investitionsschwellwert und die optimale Kapazität numerisch bestimmt werden. Hinsichtlich der optimalen Kapazität beobachten Hagspiel, Huisman, & Kort (2016) höhere Kapazitäten bei der Möglichkeit flexibler Produktionsanpassung. In diesem Fall hat das Unternehmen Anreize, sowohl eher als auch später zu investieren, wobei bei hoher Unsicherheit wie einer Produkteinführung den Anreiz, später zu investieren, durch die höheren Ausgaben bei größerer optimaler Kapazität überwiegt. Hagspiel, Huisman, & Kort (2016) zeigen weiterhin, dass die Produktion mit maximaler Kapazität in Fällen von niedriger Unsicherheit und kleinen Wachstumsraten des Marktes die optimale Strategie des Unternehmens ist. Werden diese Erkenntnis auf die Einführung neuer Produkte am Markt übertragen, so ist dies eher in gesättigten Märkten oder bei inkrementellen Innovationen der Fall.

4.4 Zusammenfassung

Die Nachfrage für jedes Produkt – oder zumindest für jede Produktgeneration – folgt einem Produktlebenszyklus. Dadurch sind die Absatzmöglichkeiten für jedes Produkt über die Zeit begrenzt, da es nach einer gewissen Zeit nicht mehr nachgefragt wird. Dies trifft auf innovative Märkte unter starkem technologischen Wandel besonders zu. Aus diesem Grund muss bei Produktinnovationen der Produktlebenszyklus bei der Bewertung der Möglichkeit, in die Produkteinführung zu investieren, berücksichtigt werden. In der Literatur zur Investition unter Unsicherheit wurde bisher traditionell fast ausschließlich exponentielles Wachstum unterstellt. Es existieren jedoch einige neue Ansätze zur Berücksichtigung des Produktlebenszyklus und des technologischen Wandels. Zwei dieser Möglichkeiten sind die Modellierung als verhaltensökonomisches Modell, wie beim Bass-Modell, oder als Regime-Switch-Modell.

Bei der Investition in eine Produktinnovation kann das Ausmaß der Investition bzw. des Markteintritts die möglichen zukünftigen Produktverkäufe und damit die Cashflows beeinflussen. Insgesamt bietet die Berücksichtigung der endogenen Kapazitätswahl einen erheblichen Erkenntnisgewinn im Vergleich zu Modellen mit ausschließlicher Wahl des optimalen Investitionszeitpunktes. Die zusätzliche Betrachtung der

Kapazitätswahl zeigt, dass Unsicherheit auch einen Anreiz schafft, später in eine größere Kapazität zu investieren (Huberts et al., 2015). In der Praxis stehen Unternehmen immer vor der zusätzlichen Unsicherheit, die dadurch entsteht, dass die gewählte Kapazität vor dem Hintergrund unsicherer Nachfrage zu groß gewählt sein könnte, um die Investition im Nachhinein zu rechtfertigen (Huisman & Kort 2012). Das Unternehmen kann daher zusätzlich profitieren, wenn es auf weitere Informationen zum Markt wartet. Um diese zusätzliche Flexibilität richtig einzuschätzen, ist es notwendig die Kapazitätswahl sorgfältig bei der Investitionsplanung zu berücksichtigen. Zum einen wurde in der Literatur oft die Kapazitätswahl aus Produktionssicht betrachtet. Das heißt, es wurde hinterfragt, welche Kapazität optimal gewählt werden sollt. Nur selten wurde dabei auch die Nachfrage berücksichtigt, die über oder unter der geplanten Kapazität liegen kann. Zum anderen wurde auch der Ansatz gewählt, dass das Ausmaß der Investition das gesamte Projekt skaliert, sowohl auf Einnahmen- als auch Ausgabenseite. In beiden Fällen ist es notwendig die Handlungsflexibilität des Unternehmens bei der Investitionsentscheidung zu berücksichtigen.

Bei der Investitionsplanung ist es oft von Interesse, neben der optimalen Investitionsstrategie auch das zu erwartende Investitionsverhalten, insbesondere die Investitionsneigung, zu untersuchen. Gleichzeitig ist jede Investitionsentscheidung – und die bei der Planung einer Investition in ein neues Produkt besonders – von Unsicherheit betroffen. Der Auswirkung der Unsicherheit auf das Investitionsverhalten wird in der Literatur besondere Aufmerksamkeit geschenkt. Dabei wurden vier unterschiedliche Interpretationen als Maß für die Investitionsneigung vorgeschlagen: der Einfluss der Unsicherheit auf den Investitionsschwellwert, die Wahrscheinlichkeit, innerhalb einer bestimmten Zeit zu investieren, der Einfluss der Unsicherheit auf die erwartete Zeit bis zur Investition sowie die Idee, diese Ansätze modellabhängig zu kombinieren. Die Ansätze sind jedoch nicht immer eindeutig und messen die Investitionsneigung teilweise nur bedingt. Zugleich ist ein generell monotoner Einfluss der Unsicherheit auf die Investition kritisch zu hinterfragen.

Auf Basis dieser Erkenntnisse werden zwei Forschungslücken identifiziert. Zum einen muss die Wirkung der Unsicherheit auf das optimale Investitionsverhalten näher untersucht werden und ein eindeutiges Maß für die Investitionsneigung gefunden werden. Dieses Maß sollte selbstverständlich auch für die Untersuchung anderer Modellparameter geeignet sein. Zum anderen muss untersucht werden, wie die Investitionsentscheidung unter Unsicherheit vor dem Hintergrund des Produktlebenszyklus und der Kapazitätswahl modelliert werden kann. Dazu müssen geeignete Modellierungsansätze aus der Literatur ausgewählt werden. In der weiteren Untersuchung wird daher berücksichtigt, dass der Produktlebenszyklus als verhaltensökonomisches Modell oder Regime-Switch modelliert werden kann. Bei der Kapazitätswahl wird angenommen, dass die gewählte Kapazität eine Nachfrageobergrenze bilden oder das gesamte Projekt skalieren kann.

5 Ansätze zu Modellerweiterungen bei Produktinnovationen

Die Literaturanalyse im vorangegangenen Kapitel hat gezeigt, dass bereits einige Modelle zur Entscheidungsunterstützung bei der Investitionsplanung von neuen Produkten entwickelt worden sind. Ein zentraler Untersuchungsgegenstand aller Modelle ist die Wirkung der Unsicherheit auf die optimale Steuerung der Investition. Diese Unsicherheit wirkt auf die Investitionsentscheidung an sich, den optimalen Investitionszeitpunkt, die erwartete sowie tatsächliche Entwicklung des Produktlebenszyklus und auch die optimale Kapazitätswahl der Produktionsanlage für das neue Produkt. Aus diesem Grund sollten all die genannten Aspekte bei der Investitionsplanung berücksichtigt werden.

In diesem Kapitel werden auf Basis der diskutierten Erkenntnisse eigene Beiträge zur Planung und Analyse der Investitionsentscheidung bei Produktinnovationen unter Berücksichtigung der genannten Problemstellungen entwickelt. Zunächst wird dazu in Unterkapitel 5.1 diskutiert, welche Interpretationsmöglichkeiten der Wirkungsweise der Unsicherheit auf die Investitionsentscheidung für die Entscheidungsanalyse zur Verfügung stehen. Ziel ist es, geeignete Maße für die folgende Diskussion der Modelle zu erörtern. Anschließend werden zwei mögliche Modelle zur Berücksichtigung von Produktlebenszyklen und der Kapazitätswahl bei Investitionsentscheidungen entwickelt. Beide Modelle fokussieren dabei unterschiedliche charakteristische Eigenschaften einer Produktinnovation. Unterkapitel 5.2 berücksichtigt bei der Modellierung des Produktlebenszyklus ein in der Literatur anerkanntes verhaltensökonomisches Modell, welches sowohl spezifische Rückschlüsse aus diesem Literaturstrang ermöglicht als auch die Datenübernahmen und somit Interdisziplinarität des Modells eröffnet. Im darauf folgenden Unterkapitel 5.3 wird der Produktlebenszyklus abstrahiert berücksichtigt und als Regimewechsel modelliert. Dies erlaubt die genauere Untersuchung des Einflusses einer kontinuierlichen Kapazitätswahl auf die Investitionsentscheidung.

5.1 Die Komplexität von Unsicherheit

Unsicherheit über die möglichen Folgen beeinflusst jede Handlungsentscheidung, und dies ist besonders bei Investitionsentscheidungen der Fall, die im Angesicht unsicherer Cashflows in der Zukunft getroffen werden. Aus diesem Grund ist es wichtig zu verstehen, welche Wirkungsbeziehung zwischen Unsicherheit und Investitionsentscheidung besteht. In Abschnitt 4.1.2 wurden verschiedene Maße vorgestellt, mit denen in der Literatur dieser Zusammenhang beschrieben und gemessen wird. Dabei wird die Investitionsneigung des Entscheiders betrachtet. Die vorgestellten Maße stimmen nicht immer hinsichtlich ihrer Aussagen zu diesem Zusammenhang überein. Je nach Betrachtungsweise kann bei der Investition ein positiver oder negativer Zusammenhang zwischen Unsicherheit und Investitionsneigung bestehen. Trotzdem entsteht in der Literatur weiterhin der Eindruck, dass diese Unstimmigkeiten nur Ausnahmen darstellen und der Zusammenhang in der Regel monoton negativ ist.

Im Folgenden wird der Investitions-Unsicherheits-Zusammenhang weiter kritisch hinterfragt und eine alternative Interpretationsmöglichkeit vorgeschlagen, welche weitere Anwendungsmöglichkeiten als bisher erlaubt. Dazu wird zunächst diskutiert, warum die bisher vorgestellten Maße regelmäßig einen nicht monotonen Zusammenhang aufzeigen und warum die bisherigen Maße generell komplex und kritisch zu hinterfragen sind. Abschnitt 5.1.1 zeigt, dass die Maße bereits im kanonischen Modell nicht eindeutig sind, und Abschnitt 5.1.2 illustriert die Komplexität der Interpretation an einem leicht abgewandelten Modell. Die Erkenntnisse werden als Motivation genommen, um schließlich in Abschnitt 5.1.3 die erwarteten diskontierten Investitionsausgaben als neues vielseitiges Maß für den Investitions-Unsicherheits-Zusammenhang einzuführen.

5.1.1 Mehrdeutigkeit im kanonischen Modell

Den Ausgangspunkt für die Untersuchung in den folgenden Abschnitten bildet das bereits in Unterkapitel 3.4 vorgestellte kanonische Investitionsmodell. In diesem Modell kann dem aktuellen Cashflows $x(t)$ ein Projektwert $V(x)$ zugeordnet werden, für den wiederum der Wert der Option $F(x)$, in dieses Projekt investieren zu können, ermittelt werden kann. Als Teil der Lösung wurde der optimale Investitionsschwellwert x^* bestimmt, zu dem das Unternehmen investieren sollte. Dieser Investitionsschwellwert bildet das erste diskutierte Maß für den Investitions-Unsicherheits-Zusammenhang. Gleichzeitig hängt der Investitionszeitpunkt maßgeblich vom Schwellwert ab, wobei zwei Maße wiederum auf ihm aufbauen. Diese beiden Maße sind der erwartete Investitionszeitpunkt und die Wahrscheinlichkeit, innerhalb einer bestimmten Zeit τ zu investieren. Wong (2007) zeigt beispielsweise, dass wenn $x(t)$ einer geometrischen Brownschen Bewegung folgt der erwartete Investitionszeitpunkt gleich

$$\mathbb{E}(t^*) = \begin{cases} 0 & x^* \leq x_0 \\ \dfrac{\ln\left(\dfrac{x^*}{x_0}\right)}{\mu - \dfrac{1}{2}\sigma^2} & x^* > x_0 \wedge \mu - \dfrac{1}{2}\sigma^2 > 0 \\ \infty & x^* > x_0 \wedge \mu - \dfrac{1}{2}\sigma^2 \leq 0 \end{cases} \quad (5.1)$$

ist. Die Wahrscheinlichkeit, innerhalb von $\tau > 0$ zu investieren, ist

$$\mathbb{P}(t^* \leq t_0 + \tau) \quad (5.2)$$
$$= \min\left\{1, \Phi\left(\frac{\ln\left(\frac{x_0}{x^*(\sigma)}\right) + \left(\mu - \frac{1}{2}\sigma^2\right)\tau}{\sigma\sqrt{\tau}}\right) + \left(\frac{x^*(\sigma)}{x_0}\right)^{2\frac{\mu}{\sigma^2}-1} \Phi\left(\frac{\ln\left(\frac{x_0}{x^*(\sigma)}\right) - \left(\mu - \frac{1}{2}\sigma^2\right)\tau}{\sigma\sqrt{\tau}}\right)\right\},$$

wobei $\Phi(\ldots)$ der Fläche unter der Standardnormalverteilung entspricht (siehe Sarkar, 2000, Harrison, 1985, S. 11-15).[160]

Mit diesen drei Maßen kann somit der Investitions-Unsicherheits-Zusammenhang im kanonischen Investitionsmodell beschrieben werden. Wie bereits umfassend diskutiert, unterstellt die klassische Literatur generell einen negativen Zusammenhang und verweist nur auf einzelne Ausnahmen (siehe Abschnitt 4.1.2). Auch Sarkar (2000) nutzt nur ein numerisches Beispiel, um zu zeigen, dass die Wahrscheinlichkeit, innerhalb einer bestimmten Zeit zu investieren, nicht immer monoton mit der Unsicherheit σ fällt. Anders als in der Literatur angenommen, ist dies jedoch keine Ausnahme, sondern die Regel. Dies wird im Folgenden gezeigt.

Die Wahrscheinlichkeit zu investieren kann für jeden Grad an Unsicherheit σ mit Gleichung (5.2) bestimmt werden. Es ist erkennbar, dass die Wahrscheinlichkeit zu investieren für alle $\sigma \in (0, \infty)$ größer als Null ist, also $\mathbb{P}(t^*(\sigma) \leq t_0 + \tau) > 0$.[161] Außerdem

---

[160] Selbst im kanonischen Modell ist diese Formel nicht trivial und die Lösung muss zudem numerisch bestimmt werden. Die Wahrscheinlichkeit, zu einem bestimmten Zeitpunkt zu investieren, ist gleich $\mathbb{P}(t^* < \infty) = \lim_{\tau \to \infty} \mathbb{P}(t^* \leq t_0 + \tau)$.

[161] Insbesondere ist der Term $\left(\frac{x^*(\sigma)}{x_0}\right)^{2\frac{\mu}{\sigma^2}-1} > 0$ und da $\frac{\ln\left(\frac{x_0}{x^*(\sigma)}\right)+\left(\mu-\frac{1}{2}\sigma^2\right)\tau}{\sigma\sqrt{\tau}} \in \mathbb{R}$ sowie $\frac{\ln\left(\frac{x_0}{x^*(\sigma)}\right)-\left(\mu-\frac{1}{2}\sigma^2\right)\tau}{\sigma\sqrt{\tau}} \in \mathbb{R}$ müssen die zugehörigen Flächen unter der Normalverteilung größer als Null sein, also $\Phi\left(\frac{\ln\left(\frac{x_0}{x^*(\sigma)}\right)+\left(\mu-\frac{1}{2}\sigma^2\right)\tau}{\sigma\sqrt{\tau}}\right) > 0$ und $\Phi\left(\frac{\ln\left(\frac{x_0}{x^*(\sigma)}\right)-\left(\mu-\frac{1}{2}\sigma^2\right)\tau}{\sigma\sqrt{\tau}}\right) > 0$.

ist die Wahrscheinlichkeit stetig in σ, sodass kleine Änderungen in der Unsicherheit nicht zu Sprüngen in der Investitionswahrscheinlichkeit führen. Für die weitere Diskussion werden nun die beiden Extrema untersucht, bei denen die Unsicherheit σ gegen Null geht und das Modell sich einer Entscheidung unter Sicherheit nähert oder die Unsicherheit unendlich hoch wird. Im ersten Fall ist für $\sigma \to 0$ die Wahrscheinlichkeit, innerhalb einer Zeit τ zu investieren, $\lim_{\sigma \downarrow 0} \mathbb{P}(t^*(\sigma) \leq t_0 + \tau)$. Zunächst sei das kanonische Modell nicht trivial, das heißt, das Unternehmen würde selbst unter Sicherheit $\sigma = 0$ nicht sofort investieren, da der Anfangswert x_0 unter dem Schwellwert x^* liege, also $x_0 < x^*_{\sigma=0}$. Weiterhin kann aus Gleichung (5.2) zunächst der erste Term $\Phi(\dots)$ betrachtet werden, für den

$$\lim_{\sigma \downarrow 0} \Phi\left(\frac{\ln\left(\frac{x_0}{x^*(\sigma)}\right) + \left(\mu - \frac{1}{2}\sigma^2\right)\tau}{\sigma\sqrt{\tau}}\right) = \lim_{\sigma \downarrow 0} \Phi\left(\frac{\ln\left(\frac{x_0}{x^*(\sigma)}\right) + \mu\tau}{\sigma\sqrt{\tau}}\right) \quad (5.3)$$

$$= \begin{cases} \Phi(\infty) & \tau > -\frac{1}{\mu}\ln\left(\frac{x_0}{x^*(0)}\right) \\ \Phi(-\infty) & \tau < -\frac{1}{\mu}\ln\left(\frac{x_0}{x^*(0)}\right) \end{cases} = \begin{cases} 1 & \tau > -\frac{1}{\mu}\ln\left(\frac{x_0}{x^*(0)}\right) \\ 0 & \tau < -\frac{1}{\mu}\ln\left(\frac{x_0}{x^*(0)}\right) \end{cases}$$

gilt. Das heißt, bei $\sigma \to 0$ ist dieser Term gleich Eins oder Null, je nachdem welcher Betrachtungszeitraum τ gewählt wird. Für den zweiten Term gilt für $\mu \leq 0$

$$\lim_{\sigma \downarrow 0} \left(\frac{x^*(\sigma)}{x_0}\right)^{2\frac{\mu}{\sigma^2}-1} \Phi\left(\frac{\ln\left(\frac{x_0}{x^*(\sigma)}\right) - \left(\mu - \frac{1}{2}\sigma^2\right)\tau}{\sigma\sqrt{\tau}}\right) = 0. \quad (5.4)$$

Das heißt, unter Sicherheit und negativem Wachstum ist dieser Term immer Null. Wenn $\mu > 0$, dann ist nach der Regel von l'Hôspital

$$\lim_{\sigma \downarrow 0} \left(\frac{x^*(\sigma)}{x_0}\right)^{2\frac{\mu}{\sigma^2}-1} \Phi\left(\frac{\ln\left(\frac{x_0}{x^*(\sigma)}\right) - \left(\mu - \frac{1}{2}\sigma^2\right)\tau}{\sigma\sqrt{\tau}}\right) \quad (5.5)$$

$$= \lim_{\sigma \downarrow 0} \frac{\frac{\partial}{\partial \sigma} \Phi\left(\frac{\ln\left(\frac{x_0}{x^*(\sigma)}\right) - \left(\mu - \frac{1}{2}\sigma^2\right)\tau}{\sigma\sqrt{\tau}}\right)}{\frac{\partial}{\partial \sigma}\left(\frac{x^*(\sigma)}{x_0}\right)^{-2\frac{\mu}{\sigma^2}+1}} = 0.$$

Auch in diesem Fall ist der zweite Term unter Sicherheit gleich Null. Aus diesem Grund kann er für $\sigma \to 0$ komplett vernachlässigt werden und die Investitionswahrscheinlichkeit ist schließlich, wie in (5.3) bestimmt, gleich

$$\lim_{\sigma \downarrow 0} \mathbb{P}(t^*(\sigma) \le t_0 + \tau) = \begin{cases} 1 & \tau > -\frac{1}{\mu} \ln\left(\frac{x_0}{x^*(\sigma)}\right) \\ 0 & \tau < -\frac{1}{\mu} \ln\left(\frac{x_0}{x^*(\sigma)}\right) \end{cases}. \tag{5.6}$$

Nun kann der zweite Fall betrachtet werden, in dem die Unsicherheit gegen unendlich geht und die Wahrscheinlichkeit, innerhalb der Zeit τ zu investieren, gleich $\lim_{\sigma \to \infty} \mathbb{P}(t^*(\sigma) \le t_0 + \tau)$ ist. In diesem Fall ist

$$\lim_{\sigma \to \infty} \left(\frac{x^*(\sigma)}{x_0}\right)^{2\frac{\mu}{\sigma^2}-1} = \lim_{\sigma \to \infty} \left(\frac{x^*(\sigma)}{x_0}\right)^{-1} = 0, \tag{5.7}$$

wodurch das Produkt im zweiten Term von Gleichung (5.2) gleich Null ist. Für den ersten Term gilt

$$\lim_{\sigma \to \infty} \Phi\left(\frac{\ln\left(\frac{x_0}{x^*(\sigma)}\right) + \left(\mu - \frac{1}{2}\sigma^2\right)\tau}{\sigma\sqrt{\tau}}\right) = \Phi(-\infty) = 0. \tag{5.8}$$

Demnach ist schließlich

$$\lim_{\sigma \to \infty} \mathbb{P}(t^*(\sigma) \le t_0 + \tau) = 0, \tag{5.9}$$

sodass in diesem Fall niemals investiert würde.

Die gewonnenen Erkenntnisse können nun kombiniert werden. In jedem nicht trivialen kanonischen Investitionsmodell unter Unsicherheit können ein Zeitpunkt τ und mögliche Werte für die Unsicherheit $0 < \sigma_1 < \sigma_2 < \sigma_3$ gewählt werden, sodass $\mathbb{P}(t^*(\sigma_1) \le t_0 + \tau) < \mathbb{P}(t^*(\sigma_2) \le t_0 + \tau)$ und $\mathbb{P}(t^*(\sigma_2) \le t_0 + \tau) > \mathbb{P}(t^*(\sigma_3) \le t_0 + \tau)$. Das heißt, für diesen Zeitpunkt τ führt eine Erhöhung der Unsicherheit zunächst zu einer höheren Investitionswahrscheinlichkeit und bei noch höherer Unsicherheit wieder zu einer geringeren Wahrscheinlichkeit. Der Investitions-Unsicherheits-Zusammenhang ist in diesem Fall für **jedes kanonische Modell**, insbesondere auch für $\lambda \rho = 0$, **nicht monoton** über die Unsicherheit. Dies ist somit keine Ausnahme, wie in der Literatur bisher angenommen wird. Weiterhin hängt der Investitions-Unsicherheits-Zusammenhang **maßgeblich von der Wahl des betrachteten Zeitpunkts τ ab.**

Die Bedeutsamkeit der Wahl des betrachten Zeitpunkts τ kann auch an einem einfachen Gedankenspiel verdeutlicht werden, das auf Gleichung (5.6) beruht. Unter Sicherheit $\sigma = 0$ investiert das Unternehmen zum optimalen Zeitpunkt $\bar{t}^*$, indem es durch die Wahl des Zeitpunkts die Differenz von Projektwert und Investitionsausgaben maximiert, sodass

$$\max_{t\in[t_0,\infty]} \left\{ e^{-rt} \left(\int_t^\infty x(s)e^{-r(s-t)}ds - I \right) \right\}. \tag{5.10}$$

Es ist offensichtlich, dass die Wahrscheinlichkeit, innerhalb einer Zeit τ zu investieren, gleich Null sein muss für alle $\tau < \bar{t}^*$ und gleich Eins für $\tau > \bar{t}^*$. Vor $\bar{t}^*$ hat das Unternehmen mit Sicherheit nicht investiert und danach hat es die Investition mit Sicherheit getätigt. Würde nun Unsicherheit über die Cashflows $x(t)$ bestehen, muss nach Gleichung (5.2) zu jedem Zeitpunkt τ eine positive Wahrscheinlichkeit $\mathbb{P}(t^*(\sigma) \leq t_0 + \tau) > 0$ existieren, dass das Unternehmen zu diesem Zeitpunkt investiert. Das bedeutet, durch die Einführung von Unsicherheit muss im Vergleich zum Fall unter Sicherheit die Investitionswahrscheinlichkeit für $\tau < \bar{t}^*$ auf über Null steigen und für $\tau > \bar{t}^*$ unter Eins fallen. Die Wirkung der Unsicherheit ist somit nicht monoton und von der Wahl des Zeitpunktes τ abhängig.

Doch selbst im kanonischen Modell hängt der Investitions-Unsicherheits-Zusammenhang nicht nur vom gewählten Zeitpunkt τ, sondern auch von anderen Parametern ab. So zeigt bereits Lund (2005), wie durch eine leichte Änderung der Wachstumsrate μ der Zusammenhang nicht mehr monoton fallend sein kann. Entgegen der Behauptung von Sarkar (2000) hat auch der Startwert der Cashflows x_0 einen Einfluss auf das Vorzeichen des Zusammenhangs. Unter Verwendung der Parameterwerte von Sarkar (2000) zeigt Abbildung 26, wie stark allein die Änderung von x_0 den Einfluss der Unsicherheit auf die Investitionswahrscheinlichkeit beeinflusst.

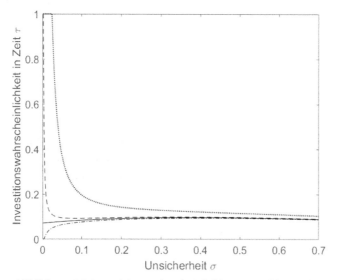

Abbildung 26: Investitionswahrscheinlichkeit in Abhängigkeit vom Startwert

Die Wahrscheinlichkeit, innerhalb einer gegebenen Zeit $\tau = 5$ zu investieren, in Abhängigkeit von der Unsicherheit mit $r = 0{,}1$, $\mu = 0$, $\upsilon = 0{,}4$, $\rho = 0{,}7$ und $I = 1$ für unterschiedliche x_0: $x_0 = 0{,}11$ (gepunktete Linie), $x_0 = 0{,}101$ (gestrichelte Linie), $x_0 = 0{,}1$ (durchgezogene Linie) und $x_0 = 0{,}099$ (gestrichpunktete Linie).

5.1.2 Beschränkte Aussagekraft in komplexen Modellen

Das kanonische Investitionsmodell unter Unsicherheit modelliert das grundlegende Entscheidungsproblem eines Unternehmens, welches unsichere Cashflows aus dem Produktverkauf nach der Tätigung notwendiger Investitionen erhalten kann. Bereits in diesem grundlegenden Modell ist die Wirkung der Unsicherheit auf die Investition nicht monoton. In diesem Abschnitt wird mit einer lediglich kleinen Abwandlung des Modells gezeigt, dass der Investitions-Unsicherheits-Zusammenhang generell komplex ist und die vorgestellten Maße kritisch hinterfragt werden müssen. Im Folgenden werden dazu die ergänzenden Annahmen von Gryglewicz et al. (2008) übernommen. Das Unternehmen hat nun nur eine begrenzte Zeit, in das Projekt zu investieren, wodurch die Optionsdauer auf $T_O > 0$ beschränkt ist. Gleichzeitig wird auch das Projekt nicht unendlich lang Cashflows generieren, sondern nur über die finite Projektdauer $T_P > 0$ hinweg. Sollte sich das Unternehmen entschließen, innerhalb der Optionsdauer zu investieren, erhält es dadurch den von Gleichung (3.54) leicht abgewandelten Projektwert in Höhe von

$$V(x) = \mathbb{E}\int_{t}^{t+T_P} x(s)e^{-(r+\upsilon\rho\sigma)(s-t)}ds = \frac{x\left(1 - e^{(r+\upsilon\rho\sigma-\mu)T_P}\right)}{r + \upsilon\rho\sigma - \mu}. \qquad (5.11)$$

Auch in diesem Fall würde das Unternehmen mit der Investition in das Produkt so lange warten, bis die Cashflows einen optimalen Schwellwert x^* erreichen. Die Differentialgleichung (3.56) für den Optionswert $F(x,t)$ gilt weiterhin, da sich die zugrunde liegende geometrische Brownsche Bewegung für die Cashflows nicht geändert hat. Jedoch müssen die Randbedingungen (3.57) und (3.58) für den neuen Projektwert angepasst werden. Sie sind jetzt

$$F(x^*, t) = \frac{x^*\left(1 - e^{(r+\upsilon\rho\sigma-\mu)T_P}\right)}{r + \upsilon\rho\sigma - \mu} - I \qquad (5.12)$$

und

$$\frac{\partial F(x^*, t)}{\partial x} = \frac{\left(1 - e^{(r+\upsilon\rho\sigma-\mu)T_P}\right)}{r + \upsilon\rho\sigma - \mu}. \qquad (5.13)$$

Zusätzlich zu diesen Bedingungen gilt nun eine weitere Begrenzung für den Optionswert, die durch die endliche Optionsdauer T_O entsteht. So muss der Optionswert an der Stelle T_O wertlos sein, da die Investitionsmöglichkeit zu diesem Zeitpunkt verschwindet, sodass

$$F(x, T_O) = 0.\ [162] \qquad (5.14)$$

Durch die Struktur dieser Randbedingungen kann die Differentialgleichung nicht mehr analytisch, sondern nur noch numerisch gelöst werden (siehe Abschnitt 3.3.3). Als Teil dieser Lösung für die Optionswerte kann gleichzeitig der optimale Investitionsschwellwert x^* bestimmt werden. Abbildung 27 zeigt den optimalen Schwellwert für verschiedene Unsicherheitsniveaus, wobei die Differentialgleichung aufgrund der einfachen numerischen Stabilität mit Hilfe der expliziten Finite-Differenzen-Verfahren gelöst wurde. Zum Vergleich mit der Literatur wurden für die Lösung beispielhaft die Werte von Gryglewicz et al. (2008) angenommen, mit $\mu = 0{,}08, \sigma = 0{,}2, r = 0{,}1, \rho = 0{,}7, \upsilon = 0{,}4, \tau = 5, T_P = 10, T_O = 10, I = 10$ und $x_0 = 1$.

---

[162] Tatsächlich ist der Optionswert auch für alle $t > T_O$ gleich Null. Diese müssen jedoch nicht weiter berücksichtigt werden, da der Wert der Option von T_O rekursiv ermittelt wird.

Ansätze zu Modellerweiterungen bei Produktinnovationen

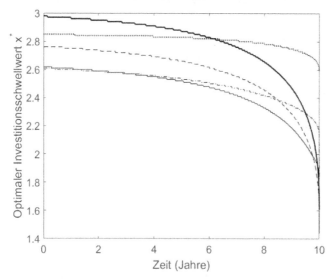

Abbildung 27: Optimaler Investitionsschwellwert für unterschiedliche Unsicherheit

Der optimale Investitionsschwellwert in Abhängigkeit von der Zeit für unterschiedliche Unsicherheit σ: $\sigma = 0{,}3$ (fette durchgezogene Linie), $\sigma = 0{,}1$ (gepunktete Linie), $\sigma = 0{,}25$ (gestrichelte Linie), $\sigma = 0{,}2$ (durchgezogene Linie) und $\sigma = 0{,}15$ (gestrichpunktete Linie).

Wie erwartet und wie in Gryglewicz et al. (2008) gezeigt, ist der Schwellwert durch die finite Optionsdauer nicht mehr konstant wie im kanonischen Modell, sondern zeitabhängig. Über die Dauer der Investitionsmöglichkeit verringert sich der Schwellwert monoton, da der Wert der Flexibilität, mit dem Projekt zu warten, über die Zeit abnimmt. Der Einfluss der Unsicherheit auf den Schwellwert zu einem bestimmten Zeitpunkt ist jedoch nicht monoton. Im Gegensatz zum kanonischen Modell erhöht Unsicherheit den Schwellwert nicht notwendigerweise, sondern es besteht ein U-förmiger Zusammenhang. So führt im Zeitpunkt $t = 0$ ausgehend von $\sigma = 0{,}2$ sowohl eine Erhöhung als auch eine Verringerung der Unsicherheit zu höheren Schwellwerten. Daraus lässt sich schlussfolgern, dass der **Investitionsschwellwert kein geeignetes Maß** für den Investitions-Unsicherheits-Zusammenhang ist.

Als weiteres Maß für diesen Zusammenhang wurde, wie in Abschnitt 4.1.2 diskutiert, in der Literatur der erwartete Investitionszeitpunkt vorgeschlagen. In der gegebenen Entscheidungssituation führt die Unsicherheit bei der angenommenen endlichen Options- und Projektdauer dazu, dass einige Projekte nie durchgeführt werden würden.

Obwohl der Schwellwert zum Ende der Optionsdauer sinkt, kann der Cashflow in einigen möglichen Fällen sehr niedrig sein, wodurch das Projekt die Investitionsausgaben über die Projektdauer nicht mehr erwirtschaften kann. Dadurch besteht die Wahrscheinlichkeit, dass das Unternehmen in einigen Fällen niemals investiert. In diesem Fall ist der **erwartete Investitionszeitpunkt kein geeignetes Maß** für die Wirkung der Unsicherheit auf die Investition.

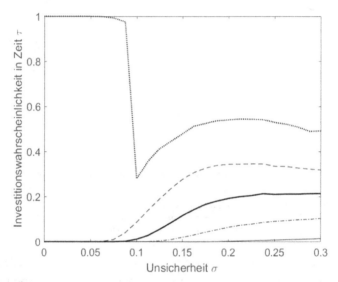

Abbildung 28: Investitionswahrscheinlichkeit für unterschiedliche Betrachtungszeiträume

Die Wahrscheinlichkeit, innerhalb einer gegebenen Zeit τ zu investieren, in Abhängigkeit von der Unsicherheit für unterschiedliche τ: $\tau = 10$ (gepunktete Linie), $\tau = 8$ (gestrichelte Linie), $\tau = 6$ (fette durchgezogene Linie), $\tau = 4$ (gestrichpunktete Linie) und $\tau = 2$ (durchgezogene Linie).

Weiterhin zeigt Abbildung 28 für das gleiche Entscheidungsproblem das dritte Maß für den Investitions-Unsicherheits-Zusammenhang: die Wahrscheinlichkeit, innerhalb einer bestimmten Zeit τ zu investieren. Da der optimale Investitionsschwellwert numerisch bestimmt wurde, muss auch die Investitionswahrscheinlichkeit numerisch bestimmt werden, was mit dem in Abbildung 29 abgebildeten Pseudocode durch eine Monte-Carlo-Simulation umgesetzt werden kann. Wie in Abbildung 28 zu erkennen ist, ist der Investitions-Unsicherheits-Zusammenhang nicht monoton und variiert für unterschiedliche Zeitpunkte. Für niedrige Unsicherheit führt eine Erhöhung der Unsicherheit zu einer höheren Wahrscheinlichkeit, außer für $\tau = 10$. Jedoch führt bei höherer Unsicherheit eine weitere Erhöhung zu einer Verringerung der Investitionswahrscheinlichkeit. Der Spezialfall für $\tau = 10$ wird im nächsten Absatz nach den anderen Beobachtungen diskutiert. Der Einfluss der Unsicherheit auf die Wahrscheinlichkeit ist nicht eindeutig, da sie sowohl den Schwellwert beeinflusst wie oben gezeigt wurde als auch den zugrunde liegenden Prozess. So kann eine höhere Unsicherheit dazu führen, dass die geometrische Brownsche Bewegung eher zufällig höhere mögliche Cashflows erreicht. Gleichzeitig ist der Einfluss der Unsicherheit auf den Schwellwert U-förmig, wie oben besprochen. Welcher Effekt wann überwiegt, hängt bei gegebenem τ von der jeweiligen Unsicherheit ab. Wie bereits von Sarkar (2000) beobachtet, aber dort als Sonderfall interpretiert, wird hier ein U-förmiger Zusammenhang zwischen Unsicherheit und Investitionswahrscheinlichkeit beobachtet. Insgesamt ist der Einfluss der Unsicherheit auf die Investitionswahrscheinlichkeit somit **nicht eindeutig** und **hängt von dem betrachteten Zeitraum** ab.

Wird der für diese Investition beobachtete Spezialfall $\tau = 10$ betrachtet, so muss die Optionsdauer von $T_0 = 10$ berücksichtigt werden. Da nach diesem Zeitpunkt keine Investition mehr stattfinden kann, entspricht die Investitionswahrscheinlichkeit zu diesem Zeitpunkt der Wahrscheinlichkeit, dass eine Investition überhaupt stattfindet. Bei niedriger Unsicherheit fällt der Investitionsschwellwert zum Ende der Optionsdauer dramatisch und kann, wie im gegebenen Modell, zu einer fast sicheren Investition führen. Gryglewicz et al. (2008) führen dies auf eine niedrige Convenience Yield zurück. Für höhere Unsicherheit ist der bereits diskutierte U-förmige Verlauf zu beobachten.[163] Gutiérrez (2007) übernimmt mit der Betrachtung der Investitionswahrscheinlichkeit in endlicher Zeit genau diese langfristige Betrachtungsweise und ignoriert damit die zuvor diskutierte kurzfristige Perspektive für kleinere Zeitfenster τ. Aber auch in der **langfristigen Perspektive** ist in diesem Modell der **Investitions-Unsicherheits-Zusammenhang nicht monoton**.

---

[163] Der Übergang von der fast sicheren Investition bei niedriger Unsicherheit zum bekannten Verlauf bei höherer Unsicherheit führt zunächst zu einem starken Rückgang der Investitionswahrscheinlichkeit. Dies ist jedoch kein Sprung, sondern ein kontinuierlicher Verlauf.

```
// Lade Daten
S = Vektor;              /Schwellwert
time = Vektor;           /Zeit
n = Konstante;           /Anzahl Zahlungsstromschritte
m = Konstante;           /Anzahl Zeitschritte
dt = Konstante;          /Zeitschritte
a = Konstante;           /Wachstumsparameter
s = Konstante;           /Unsicherheit

// Initialisiere Daten
x0 = Konstante;          /Startwert Simulation
M = Konstante;           /Anzahl Simulationen

// Erzeugung der Wiener-Inkremente
dW = sqrt(dt)*randn(m,M);

// Erzeugung der Startwerte
P(1,1:M) = x0;

// Simulation
for j = 1:M
   /Durchlaufen der einzelnen Simulationen
   for i = 2:m
      /Simulation der GBM für den nächsten Zeitschritt
      P(i,j) = P(i-1,j)+a*P(i-1,j)*dt+s*P(i-1,j)*dW(i,j)
      /Prüfung des Schwellwerts
      if P(i,j) >= S(i)
         C(i,j) = 1;       /Zählen der Investition
         break;            /Abbruch dieser Simulation
      end
   end
end
PDF = sum(C')/M;         /Relative Investitionen pro Zeit
CDF = cumsum(PDF);       /Kumulierte relative Investitionen
```

Abbildung 29: Pseudocode zur Berechnung der Investitionswahrscheinlichkeit

Der Pseudocode orientiert sich an einer Implementierung in Matlab.

Die gewonnenen Erkenntnisse lassen sich wie folgt zusammenfassen. Es ist offensichtlich, dass die Wirkungsweise der Unsicherheit auf die Investitionsneigung generell komplex und selten monoton ist. Dies steht im klaren Kontrast zu der bisher in der Literatur vertretenen Ansicht, der Zusammenhang sei nur in Spezialfällen nicht monoton. Der nicht monotone Zusammenhang kann bereits im kanonischen Modell beobachtet werden. Die in diesem Abschnitt vorgestellte leichte Abwandlung des kanonischen Modells hat gezeigt, dass die Komplexität der Wirkungsweise der Unsicherheit auf die Investitionsneigung bei anspruchsvolleren Modellen zunimmt. Dies ist besonders der Fall bei Abweichungen von der klassischen Verlaufshypothese, wie sie in dieser Arbeit weiterhin betrachtet werden. Noch entscheidender ist, dass sich die vorgestellten Maße für den Investitions-Unsicherheits-Zusammenhang – bis auf den kombinierten Ansatz von Gutiérrez (2007) – nicht in jeder Entscheidungssituation nutzen lassen. Schließlich ist auch kritisch zu hinterfragen, ob der erwartete Investitionszeitpunkt und die Investitionswahrscheinlichkeit überhaupt die richtigen Maße für die Wirkung der Unsicherheit auf die Investition darstellen.

5.1.3 Notwendige Betrachtungsweise

Die in der Literatur geführte Diskussion über den Investitions-Unsicherheits-Zusammenhang hat zum Ziel, die Auswirkung der Unsicherheit auf die Investition beschreibbar und quantifizierbar zu machen. Ihre Anfänge finden sich in der Betrachtung des optimalen Investitionsschwellwertes, die zu anspruchsvolleren Maßen geführt hat. Die Untersuchung hatte zum Ziel, ein eindeutiges Maß zu finden, um die Wirkungsweise eindeutig beschreiben zu können. Die hier angeführten Beispiele haben gezeigt, wie komplex der Investitions-Unsicherheits-Zusammenhang bereits in einfachen Modellen sein kann. Insbesondere ist die Wirkung der Unsicherheit auf die einzelnen Maße selten monoton. Noch kritischer zu hinterfragen ist, ob die vorgestellten Maße den Investitions-Unsicherheits-Zusammenhang überhaupt eindeutig beschreiben. In Abschnitt 4.1.3 wurde gezeigt, dass die bisher vorgeschlagenen Betrachtungsweisen nicht immer die notwendigen Anforderungen an ein geeignetes Maß erfüllen. Noch vor den zusätzlichen Erkenntnissen aus den vorangegangenen Abschnitten ist daher offensichtlich, dass der Investitions-Unsicherheits-Zusammenhang gewissenhaft und situationsabhängig betrachtet werden muss. Insbesondere muss klar definiert werden, mit welchem Maß der Zusammenhang beschrieben wird. Es ist gerade der im letzten Abschnitt angesprochene erhebliche Einfluss der Zeit auf die Modelle und auch auf die vorgestellten Maße, der die Quantifizierbarkeit des Einflusses der Unsicherheit auf die Investitionsneigung erschwert.

Aus diesen Gründen ist es notwendig, ein geeigneteres Maß für den Investitions-Unsicherheits-Zusammenhang zu finden, welches die Investitionsneigung tatsächlich quantifizierbar macht. Zugleich sollte die Zeitabhängigkeit der Modelle und der Investitionsentscheidung direkt berücksichtigt werden und der Einfluss der Unsicherheit eindeutig untersuchbar sein. Zentraler Ausgangspunkt für die weiteren Überlegungen ist dabei die Erkenntnis, dass trotz der zuvor angesprochenen Komplexität die Hauptaussage der Theorie der Investitionsentscheidungen unter Unsicherheit nicht in Frage gestellt wird. Unter Unsicherheit hat die Möglichkeit, die **Investition zu verschie-**

ben, einen Flexibilitätswert und dieser fördert wiederum die Verzögerung der Investition, **insbesondere der notwendigen Investitionsausgaben** (Smit & Trigeorgis, 2006).[164] Weiterhin ist es speziell das notwendige Tätigen der Investitionsausgaben zum Zeitpunkt der Investition, welches die Investitionsentscheidung maßgeblich charakterisiert. Anders ausgedrückt beschreibt nichts die Investitionsneigung eines Unternehmens deutlicher als der Zeitpunkt und die Höhe der Ausgaben der Investition, welche das Unternehmen für den Erhalt der erwarteten zukünftigen Einnahmen bereit ist zu zahlen. Gleichzeitig verringert eine spätere Durchführung der Investition den heutigen Barwert der notwendigen Investitionsausgaben. Der Investitions-Unsicherheits-Zusammenhang sollte aus diesem Grund als die **Wirkung der Unsicherheit auf die erwartete diskontierte Investition** interpretiert werden.

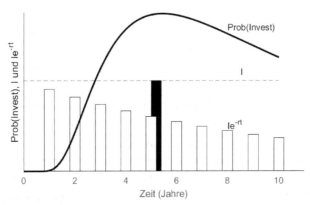

Abbildung 30: Die Komponenten des Maßes der erwarteten diskontierten Investition

Die Wahrscheinlichkeit, zu einem bestimmten Zeitpunkt t zu investieren, (fette durchgezogene Linie) und die zu jedem Zeitpunkt konstanten Investitionsausgaben I (schwarzer Balken als einmalige Zahlung, falls in $t = 5$ investiert werden würde und als gestrichelte Linie) sowie der diskontierte Wert Ie^{-rt} dieser Ausgaben (weiße Balken). Die Investition und die Investitionswahrscheinlichkeit haben nicht dieselbe Skala.

Aus Sicht der klassischen Literatur zur Investition unter Unsicherheit kann das Maß der erwarteten diskontierten Investition wie folgt interpretiert werden. Wie in Abbildung 30 verdeutlicht wird, müssen zur Generierung der zukünftigen Cashflows aus dem Produktverkauf die Investitionsausgaben I zum Zeitpunkt der Investition getätigt werden. Dies entspricht einer diskreten Zahlung, die zu einem unsicheren Zeitpunkt

---

[164] Siehe hierzu insbesondere Unterkapitel 3.2.

in der Zukunft anfällt. Über die Zeit besteht eine kontinuierliche Wahrscheinlichkeit, dass die Investition zu einem beliebigen Zeitpunkt t ausgeführt wird, sobald die beobachteten Cashflows $x(t)$ den optimalen Investitionsschwellwert x^* erreichen. Um die Investitionsausgaben interpretierbar zu machen, müssen sie daher mit dieser Investitionswahrscheinlichkeit gewichtet und zum aktuellen Zeitpunkt diskontiert werden. Formal ausgedrückt beträgt die erwartete diskontierte Investition $E(I)$ in Abhängigkeit der Investitionsausgaben I daher

$$E(I) = \mathbb{E}(Ie^{-rt}) = \int_0^\infty Ie^{-r\tau}f(\tau,x_0,x^*)d\tau, \text{[165]} \tag{5.15}$$

wobei $f(\tau,x_0,x^*)$ die Dichtefunktion dafür angibt, dass der Prozess ausgehend von einem Anfangswert von x_0 erstmals den Wert x^* erreicht.

Diese Interpretation des Investitions-Unsicherheits-Zusammenhangs kann einfach an dem einführenden Beispiel von Unterkapitel 3.2 verdeutlicht werden. In dem Beispiel muss das Unternehmen $I = 400$ zahlen, um die zukünftigen Cashflows zu erhalten. Gleichzeitig ist es für das Unternehmen optimal nicht sofort, sondern zum späteren Zeitpunkt $t = 1$ zu investieren. Dies geschieht aber nur, falls der zugrunde liegende Cashflow sich mit einer Wahrscheinlichkeit $p = 0{,}5$ positiv entwickelt. Somit können in diesem einfachen diskreten Fall die Investitionsausgaben mit der Eintrittswahrscheinlichkeit gewichtet werden. Die erwartete Investition beträgt dann

$$E(I) = \frac{pI}{(1+0{,}1)^1} = \frac{0{,}5 \times 400}{(1+0{,}1)^1} = 181{,}82. \text{[166]} \tag{5.16}$$

Auch das kanonische Modell aus Abschnitt 5.1.1 kann direkt mit diesem Maß untersucht werden. Dabei kann auf das Wissen zurückgegriffen werden, dass unter Annahme einer geometrischen Brownschen Bewegung

$$\int_0^\infty e^{-r\tau}f(\tau,x_0,x^*)d\tau = \left(\frac{x_0}{x^*}\right)^{\beta_1} \tag{5.17}$$

---

[165] Diese stetige Version der erwarteten diskontierten Investition lässt sich auch in eine diskrete Variante mit $E(I) = \mathbb{E}(I(1+r)^{-t}) = \sum_{t=0}^\infty I(1+r)^{-t} P(invest)$ überführen, wobei $P(invest)$ die Investitionswahrscheinlichkeit für den jeweiligen Zeitpunkt darstellt.
[166] Abweichend von Unterkapitel 3.2 wird hier die stetige Diskontierung anstelle der zuvor genutzten diskreten Diskontierung genutzt.

einem bedingten Diskontfaktor entspricht (Leland, 1994, Karatzas & Shreve, 1998, S. 83). Dies ist der Wert einer Geldeinheit abhängig davon, dass der Prozess der Cashflows x den optimalen Schwellwert x^* erstmals erreicht. Substitution von Gleichung (5.17) in Gleichung (5.15) ergibt

$$E(I) = I\left(\frac{x_0}{x^*}\right)^{\beta_1} \qquad (5.18)$$

und Einsetzen des optimalen Investitionsschwellwertes x^* aus Gleichung (3.63) liefert

$$E(I) = I\left(\frac{x_0}{\frac{\beta_1}{\beta_1 - 1}(r + \upsilon\rho\sigma - \mu)I}\right)^{\beta_1}. \qquad (5.19)$$

Werden beispielsweise die Daten aus dem erweiterten Modell aus Abschnitt 5.1.2 mit $\mu = 0{,}08, \sigma = 0{,}2, r = 0{,}1, \rho = 0{,}7, \upsilon = 0{,}4, I = 10$ betrachtet, beträgt die erwartete diskontierte Investition $E(I) = 4{,}671$.

Für das leicht vom kanonischen abgewandelte Modell aus Abschnitt 5.1.2 kann die erwartete Investition ebenfalls einfach berechnet werden. Dafür wird auf die bereits numerisch bestimmte Wahrscheinlichkeitsdichtefunktion zurückgegriffen. Der Pseudocode für die darauf aufbauende numerische Berechnung der erwarteten Investition wird in Abbildung 31 gezeigt.

```
// Lade Daten
PDF = Vektor;           /Relative Investitionen pro Zeit
time = Vektor;          /Zeit
r = Konstante;          /Diskontfaktor
I = Konstante;          /Investitionsausgaben

// Berechnung der erwarteten Investition pro Zeit
EwI(1,i) = PDF(1,i)*I*exp(-r*time(i));

// Berechnung summierte erwartete Investition
sEwI = sum(EwI);
```

Abbildung 31: Pseudocode zur Berechnung der erwarteten Investition

Der Pseudocode orientiert sich an einer Implementierung in Matlab.

Für dieses Modell beträgt im Standardfall die erwartete Investition $E(I) = 2{,}777$. Durch dieses Ergebnis wird beispielsweise sofort ersichtlich, dass im Vergleich zum kanonischen Modell mit $E(I) = 4{,}671$ bei gleichen Daten weniger investiert wird. Dies lässt sich intuitiv durch die beschränkte Options- und Projektdauer im abgewandelten Modell erklären. Schließlich lässt sich auch der Einfluss der Unsicherheit auf

Ansätze zu Modellerweiterungen bei Produktinnovationen

die erwartete Investition, also der relevante Investitions-Unsicherheits-Zusammenhang, mit diesem neuen Maß untersuchen, wie Abbildung 32 für alle drei zuvor angeführten Beispiele verdeutlicht.

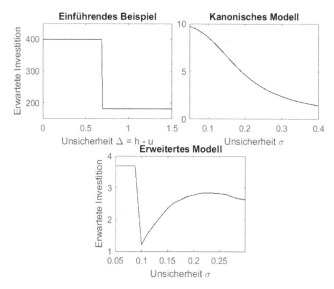

Abbildung 32: Erwartete Investition, beispielhaft für drei Modelle

Die erwartete Investition in Abhängigkeit von der Unsicherheit für das einführende Beispiel aus Unterkapitel 3.2, das kanonische Modell aus Abschnitt und das nach Gryglewicz et al. (2008) erweiterte Modell aus Abschnitt. Die Unsicherheit im einführenden Beispiel wurde durch eine gleichmäßige Ausweitung der Aufwärts- h und Abwärtsbewegung u ausgehend von dem sicheren Fall $h = u = 1$ erhöht.

Im einführenden Beispiel wird die Unsicherheit dadurch erhöht, dass die Differenz $\Delta = h - u$ der möglichen Aufwärts- (h) und Abwärtsbewegung (u) ausgehend vom sicheren Fall $h = u = 1$ gleichmäßig erhöht wird. Der zuvor diskutierte Standardfall liegt bei $\Delta = 1{,}5 - 0{,}5 = 1$, wo die erwartete diskontierte Investition $E(I) = 181{,}82$ beträgt. Bei niedriger Unsicherheit beträgt die erwartete diskontierte Investition $E(I) = 400$. In diesem Fall hat das Unternehmen keinen Vorteil davon, mit der Investition zu warten, und investiert deshalb sofort in $t = 0$ die notwendigen Investitionsausgaben $I = 400$. In diesem einführenden Beispiel führt deshalb eine Erhöhung der Unsicherheit zu geringeren erwarteten Investitionen. Diese Beobachtung trifft auch auf das kanonische Investitionsmodell unter Unsicherheit zu. Eine höhere Unsicherheit σ führt auch hier zu einer späteren Investition, sodass sich die erwartete Investition verringert. Im Fall des erweiterten Modells ist die Wirkungsweise jedoch nicht monoton fallend. Vielmehr ähnelt der Verlauf der erwarteten Investition dem Verlauf der Investitionswahrscheinlichkeit aus Abbildung 28 für den langen Betrachtungszeitraum $\tau = 10$. Diese Beobachtung ist leicht erklärbar, da für das Maß der erwarteten Investition die notwendigen Investitionsausgaben mit der Investitionswahrscheinlichkeit gewichtet und diskontiert werden. Dabei werden eben alle möglichen Investitionen berücksichtigt, was in diesem Fall dazu führt, dass alle möglichen realisierten Investitionen bis $\tau = 10$ betrachtet werden. Die Aussagekraft der erwarteten Investition ist stärker als die der reinen Wahrscheinlichkeit. Für niedrige Unsicherheit konnte bisher nur festgestellt werden, dass eine Investition innerhalb der Optionslaufzeit sicher ist. Das neue Maß zeigt, wie spät die Investition durchgeführt wird, da etwa nur $E(I) = 3{,}7$ investiert wird. Zusätzlich ist diese Aussage bzw. dieses Maß – im Gegensatz zur Wahrscheinlichkeit, innerhalb einer bestimmten Zeit τ zu investieren – zeitunabhängig.

Die erwarteten diskontierten Investitionsausgaben sind somit geeignet, die Investitionsneigung zu messen und die Wirkung der Unsicherheit zu untersuchen. Das Maß berücksichtigt den wichtigen zeitlichen Aspekt der Investitionsplanung in den Modellen sowohl hinsichtlich des Zeitpunkts der Investition an sich als auch des Zeitwertes des Geldes. Auch die Wirkungsweise der Unsicherheit auf die Investition kann mit diesem Maß untersucht werden. Der modelltheoretische Erkenntnisgewinn ist somit erheblich. Außerdem ist das Maß sowohl für das Unternehmen, welches die Investition anstrebt, als auch für externe Akteure wie die Politik relevant. So können Unternehmen abschätzen, in welchem Umfang in heutigen Maßen die Investition in Erwartung durchgeführt wird und welchen Einfluss eine Veränderung der Unsicherheit auf die Investition hat. Für die Politik ist dies interessant, da Investitionen beispielsweise Steuereinnahmen oder Arbeitsplätze ermöglichen. Eine geringe Investition bzw. Investitionsneigung einzelner Unternehmen oder ganzer Industriezweige wäre dann ggf. politisch weniger relevant und eventuell geplante Fördermaßnahmen sollten kritisch hinterfragt werden. Letztendlich erlaubt das Maß der erwarteten Investition, im Gegensatz zu den zuvor vorgeschlagenen Maßen, die empirische Untersuchung der in den Modellen gewonnenen Erkenntnisse. Der Zeitpunkt der Investitionsausgaben und deren Höhe können empirisch beobachtet und ausgewertet werden.

Neben den hier bereits vorgestellten einfachen Modellen, dem kanonischen Modell und dessen einfachen Abwandlungen, ist das Maß auch direkt auf andere Modelle übertragbar. So kann auch in Verhandlungsmodellen geklärt werden, welchen Betrag eine Partei in Erwartung bezahlen muss bzw. zu bezahlen bereit sein muss (siehe z.B. Lukas & Welling, 2012). Auch die Investitionen in öffentlich-privaten Partnerschaften, in denen der Staat mit Unternehmen z.B. bei Infrastrukturprojekten kooperiert, könnten damit gerade aus politischer Sicht besser interpretiert werden (siehe z.b. Lukas & Briest, 2018). Auch die in dieser Arbeit untersuchte Kapazitätswahl von Unternehmen sowie der komplexe Einfluss des Produktlebenszyklus können mit diesem Maß berücksichtigt und untersucht werden. Die erwartete Investition wird daher in der weiteren Arbeit als Maß für den Investitions-Unsicherheits-Zusammenhang herangezogen.

5.2 Der Produktlebenszyklus als Verhaltensmodell

In diesem Unterkapitel wird ein Modell entwickelt, welches den Lebenszyklus des Produkts einer zukünftigen Innovation bei der Investition in dessen Vermarktungsphase berücksichtigt.[167] Dabei wird explizit berücksichtigt, dass ein Unternehmen bei dieser Investitionsentscheidung endogen über den Investitionszeitpunkt und die optimal zu installierende Kapazität entscheiden kann, während der Produktlebenszyklus unsicher ist. Dementsprechend muss das Unternehmen die Unsicherheit bei der Investitions- und Kapazitätsentscheidung berücksichtigen. Dieser Ansatz wird erstmalig von Lukas & Kupfer (2014) vorgeschlagen und von Lukas et al. (2017) um die Kapazitätswahl weiterentwickelt. In diesem Unterkapitel werden neben den bekannten Modellen zusätzlich weitere Erkenntnisse präsentiert.

Der Produktlebenszyklus ist dabei unabhängig von der Investitionsentscheidung des Unternehmens. Das Unternehmen könnte das Produkt alternativ auch von einem externen Lieferanten beziehen und verkaufen, sodass die Entwicklung des Marktes für das Produkt auf jeden Fall stattfindet. In diesem Fall muss das Unternehmen entscheiden, ob die Nachfrage nach dem Produkt durch Eigenproduktion oder externen Einkauf befriedigt werden soll. Dadurch wird der Produktlebenszyklus von der Investitionsentscheidung des Unternehmens nicht beeinflusst. Es muss daher entschieden werden, wann das Unternehmen eigene Produktionskapazitäten aufbaut unter Erwartung der zukünftigen Einnahmen aus dem Verkauf des Produktes.

Die Planung der Investitionsentscheidung erfolgt für das Unternehmen in drei Schritten. Zunächst muss der Produktlebenszyklus in dem Modell berücksichtigt werden. In Abschnitt 5.2.1 wird angenommen, dass der Produktlebenszyklus durch das Bass-Modell beschrieben und dieses durch eine stochastische Differentialgleichung abgebildet

---

[167] Für die Investitionsentscheidung als Teil der Vermarktungsphase siehe Abschnitt 2.2.2.

werden kann. Auf Basis dieser modellierten unsicheren möglichen zukünftigen Einnahmen aus dem Produktlebenszyklus kann in Abschnitt 5.2.2 der heutige Wert dieser Einnahmen zu jedem Zeitpunkt und in Abhängigkeit von der Entwicklung des Produktlebenszyklus bestimmt werden. Auch der Einfluss der Einführung einer Kapazitätsbeschränkung wird in diesem Abschnitt diskutiert. Abschnitt 5.2.3 entwickelt auf dieser Basis den Wert der Investitionsoption und liefert die Grundlagen für die in Abschnitt 5.2.4 präsentierte optimale Investitionsstrategie.

5.2.1 Die Verlaufshypothese

Damit ein Unternehmen den Wert eines neuen Produktes evaluieren kann, muss es zunächst Annahmen über die möglichen zukünftigen Einnahmen aus dem Verkauf des Produktes treffen. Wie in Abschnitt 2.2.3 diskutiert wurde, durchläuft der Produktabsatz von Konsumgütern in der Regel einen Produktlebenszyklus. Dieser Zyklus kann mit Hilfe des verhaltensökonomischen Modells von Bass (1969) beschrieben werden. Nach Abschnitt 4.2.2 kann dieses Modell auch bei der Bewertung von Investitionsoptionen herangezogen werden. Um die Unsicherheit über den zukünftigen Produktlebenszyklus zu berücksichtigen, wird in diesem Abschnitt das Bass-Modell in eine stochastische Differentialgleichung überführt.

Nach Bass (1969) kann die Nachfrage nach dem Produkt mit

$$dq = a\bigl(Q - q(t)\bigr)dt + \frac{b}{Q}q(t)\bigl(Q - q(t)\bigr)dt \qquad (5.20)$$

beschrieben werden. Da in jenem Modell nur die Entwicklung der Kunden betrachtet wird, müssen die Kundenkäufe für die Investitionsentscheidung in Cashflows übertragen werden. Wenn das Unternehmen für jedes verkaufte Produkt $g \in R_+$ Geldeinheiten erzielt, können die erwarteten maximalen Kunden Q in erwartete maximale Cashflows umgerechnet werden, wobei das Cashflow-Potential $S = Q \times g$ beträgt. Die Lösung der Differentialgleichung in Formel (5.20) ist dann

$$s(t) = \frac{S\left(a + \frac{b}{S}A\right)e^{(a+b)t} - a(S - A)}{\frac{b}{S}(S - A) + \left(a + \frac{b}{S}A\right)e^{(a+b)t}}. \qquad (5.21)$$

In diesem Fall erfasst $s(t)$ nun den kumulierten Cashflow, den das Unternehmen bis t durch die Produktverkäufe erhalten hat. Durch diese simple Transformation ist der Verlauf der kumulierten Cashflows $s(t)$ proportional zu der Anzahl der Kunden $q(t)$.

Für die weitere Analyse ist nicht der vergangene kumulierte Cashflow von Interesse, sondern der Cashflow, den das Unternehmen zu jedem Zeitpunkt t erhalten kann. Der allgemeinen Notation dieser Arbeit folgend sei daher $x(t)$ der Cashflow aus dem Verkauf des Produktes zum Zeitpunkt t. Um die weitere Untersuchung zu ermöglichen, kann die Entwicklung des Cashflows über die Zeit als Differentialgleichung angegeben werden. Dazu wird der Cashflow-Zuwachs des Unternehmens über ein infinitesimales Zeitintervall dt als $dx(t)$ bezeichnet. Das Bass-Modell soll nun in die aus Abschnitt 3.3.1 bekannte Form eines allgemeinen Itō-Prozesses mit

$$dx = a(x,t)dt + b(x,t)dW \qquad (5.22)$$

integriert werden. Bevor später Unsicherheit durch den zweiten Term berücksichtigt wird, muss im ersten Schritt der Erwartungswert des Itō-Prozesses über den Wachstumsterm an das Bass-Modell angepasst werden. Es wird angenommen, dass dieser ähnlich der geometrischen Brownschen Bewegung die Form

$$dx(t) = \alpha(t)x(t)dt \qquad (5.23)$$

hat. Diese Gleichung kann für die entscheidende Variable $\alpha(t)$, die zeitabhängige Wachstumsrate, umgestellt werden, sodass

$$\alpha(t) = \frac{\frac{dx(t)}{dt}}{x(t)}. \qquad (5.24)$$

Da $s(t)$ die kumulierten Cashflows des Unternehmens bis t angibt, ergibt Differenzieren nach der Zeit $\frac{ds(t)}{dt}$ ebenfalls den Cashflows aus dem Verkauf des Produktes zum Zeitpunkt t. Somit ist diese Adoptionsfunktion nach der Annahme gleich $x(t)$ und es muss gelten, dass $x(t) = \frac{ds(t)}{dt}$ und $\frac{dx(t)}{dt} = \frac{d^2s(t)}{dt^2}$. Da die Ableitungen für $s(t)$ aus Gleichung (5.21) hergeleitet werden können, kann durch Einsetzen in Gleichung (5.24) die Wachstumsrate

$$\alpha(t) = -\frac{(a+b)\left((bA+aS)e^{(a+b)t} + bA - bS\right)}{(bA+aS)e^{(a+b)t} - bA + bS}. \qquad (5.25)$$

für $x(t)$ bestimmt werden. Somit kann die Adoptionsfunktion des Bass-Modells deterministisch durch Einsetzen von Gleichung (5.25) in Gleichung (5.23) modelliert werden.

In der Realität sind Abweichung von diesem ex ante geschätzten und erwarteten Verlauf möglich. Daher herrscht Unsicherheit über die tatsächlichen zukünftigen Cashflows aus dem Produktverkauf. Die Unsicherheit muss bei der Betrachtung des Produktlebenszyklus berücksichtigt werden. Durch die bereits erfolgte Modellierung des Erwartungswertes der Cashflows als Itō-Prozess kann die Unsicherheit entsprechend Gleichung (5.22) in die Verlaufshypothese integriert werden. Der Cashflow kann durch die stochastische Differentialgleichung

$$dx = \alpha(t)x(t)dt + \sigma x(t)dW \qquad (5.26)$$

beschrieben werden.[168] Mit dem zeitabhängigen Trend aus Gleichung (5.25) erhält man

$$dx = \left(-\frac{(a+b)\left((bA+aS)e^{(a+b)t} + bA - bS\right)}{(bA+aS)e^{(a+b)t} - bA + bS} \right) x(t)dt + \sigma x(t)dW. \qquad (5.27)$$

Auf Basis dieser Differentialgleichung kann die Lösung für $x(t)$ bestimmt werden. Es wird angenommen, dass ausgehend von einem Betrachtungszeitpunkt t_1 mit einem Cashflow von $x(t_1)$ der Wert der Cashflows $x(t)$ zu einem späteren Zeitpunkt t mit $t_1 < t$ bestimmt werden soll. Integration von

$$\int_{x_{t_1}}^{x(t)} \frac{1}{z} dz = \int_{t_1}^{t} \alpha(\tau) d\tau + \int_{t_1}^{t} \sigma dW \qquad (5.28)$$

ergibt als Zwischenlösung

$$x(t) = x_{t_1} e^{\int_{t_1}^{t} \alpha(\tau)d\tau - \frac{1}{2}\sigma^2(t-t_1) + \sigma(W_t - W_{t_1})}. \qquad (5.29)$$

Diese Lösung unterscheidet sich von einer geometrischen Brownschen Bewegung nur durch die Integration des zeitabhängigen Wachstumsparameters. Das Integral $\int_{t_1}^{t} \alpha(\tau)d\tau$ kann ebenfalls gelöst werden. Das Integral

$$\int_{t_1}^{t} \alpha(\tau)d\tau = \int_{t_1}^{t} \left(-\frac{(a+b)\left((bA+aS)e^{(a+b)\tau} + bA - bS\right)}{(bA+aS)e^{(a+b)\tau} - bA + bS} \right) d\tau \qquad (5.30)$$

ergibt

---

[168] Diese Modellierung ähnelt einer geometrischen Brownschen Bewegung, bei der α zeitkonstant ist. Durch die Skalierung des Unsicherheitsfaktors σ mit $x(t)$ nimmt die Unsicherheit bei hohen Cashflows zu. Bei der Adoptionsfunktion tritt dies am wahrscheinlichsten beim Übergang von der Wachstums- zur Sättigungsphase ein.

Ansätze zu Modellerweiterungen bei Produktinnovationen 183

$$\int_{t_1}^{t} \alpha(\tau)d\tau = 2\ln\left(\frac{(bA+aS)e^{(a+b)t_1} - (bA-bS)}{(bA+aS)e^{(a+b)t} - (bA-bS)}\right) + (a+b)(t-t_1).^{169} \quad (5.31)$$

Durch einsetzen dieser Lösung in Gleichung (5.29) ist der Wert der Cashflows gleich

$$x(t) = x_{t_1}\left[\frac{(bA+aS)e^{(a+b)t_1} - (bA-bS)}{(bA+aS)e^{(a+b)t} - (bA-bS)}\right]^2 e^{\left(a+b-\frac{1}{2}\sigma^2\right)(t-t_1)+\sigma(W_t-W_{t_1})}. \quad (5.32)$$

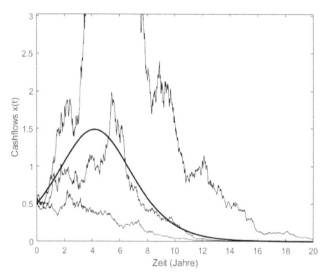

Abbildung 33: Die unsichere Adoptionskurve

Der Adoptionsverlauf in Cashflows in Abhängigkeit von der Zeit auf Basis des unsicheren Bass-Modells: erwarteter Verlauf (fette durchgezogene Line) und drei simulierte Beispielpfade für die mögliche Entwicklung der Cashflows (durchgezogene Linien).

Da der Cashflow als Itō-Prozess modelliert wurde, lässt sich von diesem zukünftigen Cashflow für $x(t)$ ausgehend vom Zeitpunkt t_1 der Erwartungswert $\mathbb{E}\big(x(t)\big)$ bestimmen. Dieser ist, analog zur geometrischen Brownschen Bewegung,

---

[169] Substitution von $\beta = bA + aS$, $\delta = bA - bS$ und $\gamma = a + b$ ergibt $\int_{t_1}^{t} \alpha(t)d\tau = \int_{t_1}^{t}\left(-\frac{\gamma(\beta e^{\gamma s}+\delta)}{\beta e^{\gamma s}-\delta}\right)d\tau$ oder $\int_{t_1}^{t} \alpha(\tau)d\tau = -\gamma\left[\int_{t_1}^{t}\left(\frac{\beta e^{\gamma s}}{\beta e^{\gamma s}-\delta}\right)d\tau + \int_{t_1}^{t}\left(\frac{\delta}{\beta e^{\gamma s}-\delta}\right)d\tau\right]$. Für die getrennte Lösung des ersten und zweiten Integrals kann jeweils die Substitution $z = \beta e^{\gamma s} - \delta$ und $d\tau = \frac{1}{\gamma\beta}e^{-\gamma s}dz$ genutzt werden. Das erste Integral ist dann $\int_{t_1}^{t}\left(\frac{\beta e^{\gamma s}}{\beta e^{\gamma s}-\delta}\right)d\tau = \frac{1}{\gamma}\int_{z_1}^{z}\frac{1}{z}dz$ und das zweite $\int_{t_1}^{t}\left(\frac{\delta}{\beta e^{\gamma s}-\delta}\right)ds = \frac{\delta}{\gamma}\int_{t_1}^{t}\frac{1}{z(z+\delta)}dz$. Die Lösung des ersten Integrals ist somit direkt möglich, während das zweite über eine Partialbruchzerlegung gelöst werden kann. Nach Lösung, Rücksubstitution und Umformung ergibt sich die Lösung in Gleichung (5.31).

$$\mathbb{E}(x(t)) = x(t_1) \left[\frac{(bA + aS)e^{(a+b)t_1} - (bA - bS)}{(bA + aS)e^{(a+b)t} - (bA - bS)} \right]^2 e^{(a+b)(t-t_1)}. \qquad (5.33)$$

Der Verlauf des Erwartungswertes $\mathbb{E}(x(t))$ ausgehend von $t_1 = 0$ und der Verlauf des stochastischen Prozesses für drei mögliche Realisationen von $x(t)$ werden in Abbildung 33 dargestellt.[170]

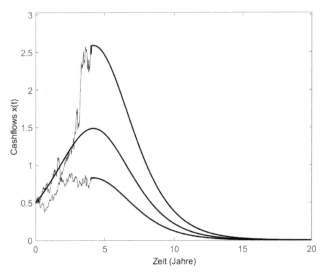

Abbildung 34: Die unsichere Adoptionskurve mit Erwartungsbildung

Der Adoptionsverlauf in Cashflows in Abhängigkeit von der Zeit auf Basis des unsicheren Bass-Modells: erwarteter Verlauf über gesamten Zeitraum und erneute Erwartungsbildung in $t = 4$ (fette durchgezogene Linien) für zwei simulierte Beispielpfade für die mögliche Entwicklung der Cashflows (durchgezogene Linien).

Für die spätere Diskussion der optimalen Investitionsstrategie sind die Wirkung des zeitabhängigen Wachstumsparameters $\alpha(t)$ und die Entwicklung des Erwartungswertes $\mathbb{E}(x(t))$ von zentraler Bedeutung. Der Wachstumstrend wird nicht von der Unsicherheit beeinflusst – ganz im Gegenteil zum tatsächlich realisierten Wachstum – und wirkt über die Zeit unterschiedlich auf die Entwicklung des Cashflows. Für $\alpha(t) > 0$

---

[170] Die Realisationen des stochastischen Prozess können sowohl durch Simulation der stochastischen Differentialgleichung (5.27) als auch durch Anwendung der Lösung aus Gleichung (5.32) erzeugt werden.

befindet sich die Adoptionskurve in der Wachstumsphase und für $\alpha(t) < 0$ in der Sättigungsphase.[171] Dieser Wachstumstrend bestimmt den Verlauf des Erwartungswertes zusammen mit den zum Zeitpunkt t_1 beobachteten Cashflows $x(t_1)$. Aufgrund der Unsicherheit kann beim Start des Produktlebenszyklus, das heißt für $t_1 > 0$, der Prozess $x(t_1)$ von dem zu diesem Zeitpunkt erwarteten Wert abweichen. Diese Abweichung beeinflusst die darauf folgenden Cashflows nachhaltig, wie Abbildung 34 zeigt. Hat sich der Markt positiv (negativ) entwickelt, ist auch der zukünftige Erwartungswert höher (niedriger). Gleichzeitig wird die zukünftige Entwicklung immer weiter vom Wachstumstrend beeinflusst.

5.2.2 Der Wert einer Produktinnovation

Auf Basis der als Itô-Prozess modellierten Cashflows kann das Unternehmen die zukünftigen Cashflows aus dem Produktverkauf heute und zu jedem zukünftigen Zeitpunkt abschätzen. Es ist dem Unternehmen bekannt, dass die tatsächliche zukünftige Entwicklung nach Gleichung (5.32) unsicher ist und nicht vorher gesagt werden kann. Trotzdem kann mit Gleichung (5.33) der Erwartungswert für jeden zukünftigen Zeitpunkt bestimmt werden, ausgehend vom jetzigen Zeitpunkt t und dem aktuellen Cashflow $x(t)$.

Das Unternehmen muss im nächsten Schritt zunächst berechnen, was die zukünftigen Zahlungsströme heute in Erwartung wert sind. Dieser Wert $V(x,t)$ wird als Projektwert bezeichnet. Das heißt, die zukünftigen Cashflows $x(\tau)$ werden, wie in Unterkapitel 3.4 gezeigt, auf den aktuellen Zeitpunkt t diskontiert und über die zukünftigen Zeitpunkte integriert, sodass der Barwert gleich

$$V(x(t),t) = \mathbb{E}\int_t^\infty x(\tau)\,e^{-r(\tau-t)}d\tau. \tag{5.34}$$

ist.[172]

Die Gleichung besagt, dass der Projektwert $V(x,t)$ zu einem gegebenen Zeitpunkt t von den zukünftigen erwarteten Cashflows $x(\tau)$ in den zukünftigen Zeitpunkten $t < \tau < T$ abhängt. Diese zukünftigen Cashflows können durch Gleichung (5.33) bestimmt

---

[171] Der klassische Kurvenverlauf in Abbildung 33 ist nicht für alle Parameterwerte zu beobachten. Es gibt Parameterkombinationen, in denen ein exponentiell fallender Verlauf zu beobachten ist.
[172] Das CAPM wird im Folgenden nicht weiter berücksichtigt und stattdessen der Diskontfaktor r für die Diskontierung der Cashflows genutzt.

werden. Wird Gleichung (5.33) in Gleichung (5.34) eingesetzt, so ist der Projektwert gleich

$$V(x(t),t) = \int_t^\infty x(t) \left[\frac{(bA+aS)e^{(a+b)t} - (bA-bS)}{(bA+aS)e^{(a+b)\tau} - (bA-bS)}\right]^2 e^{(a+b-r)(\tau-t)}\, d\tau. \quad (5.35)$$

Das Projekt ist somit vom aktuellen Cashflow $x(t)$ und der zukünftigen Entwicklung abhängig. Aufgrund der komplexen Entwicklung und der notwendigen Diskontierung muss dieser Projektwert numerisch bestimmt werden.

An dieser Stelle muss auch die in Unterkapitel 3.4 erwähnte Minderrendite $\delta = r - a$ als Differenz der erwarteten Rendite r und des Wachstumsfaktors a des stochastischen Prozess erwähnt werden.[173] Diese Differenz aus Kapitalkosten und Projektwachstum entsteht, da dem Besitzer eines Vermögensgegenstandes mit Wachstumsrate a ein Teil der für dieses Projekt geforderten Rendite r entgeht. Nach Reinhardt (1997, S. 85ff.) kann diese Minderrendite, je nach betrachtetem Vermögensgegenstand, anders interpretiert werden. Bei Aktien entspricht sie der Dividendenrendite und bei Rohstoffen der Convenience Yield, welche dem Mehrwert entspricht, der dadurch entsteht, dass der Vermögensgegenstand auf Lager gehalten wird. Bei beliebigen Vermögensgegenständen muss die Minderrendite hingegen immer als die Differenz zwischen der geforderten Rendite r und der erwarteten Wertentwicklung der Zustandsvariable, also der Wachstumsrate a, bestimmt werden. Die Minderrendite stellt dann eine Art von Opportunitätskosten dar. Im kanonischen Modell muss $r > a$ bzw. $\delta > 0$ gelten, da es sonst optimal wäre das Projekt unendlich lange aufzuschieben. Dies gilt jedoch nicht bei der Betrachtung des Projektwertes $V(x(t),t)$ aus den zukünftigen Cashflows. Die Minderrendite muss nur für $V(x(t),t)$ größer als Null sein und nicht für den Cashflow selber. Für diesen gilt, wie zuvor genannt, in der Wachstumsphase $a(t) > 0$ und eventuell auch $a(t) > r$ (also $\delta < 0$) sowie in der Sättigungsphase $a(t) < 0$. Für den Projektwert ist die geforderte Bedingung erfüllt, da $V(x(t),t)$ in Erwartung über die Zeit konstant abnimmt. Denn ist der erwartete Marktwert der Cashflows des Projektes $V(x(t),t)$ zu jedem zukünftigen Zeitpunkt niedriger, so ist auch die tatsächliche Wachstumsrate des Projektes negativ (Reinhardt, 1997, S. 89). Somit gilt für den Projektwert stets eine Minderrendite $\delta > 0$ und das Unternehmen hat Opportunitätskosten, wenn es mit der Investition wartet.

---

[173] In Unterkapitel 3.4 wurde die erwartete Rendite r durch das CAPM risikoadjustiert und die Wachstumsrate einer geometrischen Brownschen Bewegung mit μ bezeichnet, sodass $\delta = r + \upsilon\rho\sigma - \mu$ galt.

Als nächstes wird berücksichtigt, wie sich dieser Projektwert ändert, falls das Unternehmen aufgrund von Kapazitätsbeschränkungen die Nachfrage nicht immer bedienen kann. Wie aus Abschnitt 2.3.2 bekannt, muss das Unternehmen bei der Investition in die Produktionsanlage entscheiden, welche Kapazität es für die Herstellung des Produktes bereitstellen möchte. Möglicherweise kann die Nachfrage nach dem Produkt, wie aus dem Produktlebenszyklus bestimmt, bei einer Fehlentscheidung die mögliche Kapazität überschreiten. In diesem Fall kann das Unternehmen nicht genügend Produkte produzieren, um die gesamte Nachfrage zu bedienen.[174] Eine zu geringe Kapazität führt durch die nicht bediente Nachfrage zu entgangenen Cashflows, welche wiederum den Projektwert verringern. Ziel des Unternehmens ist es daher, die Investitionen für eine größere Kapazität gegen die potentiell höheren Zahlungsströme durch mehr verkaufte Produkte abzuwägen.

Um die Kapazitätsentscheidung abzubilden, wird in diesem Modell angenommen, dass das Unternehmen zwischen drei verschiedenen Produktionsanlagen wählen kann.[175] Diese Anlagen habe jeweils eine maximale Kapazität $C \in (C_1, C_2, C_3)$, mit der sie zu jedem Zeitpunkt produzieren können. Sollen größere Produktionskapazitäten vorgehalten werden, erfordern sie größere Produktionsanlagen, welche höhere Investitionen zur Folge haben. Es wird angenommen, dass die Investitionen I_C

$$I_C = \begin{cases} I_{C_1} & if\ C = C_1 \\ I_{C_2} & if\ C = C_2 \\ I_{C_3} & if\ C = C_3 \end{cases} \qquad (5.36)$$

für die jeweiligen Kapazitäten betragen, wobei $I_{C_1} > I_{C_2} > I_{C_3}$. Um Skaleneffekte bei der Investition zu berücksichtigen, sollten die Investitionen negative Grenzausgaben bzw. eine konkave Funktion aufweisen (siehe Wong, 2010).

Das Unternehmen wird nur solche Anlagengrößen berücksichtigen, die bei erwarteter Nachfrage angemessen sind. Dementsprechend sollten die in der betrachteten Entscheidung möglichen Kapazitäten mit der Nachfrage des Adoptionsprozesses in Ver-

---

[174] Es wird angenommen, dass das Unternehmen keine Möglichkeit zur Kapazitätserhöhung durch weitere Investitionen hat. Dies wäre bei einer zukünftig erwarteten Sättigung des Marktes ggf. selten vorteilhaft. Des Weiteren kann das Unternehmen keine Produkte auf Lager herstellen, um bei Unterauslastung für eine eventuell höhere spätere Nachfrage vorzusorgen.
[175] In der Realität sind kontinuierliche Anpassungen denkbar. Jedoch werden zur Komplexitätsreduktion die Entscheidungsalternativen während des Planungsablaufs häufig auf einige wenige Hauptalternativen reduziert. Oder es steht von vornherein nur eine begrenzte Auswahl an Alternativen zur Verfügung, aus denen später der Entscheidungsträger die für das Unternehmen optimale Alternative wählt.

bindung stehen. Daher wird davon ausgegangen, dass die zur Investitionsauswahl stehenden Kapazitäten ein Vielfaches des Maximums der erwarteten zukünftigen Cashflows $\mathbb{E}(x(t))$ sind.[176] Dieses Maximum beträgt

$$\max_t[\mathbb{E}(x(t))] = \frac{(a+b)^2 S}{4b}. \tag{5.37}$$

Um die Kapazitäten zu bestimmen, wird dieses erwartete Maximum mit einem Faktor $c \in (c_1, c_2, c_3)$ skaliert, wodurch die Kapazitäten $C \in (C_1, C_2, C_3)$, welche später bei der Entscheidung berücksichtigt werden müssen,

$$C_i = c_i \max_t[\mathbb{E}(x(t))] = c_i \frac{(a+b)^2 S}{4b} \tag{5.38}$$

mit $i \in (1,2,3)$, betragen. Der Skalierungsfaktor, der bei der Entscheidung angewendet wird, ist für das Unternehmen exogen vorgegeben.[177] Wie in der vorhergehenden Diskussion bereits erwähnt, wird die gewählte Kapazität den möglichen zukünftigen Absatz und somit den Cashflow direkt beeinflussen. Ist die Produktionskapazität kleiner als die Nachfrage, wird der Cashflow auf die Kapazität beschränkt. In diesen Fällen erhält das Unternehmen das Minimum der Cashflows oder Kapazität, also $min(x(\tau), C)$. Dadurch ändert sich die Berechnung des Projektwertes, da das Unternehmen eventuell nicht alle möglichen Verkäufe realisieren kann.[178] Der angepasste Projektwert aus Gleichung (5.34) für die gewählte Kapazität C ist schließlich

$$V_C(x(t),t) = \mathbb{E} \int_t^\infty min(x(\tau), C) e^{-r(\tau-t)} d\tau. \tag{5.39}$$

Abbildung 35 verdeutlicht, wie die Kapazität den Cashflow beschränkt. Der Skalierungsfaktor $0 < c_i < 1$ beschränkt die Kapazität in dem abgebildeten Fall auf einen kleineren Wert als das erwartete Maximum der Adoptionskurve. Sollte sich der Markt negativ entwickeln und die zukünftigen Absatzmöglichkeiten unter dieser Kapazität bleiben, kann mit der Kapazität die gesamte Nachfrage bedient werden. Dies ist bei dem unteren Prozess der Fall. Im oberen Prozess wird ein vergleichsweise großes Absatzpotential nicht realisiert. Es ist jedoch von der Entscheidungssituation abhängig,

---

[176] In diesem Fall werden die Kapazitäten C_i in Geldeinheiten ausgedrückt, um die spätere Untersuchung zu vereinfachen. Die Kapazitäten können direkt durch Division mit den Geldeinheiten g pro Produkt in Mengeneinheiten zurückgerechnet werden.
[177] Die Modellierung des Produktlebenszyklus als stochastischer Prozess bedingt, dass der tatsächliche realisierte Cashflow um den Erwartungswert schwankt. Daher könnten beispielsweise Skalierungsfaktoren untersucht werden, welche die maximale Kapazität genau auf dieses Maximum beschränken und jeweils eine kleinere oder größere Kapazität ermöglichen.
[178] Siehe auch Kupfer & Welling (2018) für die allgemeine Bewertung von beschränkten unsicheren Cashflows.

Ansätze zu Modellerweiterungen bei Produktinnovationen

ob die verpassten Cashflows, wenn möglich, eine höhere Kapazität und damit höhere Investitionsausgaben rechtfertigen.

Das Unternehmen muss deshalb die Kapazität optimieren, in dem es den erwarteten Gewinn $\pi_C(x(t),t)$ maximiert. Dafür muss der mögliche Projektwert gegen die entsprechenden Investitionsausgaben für die jeweilige Kapazität abgewogen werden. Der größtmögliche Gewinn für den momentanen Cashflow $x(t)$ zum Zeitpunkt t, optimiert um die Wahl der Kapazität C, ist dann

$$\pi_{C^*}(x(t),t) = \max_{C}(V_C(x(t),t) - I_C) = V_{C^*}(x(t),t) - I_{C^*}. \tag{5.40}$$

Das Unternehmen hat die Möglichkeit, diesen Gewinn zu realisieren, indem es die Investition in den Marktstart des neuen Produktes tätigt. Um den Wert diese Investitionsmöglichkeit zu bestimmen, muss der optimale Investitionszeitpunkt gewählt werden.

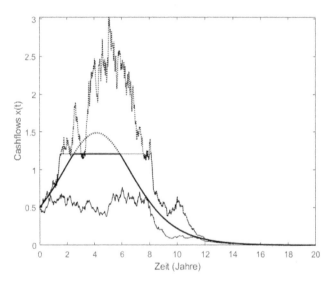

Abbildung 35: Die unsichere Adoptionskurve mit beschränkter Kapazität

Der Adoptionsverlauf in Cashflows in Abhängigkeit von der Zeit auf Basis des unsicheren Bass-Modells bei beschränkten möglichen Cashflows durch Kapazitätswahl: erwarteter Verlauf (fette durchgezogene Line) mit in Erwartung nicht realisierbaren Cashflows (fette gepunktete Linie) und zwei simulierte Beispielpfade für die mögliche Entwicklung der Cashflows (durchgezogene Linien) mit nicht realisierbaren Cashflows (gepunktete Linie). Gezeigt werden die Verläufe von $x(t)$ bzw. $min(x(t),C)$ und nicht $V_C(x(t),t)$, der in Erwartung immer niedriger als $V(x(t),t)$ wäre.

5.2.3 Die Investitionsoption

Die Wahl des Investitionszeitpunktes ist, wie in Abschnitt 3.3.2 besprochen, Teil der Lösung der Investitionsoption, die durch die Möglichkeit der Produkteinführung gegeben ist. Diese Investition ist durch die stochastischen Cashflows aus dem Produktlebenszyklus eine Investition unter Unsicherheit (Dixit und Pindyck, 1994, S. 135ff.). Die Bewertung einer solchen Option für den Fall einer zugrunde liegenden geometrischen Brownschen Bewegung wurde bereits detailliert in der Literatur beschrieben. Die Möglichkeit, in ein Produkt zu investieren, dessen zukünftiger Absatz einem Produktlebenszyklus wie nach Gleichung (5.27) folgt, muss genauer untersucht werden. Die folgende Bewertung basiert auf den in Abschnitt 3.3.2 eingeführten Ansätzen.

Zunächst wird die Option untersucht, in einen Produktstart ohne Kapazitätsbeschränkung zu investieren. Der Wert der Option, in das Projekt zu investieren, sei F. Der Optionswert F hängt vom Projektwert $V(x(t), t)$ zu jedem Zeitpunkt t ab. Das Unternehmen wird den optimalen Investitionszeitpunkt t so wählen, dass der Wert der Option maximiert wird. Der Optionswert bei optimaler Investitionsstrategie ist

$$F^*(V(x(t),t),t) = \max_t \mathbb{E}[\pi e^{-rt}] \quad (5.41)$$

ohne Kapazitätswahl bzw.

$$F^*(V_C(x(t),t),t) = \max_t \mathbb{E}\left[\left(\max_C(V_C(x(t),t) - I_C)\right)e^{-rt}\right]. \quad (5.42)$$

mit Kapazitätsbeschränkung. Bei einer klassischen geometrischen Brownschen Bewegung kann der Optionswert F direkt in Abhängigkeit vom Projektwert modelliert werden. Da der Projektwert jedoch numerisch bestimmt werden muss, ist dieser Ansatz bei der gegebenen Problemstellung nicht möglich. Alternativ kann der Optionswert F auch direkt in Abhängigkeit von den Cashflows $x(t)$ und der Zeit t modelliert werden (Dixit und Pindyck, 1994, S. 182ff.). Durch diesen Ansatz muss der Projektwert lediglich in den Nebenbedingungen zur Lösung des Optionswertes berücksichtigt werden. Dieser Ansatz ist, wie im vorliegenden Fall, bei einer zeitabhängigen Wachstumsrate $\alpha(t)$ zielführender.

Durch diesen Ansatz kann auch die Bewertung der Investitionsmöglichkeit mit und ohne Kapazitätsbeschränkung zunächst allgemein hergeleitet werden, da die Kapazitätsbeschränkung nur den Projektwert und somit die Nebenbedingungen für die Option beeinflusst. Die Marktentwicklung und somit die Cashflows aus dem Produktverkauf $x(t)$ bleiben unverändert. Der Optionswert, der von dieser Entwicklung abhängt, mus,s wie in Abschnitt 3.3.2 erläutert, die Bellmann-Gleichung

Ansätze zu Modellerweiterungen bei Produktinnovationen

$$rF(x,t)dt = \mathbb{E}(dF) \qquad (5.43)$$

erfüllen.[179] Demnach muss bei gegebenem Diskontfaktor r der Ertrag $rF(x,t)dt$, den ein Investor für den Besitz der Option über die Zeit dt erwartet, gleich dem erwarteten Wertzuwachs dieser Option ist. Wie in Gleichung (3.26) hergeleitet wurde, ist bei der Annahme eines Itō-Prozesses, wie der des unsicheren Produktlebenszyklus aus Gleichung (5.27), die Lösung der Bellmann-Gleichung gleich

$$\frac{1}{2}\sigma^2 x^2 F_{xx}(x,t) + \alpha(t)xF_x(x,t) + F_t(x,t) - rF(x,t) = 0. \qquad (5.44)$$

Um eine Lösung zu erhalten, müssen zusätzliche Randbedingungen berücksichtigt werden. Die erste Bedingung lässt sich aus dem Prozess $x(t)$ herleiten. Da Null eine absorbierende Grenze für den Prozess darstellt, hat die Option für diesen Prozess auch keinen Wert, sodass die Randbedingung

$$F(0,t) = 0 \qquad (5.45)$$

erfüllt sein muss. Die Differentialgleichung und die erste Randbedingung gilt für die Investition mit und ohne Kapazitätsentscheidung. Nun müssen die Randbedingungen aus Gleichung (3.30) und (3.31) für den jeweiligen Gewinn angepasst werden.

Hat das Unternehmen keine Kapazitätsbeschränkungen, ist die erste Nebenbedingung die Value-Matching-Condition

$$F(x^*,t) = V(x^*,t) - I. \qquad (5.46)$$

Diese Bedingung besagt, dass zum optimalen Investitionszeitpunkt der Optionswert gleich dem inneren Wert des Investitionsprojektes nach Gleichung (5.35) sein muss. Die zweite Bedingung, die sogenannte Smooth-Pasting-Condition, ist in diesem Fall

$$\frac{\partial F(x^*,t)}{\partial x} = \frac{\partial V(x^*,t)}{\partial x}. \qquad (5.47)$$

Für den Fall der Kapazitätsbeschränkung müssen diese Randbedingungen angepasst werden. Unter Nutzung des Gewinns aus dem Projekt gemäß Gleichung (5.40) ist die erste Bedingung

$$F(x^*,t) = V_{C^*}(x^*,t) - I_{C^*}. \qquad (5.48)$$

und die zweite

---

[179] Dies ergibt sich aus Gleichung (3.22), wobei das Unternehmen keine Einnahmen aus dem Halten der Option generiert, sodass $e(x,u,t) = 0$.

$$\frac{\partial F(x^*,t)}{\partial x} = \frac{\partial V_{C^*}(x^*,t)}{\partial x}. \tag{5.49}$$

Für die Lösung der Differentialgleichung ergibt sich das Problem, dass der Projektwert in beiden Fällen numerisch bestimmt werden muss und somit auch eine Ableitung nicht möglich ist. Deshalb müssen der Optionswert und der optimale Investitionsschwellwert als Teil dieser Lösung numerisch bestimmt werden. Der Projektwert $V(x^*,t)$ bzw. $V_{C^*}(x^*,t)$ kann für jede beliebige Kombination von aktuellem Cashflow $x(t)$ und Zeitpunkt t berechnet werden, ggf. nach Optimierung der Kapazität für diese Werte. Dementsprechend wird die Lösung auch einen zeitabhängigen Schwellwert für die Investition beinhalten.

Das genaue Lösungsvorgehen ist wie folgt und wird in Abbildung 36 als Pseudocode wiedergegeben. Wie in Abschnitt 3.3.3 wird für die Lösung ein Gitternetz vorbereitet, welches auf der einen Achse die mögliche Optionslaufzeit und auf der anderen die potentiell möglichen Cashflows berücksichtigt. Bezüglich der Zeit muss ein genügend großer Zeitraum T genutzt werden, um die Option später rekursiv von diesem Zeitpunkt ausgehend zu bewerten. An diesem Randwert T treten die typischen Schwellwert- und Optionseffekte am Ende einer Optionslaufzeit auf. Es sei jedoch darauf hingewiesen, dass die Option, in das Produkt zu investieren, in dem Modell nie verfällt und diese Effekte deshalb nicht Teil des Modells sind. Der Wert T muss deshalb groß genug gewählt werden, damit diese Effekte beim rekursiven Lösen eliminiert werden. Um den Randwert mit dem Modell zu verknüpfen, wird er so bestimmt, dass er die erwartete Zeit abbildet, bis in Erwartung ein bestimmtes Marktvolumen erreicht wurde. Dabei sollen mit $\eta = 0{,}99$ etwa 99 % des Marktvolumens erreicht sein, sodass $\eta S = s(T)$ gilt. Aus Gleichung (5.21) lässt sich ableiten, dass dies bei

$$T = \ln\left(\frac{(\eta b + a)(A-S)}{(\eta - 1)(bA + aS)}\right)/(a+b) \tag{5.50}$$

der Fall ist. Später werden dann nur Options- und Schwellwerte für genügend kleine $t < T$ diskutiert.

Im ersten Schritt des Lösungsansatzes wird für jede Kombination $\{x(t), t\}$ von Cashflow und Zeit, welche einen Knotenpunkt im Gitternetz darstellt, der innere Wert der Option berechnet. Dieser ist der Gewinn, den das Unternehmen bei der Investition zu diesen Bedingungen erhalten würde. Dazu wird im freien Modell die Differenz $V(x(t),t) - I$ berechnet oder im Modell mit Kapazitätswahl durch Gleichung (5.40) zunächst die optimale Kapazität C^* und schließlich der korrespondierende Gewinn für diese Kapazität in diesem Knotenpunkt.

Im zweiten Schritt werden den Rändern des Gitternetzes Optionswerte zugewiesen für den kleinesten x_{min} und größtmöglichen x_{max} betrachteten Cashflow sowie für den Randwert T. Der Wert $x_{min} = 0$ ist eine natürliche Grenze, der einfach nach Gleichung (5.43) der Wert $F(0, t) = 0$ zugeordnet werden kann. Der höchste Wert x_{max} ist so hoch zu wählen, dass das Unternehmen für alle Zeitpunkte t auf jeden Fall investieren würde. Dadurch kann an diesem Rand der Wert $F(x_{max}, t) = \pi(x(t), t)$ bzw. $F(x_{max}, t) = \pi_{C^*}(x(t), t)$ festgelegt werden. Da am Gitternetzrand T bei der numerischen Lösung die Option verfällt, muss sich das Unternehmen an diesem Punkt entscheiden, zu investieren oder nichts zu tun. Deshalb werden an diesen Knotenpunkten für alle $x(T)$ der Wert $F(x(T), T) = \max(\pi(x(t), t), 0)$ bzw. $F(x(T), T) = \max(\pi_{C^*}(x(T), T), 0)$ zugewiesen.

```
// Initialisiere Daten
Daten Bass-Modell
T = Konstante;
n = Konstante;          /Anzahl Zahlungsstromschritte
m = Konstante;          /Anzahl Zeitschritte
dt = T/m;
dx = xmax/n;
// Schritt 1: Berechne inneren Wert
for i = 1:n+1
    for k = 1:m+1
        t = T - (k-1)*dt;
        /Numerische Berechnung der
        /Projektwerte nach Gleichung (5.39)
        Definition der Funktion in fun1, fun 2 und fun3
        V1(i,k)= integral(fun1,t,20*T);      /20*T ≙ ∞
        V3(i,k)= integral(fun2,t,20*T);
        V3(i,k)= integral(fun2,t,20*T);
        /Überprüfen des höchsten Projektwertes pi
        /nach Gleichung (5.40)
        if (V1(i,k)-I1>V2(i,k)-I2) &&
                                      (V1(i,k)-I1>V3(i,k)-I3)
            pi(i,k)=V1(i,k)-I1;       /Innerer Wert
            C(i,k)=1;                 /gewählte Kapazität
        elseif (V2(i,k)-I2>V1(i,k)-I1) &&
                                      (V2(i,k)-I2>V3(i,k)-I3)
            pi(i,k)=VQ2(i,k)-I2;
            C(i,k)=2;
        elseif (V3(i,k)-I3>V1(i,k)-I1) &&
                                      (V3(i,k)-I3>VQ2(i,k)-I2)
            pi(i,k)=VQ3(i,k)-I3;
            C(i,k)=3;
        end
    end
end
// Schritt 2: Randwerte festlegen
for i = 1:n+1
    F(i,1) = max(pi(i,1),0);          /t = T
end
for k=1:m+1
    F(1,k) = 0;                       /x = 0
    F(NAS+1,k) = max(0,V(NAS+1,k));   /x = xmax
end
// Schritt 3: Optionswertberechnung
for k = 2:m+1
    Crank-Nicolson-Algorithmus (siehe Abschnitt 3.3.3)
end
```

Abbildung 36: Pseudocode zur Optionsbewertung unter Berücksichtigung des Produktlebenszyklus

Die Abbildung zeigt den Pseudocode für die rekursive Berechnung des Optionswertes in drei Schritten. Zunächst werden das Gitter und die Modellwerte initialisiert. Dann werden im ersten Schritt der innere Wert und die Kapazität, im zweiten die Randwerte der Option und im dritten die Options- und Investitionsschwellwerte bestimmt.

Im dritten Schritt wird der in Abschnitt 3.3.3 vorgestellte Crank-Nicolson-Finite-Differenzen-Ansatz zur Lösung des freien Randwertproblems genutzt, um den Optionswert rekursiv zu bestimmen. Das heißt, für jeden Knotenpunkt $\{x(t), t\}$ wird der Optionswert $F(x(t), t)$ berechnet. Gleichzeitig wird für jeden dieser Punkte überprüft, ob das Unternehmen lieber sofort investieren würde, um den zuvor bestimmten inneren Wert zu erhalten, oder den berechneten Optionswert behält. Sollte der innere Wert den Optionswert übersteigen, so wird die Investition ausgelöst dem Knotenpunkt der innere Wert zugeordnet, anderenfalls bleibt der Optionswert erhalten. So kann jedem Zeitschritt t ein optimaler Investitionsschwellwert $x^*(t)$ und ggf. eine optimale Kapazität C^* zugeordnet werden.

5.2.4 Die optimale Investitionsstrategie

Für ein Unternehmen, welches in die Vermarktung eines neuen Produktes investieren möchte, stellt sich die Frage, wie diese Investition durchgeführt werden soll. Bei einer optimalen Investitionsentscheidung sollte der Wert der Investitionsmöglichkeit maximiert werden. Dies entspricht im vorgestellten Modell der Maximierung des Optionswertes durch die Wahl des optimalen Investitionszeitpunktes und der optimalen Kapazität. Der Investitionszeitpunkt wird dabei im Modell durch den optimalen Investitionsschwellwert charakterisiert. Sowohl der Schwellwert als auch die optimale Kapazität werden in diesem Abschnitt für die angenommenen Standardwerte $S = 10$, $a = 0{,}05$, $b = 0{,}5$, $A = 0$, $\sigma = 0{,}2$, $I = 8$ und $r = 0{,}05$ präsentiert, die auch für die weitere Untersuchung gelten. Der Startwert der Cashflows $x(0)$ kann aus Gleichung (5.21) mit

$$x(0) = \frac{ds(0)}{dt} = -(A - N)(bA + aN)N$$

direkt aus dem Bass-Modell abgeleitet werden. Außerdem wird davon ausgegangen, dass die möglichen Kapazitäten $c \in (1; 1{,}5; 2)$ betragen. Diese haben zwei Effekte: Zum einen skalieren sie die maximal möglichen Cashflows, wie in Abschnitt 5.2.2 beschrieben. Zum anderen werden die notwendigen Investitionsausgaben I_C, wie in Formel (5.36) beschrieben. Dabei wird im Weiteren der funktionale Zusammenhang $I_{C_i} = \sqrt{c_i} I$ angenommen, wodurch sich die tatsächlichen Ausgaben jeder Kapazität aus einem Vielfachen einer angenommen Grundinvestition $I = 8$ ergeben. Durch diesen Ansatz treten bei einer Erhöhung der Kapazität positive Skaleneffekte auf.[180]

---

[180] So könnten bei der Vergrößerung der geplanten Produktionsanlage pro Kapazität weniger Ausgaben anfallen, wenn nach einmaliger Planung der Produktionsanlage, also der Technik, Abläufe, Genehmigungen usw., eine

Der optimale Investitionsschwellwert bei einem unsicheren Produktlebenszyklus wird in Abbildung 37 deutlich. Im Gegensatz zum klassischen Investitionsmodell mit zeitkonstantem Schwellwert ist der optimale Investitionsschwellwert bei den gegebenen Parameterwerten über den Produktlebenszyklus monoton steigend über die Zeit und verläuft entlang einer S-Kurve. Während der Schwellwert am Anfang des Produktlebenszyklus stark wächst, erreicht er eine fast konstante Höhe, sobald fast keine Cashflows aus dem Verkauf des Produktes zu erwarten sind.

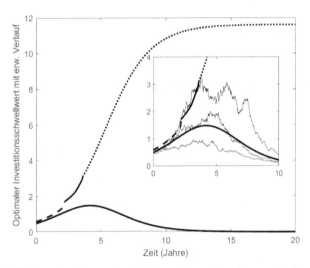

Abbildung 37: Der optimale Investitionsschwellwert mit Produktlebenszyklus

Der optimale Investitionsschwellwert in Cashflows in Abhängigkeit von der Zeit: niedrige Kapazität (gestrichelte Linie), mittlere Kapazität (durchgezogene Linie), hohe Kapazität (gepunktete Linie) mit erwartetem Adoptionsverlauf (fette durchgezogene Linie). Drei simulierte mögliche Beispielpfade für die mögliche Entwicklung der Cashflows (durchgezogene Linien, eingebettetes Bild).

Die Lösung des Investitionsproblems zeigt, dass der optimale Schwellwert durch den Produktlebenszyklus determiniert wird. Da sich der optimale Investitionszeitpunkt für das Unternehmen ergibt, sobald der Markt und somit die momentan beobachtbaren möglichen Abverkäufe sich positiv genug entwickelt haben, um diesen Schwellwert zu erreichen, ist der Zeitpunkt der Investition parameterabhängig. In Abbildung 37

Skalierung nur die variablen Ausgaben erhöht. Dieser Zusammenhang kann beispielsweise auch in Lukas et al. (2017) beobachtet werden, auch wenn er nicht direkt angesprochen wird.

liegt der Schwellwert am Anfang relativ nahe am Produktlebenszyklus. Wie die Abbildung zeigt, werden am Start des Zyklus fast keine Produkte verkauft und im Erwartungswert verlaufen die Cashflows unter dem Schwellwert, sodass das Unternehmen nicht investieren sollte. Durch die Flexibilität, mit der Investition zu warten, kann das Unternehmen jedoch von der Unsicherheit profitieren. Sollte sich der Markt über die Zeit positiv entwickeln, kann das Unternehmen später investieren.

Die optimale Investitionsstrategie hängt somit maßgeblich von dem unsicheren Produktlebenszyklus ab, welcher sowohl den optimalen Schwellwert beeinflusst als auch die Wahrscheinlichkeit, ihn zu erreichen. Durch die Unsicherheit ist es möglich, dass das Unternehmen auch später noch investiert. So ist im Gegensatz zu den Modellen von Gutiérrez (2005) und Gutiérrez & Ruiz-Aliseda (2011) eine Investition selbst in der Sättigungsphase des Zyklus möglich, sollte das Unternehmen noch das Marktsignal beobachten, dass der hohe Schwellwert gerissen wurde. Des Weiteren sind Parameterkonstellationen möglich, in denen der optimale Investitionsschwellwert bereits zu Beginn unter dem Startwert des Produktlebenszyklus liegt. In diesem Fall sollte das Unternehmen sofort investieren.

Aufbauend auf dieser ersten Untersuchung des Einflusses des Produktlebenszyklus auf den Investitionsschwellwert kann nun der Einfluss der Kapazitätswahl auf die optimale Investitionsstrategie untersucht werden. Aus Abbildung 37 ist ersichtlich, dass der Schwellwert in Bereiche geteilt ist, in denen unterschiedliche Kapazitäten gewählt werden sollten. Das heißt, das Unternehmen sollte die Größe der geplanten Produktionsanlage an die vergangene Zeit und die momentan beobachtbare Marktentwicklung des Produktlebenszyklus anpassen. Es wird deutlich, dass das Unternehmen bei einem niedrigeren (höheren) Schwellwert eine kleinere (größere) Kapazität installieren sollte. Dies heißt gleichfalls, dass eine kleine Kapazität eher am Anfang und eine größere Kapazität am Ende des Produktlebenszyklus zu erwarten ist. Wie Abbildung 38 verdeutlicht, ergibt sich die tatsächlich gewählte Kapazität zusammen mit dem Investitionszeitpunkt aus dem Moment, in dem der beobachtete Prozess den Schwellwert reißt. Dabei kann ein Prozess den Schwellwert auch nie reißen und es kommt zu keiner Investition, der Schwellwert kann früh gerissen werden und eine kleine Kapazität auslösen, oder eine spätere Investition führt zu größerer Kapazität.

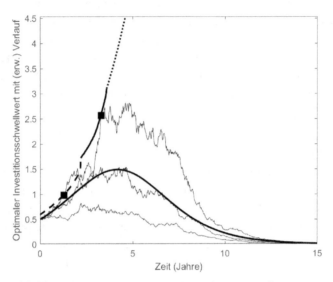

Abbildung 38: Investitionszeitpunkt und Kapazität beim Bass-Modell

Der optimale Investitionsschwellwert in Cashflows in Abhängigkeit von der Zeit: niedrige Kapazität (gestrichelte Linie), mittlere Kapazität (durchgezogene Linie), hohe Kapazität (gepunktete Linie) mit erwartetem Adoptionsverlauf (fette durchgezogene Linie) sowie drei simulierten Beispielpfaden (durchgezogene Linien) mit ihren Investitionszeitpunkten (Quadrate).

Der nach Kapazitäten unterteilte Investitionsschwellwert kann durch das Verständnis der Schwellwerte für die einzelnen Kapazitäten erklärt werden. Würde jede mögliche Kapazität als einzelne Investition betrachtet werden, so könnten für diese Kapazitäten einzelne Investitionsschwellwerte bestimmt werden. Wie Décamps et al. (2006) für den Fall der klassischen geometrischen Brownschen Bewegung mit konstanten Schwellwerten zeigen, gibt es einen Unterschied je nachdem, ob Kapazitäten einzeln oder zusammen bewertet werden. Zwischen den einzelnen Kapazitäten gibt es Regionen, in denen das Unternehmen nicht mehr in die kleinere, aber noch nicht in die größere Kapazität investieren möchte und deswegen warten sollte. Um den Einfluss solcher Warteregionen in der Untersuchung auszuschließen, wird davon ausgegangen, dass der Startwert des Produktlebenszyklus x_0 kleiner als der Schwellwert der einzelnen Kapazitäten ist, sodass $x_0 < x_{C_i}^*$ für alle $i = 1,2,3$ gilt. Dadurch muss nur der kombinierte Investitionsschwellwert betrachtet werden. Dieser ergibt sich durch die zeitabhängige S-Kurve der einzelnen Kapazitäten im vorliegenden Modell, sodass sich die

Ansätze zu Modellerweiterungen bei Produktinnovationen   199

Schwellwerte schneiden können. Durch diese Überschneidung ergibt sich für die gemeinsame Bewertung der segmentierte optimale Investitionsschwellwert. Dieser Zusammenhang wird in Abbildung 39 deutlich. Das Unternehmen profitiert von der Flexibilität, am Anfang des Lebenszyklus mit einer kleinen Kapazität produzieren zu können, und unterliegt am Ende der Notwendigkeit, eine große Kapazität als optimale Investition zu wählen. Die Übergänge von einer Kapazität zur nächsten sind dabei stetig, da das Unternehmen den fortschreitenden Lebenszyklus und die notwendige Kapazitätsanpassung antizipiert.

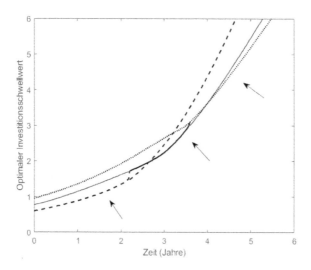

Abbildung 39: Bildung des optimalen Investitionsschwellwerts bei Kapazitätsbeschränkung

Der optimale Investitionsschwellwert in Cashflows in Abhängigkeit von der Zeit: niedrige Kapazität (gestrichelte Linie), mittlere Kapazität (durchgezogene Linie), hohe Kapazität (gepunktete Linie) für einzeln mögliche Kapazitäten und der daraus resultierende gesamte Schwellwert bei kombinierter Kapazitätswahl (jeweils fetter Linienabschnitt). Die Pfeile repräsentieren den angenommenen Zusammenhang $x_0 < x^*_{C_i}$ für alle $i = 1,2,3$.

Die Erkenntnis, dass eine hohe Kapazität am Ende eines Produktlebenszyklus optimal ist, scheint zunächst widersprüchlich. Dieser Eindruck wird verstärkt durch die Beobachtung, dass bei den gewählten Parametern der optimale Schwellwert am Ende des Lebenszyklus im Fall der Kapazitätswahl höher ist als im Fall freier Cashflows. Diese Feststellungen lassen sich vor dem Hintergrund des Projektwertes nach Gleichung (5.40) und der Auswirkung des Wachstumsparameters $\alpha(t)$ erklären. Sollte sich der

Markt am Ende des Produktlebenszyklus unerwartet sehr positiv entwickeln, kann eine Investition vorteilhaft sein. Der Erwartungswert würde, durch den Trend $\alpha(t)$ getrieben, jedoch stark abfallende Cashflows in der Zukunft prognostizieren. Um eine Investition auszulösen, müsste der Markt sehr positiv sein. Dies erklärt den hohen Schwellwert allgemein. Sollte der Markt sich so positiv entwickelt haben, hat das Unternehmen Interesse, eine große Kapazität zu installieren. Aber selbst mit dieser kann es gemäß Gleichung (5.40) nur anteilsweise von der Entwicklung profitieren. Um die Investition zu rechtfertigen, muss abhängig von den Investitionsausgaben ein noch höherer Schwellwert gerissen werden. Dieser fordert aber gleichzeitig wieder eine größtmögliche Kapazität, um die Investitionen wieder zu erwirtschaften, bevor der Produktlebenszyklus durch den Wachstumstrend $\alpha(t)$ verfällt.

Beim angenommenen Zusammenhang von Kapazität und Investitionsausgaben mit $I_{c_i} = \sqrt{c_i} I$ werden nie alle Kapazitäten berücksichtigt. Abbildung 40 verdeutlicht, dass zur Verfügung stehende sehr hohe und sehr niedrige Kapazitäten ggf. nicht mehr berücksichtigt werden. In der Abbildung liegen die Schwellwerte dieser Kapazitäten immer über den Schwellwerten der anderen möglichen Kapazitäten. In der Abbildung ist dies beispielsweise für $c = 0{,}4$ und $c = 4$ der Fall. Mit Rücksicht auf die eben angeführte Argumentation wäre in diesem Fall für noch höhere Kapazitäten die Abwägung höherer notwendiger Investition gegenüber den dafür geforderten Cashflows nie vorteilhaft.

Somit ist es unerlässlich, den Einfluss des unsicheren Produktlebenszyklus bei der Investitionsplanung der Vermarktung neuer Produkte zu berücksichtigen. Mit Hilfe des vorgestellten Modells können Aussagen zur optimalen Investitionsstrategie für Unternehmen getroffen werden, deren Cashflows einem solchen unsicheren Produktlebenszyklus folgen. Die Strategie hängt maßgeblich vom diskutierten Investitionsschwellwert ab. Auf Basis dieses Schwellwertes kann der Investitionszeitpunkt beschrieben werden, da das Unternehmen investieren sollte, sobald das Marktpotential diesen Schwellwert erreicht. Sollte das Unternehmen Kapazitätsbeschränkungen unterliegen, wird die optimale Kapazität als Teil der Lösung bestimmt. Somit lassen sich insgesamt Aussagen zur Planung von Produktionsanlagen unterschiedlicher Größe treffen. Durch das Modell können einerseits Industrieinvestitionen in der Praxis unterstützt werden und andererseits diese Investitionen aus der Sicht eines zentralen Planers wie der Politik untersucht werden. Um dies zu ermöglichen, wird das Modell in Unterkapitel 6.1 weiter analysiert.

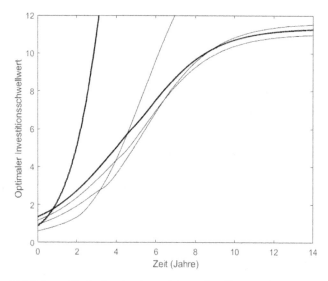

Abbildung 40: Optimale Investitionsschwellwerte für unterschiedliche Kapazitäten

Der optimale Investitionsschwellwert in Cashflows in Abhängigkeit von der Zeit: unterschiedliche einzelne mögliche Kapazitäten (normale Linien) und zwei nie optimale Kapazitäten (fette Linien).

5.3 Der Produktlebenszyklus als Regime-Switch

In dem Investitionsmodell, das in diesem Unterkapitel entwickelt wird, wird der Produktlebenszyklus als Regime-Switch modelliert. Darauf aufbauend werden Aussagen zum Investitionsverhalten bei kontinuierlicher Kapazitätswahl getroffen. Das heißt, wie im vorangegangenen Kapitel wird in diesem Modell untersucht, wie das Unternehmen den optimalen Investitionszeitpunkt und die optimale Produktionskapazität bestimmen kann. Auch in diesem Modell muss das Unternehmen entscheiden, in welche Produktionsanlage es zur Fertigung des neuen Produktes, wie in Abschnitt 2.3.2 erläutert, investieren möchte. Die Entwicklung der Cashflows unter dem Regime-Switch, insbesondere der Übergang von der Wachstums- in die Sättigungsphase, ist wiederum unabhängig von der Investitionsentscheidung des Unternehmens. Das Unternehmen entscheidet, wann es von der Zulieferung des Produktes zur Eigenproduktion übergeht, unter Berücksichtigung der momentanen Marktsituation und dem Zustand des Produktlebenszyklus.

Der unsichere Produktlebenszyklus wird jedoch nicht durch ein verhaltensökonomisches Modell beschrieben, sondern nur davon inspiriert. Abstrahierend wird der Produktlebenszyklus als ein unsicherer Vorzeichenwechsel der Wachstumsrate der Produktverkäufe modelliert. Dadurch werden zunächst steigende und später fallende Cashflows aus dem Verkauf des Produktes erwartet. Dies ermöglicht eine genauere Untersuchung der optimalen Kapazitätswahl für den Fall kontinuierlicher Wahlmöglichkeiten bei der Produktionsanlagenplanung.

Die Investitionsentscheidung wird wieder in drei Schritten modelliert. In Abschnitt 5.3.1 wird der Regime-Switch zur Modellierung des Produktlebenszyklus eingeführt und gezeigt, wie sich der Vorzeichenwechsel auf die Cashflows auswirkt. Der heutige Wert der unsicheren zukünftigen Einnahmen wird in Abschnitt 5.3.2 bestimmt. In diesem Schritt wird auch die kontinuierliche Kapazitätswahl und ihr Einfluss auf die Einnahmen modelliert. In Abschnitt 5.3.3 wird schließlich der Wert der Möglichkeit, in den Produktverkauf investieren zu können, bestimmt. Die Lösung der Investitionsoption und die optimale Investitionsstrategie werden in Abschnitt 5.3.4 diskutiert.

5.3.1 Die Verlaufshypothese

Das Unternehmen plant die Investition in eine Produktionsanlage, um zukünftig Cashflows aus dem Verkauf des Produktes zu generieren. Dieser Cashflow ist unsicher und folgt einem Produktlebenszyklus, der durch einen Regime-Switch modelliert wird. Grundlage für diesen Ansatz ist die Erkenntnis aus Abschnitt 2.2.3, dass die Adoptionsfunktion des Produktlebenszyklus hauptsächlich durch eine Wachstums- und Sättigungsphase geprägt ist. Während die Cashflows zu Beginn des Zyklus im Erwartungswert zunächst wachsen, werden sie gegen Ende des Produktlebenszyklus wieder abnehmen, bis das Produkt fast keinen bzw. keinen nennenswerten Absatz mehr erzeugt. Dieses Wachstum unterliegt der Unsicherheit, sodass der genaue zukünftige Verlauf der Cashflows nicht vorhergesagt werden kann. Gleichzeitig ist auch der genaue Zeitpunkt des Wechsels von der Wachstums- zur Sättigungsphase für das Unternehmen am Anfang des Produktlebenszyklus unbekannt. Durch den Regime-Switch kann genau dieser Übergang von der Wachstums- zur Sättigungsphase zusätzlich als exogen unsicher modelliert werden, unter gleichzeitiger Berücksichtigung der stochastischen Entwicklung der Cashflows während dieser beiden Phasen.

Zunächst wird für die Modellierung des Produktlebenszyklus der unsichere Übergang von der Wachstums- zur Sättigungsphase betrachtet. Im Allgemeinen beschreiben Regime-Switch-Modelle veränderte ökonomische Bedingungen und zyklische Veränderungen, wie Hamilton (1989) am Beispiel von Konjunkturzyklen verdeutlicht. Regime-Switch-Modelle gehen davon aus, dass der aktuelle Zustand, in dem sich das Modell bzw. der Cashflow-Verlauf befindet, zufällig ist. Die Zustandsabfolge folgt dabei einer Markov-Kette, welche anzeigt, in welchem Regime i sich der Prozess befindet.

Der Übergang zwischen n verschiedenen Zuständen kann durch eine Matrix mit Übergangswahrscheinlichkeiten P der Größe $n \times n$ modelliert werden. Diese enthält die jeweiligen Wahrscheinlichkeiten $p_{i,j}$ vom aktuellen Zustand i zum Zeitpunkt t zu einem anderen Zustand j im Zeitpunkt $t + dt$ überzugehen. Diese Übergangsmatrix kann in der Form

$$P = \left[\begin{pmatrix} p_{1,1} & \cdots & p_{1,i} \\ \vdots & \ddots & \vdots \\ p_{i,1} & \cdots & p_{i,i} \end{pmatrix}\right] \quad (5.51)$$

angegeben werden (Ang & Timmermann, 2012). Die Wahrscheinlichkeit für alle Prozesse $i \in \{1, \ldots, i\}$, im aktuellen Prozess zu bleiben oder in einen beliebigen anderen zu wechseln, muss gleich Eins sein, sodass

$$\sum_{i}^{n} p_{i,j} = 1. \quad (5.52)$$

Die Wahrscheinlichkeit, von einem Zustand zum anderen zu wechseln, ist unabhängig von der vergangenen Entwicklung und basiert nur auf den Informationen, die zum aktuellen Zeitpunkt verfügbar sind, also dem Zustand, in dem sich das Regime momentan befindet. Durch diese Markov-Eigenschaft gilt die Matrix der Übergangswahrscheinlichkeiten zu jedem Zeitpunkt.

Wie die Zustände und Übergänge in dieser Markov-Kette umgesetzt werden, ist modellabhängig. In diesem Modell werden zwei Zustände angenommen, dabei sei $i = 1$ die Wachstumsphase und $i = 2$ die Sättigungsphase des Produktlebenszyklus. Als Sättigungsphase wird hier die Phase bezeichnet, in der das Produkt am Markt weniger nachgefragt wird und somit die Wachstumsrate der Nachfrage negativ wird. Es wird angenommen, dass die Übergangswahrscheinlichkeit von einem Regime zum anderen einem Poisson-Prozess mit der Poisson-Wechselrate λ folgt. Im Fall zweier möglicher Zustände sind diese durch die Übergangsmatrix

$$P = \begin{bmatrix} 1 - \lambda dt & \lambda dt \\ \theta dt & 1 - \theta dt \end{bmatrix}, \quad (5.53)$$

miteinander verbunden (Guo et al., 2005). Dabei ist λdt die Wahrscheinlichkeit, von der Wachstums- in die Sättigungsphase überzutreten, und θdt die Wahrscheinlichkeit, zurück zu wechseln. Analog zum Bass-Modell wird angenommen, dass der Produktlebenszyklus nur einmal den Zustand vom Wachstum zur Sättigung wechseln und nicht zurückkehren kann, sodass $\theta = 0$.

Um den Produktlebenszyklus zu modellieren, wird nun der Verlauf der Cashflows im jeweiligen Zustand des Modells betrachtet. Diese sollen in der Wachstumsphase im Erwartungswert monoton steigen und in der Sättigungsphase fallen. Dieses monotone Wachstum im Erwartungswert und die Modellierung von Unsicherheit können sehr einfach durch eine geometrische Brownsche Bewegung erzeugt werden. Es wird daher angenommen, dass die Cashflows $x(t)$ aus dem Produktverkauf zu einem Zeitpunkt t einer geometrischen Brownschen Bewegung folgen, mit

$$dx(t) = \alpha_i x(t) dt + \sigma_i x(t) dW(t) \tag{5.54}$$

für $i = 1,2$, wobei $dW(t)$ das Inkrement eines Wiener-Prozess, α_i der Wachstumsfaktor und σ_i ein Maß für die Unsicherheit im aktuellen Zustand i ist. Das heißt, die Wachstums- und Sättigungsphase können unterschiedliche Wachstumsfaktoren und Unsicherheiten aufweisen. Während die Unsicherheit modellabhängig sein wird, muss durch die Wachstumsfaktoren der Produktlebenszyklus abgebildet werden. Dazu wird mit $\alpha_1 > 0$ das Wachstum und mit $\alpha_2 < 0$ der Abfall der Cashflows erzeugt. Zusammen mit der Übergangswahrscheinlichkeit λdt dafür, vom ersten Zustand in den zweiten zu wechseln, kann somit der Produktlebenszyklus abgebildet werden.

Der Verlauf des Produktlebenszyklus im Modell wird beispielhaft in Abbildung 41 dargestellt. Würde der Erwartungswert des Zeitpunkts des Regime-Switches als tatsächlicher Übergangszeitpunkt unterstellt, so würde sich als Erwartungswert die fette gestrichelte Linie ergeben. Da die Übungswahrscheinlichkeit unsicher ist, folgt der Erwartungswert der fetten durchgezogenen Linie. Die einzelnen simulierten Cashflow-Verläufe weisen individuelle, da stochastische Übergangszeitpunkte auf, welche durch die Punkte in den Cashflow-Verläufen verdeutlicht werden. Insgesamt wird durch Abbildung 41 deutlich, dass der Regime-Switch bei geeigneter Parameterwahl geeignet ist, einen Produktlebenszyklus abzubilden.

Ansätze zu Modellerweiterungen bei Produktinnovationen 205

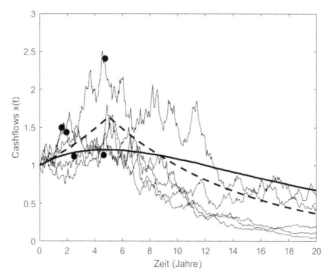

Abbildung 41: Simulation des Regime-Switch-Prozesses

Fünf Simulationsverläufe für den stochastischen Prozess mit unsicherem Regime-Switch für $\alpha_1 = 0{,}1$, $\alpha_2 = -0{,}1$, $\sigma_1 = \sigma_2 = 0{,}2$ und $\lambda = 0{,}2$. Die Punkte zeigen den Zeitpunkt des Regime-Switch der Prozesse. Die fette gestrichelte Linie zeigt den Erwartungswert bei sicherem Switch zum Erwartungswert des Switches bei $t = \frac{1}{\lambda} = 5$. Die fette Linie zeigt den korrekten Erwartungswert bei zufälligem Vorzeichenwechsel.

5.3.2 Der Wert einer Produktinnovation

Das Unternehmen, welches in ein Produkt mit unsicheren Produktverkäufen investieren möchte, kann durch die Modellierung des Regime-Switches die Entwicklung der Cashflows schätzen. Diese zukünftige Entwicklung hängt im Regime-Switch vom aktuellen Zustand des Modells ab und ist durch die Modellierung als geometrische Brownsche Bewegung innerhalb der Zustände nach Gleichung (5.54) unsicher. Wie im verhaltensökonomischen Modell könnten auch hier nicht die Cashflows direkt, sondern der Absatz $s(t)$ der geometrischen Brownschen Bewegung folgen und damit die Cashflows $x(t) = g \times s(t)$ als Produkt der Geldeinheiten $g \in R_+$ pro verkauftem Produkt und Absatz modelliert werden. Im Folgenden werden jedoch die Cashflows direkt betrachtet.[181] Anders als in dem in Abschnitt 5.2.2 vorgestellten Modell kann in diesem Fall nicht der Erwartungswert $\mathbb{E}(x(t))$ für jeden zukünftigen Zeitpunkt bestimmt

---

[181] Ansonsten würden bei konstantem g nur die Projektwerte jeweils um diesen Faktor skaliert.

werden. Dadurch ändert sich der Ansatz zur Bestimmung des Projektwertes, also des Barwertes der zukünftigen Cashflows aus dem Produktverkauf. Der alternative Ansatz wird nun vorgestellt.

Der Projektwert der zukünftigen Cashflows ist weiterhin abhängig von den aktuellen Cashflows $x(t)$, aber unabhängig von der Zeit.[182] Stattdessen ist für die zukünftigen Einnahmen der aktuelle Zustand des Regime-Switch i relevant. Daher wird der Projektwert hier als $V_i(x)$ gekennzeichnet.[183] Der Produktlebenszyklus kann nicht von der Sättigungsphase in die Wachstumsphase zurückspringen, sodass sowohl der Projektwert als auch der später zu diskutierende Optionswert nicht von der Wachstumsphase abhängig sind. Dies erleichtert die Bewertung des Projektes in diesem Zustand, weshalb der Projektwert zunächst in der Sättigungsphase bestimmt wird.

Anstatt den Erwartungswert der Cashflows zur Bewertung heranzuziehen, wird hier das Verständnis des Erwartungswertes des Projekts bei einer Änderung des Cashflows dx über die Zeit dt genutzt. Der Projektwert ergibt sich dabei aus dem aktuellen Cashflow x, der über den Zeitraum dt anfällt, und dem Erwartungswert des fortgeführten Projektes bei einer Änderung dx. Der Projektwert bestimmt sich dann nach

$$V_2(x) = x(t)dt + \mathbb{E}[V_2(x+dx)e^{-rdt}]. \tag{5.55}$$

In diesem Bewertungsansatz wird somit die Überlegung der Bellmann-Gleichung aus Gleichung (3.19) auf den Projektwert übertragen. Daher kann zur weiteren Herleitung dem Verlauf in Abschnitt 3.3.2 gefolgt werden. Unter Anwendung von Itô's Lemma kann der Erwartungswert erweitert werden, wodurch

$$V_2(x) = xdt + \left[\alpha_2 x(t)\frac{\partial V_2(x)}{\partial x} + \frac{1}{2}\sigma_2^2 x^2(t)\frac{\partial^2 V_2(x)}{\partial x^2}\right]dt + (1-rdt)V_2(x). \tag{5.56}$$

Teilung des Ergebnisses durch $d(t)$ ergibt

$$\frac{1}{2}\sigma_2^2 x^2(t)\frac{\partial^2 V_2(x)}{\partial x^2} + \alpha_2 x\frac{\partial V_2(x)}{\partial x} - rV_2(x) + x = 0. \tag{5.57}$$

---

[182] Da die Cashflows $x(t)$ einem Markov-Prozess folgen, ist zum Zeitpunkt t der Bewertung des Projektes nur die aktuelle Höhe der Cashflows und das momentane Regime relevant. Frühere Entwicklungen des Prozesses müssen nicht berücksichtigt werden. In der Projektbewertung muss die Zeit nur bei der Diskontierung der zukünftigen Cashflows berücksichtigt werden. Da das Projekt jedoch nach der Investition ewige Zahlungen aufweist, wird auch diese Zeit im finalen Projektwert nicht auftauchen.
[183] Die Abhängigkeit von der Zeit der Cashflows wird im Folgenden vernachlässigt. Es wird immer implizit davon ausgegangen, dass der Cashflow x zu einem bestimmten Zeitpunkt t beobachtet wird.

Die Lösung dieser Gleichung besteht aus einem homogenen Teil und einer speziellen Lösung (Dixit & Pindyck, 1994, S. 180f.). Der homogene Teil hat die Lösung Gx^β, wobei β die Lösung der grundlegenden quadratischen Gleichung

$$\frac{1}{2}\sigma_2^2\beta(\beta-1) + \alpha_2\beta - r = 0 \tag{5.58}$$

Ist, mit $\beta_1 > 1$ und $\beta_2 < 0$ als Nullstellen. Die allgemeine Lösung des homogenen Teils ist somit eine lineare Kombination der Lösungen $G_A x^{\beta_1}$ und $G_B x^{\beta_2}$. Zu dieser Lösung muss nun eine spezielle Lösung addiert werden. Es kann gezeigt werden, dass $\frac{x}{r-\alpha_2}$ eine solche Lösung ist und die komplette Lösung von Gleichung (5.57) somit

$$V_2(x) = G_A x^{\beta_1} + G_B x^{\beta_2} + \frac{x}{r-\alpha_2} \tag{5.59}$$

ergibt. Diese Lösung muss nun weiter untersucht werden (Dixit & Pindyck, 1994, S. 181f.). Der erste Term muss ausgeschlossen werden, um spekulative Blasen bei $x \to \infty$ auszuschließen, sodass $G_A = 0$ gewählt wird. Der Projektwert, welcher von einer geometrischen Brownschen Bewegung x abhängt, muss wertlos werden, wenn der Prozess den Wert Null erreicht. Diese Forderung, dass $V_2(0) = 0$ gilt, ist bereits vom Optionswert bekannt. Der zweite Term kann somit durch die Wahl von $G_B = 0$ ausgeschlossen werden. Somit verbleibt der dritte Term, welcher tatsächlich den diskontierten Erwartungswert der zukünftigen Cashflows x darstellt.[184] Der Projektwert in der Sättigungsphase ist somit gleich

$$V_2(x) = \frac{x}{r-\alpha_2}. \tag{5.60}$$

Als nächstes kann die Wachstumsphase betrachtet werden. Diese wird vom Projektwert in der zweiten Phase abhängen, da mit der Wahrscheinlichkeit λdt der Prozess zu dieser Phase wechseln wird. Das heißt, über den Zeitraum dt generiert der Produktverkauf x; mit einer Wahrscheinlichkeit von λdt erhält das Unternehmen den Erwartungswert des fortgeführten Projektes in der Sättigungsphase; mit $1 - \lambda dt$ verbleibt das Projekt im Wachstum (siehe z.B. Guo et al., 2005). Daher ist der Projektwert gleich

$$V_1(x) = xdt + (1-\lambda dt)\mathbb{E}[V_1(x+dx)e^{-rdt}] + \lambda dt\mathbb{E}[V_2(x+dx)e^{-rdt}]. \tag{5.61}$$

---

[184] Dies ist eine alternative Möglichkeit zur Herleitung. Allgemein ist der Erwartungswert der Lösung der geometrischen Brownschen Bewegung gleich $\mathbb{E}(x(t)) = x_0 e^{\alpha t}$, ausgehend vom Startwert x_0. Erhält das Unternehmen diesen Cashflow ewig und diskontiert die Zahlung mit der Rate r, so ist der Projektwert analog zu Gleichung (5.34) gleich $V = \mathbb{E}\int_0^\infty x(t)\,e^{-r(t)}dt = \int_0^\infty x_0 e^{\alpha t}\,e^{-r(t)}dt = \frac{x_0}{r-\alpha}$.

Auch in diesem Fall kann der Erwartungswert mit Itō's Lemma zu

$$\frac{1}{2}\sigma_1^2 x^2 \frac{\partial^2 V_1(x)}{\partial x^2} + \alpha_1 x \frac{\partial V_1(x)}{\partial x} - rV_1(x) + x + \lambda\big(V_1(x) - V_2(x)\big) = 0 \tag{5.62}$$

erweitert werden. Umgeformt ergibt dies

$$\frac{1}{2}\sigma_1^2 x^2 \frac{\partial^2 V_1(x)}{\partial x^2} + \alpha_1 x \frac{\partial V_1(x)}{\partial x} - (r+\lambda)V_1(x) + x + \lambda V_2(x) = 0. \tag{5.63}$$

In diese Gleichung kann nun der Projektwert der Sättigungsphase $V_2(x)$ aus Gleichung (5.60) eingefügt werden, wodurch

$$\frac{1}{2}\sigma_1^2 x^2 \frac{\partial^2 V_1(x)}{\partial x^2} + \alpha_1 x \frac{\partial V_1(x)}{\partial x} - (r+\lambda)V_1(x) + x + \lambda\frac{x}{r-\alpha_2} = 0. \tag{5.64}$$

Es ist ersichtlich, dass diese Differentialgleichung wieder eine Lösung mit einem homogenen Teil und einer speziellen Lösung besitzt. Der homogene Teil hat wiederum die Form Hx^γ, aber die zugrunde liegende quadratische Gleichung ist in diesem Fall leicht verändert, nämlich

$$\frac{1}{2}\sigma_1^2 \gamma(\gamma-1) + \alpha_1 \gamma - (r+\lambda) = 0 \tag{5.65}$$

mit $\gamma_1 > 1$ und $\gamma_2 < 0$ als Nullstellen. Mit einer möglichen Lösung für den Rest der Gleichung ergibt dies

$$V_1(x) = H_A x^{\gamma_1} + H_B x^{\gamma_2} + \frac{\lambda \frac{x}{r-\alpha_2}}{r-\alpha_1+\lambda} + \frac{x}{r-\alpha_1+\lambda} \tag{5.66}$$

als komplette Lösung für Gleichung (5.64). Auch in diesem Fall kann mit der Annahme $V_1(0) = 0$ der zweite Term und mit dem Ausschluss von spekulativen Blasen wiederum der erste Term eliminiert werden. Werden die letzten Terme zusammengefasst, ist die Lösung des Projektwerts

$$V_1(x) = \frac{x(r-\alpha_2+\lambda)}{(r-\alpha_2)(r-\alpha_1+\lambda)}. \tag{5.67}$$

Dieser Projektwert ist somit der gegenwärtige Wert aller erwarteten zukünftigen Einnahmen aus dem Produktverkauf, sollte das Unternehmen in das Produkt investieren. Um die Bewertung der Produktinnovation bei Investition abzuschließen, muss dieser Projektwert mit den Investitionsausgaben verglichen werden. An dieser Stelle kann zwischen dem Fall der normalen oder vollständigen Investition und einer Investition mit frei wählbarer Kapazität unterschieden werden. Wird zunächst der Fall der klassischen Investitionsentscheidung betrachtet, so muss das Unternehmen entscheiden, ob es die Investition in der Höhe I tätigen möchte. Als Gegenwert erhält es für diese Investition den Projektwert. Insgesamt ergibt sich der Gewinn π_i aus der Investition in den Produktverkauf für das Unternehmen somit jeweils aus der Differenz

$$\pi_i(x) = V_i(x) - I \qquad (5.68)$$

mit den Projektwerten aus Gleichung (5.60) für die Wachstumsphase $i = 1$ und aus Gleichung (5.67) für die Sättigungsphase $i = 2$.

Dieser Ansatz lässt sich leicht für den Fall einer freien Kapazitätswahl des Unternehmens anpassen. Dafür sei die bisher genannte Investitionsmöglichkeit die größte mögliche Kapazität, die das Unternehmen installieren kann. Somit bildet $V_i(x)$ auch den Wert der maximal erreichbaren Einnahmen aus dem Produktverkauf. Alternativ hat das Unternehmen die Möglichkeit, das Projekt zu skalieren. In diesem Fall kann es über den endogenen Entscheidungsparameter $c_i \in (0,1)$ die Kapazität und somit die Projektgröße bei einer Investition im ersten oder zweiten Zustand steuern. Durch die Wahl der installierten Kapazität erhält das Unternehmen nicht zwangsweise den gesamten Projektwert $V_i(x)$, sondern den skalierten Anteil $c_i V_i(x)$. Um die Investitionsausgaben mit der Kapazitätswahl zu verknüpfen, wird angenommen, dass die Investition $I_i(c_i)$ von der Kapazität in der Form

$$I_i(c_i) = \frac{c_i}{1 - c_i} \qquad (5.69)$$

abhängt. Bei der Investition erhält das Unternehmen nun den anteiligen Projektwert für die von der Kapazität abhängigen Investitionsausgaben. Das Unternehmen erhält somit den Wert

$$\pi_i(x) = c_i V_i(x) - I_i(c_i). \qquad (5.70)$$

Durch die Wahl dieses in der Literatur üblichen Modellierungsansatzes hat das Unternehmen mit $\frac{\partial I_i(c_i)}{\partial c_i} > 0$ positive und mit $\frac{\partial^2 I_i(c_i)}{\partial c_i^2} > 0$ wachsende Ausgaben bei einer Erhöhung der Projektkapazität (siehe Wong, 2010). Zusätzlich ist die Kapazitätswahl so beschränkt, dass bei keiner installierten Kapazität $c_i = 0$ keine Investition $I_i(0) = 0$ getätigt werden muss, aber auch keine Einnahmen $0 \times V_i(x) = 0$ generiert werden können. Wählt das Unternehmen höhere Kapazitäten, erhöht sich zwar der Anteil des Projektwertes, aber ebenfalls die nötigen Investitionen.

Das Unternehmen hat somit ein Interesse, zum Zeitpunkt der Investition das Verhältnis des einteiligen Projektwerts zu den notwendigen Investitionen über die Wahl der

Kapazität zu optimieren. Das Unternehmen optimiert somit $\max_{c_i} \pi_i(x)$, sodass die Optimalitätsbedingung erster Ordnung

$$\frac{\partial \pi_i(x)}{\partial c_i} = 0 \tag{5.71}$$

erfüllt sein muss. Wird Gleichung (5.60) für die erste Phase und Gleichung (5.67) für die zweite Phase in Gleichung (5.70) eingesetzt und die Bedingung aus Gleichung (5.71) angewendet, so ergibt

$$c_2^*(x) = \frac{x - \sqrt{x(r - \alpha_2)}}{x} \tag{5.72}$$

die optimale Kapazität in der Sättigungsphase und

$$c_1^*(x) = \frac{x(r - \alpha_2 + \lambda) - \sqrt{x(r - \alpha_2)(r - \alpha_2 + \lambda)(r - \alpha_1 + \lambda)}}{x(r - \alpha_2 + \lambda)} \tag{5.73}$$

Die optimale Kapazität für die Wachstumsphase des Produktlebenszyklus.[185] Da der Projektwert $V_i(x)$ nur von den aktuellen Cashflows x zum Zeitpunkt der Investition t abhängt und nicht von der Zeit selber, ist die optimale Kapazität unabhängig vom Investitionszeitpunkt. Die hier bestimmten optimalen Kapazitäten gelten somit für jeden Zeitpunkt. Somit kann das optimale Investitionsverhalten des Unternehmens bestimmt werden.

5.3.3 Die Möglichkeit zu investieren

Im vorangegangenen Abschnitt wurde untersucht, welchen Wert Produktinnovationen für das Unternehmen haben, wenn die Cashflows aus dem Produktverkauf durch einen Regime-Wechsel modelliert werden. Durch die bisher genutzten Annahmen und Herleitungen können die optimale Kapazitätswahl und der Gewinn bei einer erfolgten Investition für das Unternehmen in diesem Fall bestimmt werden. Im nächsten Schritt muss untersucht werden, welchen Wert diese Investitionsmöglichkeit für das Unternehmen hat und wann es diese Möglichkeit optimal nutzen sollte. Der Bewertungsansatz folgt dabei wieder den in Abschnitt 3.3.2 vorgestellten Grundsätzen. Der Optionswert F ist abhängig vom Projektwert $V_i(x)$ und das Unternehmen wählt den Investitionszeitpunkt, um den Optionswert zu maximieren, sodass

---

[185] Die Optimalitätsbedingung liefert jeweils zwei mögliche Lösungen für c_i^*. Die zweite Lösung ist mit $c_i^* < 0$ unzulässig.

$$F_i^*\big(V_i(x)\big) = \max_t \mathbb{E}[(V_i(x) - I)e^{-rt}] \qquad (5.74)$$

für das vollständige Projekt und

$$F_i^*\big(V_i(x)\big) = \max_t \mathbb{E}\left[\left(\max_{c_i}\big(c_i V_i(x) - I(c_i)\big)\right)e^{-rt}\right]. \qquad (5.75)$$

für den Fall der Kapazitätswahl gilt. Wie in Abschnitt 5.2.3 kann der Optionswert direkt in Abhängigkeit von den aktuellen Cashflows x modelliert und der Projektwert sowie die Kapazitätswahl in den Nebenbedingungen berücksichtigt werden. Es ist intuitiv verständlich, dass nicht nur der Projektwert maßgeblich davon abhängt, ob sich die Cashflows in der Wachstums- oder Sättigungsphase befinden, sondern ebenfalls der Optionswert. Im Folgenden wird zunächst die Investitionsmöglichkeit in der zweiten Phase und anschließend in der ersten Phase untersucht.

Optionswert in der Sättigungsphase

In der Sättigungsphase muss der Optionswert $F_2(x)$ der bekannten Bellmann-Gleichung

$$rF_2(x)dt = \mathbb{E}(dF_2) \qquad (5.76)$$

folgen.[186] Aus Gleichung (3.26) für allgemeine Itō-Prozesse kann abgeleitet werden: Wenn der Cashflow einer geometrischen Brownschen Bewegung nach Gleichung (5.54) folgt, ist die Lösung der Bellmann-Gleichung

$$\frac{1}{2}\sigma_2^2 x^2 \frac{\partial^2 F_2(x)}{\partial x^2} + \alpha_2 x \frac{\partial F_2(x)}{\partial x} - rF_2(x) = 0. \qquad (5.77)$$

Wie in Abschnitt 5.3.2 besteht auch die Lösung der Differentialgleichung für den Optionswert einer homogenen Lösung Bx^β (Dixit & Pindyck 1994, S. 180f.).[187] Auch hier ist β die Wurzel der quadratischen Gleichung

$$\frac{1}{2}\sigma_2^2\beta(\beta - 1) + \alpha_2\beta - r = 0. \qquad (5.78)$$

Dies ergibt die Lösung

$$F_2(x) = B_A x^{\beta_1} + B_B x^{\beta_2}, \qquad (5.79)$$

---

[186] Die Gleichung soll an dieser Stelle nicht noch einmal vorgestellt werden. Für eine Diskussion der Bedeutung der Bellmann-Gleichung siehe Abschnitt 3.3.2 und 5.2.3.
[187] Da die Option keinen Cashflow generiert, ist die homogene Lösung gleich der gesamten Lösung der Differentialgleichung.

wobei die Konstanten B_A und B_B bestimmt werden müssen. Auch hier kann die Argumentation aus dem vorangegangenen Abschnitt angewendet werden, wonach der zweite Term durch die Wahl von $B_B = 0$ eliminiert werden kann, da für den Optionswert $F_2(0) = 0$ bei $x = 0$ gelten muss. Die gültige Lösung ist daher $F_2(x) = B_A x^{\beta_1}$ und das zu berücksichtigende β_1 ist gleich

$$\beta_1 = \frac{1}{2} - \frac{\alpha_2}{\sigma_2^2} + \sqrt{\left(\frac{\alpha_2}{\sigma_2^2} - \frac{1}{2}\right)^2 + \frac{2r}{\sigma_2^2}} > 0. \tag{5.80}$$

Die Lösung für B_A und den optimalen Investitionsschwellwert x_2^* ergibt sich aus den zu berücksichtigenden Randbedingungen.[188] Zum Zeitpunkt der Investition muss der Optionswert der Differenz aus dem Projektwert und den Investitionsausgaben entsprechen. Diese unterscheiden sich für den Fall den Fall mit und ohne Kapazitätswahl. Dadurch ergeben sich auch unterschiedliche Lösungen für den Optionswert. Wird zunächst der Fall ohne Kapazitätswahl betrachtet, so ist die aus Abschnitt 3.3.2 bekannte Value-Matching-Condition

$$F_2(x_2^*) = c_2 V_2(x_2^*) - I_2\big(c_2(x_2^*)\big) \tag{5.81}$$

und die Smooth-Pasting-Condition

$$\left.\frac{\partial F_2(x)}{\partial x}\right|_{x=x_2^*} = \left.\frac{\partial V_2(x)}{\partial x}\right|_{x=x_2^*}.\text{[189]} \tag{5.82}$$

Mit diesen zwei Gleichungen lassen sich die beiden unbekannten B_A und x_2^* bestimmen, und zwar als

$$B_A = \frac{(\beta_1 - 1)^{(\beta_1-1)} I^{-(\beta_1-1)}}{\big((r - \alpha_2)\beta_1\big)^{\beta_1}}. \tag{5.83}$$

und

$$x_2^* = \frac{\beta_1}{\beta_1 - 1}(r - \alpha_2)I. \tag{5.84}$$

Wird der Fall mit Kapazitätswahl betrachtet, so muss Gleichung (5.81) angepasst werden, um den inneren Wert der Investitionsmöglichkeit nach Gleichung (5.70) und die optimale Kapazität nach Gleichung (5.72) zu berücksichtigen. Die Value-Matching-Condition ist dann

---

[188] Der Schwellwert ist konstant, weswegen die Zeitkomponente nicht weiter berücksichtigt werden muss.
[189] Dieser Fall entspricht der klassischen Investitionsoption aus Dixit & Pindyck (1994, S. 184).

Ansätze zu Modellerweiterungen bei Produktinnovationen 213

$$F_2(x_2^*) = c_2^*(x_2^*)V_2(x_2^*) - I_2(c_2^*(x_2^*)). \tag{5.85}$$

Zusammen mit der Smooth-Pasting Condition

$$\left.\frac{\partial F_2(x)}{\partial x}\right|_{x=x_2^*} = \left.\frac{\partial c_2^*(x)V_2(x) - I_2(c_2^*(x))}{\partial x}\right|_{x=x_2^*} \tag{5.86}$$

können wiederum die zwei unbekannten B_A und x_2^* bestimmt werden. Im Fall der Kapazitätswahl sind dies

$$B_A = \frac{\left(\left(\frac{\beta_1}{\beta_1 - 1}\right)^2 (r - \alpha_2)\right)^{-\beta_1}}{(\beta_1 - 1)^2}. \tag{5.87}$$

und

$$x_2^* = \left(\frac{\beta_1}{\beta_1 - 1}\right)^2 (r - \alpha_2). \tag{5.88}$$

Einsetzen des optimalen Schwellwerts in Gleichung (5.72) ergibt dann als Teil der Lösung die optimale Kapazität zum Investitionszeitpunkt

$$c_2^* = \frac{1}{\beta_1}. \tag{5.89}$$

Nachdem der optimale Investitionsschwellwert und ggf. die optimale Kapazität in der Sättigungsphase bestimmt wurde, kann im nächsten Schritt die Investitionsmöglichkeit in der Wachstumsphase betrachtet werden. Für diesen Zustand muss der Optionswert die Bellmann-Gleichung (5.76) analog erfüllen. Für den Fall des Optionswertes gilt die gleiche Argumentation wie für den Projektwert in Gleichung (5.61): Das Unternehmen erhält mit einer Wahrscheinlichkeit von λdt den Erwartungswert der Optionswerts in der Sättigungsphase und mit $1 - \lambda dt$ behält es den Optionswert in der Wachstumsphase. Die Differentialgleichung (5.63) gilt daher analog ohne den Cashflow x. Dies ergibt die Differentialgleichung

$$\frac{1}{2}\sigma_1^2 x^2 \frac{\partial^2 F_1(x)}{\partial x^2} + \alpha_1 x(t) \frac{\partial F_1(x)}{\partial x} - (r + \lambda)F_1(x) + \lambda F_2(x) = 0. \tag{5.90}$$

Für die Lösung der Differentialgleichung (5.90) ist der Optionswert in der Sättigungsphase $F_2(x)$ entscheidend. Sollte der aktuelle Cashflows x unterhalb des optimalen Schwellwertes der Sättigungsphase x_2^* liegen, erhält das Unternehmen die Option $B_A x^{\beta_1}$, in dieser Phase investieren zu können. Sollten die Cashflows diesen Schwellwert bei einem Wechsel zur Sättigungsphase bereits übersteigen, so sollte das Unternehmen sofort investieren, um den inneren Wert $\pi_2(x)$ zu erhalten. Insgesamt ist der mögliche Optionswert somit gleich

$$F_2(x) = \begin{cases} B_A x^{\beta_1} & wenn\ x < x_2^* \\ \pi_2(x) & wenn\ x \geq x_2^* \end{cases} \quad (5.91)$$

aus Sicht der Wachstumsphase.

Dieser Optionswert hängt davon ab, ob das Unternehmen die Möglichkeit zur Kapazitätswahl hat oder das komplette Investitionsprojekt durchführt. Für die weitere Untersuchung wird zunächst wieder die Option ohne Kapazitätswahl betrachtet.

Optionswert in der Wachstumsphase (ohne Kapazitätswahl)

In der Region $x \geq x_2^*$ bekommt das Unternehmen bei einem Zustandswechsel sofort den inneren Wert, sodass $F_2(x) = \frac{x}{r-\alpha_2} - I$ in Gleichung (5.90) eingesetzt werden kann. Die Lösung dieser Differentialgleichung hat somit wieder die bekannte allgemeine Lösung Cx^γ und eine spezielle Lösung, wobei γ wiederum die Wurzel der quadratischen Gleichung

$$\frac{1}{2}\sigma_1^2 \gamma(\gamma - 1) + \alpha_1 \gamma - (r + \lambda) = 0 \quad (5.92)$$

ist.[190] Die gesamte Lösung für den Optionswert ist

$$F_1(x) = C_A x^{\gamma_1} + C_B x^{\gamma_2} + \frac{\lambda x}{(r-\alpha_2)(r-\alpha_1+\lambda)} - \frac{\lambda I}{r+\lambda}. \quad (5.93)$$

Anders als für den Fall das Projektwertes kann hier der zweite Term nicht eliminiert werden, da die Option an der unteren Grenze x_2^* nicht wertlos wird. Für die Region $x < x_2^*$ muss $F_2(x) = B_A x^{\beta_1}$ in Gleichung (5.90) eingesetzt werden. Auch in diesem Fall hat die Lösung die allgemeine Form Ax^γ mit den bekannten Werten für γ und der zweite Term der Lösung kann eliminiert werden, da die Option für $x = 0$ wertlos wird (Dixit & Pindyck, 1994, S. 203). Die spezielle Lösung für $\lambda B_A x^{\beta_1}$ kann wie folgt hergeleitet werden. Wird als Lösung der Differentialgleichung $F_1 = z\lambda B_A x^{\beta_1}$ angesetzt, die erste und zweite Ableitungen nach x mit $\frac{\partial F_1}{\partial x} = \beta_1 z \lambda B_A x^{\beta_1 - 1}$ und $\frac{\partial^2 F_1}{\partial x^2} = (\beta_1 -$

---

[190] Der Unterschied zu β als Lösung für die klassische quadratische Gleichung liegt somit, neben der Berücksichtigung des Wachstumsfaktors α_1 und der Unsicherheit σ_1, in einer Anpassung des Diskontfaktors r um den Wechselparameter λ.

Ansätze zu Modellerweiterungen bei Produktinnovationen

$1)\beta_1 z\lambda B_A x^{\beta_1-2}$ gebildet und diese Terme in Gleichung (5.90) eingesetzt, so ergibt dies $z = -\frac{1}{\frac{1}{2}\sigma_1^2\beta_1(\beta_1-1)+\alpha_1\beta_1-(r+\lambda)}$.[191] Dadurch ist die gesamte Lösung gleich

$$F_1(x) = A_A x^{\gamma_1} - \frac{\lambda B_A x^{\beta_1}}{\frac{1}{2}\sigma_1^2\beta_1(\beta_1-1) + \alpha_1\beta_1 - (r+\lambda)}. \tag{5.94}$$

Für die Bestimmung des optimalen Investitionsschwellwerts x_1^* werden zusätzlich wieder die bekannten Nebenbedingungen gefordert. Zum Zeitpunkt der Investition muss beim optimalen Investitionsschwellwert x_1^* die Value-Matching-Condition

$$F_1(x_1^*) = \pi_1(x_1^*) \tag{5.95}$$

und die Smooth-Pasting-Condition

$$\left.\frac{\partial F_1(x)}{\partial x}\right|_{x=x_1^*} = \left.\frac{\partial \pi_1(x)}{\partial x}\right|_{x=x_1^*} \tag{5.96}$$

gelten. Da der Optionswert $F_1(x)$ durch $F_2(x)$ davon abhängt, ob $x \geq x_2^*$ oder $x < x_2^*$ ist, muss für die weitere Untersuchung wieder eine Fallunterscheidung eingeführt werden. Die Lösung hängt davon ab, ob der Schwellwert in der Wachstumsphase x_1^* größer oder kleiner als x_2^* in der Sättigungsphase ist.[192] Die Fallunterscheidung wird in Abbildung 42 verdeutlicht.

Für den **ersten Fall** $x_1^* < x_2^*$ sind die Bedingungen sind dann

$$A_A x_1^{*\gamma_1} - \frac{\lambda B_A x_1^{*\beta_1}}{\frac{1}{2}\sigma_1^2\beta_1(\beta_1-1) + \alpha_1\beta_1 - (r+\lambda)} = \frac{x_1^*(r-\alpha_2+\lambda)}{(r-\alpha_2)(r-\alpha_1+\lambda)} - I \tag{5.97}$$

und

$$\gamma_1 A_A x_1^{*\gamma_1-1} - \frac{\beta_1 \lambda B_A x_1^{*\beta_1-1}}{\frac{1}{2}\sigma_1^2\beta_1(\beta_1-1) + \alpha_1\beta_1 - (r+\lambda)} = \frac{(r-\alpha_2+\lambda)}{(r-\alpha_2)(r-\alpha_1+\lambda)}. \tag{5.98}$$

Durch die zwei Gleichungen lassen sich die zwei Unbekannten A_A und x_1^* bestimmen.

---

[191] In der kanonischen Option wäre die Lösung $z = -\frac{1}{(-\lambda)}$, da die Unsicherheit in β_1 und der Optionswert $F_1(x)$ identisch wären. Dadurch wäre $\left(\frac{1}{2}\sigma_1^2\beta_1(\beta_1-1) + \alpha_1\beta_1 - r\right) = 0$ nach Gleichung (5.78) und als spezielle Lösung würde nur $B_A x^{\beta_1}$ verbleiben. Dies ist hier durch den Regime-Switch nicht der Fall.
[192] Auch wenn $x_1^* > x_2^*$ nicht intuitiv ist, so gibt es Fälle, wo in der Wachstumsphase stärkere Anreize als in der Sättigungsphase existieren, mit der Investition zu warten. Ein solcher Fall wird im nächsten Abschnitt gezeigt.

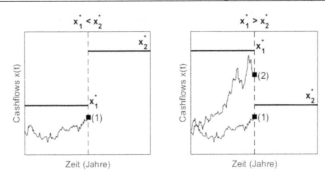

Abbildung 42: Investitionsfälle im Regime-Switch-Modell

Der optimale Investitionsschwellwert für die Wachstumsphase (fette durchgezogene Linie, x_1^*) und Sättigungsphase (fette durchgezogene Linie, x_2^*), möglicher Wechselzeitpunkt (gestrichelte Linie) und mögliche Realisationen des Prozesses (durchgezogene Linie) sowie die Übergangsbedingungen zum Wechsel: (1) Unternehmen erhält Optionswert, (2) Unternehmen erhält inneren Wert.

Für den **alternativen Fall** $x_1^* \geq x_2^*$ gelten die Gleichungen

$$C_A x_1^{*\gamma_1} + C_B x_1^{*\gamma_2} + \frac{\lambda x_1^*}{(r-\alpha_2)(r-\alpha_1+\lambda)} - \frac{\lambda I}{r+\lambda} \tag{5.99}$$
$$= \frac{x_1^*(r-\alpha_2+\lambda)}{(r-\alpha_2)(r-\alpha_1+\lambda)} - I$$

und

$$\gamma_1 C_A x_1^{*\beta_1-1} + \gamma_2 C_B x_1^{*\gamma_2-1} + \frac{\lambda}{(r-\alpha_2)(r-\alpha_1+\lambda)} \tag{5.100}$$
$$= \frac{(r-\alpha_2+\lambda)}{(r-\alpha_2)(r-\alpha_1+\lambda)}.$$

Zusätzlich muss in diesem Fall berücksichtigt werden, dass für den Optionswert $F_1(x)$ der Investitionsschwellwert x_2^* kein Entscheidungspunkt ist und x frei über diese Grenze verlaufen kann. Daher müssen die Optionswerte aus Gleichung (5.93) und (5.94) ebenfalls die Value-Matching und Smooth-Pasting Condition erfüllen, sodass ihre Werte und deren Ableitungen im Punkt x_2^* gleich sein müssen. Die zusätzlichen Gleichungen sind dann

$$C_A x_2^{*\gamma_1} + C_B x_2^{*\gamma_2} + \frac{\lambda x_2^*}{(r-\alpha_2)(r-\alpha_1+\lambda)} - \frac{\lambda I}{r+\lambda} \tag{5.101}$$
$$= A_A x_2^{*\gamma_1} - \frac{\lambda B_A x_2^{*\beta_1}}{\frac{1}{2}\sigma_1^2 \beta_1(\beta_1-1) + \alpha_1\beta_1 - (r+\lambda)}$$

Ansätze zu Modellerweiterungen bei Produktinnovationen 217

und

$$\gamma_1 C_A x_2^{*\beta_1-1} + \gamma_2 C_B x_2^{*\gamma_2-1} + \frac{\lambda}{(r-\alpha_2)(r-\alpha_1+\lambda)} \qquad (5.102)$$

$$= \gamma_1 A_A x_2^{*\gamma_1-1} - \frac{\beta_1 \lambda B_A x_2^{*\beta_1-1}}{\frac{1}{2}\sigma_1^2 \beta_1(\beta_1-1) + \alpha_1 \beta_1 - (r+\lambda)},$$

wobei für x_2^* der Wert aus Gleichung (5.84) eingesetzt wird. Durch diese vier Gleichungen können die Lösungen für x_1^*, A_1, C_1 und C_2 bestimmt werden. Tabelle 5 gibt einen Überblick über die verwendeten Formeln. Das Modell ohne Kapazitätswahl dient als Referenz und wird im Folgenden nicht weiter explizit berücksichtigt.

Optionswert in der Wachstumsphase (mit Kapazitätswahl)

Wird die Option mit Kapazitätswahl betrachtet, so lassen sich die notwendigen Bedingungen leicht anpassen. Der Optionswert $F_2(x)$ aus Gleichung (5.91) ist nun $B_A x^{\beta_1}$ für $x < x_2^*$ und $c_2^*(x) V_2(x) - I_2\big(c_2^*(x)\big)$ unter Berücksichtigung der optimalen Kapazität aus Gleichung (5.72) für $x \geq x_2^*$. Werden die Gleichungen (5.93) und (5.94) angepasst, ergibt die Lösung für den Optionswert in der Wachstumsphase:

$$F_2(x) \qquad (5.103)$$

$$= \begin{cases} A_A x^{\gamma_1} - \dfrac{\lambda B_A x^{\beta_1}}{\frac{1}{2}\sigma_1^2 \beta_1(\beta_1-1) + \alpha_1 \beta_1 - (r+\lambda)} & \text{für } x < x_2^* \\ C_A x^{\gamma_1} + C_B x^{\gamma_2} + \dfrac{\lambda c_2^*(x) x}{(r-\alpha_2)(r-\alpha_1+\lambda)} - \dfrac{\lambda}{r+\lambda}\dfrac{c_2^*(x)}{1-c_2^*(x)} & \text{für } x \geq x_2^* \end{cases}$$

Auch in diesem Fall gelten die Nebenbedingungen aus Gleichung (5.95) und Gleichung (5.96) mit $\pi_1(x) = c_1^*(x) V_1(x) - I_1\big(c_1^*(x)\big)$ unter Berücksichtigung der optimalen Kapazität aus Gleichung (5.73). Auch diese Lösung hängt vom Verhältnis der Schwellwerte in der Wachstums- und Sättigungsphase zueinander ab.

Für den Fall $x_1^* < x_2^*$ geben die Gleichungen

$$A_A x_1^{*\gamma_1} - \frac{\lambda B_A x_1^{*\beta_1}}{\frac{1}{2}\sigma_1^2 \beta_1(\beta_1 - 1) + \alpha_1 \beta_1 - (r + \lambda)} \qquad (5.104)$$

$$= \frac{x_1^*(r - \alpha_2 + \lambda)}{(r - \alpha_2)(r - \alpha_1 + \lambda)} + 1$$

$$- 2\frac{\sqrt{x_1^*(r - \alpha_2)(r - \alpha_2 + \lambda)(r - \alpha_1 + \lambda)}}{(r - \alpha_2)(r - \alpha_1 + \lambda)}$$

und

$$\gamma_1 A_A x_1^{*\gamma_1 - 1} - \frac{\beta_1 \lambda B_A x_1^{*\beta_1 - 1}}{\frac{1}{2}\sigma_1^2 \beta_1(\beta_1 - 1) + \alpha_1 \beta_1 - (r + \lambda)} \qquad (5.105)$$

$$= \frac{r - \alpha_2 + \lambda}{(r - \alpha_2)(r - \alpha_1 + \lambda)}$$

$$- \frac{r - \alpha_2 + \lambda}{\sqrt{x_1^*(r - \alpha_2)(r - \alpha_2 + \lambda)(r - \alpha_1 + \lambda)}}$$

die Lösung für die unbekannten A_1 und x_1^*, wodurch ebenfalls die optimale Kapazität $c_1^*(x_1^*)$ bestimmt werden kann.

Im zweiten möglichen Fall $x_1^* \geq x_2^*$ gelten die Gleichungen

$$C_A x_1^{*\gamma_1} + C_B x_1^{*\gamma_2} + \frac{\lambda x_1^*}{(r - \alpha_2)(r - \alpha_1 + \lambda)} + \frac{\lambda}{r + \lambda} \qquad (5.106)$$

$$- \frac{16\lambda\sqrt{x_1^*(r - \alpha_2)}}{(r - \alpha_2)(\sigma_1^2 - 4\alpha_1 + 8\lambda + 8r)}$$

$$= \frac{x_1^*(r - \alpha_2 + \lambda)}{(r - \alpha_2)(r - \alpha_1 + \lambda)} + 1$$

$$- 2\frac{\sqrt{x_1^*(r - \alpha_2)(r - \alpha_2 + \lambda)(r - \alpha_1 + \lambda)}}{(r - \alpha_2)(r - \alpha_1 + \lambda)}$$

und

Ansätze zu Modellerweiterungen bei Produktinnovationen

$$\gamma_1 C_A x_1^{*\beta_1-1} + \gamma_2 C_B x_1^{*\gamma_2-1} + \frac{\lambda}{(r-\alpha_2)(r-\alpha_1+\lambda)} \quad (5.107)$$

$$- \frac{8\lambda}{\sqrt{x_1^*(r-\alpha_2)}(\sigma_1^2 - 4\alpha_1 + 8\lambda + 8r)}$$

$$= \frac{r - \alpha_2 + \lambda}{(r-\alpha_2)(r-\alpha_1+\lambda)}$$

$$- \frac{r - \alpha_2 + \lambda}{\sqrt{x_1^*(r-\alpha_2)(r-\alpha_2+\lambda)(r-\alpha_1+\lambda)}}.$$

Da der Optionswert $F_2(x)$ an der Stelle x_2^* wieder stetig differenzierbar sein muss, gelten zusätzlich die Bedingungen

$$C_A x_2^{*\gamma_1} + C_B x_2^{*\gamma_2} + \frac{\lambda x_2^*}{(r-\alpha_2)(r-\alpha_1+\lambda)} + \frac{\lambda}{r+\lambda} \quad (5.108)$$

$$- \frac{16\lambda\sqrt{x_2^*(r-\alpha_2)}}{(r-\alpha_2)(\sigma_1^2 - 4\alpha_1 + 8\lambda + 8r)}$$

$$= A_A x_2^{*\gamma_1} - \frac{\lambda B_A x_2^{*\beta_1}}{\frac{1}{2}\sigma_1^2 \beta_1(\beta_1 - 1) + \alpha_1 \beta_1 - (r+\lambda)}$$

und

$$\gamma_1 C_A x_2^{*\beta_1-1} + \gamma_2 C_B x_2^{*\gamma_2-1} + \frac{\lambda}{(r-a_2)(r-\alpha_1+\lambda)} \quad (5.109)$$

$$- \frac{8\lambda}{\sqrt{x_2^*(r-\alpha_2)}(\sigma_1^2 - 4\alpha_1 + 8\lambda + 8r)}$$

$$= \gamma_1 A_A x_2^{*\gamma_1-1} - \frac{\beta_1 \lambda B_A x_2^{*\beta_1-1}}{\frac{1}{2}\sigma_1^2 \beta_1(\beta_1 - 1) + \alpha_1 \beta_1 - (r+\lambda)}.$$

Für x_2^* muss in diesem Fall die Lösung aus Gleichung (5.88) eingetragen werden. Diese vier Gleichungen liefern wiederum die vier Unbekannten x_1^*, A_1, C_1 und C_2, wodurch ebenfalls die optimale Kapazität $c_1^*(x_1^*)$ ermittelt werden kann. Auch für den Fall mit Kapazitätswahl werden die Formeln in Tabelle 5 zusammengefasst.

Tabelle 5: Formelüberblick Regime-Switch

Ohne Kapazität		Mit Kapazität	
Sättigung	**Wachstum**	**Sättigung**	**Wachstum**

Cashflow

$$dx = \alpha_i x dt + \sigma_i x dW \text{ für } i = 1,2$$

Projektwert

$V_2(x) = \dfrac{x}{\delta_2}$	$V_1(x) = \dfrac{x(\delta_2 + \lambda)}{(\delta_2)(\delta_1 + \lambda)}$	$V_2(x) = \dfrac{x}{\delta_2}$	$V_1(x) = \dfrac{x(\delta_2 + \lambda)}{(\delta_2)(\delta_1 + \lambda)}$

Investitionsausgaben

| I | | $I_i(c_i) = c_i(1 - c_i)^{-1}$ | |

Innerer Wert

$\pi_2(x) = V_2(x) - I$	$\pi_1(x) = V_1(x) - I$	$\pi_2(x) = c_2 V_2(x) - I_2(c_2)$	$\pi_1(x) = c_1 V_1(x) - I_1(c_1)$

Kapazität

		$c_2^*(x) = \dfrac{x - \sqrt{x(\delta_2)}}{x}$	$c_1^*(x) = 1 - \dfrac{\sqrt{x\delta_2(\delta_2 + \lambda)(\delta_1 + \lambda)}}{x(\delta_2 + \lambda)}$

Optionswert Sättigung

$F^1(x(t)) = B_A x^{\beta_1}$ mit $B_A = \dfrac{(\beta_1 - 1)^{(\beta_1 - 1)} I^{-(\beta_1 - 1)}}{(\delta_2 \beta_1)^{\beta_1}}$ $x_2^* = \dfrac{\beta_1}{\beta_1 - 1} \delta_2 I$		$F^1(x(t)) = B_A x^{\beta_1}$ mit $B_A = \left(\left(\dfrac{\beta_1}{\beta_1 - 1}\right)^2 \delta_2\right)^{-\beta_1} (\beta_1 - 1)^{-2}$ $x_2^* = \left(\dfrac{\beta_1}{\beta_1 - 1}\right)^2 \delta_2, \; c_2^* = \dfrac{1}{\beta_1}$	

Optionswert Wachstum Fall $x_1^* < x_2^*$

$A_A x_1^{*\gamma_1} + z\lambda B_A x_1^{*\beta_1} = \dfrac{x_1^*(\delta_2 + \lambda)}{\delta_2(\delta_1 + \lambda)} - I$ $\gamma_1 A_A x_1^{*\gamma_1 - 1} + z\beta_1 \lambda B_A x_1^{*\beta_1 - 1} = \dfrac{(\delta_2 + \lambda)}{\delta_2(\delta_1 + \lambda)}$		$A_A x_1^{*\gamma_1} + z\lambda B_A x_1^{*\beta_1} = \dfrac{x_1^*(\delta_2 + \lambda)}{\delta_2(\delta_1 + \lambda)} + 1 - 2\dfrac{\sqrt{x_1^*\delta_2(\delta_2 + \lambda)(\delta_1 + \lambda)}}{\delta_2(\delta_1 + \lambda)}$ $\gamma_1 A_A x_1^{*\gamma_1 - 1} + z\beta_1 \lambda B_A x_1^{*\beta_1 - 1} = \dfrac{\delta_2 + \lambda}{\delta_2(\delta_1 + \lambda)} - \dfrac{\delta_2 + \lambda}{\sqrt{x_1^*\delta_2(\delta_2 + \lambda)(\delta_1 + \lambda)}}$	

Optionswert Wachstum Fall $x_1^* \geq x_2^*$

$C_A x_1^{*\gamma_1} + C_B x_1^{*\gamma_2} + \dfrac{\lambda x_1^*}{\delta_2(\delta_1 + \lambda)} - \dfrac{\lambda I}{r + \lambda} = \dfrac{x_1^*(\delta_2 + \lambda)}{\delta_2(\delta_1 + \lambda)} - I$ $\gamma_1 C_A x_1^{*\beta_1 - 1} + \gamma_2 C_B x_1^{*\gamma_2 - 1} + \dfrac{\lambda}{\delta_2(\delta_1 + \lambda)} = \dfrac{(\delta_2 + \lambda)}{\delta_2(\delta_1 + \lambda)}$		$C_A x_1^{*\gamma_1} + C_B x_1^{*\gamma_2} + \dfrac{\lambda x_1^*}{\delta_2(\delta_1 + \lambda)} + \dfrac{\lambda}{r + \lambda} - \dfrac{16\lambda\sqrt{x_1^*\delta_2}}{\delta_2(\sigma_1^2 - 4a_1 + 8\lambda + 8r)}$ $= \dfrac{x_1^*(\delta_2 + \lambda)}{\delta_2(\delta_1 + \lambda)} + 1 - 2\dfrac{\sqrt{x_1^*\delta_2(\delta_2 + \lambda)(\delta_1 + \lambda)}}{\delta_2(\delta_1 + \lambda)}$ $\gamma_1 C_A x_1^{*\beta_1 - 1} + \gamma_2 C_B x_1^{*\gamma_2 - 1} + \dfrac{\lambda}{\delta_2(\delta_1 + \lambda)} - \dfrac{8\lambda}{\sqrt{x_1^*\delta_2}(\sigma_1^2 - 4a_1 + 8\lambda + 8r)} = \dfrac{\delta_2 + \lambda}{\delta_2(\delta_1 + \lambda)} - \dfrac{\delta_2 + \lambda}{\sqrt{x_1^*\delta_2(\delta_2 + \lambda)(\delta_1 + \lambda)}}$	
$C_A x_2^{*\gamma_1} + C_B x_2^{*\gamma_2} + \dfrac{\lambda x_2^*}{\delta_2(\delta_1 + \lambda)} - \dfrac{\lambda I}{r + \lambda} = A_A x_2^{*\gamma_1} + z\lambda B_A x_2^{*\beta_1}$ $\gamma_1 C_A x_2^{*\beta_1 - 1} + \gamma_2 C_B x_2^{*\gamma_2 - 1} + \dfrac{\lambda}{\delta_2(\delta_1 + \lambda)} = \gamma_1 A_A x_2^{*\gamma_1 - 1} + z\beta_1 \lambda B_A x_2^{*\beta_1 - 1}$		$C_A x_2^{*\gamma_1} + C_B x_2^{*\gamma_2} + \dfrac{\lambda x_2^*}{\delta_2(\delta_1 + \lambda)} + \dfrac{\lambda}{r + \lambda} - \dfrac{16\lambda\sqrt{x_2^*\delta_2}}{\delta_2(\sigma_1^2 - 4a_1 + 8\lambda + 8r)} = A_A x_2^{*\gamma_1} + z\lambda B_A x_2^{*\beta_1}$ $\gamma_1 C_A x_2^{*\beta_1 - 1} + \gamma_2 C_B x_2^{*\gamma_2 - 1} + \dfrac{\lambda}{\delta_2(\delta_1 + \lambda)} - \dfrac{8\lambda}{\sqrt{x_2^*\delta_2}(\sigma_1^2 - 4a_1 + 8\lambda + 8r)} = \gamma_1 A_A x_2^{*\gamma_1 - 1} + z\beta_1 \lambda B_A x_2^{*\beta_1 - 1}$	

Übersicht der Formeln und Bedingungen für die Optionswerte im Regime-Switch-Modell für die Wachstums- und Sättigungsphase, jeweils für das Modell mit und ohne Kapazitätswahl mit den Substitutionen $\delta_1 = r - \alpha_1$, $\delta_2 = r - \alpha_2$ und $z = -\left(\dfrac{1}{2}\sigma_1^2 \beta_1(\beta_1 - 1) + \alpha_1 \beta_1 - (r + \lambda)\right)^{-1}$.

5.3.4 Die optimale Investitionsstrategie

In dem vorgestellten Modell versucht das Unternehmen den Wert der Investitionsmöglichkeit zu maximieren, indem es die optimale Investitionsstrategie in der Wachstums- und Sättigungsphase den Marktbedingungen anpasst. Dabei besteht die Strategie aus einem optimalen Investitionsschwellwert und einer optimalen Kapazität für jede Phase. Je nachdem, in welcher Phase sich der Markt gerade befindet, ändert sich das Investitionsverhalten. Um im Folgenden die Auswirkung der einzelnen Modellparameter auf die optimale Investitionsstrategie zu untersuchen, wird von den Standardwerten $a_1 = 0{,}1$, $a_2 = -0{,}1$, $\lambda = 0{,}2$, $\sigma_1 = 0{,}2$, $\sigma_2 = 0{,}2$, $r = 0{,}1$ und $x_0 = 0{,}2$ ausgegangen.[193]

Um die nachfolgenden Ergebnisse zu interpretieren, sind einige Vorüberlegungen sinnvoll. Bei der hier betrachteten Modellierung ist es wichtig zu berücksichtigen, dass die Kapazitätswahl für jedes mögliche Cashflow-Level x durchgeführt werden kann.[194] Diese Wahl ist zunächst unabhängig von dem dann gewählten Investitionszeitpunkt bzw. dem Schwellwert. Somit kann der für jeden Cashflow zu erwartende Profit π_i bei optimaler Kapazität c_i^* bestimmt werden. Die Intuition ist wie folgt: Das Unternehmen kann x beobachten und theoretisch zu jedem möglichen Wert investieren. Sollte es bei diesem Cashflow x investieren, so beträgt die optimale Kapazität $c_i^*(x)$ nach Gleichung (5.72) und (5.73). Die optimale Kapazität hängt somit von diesem Cashflow-Niveau ab. Diese Kapazität kann in die Profitfunktion in Gleichung (5.70) eingesetzt werden, wonach sich der optimale Profit bei Investition direkt als $\pi_i(x) = c_i^*(x) V_i\big(x(t)\big) - I_i\big(c_i^*(x)\big)$ bestimmen lässt. Es ist nun wichtig zu erkennen, dass ein höherer betrachteter Cashflow x auch direkt zu einem positiveren Projektwert $V_i(x)$ führt. Dies rechtfertigt somit eine höhere Kapazität und zieht schließlich höhere Investitionsausgaben $I_i\big(c_i^*(x)\big)$ nach sich. Es ist jedoch zu erwarten, dass diese höheren Ausgaben auch den Investitionsschwellwert erhöhen. Dies würde aber wiederum einem höheren beobachteten x zum Investitionszeitpunkt entsprechen. Ein leicht positiver Markt kann somit sehr schnell zu viel höheren Kapazitäten und Schwellwerten

---

[193] Um das Modell später mit dem Bass-Modell vergleichen zu können, werden ähnliche Ausgangswerte angenommen. Insbesondere ist durch die Wahl des Regimewechselfaktors der Regimewechselzeitpunkt $\frac{1}{\lambda} = 5$, was ungefähr dem erwarteten Zeitpunkt des Maximums der Cashflows im Produktlebenszyklus $t_{max} = \ln\left(-\frac{(A-N)b}{Ab+Na}\right)/(a+b) = 4{,}2$ entspricht. Die Unterschiede und Gemeinsamkeiten der Modelle werden eingehender in Unterkapitel 6.3 diskutiert.

[194] Siehe Gleichung (5.70) für den Profit zum Investitionszeitpunkt und die Optimalitätsbedingung (5.71).

führen. Dieser Kapazitätseffekt wird im Folgenden bei der Interpretation berücksichtigt.

Die optimalen Investitionsschwellwerte werden in Abbildung 43 zusammen mit dem erwarteten Verlauf der Cashflows und drei möglichen Realisationen des Prozesses verdeutlicht. Bei den gegebenen Parameterwerten ist mit $x_1^* \geq x_2^*$ der Schwellwert in der Wachstumsphase höher als in der Sättigungsphase. Dieser Effekt steht im klaren Widerspruch zu den Erkenntnissen aus dem verhaltensökonomischen Modell aus Unterkapitel 5.2, in dem der Schwellwert zunächst niedriger und später höher war. Diese Beobachtung lässt sich mit dem zuvor diskutierten Kapazitätseffekt erklären: Der positive Marktausblick in der Wachstumsphase gibt den Anlass für eine hohe Kapazitätswahl, die wiederum zu höheren Investitionsausgaben und schließlich einem höheren Schwellwert führt.[195]

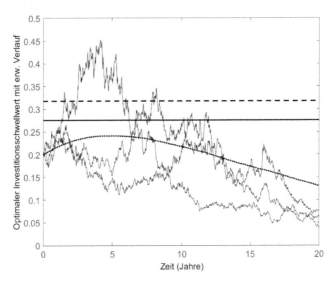

Abbildung 43: Der optimale Investitionsschwellwert mit Regime-Switch-Prozess

Die optimalen Schwellwerte in der Wachstums- (gestrichelte Linie) und Sättigungsphase (fette durchgezogene Linie) sowie die erwarteten Cashflows (gepunktete Linie) und drei mögliche Realisationen des Prozess (durchgezogene Linie) in Abhängigkeit von der Zeit.

---

[195] Wie später ersichtlich wird, lässt sich dieser Fall am ehesten mit dem Fall geringer Innovatoren im Bass-Modell vergleichen. Wie in Abschnitt 6.1.2 gezeigt wird, kann das Unternehmen dann auch in Erwartung eines späteren positiven Marktes früh viel investieren.

Die optimalen Kapazitäten für jedes Regime betragen im betrachteten Beispiel $c_1^* = 0{,}4418$ und $c_2^* = 0{,}1483$. Somit ist, wie erwartet, die gewählte Kapazität in der Wachstumsphase viel höher als in der Sättigungsphase. Dementsprechend sind auch die notwendigen Investitionsausgaben in der ersten Phase mit $I(c_1^*) = 0{,}79$ viel höher als in der zweiten Phase mit $I(c_2^*) = 0{,}17$. Diese höheren Investitionen würden auch einen höheren Schwellwert begründen. Allerdings ist der Schwellwert in der Wachstumsphase nur geringfügig höher als in der Sättigungsphase. Das liegt daran, dass der Anteil am Projektwert zum optimalen Investitionszeitpunkt bei optimaler Kapazität in der ersten Phase mit $c_1^* V(x_1^*) = 1{,}4$ wesentlich höher ist als $c_2^* V(x_2^*) = 0{,}2$ in der zweiten Phase. Die angeführte Argumentation zum Kapazitätseffekt ist somit begründet.

Die mögliche Entwicklung des Regime-Switch-Prozesses und das damit verbundene optimale Investitionsverhalten wird in Abbildung 44 gezeigt. In Abbildung 44(a) entwickeln sich die Einnahmen aus dem Produktverkauf schnell positiv und reißen den Schwellwert x_1^*, was die Investition in der Wachstumsphase auslöst. Im Vergleich dazu wechselt das Produkt in Abbildung 44(b) schnell in die Sättigungsphase und der untere Schwellwert x_2^* wird später gerissen. In Abbildung 44(c) hingegen befindet sich der Prozess bereits früher und zum Zeitpunkt des Wechsels in die Sättigungsphase über dem Schwellwert x_2^*. Dadurch wird die Investition sofort nach dem Wechsel ausgeführt, obwohl das Unternehmen in der Wachstumsphase bei den momentan zu beobachtenden Cashflows nicht investiert hätte. Diese Abbildung verdeutlicht, wie der Regime-Switch den Produktlebenszyklus und den Projektwert beeinflusst. Obwohl das Unternehmen zum Investitionszeitpunkt bereits $t = 12$ Jahre mit der Investition gewartet hätte, wäre die erwartete verbleibende Zeit in der Sättigungsphase weiterhin $\frac{1}{\lambda} = 5$ Jahre gewesen. Das Unternehmen hätte in Erwartung die Investition optimal weiter verzögern sollen. Erst der einen Moment später beobachtete Wechsel in die Sättigungsphase ändert die Marktbedingungen und veranlasst das Unternehmen zur optimalen Investition.

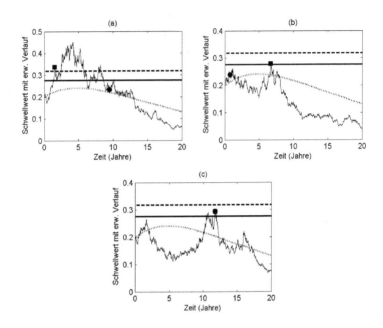

Abbildung 44: Investitionszeitpunkte beim Regime-Switch-Prozess

Die optimalen Schwellwerte in der Wachstums- (gestrichelte Linie) und Sättigungsphase (fette durchgezogene Linie) sowie die erwarteten Cashflows (gepunktete Linie) für drei mögliche Realisationen des Prozess (durchgezogene Linie) in Abhängigkeit von der Zeit mit Zeitpunkt des Regime-Switch (Kreis) und der Investition (Quadrat)

6 Vergleich der Entscheidungsmodelle

In Kapitel 5 wurden zwei Modellansätze entwickelt, mit denen verschiedene Aspekte der Investitionsplanung bei Produktinnovationen berücksichtigt werden können. Diese berücksichtigen insbesondere, dass die Investitionsentscheidung unter Unsicherheit getroffen werden muss. Auf dieser Basis wird in diesem Kapitel untersucht, welche Aussagen und Empfehlungen zum optimalen Investitionsverhalten von Unternehmen getroffen werden können. Dabei gibt es vor allem zwei wichtige Fragestellungen: Erstens ist von Interesse, welche Rückschlüsse sich aus beiden Modellen gleichermaßen ziehen lassen und somit die Investition in ein neues Produkt eindeutig charakterisieren. Zweitens ist zu untersuchen, welche Schlussfolgerungen auf individueller Modellbasis getroffen werden können, wobei sie auf kritische Entscheidungsaspekte hindeuten würden.

Um diesen Fragestellungen nachzugehen, werden die Modelle zunächst getrennt bezüglich der optimalen Investitionsstrategie untersucht. In Unterkapitel 6.1 wird das Modell mit dem verhaltensökonomischen Ansatz untersucht und auf das Batterieszenario angewandt. Das zweite Modell wird gleichermaßen in Unterkapitel 6.2 analysiert. Diese beiden Unterkapitel dienen somit als Grundlage, um vorwiegend die zweite und dritte genannte Fragestellung zu untersuchen, aber auch um die Antwort auf die erste Frage vorzubereiten. Die wichtigen Kernaussagen werden schließlich in Unterkapitel 6.3 zusammengefasst.

6.1 Komparative Analyse – Bass-Modell

Zunächst wird die Modellierung des Produktlebenszyklus mit Hilfe des Bass-Modells aus Unterkapitel 5.2 betrachtet. Wie gezeigt wurde, hat der optimale Schwellwert einen S-förmigen Verlauf über die Zeit. Gleichzeitig verändert sich die optimale Kapazität, die zu jedem Zeitpunkt gewählt werden sollte. Der spezifische Verlauf des Schwellwerts und die gewählte Kapazität hängen maßgeblich von den gewählten Parametern des Modells ab. Ausgehend von den in Abschnitt 5.2.4 angenommenen Standardwerten $S = 10$, $a = 0{,}05$, $b = 0{,}5$, $A = 0$, $\sigma = 0{,}2$, $I = 8$ und $r = 0{,}05$ wird zunächst der Einfluss des Diskontfaktors r und der Höhe der Grundausgaben I untersucht, welche hauptsächlich die Faktoren der Investitionsentscheidung darstellen. In den weiteren Abschnitten werden anschließend die Unsicherheit und die Faktoren des

Produktlebenszyklus betrachtet, die wiederum maßgeblich den potentiellen Wert aus dem Produktverkauf beeinflussen.

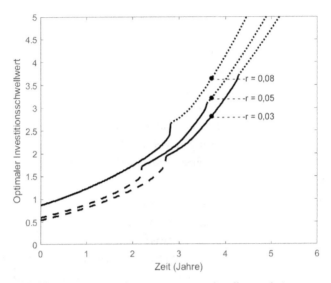

Abbildung 45: Optimaler Investitionsschwellwert bei unterschiedlichem Diskontfaktor

Der optimale Investitionsschwellwert in Cashflows in Abhängigkeit von der Zeit für unterschiedliche Diskontfaktoren $r = 0{,}03$, $r = 0{,}05$ und $r = 0{,}08$: niedrige Kapazität (gestrichelte Linie), mittlere Kapazität (durchgezogene Linie), hohe Kapazität (gepunktete Linie).

Die Änderung des optimalen Investitionsschwellwertes und der damit verbundenen Kapazitätswahl bei verändertem Diskontfaktor r ist in Abbildung 45 dargestellt. Wie nach der Literatur zu erwarten war, führt ein höherer Diskontfaktor zu einem höheren Schwellwert, was den Anreiz verringert, zu einem jeden beliebigen Zeitpunkt zu investieren (Dixit & Pindyck, 1994, S. 155). Der Faktor beeinflusst sowohl den Barwert der erwarteten Cashflows als auch die Opportunitätskosten dafür, mit der Investition zu warten. Hier ist der erste Effekt stärker und führt zu einer weniger attraktiven Investitionsmöglichkeit und somit zu einem höheren Schwellwert. Wie bereits in Abschnitt 5.2.4 beschrieben, bietet ein höherer Schwellwert aber auch einen Anreiz, in eine höhere Kapazität zu investieren. Sollte der Markt sich dann entsprechend positiv entwickeln und die Cashflows den Schwellwert erreichen, ist eine höhere Kapazität gerechtfertigt. Da in dem Modell nur drei diskrete Kapazitäten zur Auswahl stehen, erfolgt nicht bei jeder Erhöhung eine Anpassung. Im Zeitpunkt $t = 1$ führt eine Erhöhung des Diskontfaktors von $r = 0{,}03$ auf $r = 0{,}05$ zu einem höheren Schwellwert bei gleicher Kapazität. Erst bei $r = 0{,}08$ ist der Schwellwert hoch genug, um eine größere, in diesem Fall die mittlere Kapazität zu rechtfertigen. Insgesamt wird aber bei höherem Diskontfaktor r tendenziell früher in höhere Kapazitäten investiert.

Die daraus resultierende Auswirkung auf die tatsächlich zu erwartenden diskontierten Investitionen sind vielschichtig. Zum einen verringert ein höherer Schwellwert die Wahrscheinlichkeit einer Investition.[196] Gleichzeitig wirkt der Diskonteffekt bei höherem Diskontfaktor stärker. Dem entgegengesetzt führt ein höherer Schwellwert potentiell zu höheren Kapazitäten und somit zu größeren notwendigen Investitionen. Diese Kräfte werden in Tabelle 6 deutlich, welche für die diskutierten Fälle die Investitionswahrscheinlichkeiten und erwarteten diskontierten Investitionen angibt. Wie erwartet, sinkt die Investitionswahrscheinlichkeit bei höherem Diskontfaktor, was auf den Schwellwerteffekt zurückzuführen ist. Weniger kalkulierbar sinken damit auch die erwarteten Investitionen, trotz teilweise höherer geplanter Kapazität. Während bei $r = 0{,}03$ mit $E(I) = 5{,}73$ im Vergleich zur Grundinvestition mit $I = 8$ noch relativ viel investiert wird, geht der Betrag stark zurück bei höherem Diskontfaktor. Diese Effekte wurden so genau in der Literatur noch nicht betrachtet. Vor dem Hintergrund der diskutierten Wirkungsweise bilden sie jedoch voraussehbare Ergebnisse.

Tabelle 6: Bass-Modell – Einfluss des Diskontfaktors auf die Strategie

	$r = 0{,}03$	$r = 0{,}05$	$r = 0{,}08$
$\mathbb{P}(Invest)$	0,7257	0,4731	0,0868
$E(I)$	5,73	3,65	0,74

Die Wahrscheinlichkeit zu investieren $\mathbb{P}(Invest)$ und die erwartete diskontierte Investition $E(I)$ bei gegebenem Diskontfaktor r. Bestimmt durch Simulation, basierend auf den zuvor bestimmten optimalen Investitionsschwellwerten und Kapazitäten.

Weiterhin hat auch eine Veränderung der Investition I starke Auswirkungen auf das optimale Investitionsverhalten, da sie das direkte Gegengewicht zu den erwarteten möglichen Cashflows bei der Investitionsmöglichkeit bildet. Diese Wirkung wird direkt durch die notwendigen Ausgaben für die gewählte Kapazität getrieben. Wie in Abbildung 46 zu sehen ist, führen höhere notwendige Investitionsausgaben zu höheren optimalen Schwellwerten. Der Markt muss sich dann positiver entwickeln und

---

[196] Der Diskontfaktor beeinflusst nicht den Prozess der Cashflows, sodass der höhere Schwellwert mit einer geringeren Wahrscheinlichkeit erreicht wird.

somit der Projektwert höher sein, um die höheren Ausgaben auszugleichen. Gleichzeitig führen höhere Schwellwerte, wie bereits beim Diskontfaktor beobachtet wurde, zu vergleichsweise früherer Investition in höhere Kapazitäten. Auch in diesem Fall würde ein Markt, der sich bereits so positiv entwickelt, um die Investition auszulösen, auch ggf. eine höhere Kapazität rechtfertigen.

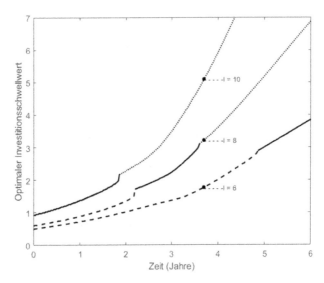

Abbildung 46: Optimaler Investitionsschwellwert bei unterschiedlichen Grundinvestitionsausgaben

Der optimale Investitionsschwellwert in Cashflows in Abhängigkeit von der Zeit für unterschiedliche Grundinvestitionen $I = 6, I = 8$ und $I = 10$: niedrige Kapazität (gestrichelte Linie), mittlere Kapazität (durchgezogene Linie), hohe Kapazität (gepunktete Linie).

Bemerkenswert ist, dass höhere Investitionsausgaben zu späteren Zeitpunkten des Produktlebenszyklus eine stärkere Auswirkung auf die Erhöhung des Schwellwertes haben als zu Beginn. Dies hat mehrere Gründe: Zum einen ist der Schwellwert am Ende des Produktlebenszyklus generell höher. Eine Investition kann dann noch sinnvoll sein, aber durch die Kapazitätsbeschränkung ist es schwer die Investitionsausgaben wieder zu erwirtschaften. Noch höhere Ausgaben führen deshalb schneller zu noch besseren Marktbedingungen, die notwendig sind, um die Investition auszulösen. Zum anderen werden, wie bereits erwähnt, eher höhere Kapazitäten gewählt. Diese höheren Kapazitäten führen zu höheren Investitionsausgaben, was wiederum den zuvor genannten Effekt noch verstärkt.

Eine Erhöhung (Verringerung) der Schwellwerte hat wiederum einen erheblichen negativen (positiven) Einfluss auf die Wahrscheinlichkeit, überhaupt zu investieren. Diese Auswirkungen werden zusammen mit der erwarteten diskontierten Investition in Tabelle 7 betrachtet. Die Wirkung auf die Investitionswahrscheinlichkeit ist, wie beschrieben, eindeutig und erheblich. Bei den gewählten Parameterwerten führt eine Verringerung der Investitionsausgaben um 25 % zu einer sicheren Investition, wohingegen eine Erhöhung um 25 % die Investition fast verhindert. Die Auswirkung auf die erwartete Investition ist nicht so einfach abschätzbar. Einerseits führt eine niedrigere (höhere) Investitionswahrscheinlichkeit zu einem ebenfalls negativen (positiven) Einfluss auf die erwartete diskontierte Investition. Andererseits wurden diese Effekte erst durch eine höhere (niedrigere) Grundinvestition ausgelöst, was zu höheren (niedrigeren) erwarteten Investitionen führt. Insgesamt dominiert aber in diesem Beispiel der erste Effekt, wie in Tabelle 7 zu sehen ist. Im sicheren Fall wird die notwendige Investition und die kleine Kapazität mit $I_{c_1} = \sqrt{c_1} I = 6\sqrt{1}$ sicher getätigt, wohingegen bei höheren Investitionen in Erwartung fast nichts getätigt wird.

Tabelle 7: Bass-Modell – Einfluss der Grundinvestition auf die Strategie

	$I = 6$	$I = 8$	$I = 10$
$\mathbb{P}(Invest)$	1	0,4731	0,0165
$E(I)$	6	3,65	0,19

Die Wahrscheinlichkeit zu investieren $\mathbb{P}(Invest)$ und die erwartete diskontierte Investition $E(I)$ bei gegebener Grundinvestition I. Bestimmt durch Simulation basierend auf den zuvor bestimmten optimalen Investitionsschwellwerten und Kapazitäten.

Der Einfluss der Unsicherheit und der Parameter des Bass-Modells, welche den Produktlebenszyklus beeinflussen, werden im Folgenden gesondert betrachtet.

6.1.1 Einfluss der Unsicherheit

Die Unsicherheit über die möglichen zukünftigen Cashflows aus dem Produktverkauf hat einen entscheidenden Einfluss auf den Wert der Investitionsmöglichkeit und auf die optimale Investitionsstrategie. Im Gegensatz zu dem zuvor diskutierten Diskontfaktor und den Investitionsausgaben ist ihre Wirkung noch schwieriger abschätzbar. Aufgrund dieser komplexen Wirkungsweise der Unsicherheit ist es entscheidend den Zusammenhang zwischen Unsicherheit und Investition sehr genau zu betrachten, wie in Unterkapitel 5.1 ausführlich diskutiert wurde.

Zunächst hat die Unsicherheit, anders als der Diskontfaktor, keinen Einfluss auf die erwarteten zukünftigen Cashflows, wie aus Gleichung (5.35) ersichtlich ist. Der erwartete Projektwert bleibt unverändert. Aus Gleichung (5.40) wird ersichtlich, dass die Unsicherheit deshalb, wiederum anders als der Diskontfaktor und die Investitionsausgaben, auch nicht auf den erwarteten Gewinn zum Zeitpunkt der Investition wirkt. Die Unsicherheit wirkt stattdessen einerseits auf die der eigentlichen Investition vorgelagerte Möglichkeit zum Investieren, also der Entscheidungsmöglichkeit, die Investition aufzuschieben anstatt sofort zu investieren, vor dem Hintergrund, dass die möglichen Cashflows sich dann weiter unsicher entwickeln. Dieser Zusammenhang wird aus der Bellmann-Gleichung (5.43) und der daraus abgeleiteten Differentialgleichung (5.44) für den Optionswert erfasst. Dadurch beeinflusst die Unsicherheit den Wert der Investitionsmöglichkeit, also eben diesen Optionswert, und somit die Investitionsstrategie in Form des optimalen Investitionsschwellwerts. Andererseits beeinflusst die Unsicherheit die unsichere zukünftige Entwicklung der Cashflows direkt und somit die Wahrscheinlichkeit, dass dieser Schwellwert überhaupt erreicht wird. Beide Effekte zusammen beeinflussen schließlich, verstärkt durch veränderte optimale Kapazitäten, die erwartete diskontierte Investition.

Zunächst wird der Einfluss der Unsicherheit auf den Investitionsschwellwert betrachtet, welcher in Abbildung 47 gezeigt wird. In diesem Modell führt eine Erhöhung der Unsicherheit zu einer Erhöhung des optimalen Schwellwertes und eine Verringerung zu einem niedrigeren Schwellwert. Wie in der Literatur beschrieben, hat das Unternehmen bei höherer Unsicherheit einen Anreiz, mit der Investition zu warten (Dixit, 1993, Pennings, 2012, und Wong, 2010). Es kann durch den Aufschub der Investition die Entwicklung des Marktes beobachten, nur bei einer stärker positiven Entwicklung investieren und es entgeht dem Risiko einer zu frühen Investition bei negativer Marktentwicklung. Durch den Optionscharakter der Investitionsmöglichkeit profitiert das Unternehmen dadurch vom positiven Potential der Unsicherheit. Sollte sich der Markt, also die beobachtbaren Cashflows $x(t)$, positiv genug entwickeln, um den Schwellwert zu erreichen und die Investition auszulösen, hat das Unternehmen genug Puffer aufgebaut, um die Investition zu rechtfertigen. Selbst angesichts der Möglichkeit einer nachfolgenden negativen Entwicklung der Cashflows ist eine Investition dann gerechtfertigt. Somit repräsentiert der höhere Schwellwert einen höheren geforderten Aufschlag auf die Investitionsausgaben.[197]

---

[197] Dieser Zusammenhang ist bereits im kanonischen Modell ersichtlich. Gleichung (3.63) zeigt für das kanonische Modell den optimalen Schwellwert als Vielfaches der Investitionsausgaben.

Zusammen mit der Veränderung des Schwellwertes muss auch direkt die Veränderung der optimalen Kapazität berücksichtigt werden. In Übereinstimmung mit der Literatur zeigt Abbildung 47 ebenfalls zu jedem Zeitpunkt eine höhere optimale Kapazität bei höherem Schwellwert (siehe Dixit, 1993, Bøckman et al., 2008, und Sarkar, 2011). Weiterhin werden höhere Kapazitäten bei höherer Unsicherheit auch zeitlich früher installiert. Wie bei der Diskussion des Diskontfaktors oder der Investitionsausgaben entspricht ein höherer Schwellwert auch einem höheren Marktpotential, sollte dieser Schwellwert erreicht werden. Auch für den Fall einer höheren Unsicherheit würde dieses höhere Marktpotential höhere Investitionen in größere Kapazitäten rechtfertigen.

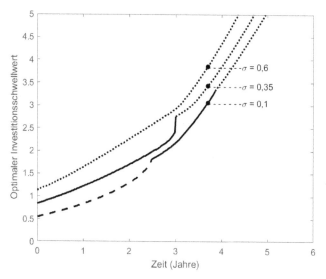

Abbildung 47: Optimaler Investitionsschwellwert bei unterschiedlicher Unsicherheit

Der optimale Investitionsschwellwert in Cashflows in Abhängigkeit von der Zeit für unterschiedliche Diskontfaktoren $\sigma = 0{,}1$, $\sigma = 0{,}35$ und $\sigma = 0{,}6$: niedrige Kapazität (gestrichelte Linie), mittlere Kapazität (durchgezogene Linie), hohe Kapazität (gepunktete Linie).

Es muss kritisch hinterfragt werden, wie die Unsicherheit die Investitionsneigung des Unternehmens beeinflusst. Der optimale Investitionsschwellwert kann dabei nur die Grundlage für die notwendige Diskussion bilden und die zugrunde liegenden Investitionsanreize verdeutlichen. Tatsächlich beeinflusst die Unsicherheit, im Gegensatz zum Diskontfaktor oder den Investitionsausgaben, durch den zweiten eingangs genannten Effekt auch die unsichere zukünftige Entwicklung der Cashflows. Eine höhere (niedrigere) Unsicherheit impliziert stärke (schwächere) mögliche Schwankungen der Cashflows in der Zukunft. Dadurch könnte eine höhere Unsicherheit auch dazu führen, dass selbst ein höherer Schwellwert eher erreicht wird. Diese Schwankungen beeinflussen somit die Wahrscheinlichkeit, mit der die Investition stattfindet, zusätzlich zur reinen Erhöhung oder Verringerung des Schwellwertes. In Tabelle 8 ist ersichtlich, dass die Wirkung über den höheren Schwellwert im vorliegenden Modell überwiegt. Eine Erhöhung der Unsicherheit verringert für die betrachteten Werte die Wahrscheinlichkeit einer Investition. Bemerkenswerterweise ist die Verringerung nicht so dramatisch wie bei einer ähnlichen Erhöhung des Schwellwerts durch den Diskontfaktor in Abbildung 45. Dies deutet an, wie höhere Schwankungen der Cashflows den höheren Schwellwert teilweise kompensieren.

Tabelle 8: Bass-Modell – Einfluss der Unsicherheit auf die Strategie

	$\sigma = 0{,}1$	$\sigma = 0{,}35$	$\sigma = 0{,}6$
$\mathbb{P}(Invest)$	0,4004	0,3087	0,3031
$E(I)$	3,1	2,83	3,17

Die Wahrscheinlichkeit zu investieren $\mathbb{P}(Invest)$ und die erwartete diskontierte Investition $E(I)$ bei gegebener Unsicherheit σ. Bestimmt durch Simulation basierend auf den zuvor bestimmten optimalen Investitionsschwellwerten und Kapazitäten.

Gerade vor dem Hintergrund der höheren installierten Kapazität bei höherem Schwellwert bietet Tabelle 8 noch eine weitere Erkenntnis hinsichtlich der erwarteten diskontierten Investition: Im Gegensatz zur Investitionswahrscheinlichkeit ist sie bei den betrachteten Werten nicht monoton fallend, sondern U-förmig. Während eine Erhöhung der Unsicherheit zunächst die erwarte Investition verringert, führt eine weitere Erhöhung zu höheren erwarteten diskontierten Investitionen, und dies trotz der niedrigeren Wahrscheinlichkeit zu investieren. Diese Wirkung der Unsicherheit muss somit auf den Kapazitätseffekt zurückzuführen sein. Sollte der Schwellwert für hohe Unsicherheit gerissen werden, wofür die Wahrscheinlichkeit geringer als bei niedriger Unsicherheit ist, wird das Unternehmen durch eine höhere optimale Kapazität mehr investieren. Diese Beobachtung wurde so in der Literatur noch nicht diskutiert. Es zeigt sich, wie in Unterkapitel 5.1 argumentiert, wie wichtig es ist den Einfluss der Unsicherheit auf die Investitionsneigung nicht nur durch den Schwellwert oder die Investitionswahrscheinlichkeit zu betrachten. Gerade durch die Wahl der optimalen Kapazität und den Produktlebenszyklus ergeben sich starke Einflüsse auf das optimale Investitionsverhalten.

6.1.2 Einfluss des Produktlebenszyklus: Innovatoren und Imitatoren

Neben der Unsicherheit haben auch der Innovationskoeffizient a und der Imitationskoeffizent b als Faktoren des Bass-Modells einen direkten Einfluss auf die zu erwartenden zukünftigen Cashflows. Sie beschreiben maßgeblich den Verlauf des Produktlebenszyklus. Dementsprechend ist zu erwarten, dass eine Änderung dieser Faktoren zu erheblichen Anpassungen in der optimalen Investitionsstrategie und dem zu beobachtenden Investitionsverhalten führt. Um den Einfluss dieser Faktoren zu verdeutlichen, zeigt Abbildung 48 zunächst den veränderten Verlauf des Produktlebenszyklus bei einer möglichen Änderungen der Faktoren. Im ersten Fall ohne Imitatoreneffekte mit $b = 0$ entspricht dies einem monoton abnehmenden Verlauf der erwarteten Cashflows. Aus Gleichung (5.25) ist ersichtlich, dass in diesem Fall die Wachstumsrate des stochastischen Prozess konstant $\alpha(t) = -a$ beträgt. Da keine neue Innovatoren den Markt betreten, wird der Absatz des neuen Produktes kontinuierlich abnehmen, was einer konstanten negativen Wachstumsrate im kanonischen Modell entspricht. Im Gegensatz zu diesem grundlegenden Modell besteht hier lediglich ergänzend noch die Möglichkeit der Kapazitätswahl. Der zeitunabhängige konstante optimale Schwellwert beträgt in diesem Fall $x^* = 1{,}4$ und das Unternehmen sollte eine hohe Kapzität wählen. Wie in den vorangegangenen Diskussionen ist der optimale Schwellwert hier im Vergleich zu den abnehmenden Cashflows so hoch, dass im Falle einer Investition trotz dieses abnehmenden Verlaufs noch eine hohe Kapazität gerechtfertigt ist.

Abbildung 48 zeigt neben diesem Sonderfall auch den Fall eines sehr geringen Einflusses der Innovatoren bei $a \to 0$.[198] In diesem Fall findet das neue Produkt zunächst nur schwer Absatz im Markt durch den fehlenden Innovatoreneffekt. Anders ausgedrückt gibt es keine Werbeeffekte, sondern fast nur Mundpropaganda der Imitatoren. Dadurch wird der Großteil der Cashflows auf spätere Zeitpunkte verlagert und das erwartete Maximum des Produktlebenszyklus verschiebt sich auf etwa 17 Jahre. Gleichzeitig sind zu Beginn des Produktlebenszyklus nur wenig Cashflows zu beobachten. Es ist daher zu erwarten, dass Unternehmen in diesem Fall die Investition in das Produkt länger verzögern sollten.

---

[198] Es wird von einem Imitatoren-Koeffizienten $a = 0{,}0001$ ausgegangen, um den Fall einer zeitlichen Verschiebung des Großteils des Produktlebenszyklus auf spätere Zeitpunkte zu diskutieren. Wäre $a = 0$, so würde wiederum das klassische kanonische Modell mit diesem Fall positivem Wachstum $\alpha(t) = b$ eintreten.

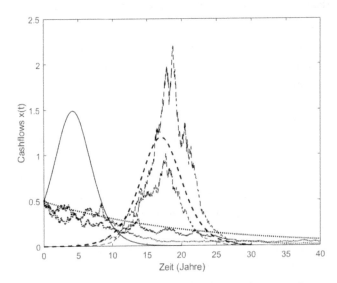

Abbildung 48: Die unsichere Adoptionskurve bei veränderten Innovatoren- und Imitatoren-Koeffizienten

Der Adoptionsverlauf in Cashflows in Abhängigkeit von der Zeit für veränderte Innovatoren- und Imitatoren-Koeffizienten: Standardparameter $a = 0{,}05$ und $b = 0{,}5$ (durchgezogene Linie), ohne Imitatoren $b = 0$ (Erwartungswert in fetter gestrichelter Linie und möglicher unsicherer Verlauf in gestrichelter Linie), mit fast keinen Innovatoren $a = 0{,}0001$ (Erwartungswert in fetter gepunkteter Linie und möglicher unsicherer Verlauf in gepunkteter Linie).

Tatsächlich zeigt Abbildung 49 zwei Veränderungen im optimalen Investitionsschwellwert. Zum einen verschiebt sich der S-förmige Verlauf des optimalen Investitionsschwellwerts nach rechts auf spätere Zeitpunkte. In diesem Bereich wird, wie bisher beobachtet, erst eine mittlere Kapazität und später die hohe Kapazität gewählt. Zum anderen ist der Verlauf des Schwellwertes über die Zeit nicht mehr monoton wachsend. Der Schwellwert ist relativ zu den Cashflows sehr hoch zu Beginn des Produktlebenszyklus, verringert sich dann zunächst kurz vor Beginn des größten Teils der Cashflows und erhöht sich wieder etwas, bevor er auf den bekannten S-förmigen Verlauf zurückspringt. In diesem ersten Bereich wird jedoch optimal die hohe Kapazität gewählt.

Vergleich der Entscheidungsmodelle

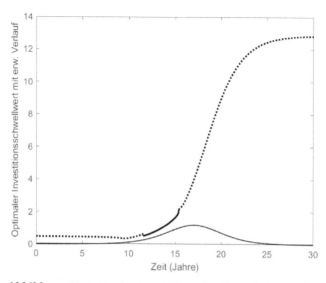

Abbildung 49: Optimaler Investitionsschwellwert bei verändertem Produktlebenszyklus

Der optimale Investitionsschwellwert und erwartete Verlauf des Produktlebenszyklus in Cashflows in Abhängigkeit von der Zeit bei niedrigem Innovatoren-Koeffizienten $a = 0{,}0001$: mittlere Kapazität (fette durchgezogene Linie), hohe Kapazität (gepunktete Linie), erwarteter Verlauf (durchgezogenen Linie).

Während sich die zuerst genannten Beobachtungen im zweiten Bereich über den S-förmigen Verlauf wie gewohnt erklären lassen, ist die Begründung für den ersten Bereich vielschichtiger. In diesem Bereich erwartet das Unternehmen keine Cashflows aus dem Produktverkauf. Eine Veränderung des Marktes wäre hier nur durch Unsicherheit getrieben und begründet daher einen im Verhältnis zu den erwarteten Cashflows hohen Schwellwert. Sollte dieser Schwellwert erreicht werden, ist der zukünftige Erwartungswert für das Produkt viel höher (siehe Abbildung 34). Dieses positive Marktsignal entspricht daher einem größeren Projektwert, was die höhere Kapazität auch zu Beginn des Produktlebenszyklus rechtfertigt. Sollte die Investition nicht früh im Produktlebenszyklus stattgefunden haben, verringert sich der Schwellwert zunächst etwas, bevor der hauptsächliche Teil der erwarteten hohen Cashflows beginnt. In diesem Bereich sind die Opportunitätskosten dafür, mit der Investition zu warten, höher, da die Cashflows in Erwartung bald stark wachsen. Aber selbst in diesem Zeitpunkt fällt der Schwellwert nicht stark genug, um direkt auf eine niedrigere Kapazität zu springen. Tatsächlich erhöht sich der Schwellwert zunächst wieder leicht, bevor dieser Sprung erfolgt und der typische S-förmige Verlauf eintritt. In diesem Bereich wirken wechselwirkende Kräfte zwischen dem zeitlich bedingten erwarteten Anstieg der Cashflows, der notwendigen Marktgröße, um eine große Kapazität noch zu rechtfertigen, und den damit verbundenen hohen Investitionsausgaben. Der Schwellwert steigt letztendlich noch einmal an, weil dem Unternehmen bei noch nicht getätigter Investition wieder ein kleiner Teil des Projektwertes entgangen ist, aber noch nicht genügend Cashflows beobachtet werden, um den Investitionsanreiz ausreichend zu erhöhen. Erst danach springt der Schwellwert auf die niedrigere, hier mittlere Kapazität. Diese Beobachtung lässt sich aber nicht verallgemeinern und ist stark von den beobachteten Parametern abhängig. Es gilt jedoch, dass Parameterwerte existieren, bei denen zunächst eine höhere Kapazität optimal ist und der Schwellwert dann auf eine niedrigere Kapazität zurückfällt, bevor der zuvor diskutierte S-förmige Verlauf eintritt.[199]

Hinsichtlich der Investitionswahrscheinlichkeit und der erwarteten diskontierten Investition, lässt sich aus Tabelle 9 feststellen, dass im Fall des negativen Wachstums die Investitionsmöglichkeit durch Abwesenheit von Imitatoreneffekten wenig vorteilhaft ist und deshalb kaum investiert wird. Auch im zuletzt diskutierten Fall von wenig Innovatoreneffekten sinkt die Investitionswahrscheinlichkeit, wenn auch nicht so erheblich. Da der Großteil der Cashflows im Produktlebenszyklus nur verschoben wurde, kann auch eine Investition zu einem viel späteren Zeitpunkt stattfinden. Immerhin werden die Cashflows in Erwartung zu einem bestimmten Zeitpunkt steigen. Der erwartete späte Zeitpunkt der Investition hat jedoch einen negativen Einfluss auf den Betrag der erwarteten diskontierten Investitionsausgaben, welche im Vergleich zu den Standardwerten stärker sinkt als die Investitionswahrscheinlichkeit.

Tabelle 9: Bass-Modell – Einfluss des Produktlebenszyklus auf die Strategie

	$a = 0,05$ $b = 0,5$	$a = 0,0001$	$b = 0$
$\mathbb{P}(Invest)$	0,4731	0,2312	0,0248
$E(I)$	3,65	1,33	0,15

Die Wahrscheinlichkeit zu investieren $\mathbb{P}(Invest)$ und die erwartete diskontierte Investition $E(I)$ bei gegebener Unsicherheit σ. Bestimmt durch Simulation basierend auf den zuvor bestimmten optimalen Investitionsschwellwerten und Kapazitäten.

---

[199] Die Segmentierung des Schwellwerts nach mehreren Kapazitäten im späteren S-förmigen Verlauf konnte beispielsweise in Lukas et al. (2017) nicht beobachtet werden und wurde dort nur postuliert.

6.2 Komparative Analyse – Regime-Switch-Modell

Der Produktlebenszyklus kann auch als Regime-Switch-Prozess modelliert werden, wie in Unterkapitel 5.3 gezeigt wurde. In dem vorgestellten Modell kann das Unternehmen zum Zeitpunkt der Investition eine optimale Kapazität wählen, welche die dafür notwendigen Investitionsausgaben bestimmt und gleichzeitig das Ausmaß des Projektes skaliert. Unter diesen Modellannahmen ergibt sich für beide Regime des Lebenszyklus, die Wachstums- und Sättigungsphase, jeweils ein bestimmter optimaler Investitionsschwellwert und eine damit verbundene optimale Kapazität. Für die weitere Untersuchung des Einflusses der einzelnen Modellparameter wird weiterhin von den in Abschnitt 5.3.4 angenommenen Standardwerten $\alpha_1 = 0{,}1$, $\alpha_2 = -0{,}1$, $\lambda = 0{,}2$, $\sigma_1 = 0{,}2$, $\sigma_2 = 0{,}2$, $r = 0{,}1$ und $x_0 = 0{,}2$ ausgegangen. Bevor die Parameter untersucht werden, welche maßgeblich den Lebenszyklus bzw. die möglichen Cashflows beeinflussen, wird zunächst der Einfluss des Diskontfaktors r auf die Investitionsentscheidung betrachtet. Anders als beim Bass-Modell können hier nicht die Investitionsausgaben getrennt betrachtet werden, da sie sich direkt aus der gewählten Kapazität ergeben. Daher bleibt zunächst eine Betrachtung des Diskontfaktors, welcher wiederum einen hauptsächlichen Faktor der Investitionsentscheidung darstellt, ohne den Produktlebenszyklus direkt zu beeinflussen.

In Abbildung 50 werden der optimale Investitionsschwellwert, die zum Investitionszeitpunkt bei gegebenem Schwellwert zu wählende optimale Kapazität und die erwartete diskontierte Investition, welche sich aus dieser Investitionsstrategie ergibt, gezeigt. Wie ausgehend von der Literatur erwartet, führt eine Erhöhung des Diskontfaktors zu einer Erhöhung des optimalen Schwellwertes in beiden Regimen. Gleichzeitig verringert sich die optimale Kapazität. Durch einen stärken Diskontfaktor sind dem Unternehmen zukünftige Zahlungen weniger wert, was den Anreiz erhöht, mit der Investition zu warten. Eine stärkere Diskontierung der Cashflows führt zu einem niedrigeren Projektwert, was ebenfalls die optimale Kapazität verringert. Eine niedrigere optimale Kapazität führt schließlich zu niedrigeren Investitionsausgaben, was einen Anreiz für frühere Investitionen und somit niedrigere Schwellwerte schafft. Bei den optimalen Schwellwerten überwiegt der erste Effekt und führt zu höheren Schwellwerten bei höherem Diskontfaktor. Bei der optimalen Kapazität überwiegt der zweite Effekt und führt zu niedrigeren Kapazitäten bei höherem Diskontfaktor.

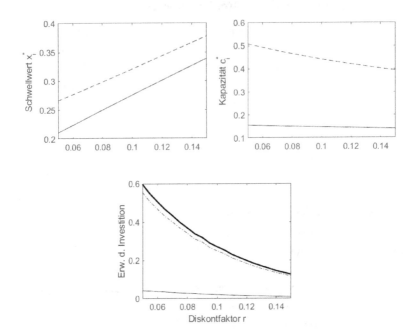

Abbildung 50: Regime-Switch – Auswirkungen des Diskontfaktors

Die optimalen Schwellwerte, optimalen Kapazitäten und erwarteten diskontierten Investitionen in der Wachstums- und Sättigungsphase in Abhängigkeit vom Diskontfaktor r: Wachstumsphase (gepunktete Linie bei $x_1^* < x_2^*$, gestrichelte Linie bei $x_1^* > x_2^*$, strichpunktiert bei erwarteter diskontierter Investition), Sättigungsphase (durchgezogene Linie) und insgesamt (fette durchgezogene Linie) bei der erwarteten diskontierten Investition.

Bezüglich der erwarteten diskontierten Investition führt eine Erhöhung des Diskontfaktors zu niedrigeren Investitionen. Dies bedingt die eindeutige Kombination aus höherem Schwellwert, niedriger optimaler Kapazität sowie einer stärkeren Diskontierung. Der Einfluss des höheren Schwellwertes erfolgt über eine geringere Investitionswahrscheinlichkeit, da der Prozess des Cashflows von einer Änderung des Diskontfaktors unberührt bleibt. Gleichzeitig bedeutet eine niedrigere Kapazität auch niedrigere notwendige Investitionsausgaben.

6.2.1 Einfluss der Unsicherheit

Auch im Fall der Modellierung des Produktlebenszyklus als Regime-Switch hat die Unsicherheit einen maßgeblichen Einfluss auf die Investitionsentscheidung. Wie im Bass-Modell beeinflusst sie den optimalen Investitionsschwellwert über den Optionswert und gleichzeitig direkt die Investitionswahrscheinlichkeit sowie die erwartete diskontierte Investition über den unsicheren Prozess der Cashflows. Diese einzelnen Wirkungsweisen wurden bereits in Abschnitt 6.1.1 für das Bass-Modell diskutiert und gelten hier übertragen ebenfalls. Hinsichtlich der Unsicherheit über die möglichen Cashflows hat dieses Modell eine Besonderheit, da die Unsicherheiten durch den Regime-Switch in der Wachstumsphase und Sättigungsphase unterschiedliche Werte über σ_1 und σ_2 annehmen können. Bisher wurde in den Standardwerten eine konstante Unsicherheit über den Produktlebenszyklus angenommen. Vor dem Hintergrund innovativer Produkte und des Produktlebenszyklus an sich ist jedoch leicht vorstellbar, dass Produkte existieren, in denen die Cashflows in der Wachstums- oder Sättigungsphase unsicherer sind als in der jeweils anderen Phase. Der erste Fall ist leicht erklärbar durch die Neuheit des Marktes und des Produktes zu Beginn des Lebenszyklus. Der zweite Fall entspricht Situationen, in denen das langfristige Interesse der Kunden am Produkt schwer abschätzbar ist oder es schon am Markt verbreitet, aber neu für das Unternehmen ist, welches sich starken Marktkräften gegenübersieht.

Die Auswirkung der Unsicherheit auf die Investitionsstrategie wird für beide Fälle in Abbildung 51 gezeigt. Zunächst wird der Fall einer Änderung der konstanten Unsicherheit $\sigma_1 = \sigma_2$ betrachtet. Auch in diesem Modellansatz führt eine höhere Unsicherheit in beiden Regimen zu einem höheren optimalen Investitionsschwellwert während eine Verringerung zu einem niedrigeren Schwellwert führt. Das Unternehmen kann in beiden Fällen durch den Optionscharakter der Investitionsmöglichkeit durch einen höheren Schwellwert davon profitieren, mit der Investition zu warten. Sollte der höhere Schwellwert erreicht werden, hat sich der Markt positiv genug entwickelt, um selbst bei hoher Unsicherheit und somit auch potentiell unvorteilhafter Entwicklung der Cashflows, die Investition zu rechtfertigen. Das Unternehmen profitiert somit von dem positiven Potential der Unsicherheit.

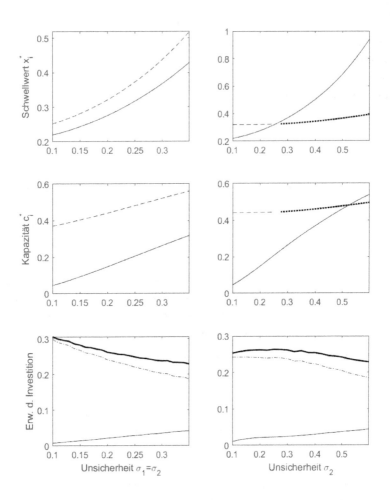

Abbildung 51: Regime-Switch – Auswirkungen der Unsicherheit

Die optimalen Schwellwerte, optimalen Kapazitäten und erwarteten diskontierten Investitionen in der Wachstums- und Sättigungsphase in Abhängigkeit von der Unsicherheit insgesamt $\sigma_1 = \sigma_2$ und der Unsicherheit in der Sättigungsphase σ_2: Wachstumsphase (gepunktete Linie bei $x_1^* < x_2^*$, gestrichelte Linie bei $x_1^* > x_2^*$, strichpunktiert bei erwarteter diskontierter Investition), Sättigungsphase (durchgezogene Linie) und insgesamt (fette durchgezogene Linie) bei der erwarteten diskontierten Investition.

Gleichzeitig führt eine Erhöhung der Unsicherheit auch zu einer höheren optimalen Kapazität in beiden Phasen des Lebenszyklus. Die Erhöhung der Kapazität ist dabei nicht direkt auf die Änderung der Unsicherheit zurückzuführen. Nach Gleichung (5.72) und (5.73) ist die optimale Kapazität unabhängig von der Unsicherheit, da sie durch die Betrachtung der erwarteten Cashflows bestimmt wird. Sie hängt aber von den Cashflows $x(t)$ ab. Zum Zeitpunkt der Investition, also bei der Beobachtung des optimalen Investitionsschwellwerts, nehmen diese genau den Schwellwert x_i^* an. Da ein höherer Cashflow zu einer höheren Kapazität führt, bedeutet ein höherer optimaler Schwellwert auch eine höhere optimale Kapazität. Sollte sich der Markt so positiv entwickelt haben, ist auch eine höhere Kapazität gerechtfertigt.

Die Auswirkung beider Effekte auf die erwartete diskontierte Investition wird bei Änderung der Unsicherheit noch maßgeblich von der Investitionswahrscheinlichkeit beeinflusst. Ein höherer Schwellwert bedeutet nicht unbedingt eine spätere Investition, da gleichzeitig durch einen stärker schwankenden Prozess der Cashflows die Wahrscheinlichkeit steigt, dass der Wert erreicht wird. In dem vorliegenden Fall kann aber gezeigt werden, dass eine Erhöhung der Unsicherheit zu einer niedrigeren Investitionswahrscheinlichkeit führt. In der Sättigungsphase nimmt die Investitionswahrscheinlichkeit jedoch nur gering ab und wird durch höhere Kapazitäten kompensiert, sodass hier bei höherer Unsicherheit in Erwartung mehr investiert wird. In der Wachstumsphase gehen die erwarteten diskontierten Investition aber stark zurück, sodass auch in Summe über den gesamten Produktlebenszyklus weniger investiert wird. Somit stimmt in diesem Fall die Erkenntnis aus der Literatur, dass höhere Unsicherheit die Investitionen hemmt.

Abbildung 51 zeigt ebenfalls die Auswirkung der Änderung der Unsicherheit in der Sättigungsstufe σ_2. Dadurch können beide eingangs genannten Fälle, also $\sigma_1 = 0,2 > \sigma_2$ und $\sigma_1 = 0,2 < \sigma_2$, untersucht werden. Gleichzeitig ergeben sich Einblicke über die indirekte Wirkungsweise der Unsicherheit in der zweiten Stufe auf die erste Stufe, welche andersherum nicht vorhanden wäre. Hinsichtlich der Auswirkung der Unsicherheit auf den Schwellwert in der Sättigungsphase und die Kapazität in dieser Phase lässt sich keine Änderung im Vergleich zu der zuvor diskutierten Änderung der Unsicherheit insgesamt erkennen. Diese Phase ist wie zuvor von der Änderung der Unsicherheit σ_2 betroffen. Jedoch ändert sich die erwartete diskontierte Investition in der Sättigungsphase, da sie vom möglichen Verlauf der Cashflows im ersten Regime und somit der Investitionswahrscheinlichkeit abhängt. Wird mehr in der Wachstumsphase investiert, können weniger Prozesse die Sättigungsphase überhaupt erreichen und darin zu einer Investition führen. Der Effekt kann daher erst nach einer Betrachtung der Wachstumsphase diskutiert werden.

In der Wachstumsphase wirkt die Unsicherheit der Sättigungsphase nur indirekt auf die Investitionsstrategie. Die Wirkung tritt über die Möglichkeit auf, dass das Unternehmen nach einem Switch in den Optionsbereich der Sättigungsphase wechselt und den Optionswert $B_1 x^{\beta_1}$ erhält, was in Gleichung (5.94) berücksichtigt wird. Die Unsicherheit wirkt in dieser Gleichung – und damit an den Punkten, an denen sie später berücksichtigt wird – über die Variablen B_1 und β_1. Bei einer Erhöhung der Unsicherheit in der Sättigungsphase wird die Investition in dieser Phase weniger attraktiv. Da in der Wachstumsphase die Möglichkeit besteht, in diese Phase zu wechseln, hängt der Wert der Wachstumsphase von der Sättigungsphase ab. Durch diese indirekte Wirkung macht eine Erhöhung der Unsicherheit in der Sättigungsphase die Wachstumsphase gleichermaßen weniger attraktiv, wenn auch in viel geringerem Maße. Dies führt dazu, dass sich der Schwellwert in der Wachstumsphase ebenfalls erhöht. Da dieser Schwellwert bei einer Erhöhung von σ_2 langsamer erfolgt als in der Sättigungsphase, gibt es schließlich einen Bereich, in dem der Schwellwert in der Wachstumsphase unter dem der Sättigungsphase liegt. Es gilt daher, sollte die Sättigungsphase wesentlich unattraktiver bzw. unsicherer als die Wachstumsphase sein, so herrscht in der Wachstumsphase ein Anreiz, früher zu investieren.

Der höhere Schwellwert führt dabei über die gleiche Wirkungskette wie zuvor ebenfalls zu einer höheren optimalen Kapazität in der Wachstumsphase bei höherer Unsicherheit in der Sättigungsphase. Bei sehr unsicherer Sättigungsphase wird in der Wachstumsphase sogar weniger investiert als in der Sättigungsphase. In diesem Fall müsste der Markt in der Sättigungsphase so groß im Vergleich zur Wachstumsphase werden, dass auch erhebliche Kapazitäten gerechtfertigt wären.

Die kombinierten Effekte von Schwellwert, Investitionswahrscheinlichkeit und Kapazität wirken wiederum auf die erwartete diskontierte Investition in beiden Phasen. In der Wachstumsphase muss eine Erhöhung des Schwellwertes durch eine Erhöhung der Unsicherheit in der Sättigungsphase zu einer niedrigeren Investitionswahrscheinlichkeit führen. Der höhere Schwellwert kann nicht ausgeglichen werden, da der Prozess der Cashflows in der Wachstumsphase nicht von der Unsicherheit σ_2 beeinflusst wird. Da der Schwellwert bei niedriger Unsicherheit zunächst kaum steigt, nimmt die Investitionswahrscheinlichkeit zunächst nur langsam ab und auch die erwarteten Investitionen sinken langsam. Bei höherer Unsicherheit wird dann trotz höherer Kapazität in Erwartung weniger investiert. In der Sättigungsphase ist, bedingt durch die kaum geänderte Investitionswahrscheinlichkeit in der Wachstumsphase, fast das gleiche Investitionsverhalten wie bei gleichmäßiger Erhöhung der Unsicherheit $\sigma_1 = \sigma_2$

zu beobachten. Insgesamt ergibt sich dadurch ein umgekehrter U-förmiger Zusammenhang zwischen einer höheren Unsicherheit σ_2 und der erwarteten diskontierten Investition. Die höheren erwarteten Investitionen in der Sättigungsphase kompensieren zunächst den Rückgang in der Wachstumsphase.

6.2.2 Einfluss des Produktlebenszyklus: Wachstumsraten und Wechselrate

Im Regime-Switch-Prozess wird der Produktlebenszyklus durch die Variablen des Regimewechselfaktors λ, der Wachstumsrate in der Wachstumsphase α_1 und der Wachstumsrate in der Sättigungsphase α_2 bestimmt. Diese beeinflussen die optimale Investitionsstrategie maßgeblich. Die Wachstumsraten geben wieder, wie stark die Cashflows in der jeweiligen Phase wachsen bzw. fallen, solange sich der Prozess in dieser Phase befindet. Eine höhere Intensität λ verringert die erwartete Zeit bis zum Übergang von der Wachstums- in die Sättigungsphase, wobei zu jedem Zeitpunkt, in dem die Cashflows noch in der Wachstumsphase sind, die erwartete Dauer bis zum Wechsel $\frac{1}{\lambda}$ beträgt. Der Einfluss der Wachstumsraten und der Intensität wird im Folgenden getrennt untersucht.

Mit Hinblick auf den Einfluss des Wechselfaktors in Abbildung 52 zeigt sich kein Einfluss auf den optimalen Investitionsschwellwert oder die optimale Kapazität in der Sättigungsphase. Die optimale Strategie bleibt von der Intensität unberührt und es erhöht sich lediglich die Wahrscheinlichkeit, dass diese Phase erreicht wird. In der Wachstumsphase führt eine höhere Intensität jedoch zu einem niedrigeren Schwellwert. Dies ist auf die Auswirkung auf den Projektwert zurückzuführen. Die Wechselintensität λ wirkt, wie in Gleichung (5.66) bzw. (5.67) zu sehen ist, wie ein Diskontfaktor und verstärkt den Effekt des eigentlichen Diskontfaktors r. Erhöht sich die Wechselwahrscheinlichkeit, führt dies eher zu einem Sprung in die Sättigungsphase. Der Projektwert in der Wachstumsphase ist über die positive Wachstumsrate immer größer als in der Sättigungsphase. Steigt die Wechselwahrscheinlichkeit, kann das Unternehmen in Erwartung weniger lange von der Wachstumsphase profitieren und der gesamte Projektwert nach Gleichung (5.67) wird geringer. Dies führt direkt zu einer geringeren optimalen Kapazität bei höherer Wechselintensität. Es lohnt sich für das Unternehmen nicht große Kapazitäten zu installieren, wenn der Wechsel schnell kommt. Diese niedrigere Kapazität und die damit verbundenen niedrigen Investitionsausgaben führen schließlich zu dem niedrigeren optimalen Investitionsschwellwert.

Dies zeigt, dass die Wechselintensität in diesem Fall die Kapazität und damit die Investitionsausgaben stärker beeinflusst, als dies bei der Diskontrate r beobachtet wurde. Im Gegensatz zur Diskontrate dominiert hier dieser Effekt den gleichzeitigen Wertverlust des Projektwertes.

Wie im Fall der ungleichmäßigen Unsicherheit in der Wachstums- und Sättigungsphase existieren auch hier Bereiche für hohe λ, in denen der optimale Schwellwert in der Wachstumsphase unter dem der Sättigungsphase liegt. In diesen Fall wird die Wahrscheinlichkeit, schnell in die unvorteilhaftere Sättigungsphase zu wechseln, so hoch, dass das Unternehmen einen Anreiz hat, so früh wie möglich zu investieren, um noch von den im Erwartungswert wachsenden Cashflows zu profitieren. Trotzdem lohnt es sich für das Unternehmen in diesem Bereich noch höhere Kapazitäten als in der Sättigungsphase zu wählen. Auch wenn es in Erwartung nicht lange in der Wachstumsphase verbleiben kann, rechtfertigt der höhere Projektwert, trotz niedrigerem Schwellwert zum Investitionszeitpunkt, in der Wachstumsphase eine größere Kapazität. Wie im Fall der Unsicherheit führt der höhere Druck der unvorteilhaften Sättigungsphase zu einem Anreiz, früher zu investieren.

Die Wirkung der niedrigeren optimalen Kapazitäten bei höherer Intensität λ führen auch zu monoton geringeren erwarteten diskontierten Investitionen in beiden Regimen insgesamt. Der Großteil der Investitionen findet dabei stets in der Wachstumsphase statt, wobei sie konstant zurückgehen bei höherer Wechselintensität. Obwohl der Schwellwert konstant sinkt, wird er durch die immer geringere erwartete Zeit, in die der Produktlebenszyklus in der Wachstumsphase ist, weniger wahrscheinlich erreicht. In der Sättigungsphase ist ein leichter U-förmiger Verlauf zu erkennen. Es finden aber insgesamt kaum Investitionen in dieser Phase statt, weil sie entweder erst sehr spät erreicht wird oder weil der Prozess bei höherer Intensität kaum in der Wachstumsphase wachsen kann. Wechselt der Prozess dann in die Sättigungsphase, wird es bei negativer Wachstumsrate immer schwerer den Schwellwert zu erreichen, auch wenn dieser bei kleinem λ noch kleiner als in der Wachstumsphase ist.

Vergleich der Entscheidungsmodelle 245

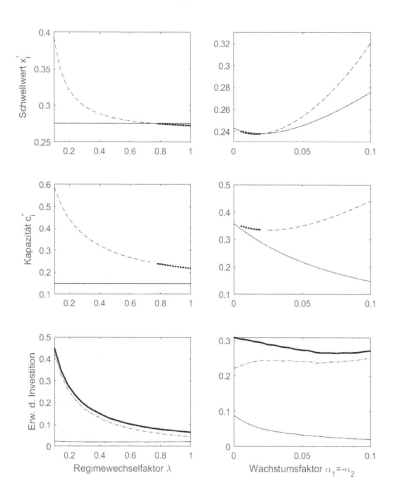

Abbildung 52: Regime-Switch – Auswirkungen der Lebenszyklusfaktoren

Die optimalen Schwellwerte, optimalen Kapazitäten und erwarteten diskontierten Investitionen in der Wachstums- und Sättigungsphase in Abhängigkeit vom Regimewechselfaktor λ und den Wachstumsfaktoren $\alpha_1 = -\alpha_2$: Wachstumsphase (gepunktete Linie bei $x_1^* < x_2^*$, gestrichelte Linie bei $x_1^* > x_2^*$, strichpunktiert bei erwarteter diskontierter Investition), Sättigungsphase (durchgezogene Linie) und insgesamt (fette durchgezogene Linie) bei der erwarteten diskontierten Investition.

Auch der Einfluss einer Veränderung der Wachstumsraten α_1 und α_2 wird in Abbildung 52 gezeigt. Dabei steht die Differenz $\Delta = \alpha_2 - \alpha_1$ zwischen beiden Wachstumsraten im Fokus der Untersuchung, wobei sie vergrößert wird, indem der Betrag beider Wachstumsraten vergrößert wird. Dadurch ergeben sich mehrere Erkenntnisse. Wird zunächst nur die Sättigungsphase betrachtet, so lässt sich feststellen, dass der optimale Schwellwert U-förmig ist. Bei stärkerem Verfall der Cashflows existiert zunächst ein Anreiz, früher zu investieren.[200] Eine weitere Erhöhung des Betrags der negativen Wachstumsrate führt zu einem steigenden Schwellwert. Der erste Effekt tritt in der kanonischen Literatur nicht auf, in der ein konstant steigender Schwellwert bei stärkerem Verfall erwartet wird.[201] Er wird, wie zuvor, durch die optimale Kapazität in der Sättigungsphase getrieben. Diese nimmt wie erwartet bei stärkerem Verfall konstant ab. Zunächst wählt das Unternehmen noch hohe Kapazitäten und muss dafür relativ hohe Investitionsausgaben tragen. Wird noch die Wachstumsrate kleiner, so wählt es kleinere Kapazitäten, die Investitionsausgaben sinken und auch der optimale Schwellwert sinkt. Nimmt die Wachstumsrate in der Sättigungsphase aber noch stärker ab, so wird der Projektwert zum Zeitpunkt der Investition so gering, dass der Schwellwert wieder steigt, und zwar trotz niedrigeren Investitionsausgaben.

Auch in der Wachstumsphase ist ein U-förmiger optimaler Investitionsschwellwert zu beobachten. Zusätzlich liegt dessen Verlauf teilweise unter und teilweise über dem Schwellwert der Sättigungsphase. Für kleine α_1 und somit einen geringeren Verfall in der Sättigungsphase ist der optimale Schwellwert in der Wachstumsphase niedriger als in der späteren Sättigungsphase. Gleichzeitig hat auch die optimale Kapazität einen U-förmigen Verlauf über die Wachstumsrate. Trotzdem liegt die optimale Kapazität in der Wachstumsphase konstant über der Kapazität in der Sättigungsphase. Im kanonischen Modell würde der Schwellwert bei höherer Wachstumsrate konstant sinken. Das Unternehmen hat dann einen Anreiz, früher einen größeren Projektwert zu erhalten. Dies ist im Modell mit Kapazitätswahl aber nur für kleine Wachstumsraten α_1 zu beobachten. Erst bei höheren Wachstumsraten dominiert wieder der Kapazitätseffekt. Das Unternehmen würde bei höheren Wachstumsraten einen größeren Projektwert erwarten, deshalb eine größere Kapazität wählen, dafür aber auch höhere Investitionsausgaben tragen müssen. Diese führen letztendlich zu diesem höheren optimalen Schwellwert.

---

[200] Ein größeres α_1 bedeutet in dieser Abbildung ein kleineres α_2. Das heißt, eine betragsmäßige Erhöhung von α_2 führt zu stärkerem Verfall in der Sättigungsphase.
[201] Es ist auf Folgendes hinzuweisen: Wenn der Schwellwert x_2^* durch eine Änderung von α_2 steigt, so steigt der Projektwert $V_2^* = V_2(x_2^*) = \frac{x^*}{r-\alpha_2}$ (siehe Dixit & Pindyck, 1994, S. 193f.).

Auch hier können somit Fälle beobachtet werden, in denen der Schwellwert in der Wachstumsphase unter dem Wert in der Sättigungsphase liegt. Bei niedrigen α_1 und α_2, und somit ähnlicher Kapazität in beiden Phasen bzw. leicht höherer Kapazität in der Wachstumsphase ist der Anreiz, früher zu investieren, in der Wachstumsphase sehr stark.[202] In diesem Bereich wird wiederum deutlich, wie schlechtere Bedingungen in der Sättigungsphase zu einem höheren Schwellwert als in der Wachstumsphase führen.

Hinsichtlich der erwarteten diskontierten Investitionsausgaben führt in der Sättigungsphase die konstant abnehmende Kapazität trotz anfänglich U-förmigem Verlauf des Schwellwertes zu konstant abnehmenden Investitionen. In der Wachstumsphase hingegen kommt es zu Wechselwirkungen zwischen dem U-förmigen Verlauf der Kapazität und des Schwellwertes. Dies führt dazu, dass die insgesamt erwarteten Investitionen einen U-förmigen Verlauf haben werden. Das heißt, bei einem ausgeprägten Produktlebenszyklus mit starkem Wachstum in der ersten Phase und starkem Verfall in der Sättigungsphase führen die hohen optimalen Kapazitäten zu hohen erwarteten Investitionen.

6.3 Kernaussagen

Im Rahmen des Innovationsmanagements müssen vor der Markteinführung eines neuen Produktes notwendige Investitionen für die Produktion und das Marketing unter Unsicherheit strategisch geplant werden. Dabei hat das Unternehmen oft eine Kapazitätswahl, welche das Ausmaß der Investition auf der einen und die potentiellen Absatzmöglichkeiten auf der anderen Seite beeinflusst. Gleichzeitig beeinflusst der jedem Produkt zugrunde liegende Produktlebenszyklus die Nachfrage nach dem Produkt. Nur die in dieser Arbeit vorgeschlagene dynamische Modellierung berücksichtigt dabei die zeitliche Struktur des Problems und die damit verbundene zusätzliche Handlungsflexibilität des Unternehmens.

Vor diesem Hintergrund wurden insbesondere zwei Ansätze zur Modellierung des Produktlebenszyklus und der Kapazitätswahl des Unternehmens vorgeschlagen. Außerdem wurde ein neues Maß zur Charakterisierung des Investitionsverhaltens emp-

---

[202] Dieser Effekt würde, wenn auch hier nicht betrachtet, durch eine höhere Wechselintensität λ oder eine relativ viel niedrigere Wachstumsrate α_2 noch verstärkt. Das heißt, auch hier wäre der Anreiz, in der Wachstumsphase zu investieren, höher und der Schwellwert sinkt (stärker) unter den Schwellwert der Sättigungsphase trotz höherer optimaler Kapazität.

fohlen und angewendet, um den Einfluss der Parameter, insbesondere der Unsicherheit, auf die Investitionsneigung zu untersuchen. Durch die Modellierung des Entscheidungsproblems als Investition unter Unsicherheit können optimale Investitionsschwellwerte als Entscheidungskriterium für die Durchführung der Investition bestimmt werden. Diese werden durch die Identifizierung von optimalen Kapazitäten als Maß für den Investitionsumfang komplementiert. Die Investition in ein innovatives Produkt kann auf dieser Basis geplant und das optimale Investitionsverhalten beschrieben werden. Zusätzlich kann auf Grundlage der Investitionswahrscheinlichkeit und vor allem der erwarteten diskontierten Investition die Investitionsneigung charakterisiert werden.

Die zwei vorgeschlagenen Modelle unterscheiden sich hauptsächlich durch die Art der Modellierung des Produktlebenszyklus und der Kapazitätswahl des Unternehmens. Der Produktlebenszyklus kann auf Basis des verhaltensökonomischen Modells von Bass (1969) oder als Regime-Switch-Prozess berücksichtigt werden.[203] Die Wahl der Kapazität kann die Investitionsausgaben skalieren und die möglichen realisierbaren Cashflows beeinflussen, oder die Investitionen sind eine Funktion der Kapazität und eine höhere Kapazität skaliert die Cashflows. Durch die unterschiedliche Modellierung stehen jeweils verschiedene Aspekte der Investitionsentscheidung im Vordergrund.

Im Bass-Modell verändert eine Änderung der Produktlebenszyklusparameter a und b nicht das vom Modell vorgebene Marktpotential S. Es wird lediglich anders über die Zeit verteilt. Eine Veränderung von α_1, α_2 oder λ im Regime-Switch führt aber genau dazu. Natürlich wird in beiden Fällen der erwartete Projektwert über die Diskontierung verändert. Dadurch wird der zeitliche Druck des Produktlebenszyklus im Bass-Modell deutlicher sichtbar. Der Einfluss der Faktoren des Produktlebenszyklus in beiden Modellen kann aber zumindest teilweise verglichen werden. Ohne Imitatoren mit $b = 0$ gibt es im Bass-Modell nur die Sättigungsphase, zu der auch der Regime-Switch durch eine sehr hohe Wechselintensität λ konvergieren würde. Wird hingegen eine sehr lange Anlaufphase ohne Innovatoren mit $a \to 0$ betrachtet, so entspricht dies einem Regime-Switch mit niedriger Wechselintensität und niedrigem Wachstum, z.B. $\lambda = 0{,}1$ und $\alpha_1 = 0{,}02$. Hinsichtlich der Unsicherheit wurde das Bass-Modell in einen stochastischen Prozess mit zeitabhängiger Wachstumsphase integriert, wodurch es nur ein Unsicherheitsmaß σ gibt. Im Regime-Switch-Modell hingegen wird zwischen

---

[203] Im Regime-Switch-Modell werden explizit Produktlebenszyklen mit erst steigenden und dann sinkenden Cashflows betrachtet. Das Modell verliert für weiterhin positive Cashflows in der zweiten Phase oder andere Kombinationen jedoch nicht seine Gültigkeit.

der Unsicherheit in der Wachstums- und Sättigungsphase σ_1 und σ_2 sowie der Wechselintensität λ differenziert.

Auch die Wahl der optimalen Kapazität unterscheidet sich. Im Bass-Modell kann eine Änderung der Kapazität mit einer Änderung der absetzbaren Menge und bestimmten Investitionsausgaben verbunden werden. Die Kapazität skaliert die Ausgaben und gibt gleichzeitig ein Maximum der möglichen absetzbaren Menge vor. Im Regime-Switch ist der Zusammenhang abstrakter, da der Projektwert als Produkt mit der gewählten Kapazität skaliert wird und die Investitionen eine Funktion der Kapazität darstellen. Der erste Ansatz entspricht eher der Praxis, in der nicht immer die gesamte Nachfrage bedient werden kann, er aber erschwert die Untersuchung hinsichtlich der optimalen Kapazität. Der zweite Ansatz erlaubt eine detaillierte Analyse der Kapazitätswahl.

In der Untersuchung beider Ansätze kann festgestellt werden, dass der optimale Investitionsschwellwert im Bass-Modell einen S-förmigen Verlauf hat und dieser Verlauf in Bereiche unterschiedlicher optimaler Kapazitätswahl unterteilt werden kann. Das Unternehmen hat daher einen starken Anreiz, zu Beginn des Zyklus zu investieren und später nur noch bei sehr vorteilhaften Märkten einzutreten. Gleichzeitig sollte ein Unternehmen zu Beginn des Produktlebenszyklus eher geringe und am Ende größere Kapazitäten wählen. Im Regime-Switch-Modell können hingegen zwei getrennte optimale Schwellwerte für die Wachstums- und Sättigungsphase bestimmt werden. Jeder dieser Schwellwerte wird durch einen Wert für die optimale Kapazität ergänzt. Dabei ist die Ordnung, welcher Schwellwert höher ist, stark abhängig von der Parameterwahl. Hingegen ist die optimale Kapazität in der Wachstumsphase oft höher als in der Sättigungsphase. Die vorteilhafte Marktsituation in der Wachstumsphase des Produktlebenszyklus, welche die hohe Kapazität rechtfertigt, führt hier zu höheren Investitionen und somit zu Anreizen, die Investition teilweise erst zu besseren Marktbedingungen als in der Sättigungsphase durchzuführen.

Die Ergebnisse geben auch neue Einblicke in das optimale Investitionsverhalten und die erwartete Investitionsneigung bei unterschiedlichen Parameterkonstellationen.[204] So führt ein höherer Diskontfaktor bei der Kapazitätswahl immer zu abnehmenden erwarteten diskontierten Investitionen, obwohl die Wirkung auf die Kapazität in beiden Modellen unterschiedlich ist. Auch höhere Grundinvestitionen im Bass-Modell verringern die Investitionsneigung. Steigende Unsicherheit führt im Bass-Modell zu

---

[204] Beim Regime-Switch ist die zweite Stufe hinsichtlich Schwellwert und Kapazität bereits teilweise aus der Literatur bekannt (siehe z.B. Pennings, 2012, und Wong, 2010). Jedoch werden zusätzlich die Investitionswahrscheinlichkeit und die erwartete diskontierte Investition betrachtet. Außerdem ist der Einfluss der zweiten auf die erste Stufe entscheidend, da erst durch diese Verkettung der Produktlebenszyklus entsteht.

einem Anreiz, später mehr zu investieren. Der Einfluss auf die erwartete diskontierte Investition ist jedoch U-förmig, da das Unternehmen zwar weniger wahrscheinlich, aber ggf. mehr in größere Kapazitäten investiert. Hier zeigt sich ein starker Zusammenhang zwischen der Unsicherheit des Produktlebenszyklus und dem Ausmaß, mit dem ein Unternehmen den Markteintritt plant. Im Regime-Switch-Modell wird dieser Zusammenhang bestätigt, bei gleichmäßig zunehmender Unsicherheit überwiegt aber der Anreiz, mit der Investition zu warten, um die größeren Investitionen zu rechtfertigen. Wird nur die Unsicherheit im abnehmenden Markt erhöht, so existiert eine inverse U-förmige Wirkung auf die Investitionsneigung. Auch der Einfluss des Produktlebenszyklus ist, wie erwartet, komplex. Im Bass-Modell führt eine Verschiebung der Cashflows zu ambigem Verhalten. Große Investitionen können auch am Anfang optimal sein, sind aber durch einen relativ hohen Schwellwert unwahrscheinlich, sodass sich die Investitionsneigung verringert. Produkte, die sich spät entwickeln, führen somit zu weniger Investitionen, sie können aber auch bereits früh zu sehr großen Marktinvestitionen führen. Diese Verschiebung des Produktlebenszyklus wird im Regime-Switch in einen späteren erwarteten Regimewechsel übersetzt, was ebenfalls zu einem Anreiz führt, später und mehr zu investieren. Ein damit oft einhergehendes geringes Wachstum der Cashflows in der Wachstumsphase würde diesem Effekt aber teilweise entgegenwirken. Gerade der Effekt der Wachstumsraten im Produktlebenszyklus des Regime-Switch weicht von den Erkenntnissen im kanonischen Modell ab. Durch die Kapazitätswahl ist die Wirkung eines ausgeprägten Produktlebenszyklus – mit größerem Wachstum in der ersten und stärkerem Verfall in der zweiten Phase – auf die erwartete diskontierte Investition in der Wachstumsphase U-förmig. Ein ausgeprägter Produktlebenszyklus kann die erwarteten Investitionen durch hohe Kapazität in der Wachstumsphase erhöhen.

Aus diesen Ergebnissen ergeben sich wichtige Erkenntnisse und Implikationen für das optimale Investitionsverhalten von Unternehmen. Es gilt, sollte die Sättigungsphase wesentlich unsicherer (also unattraktiver) als die Wachstumsphase sein, so herrscht in der Wachstumsphase ein Anreiz, relativ zur Sättigungsphase früher zu investieren. In diesem Fall stimmen beide Modellansätze überein, dass es einen Anreiz gibt, am Anfang des Produktlebenszyklus eher und am Ende später zu investieren. Beide Modelle weisen aber auch darauf hin, dass es Situationen gibt, in denen es sich lohnt früh große Kapazitäten zu wählen, um von den positiven Marktsignalen zu profitieren. Sollte der Markt für ein innovatives Produkt früh solche positiven Signale zeigen, so rentieren sich auch große Investitionen. Insgesamt führt die Möglichkeit des Unternehmens, das Ausmaß der Investition in die Produktinnovation steuern zu können, zu einem großen Einfluss auf das optimale Investitionsverhalten, insbesondere durch die Möglichkeit, die Investition aufzuschieben und erst bei positiven Marktsignalen viel zu investieren. Es gibt jedoch Märkte, in denen die Unsicherheit und der Produktlebenszyklus das Unternehmen zu frühen und kleinen Investitionen drängen. Die Untersuchung zeigt auch, wie wichtig es insbesondere aus politischer und empirischer Sicht ist die Investitionsneigung eines Unternehmens korrekt zu erfassen. Dazu können nicht nur wie bisher Investitionsanreize und -wahrscheinlichkeiten betrachtet werden. Insbesondere die Kapazitätswahl und ihr Einfluss auf die Investitionsausgaben führt zur Notwendigkeit des Maßes der erwarteten diskontierten Investitionen.

7 Schlussbetrachtung

Um den langfristigen Erfolg eines Unternehmens zu sichern, sind Investitionen in innovative Produkte notwendig. Der Erfolg drückt sich dabei letztendlich durch die Rentabilität der geplanten und durchgeführten Innovationsprojekte aus. Gerade vor dem Hintergrund der Unsicherheit der Märkte und dem zeitlichen Druck durch technischen Fortschritt, was unweigerlich zu endlichen Absatzpotentialen für jedes einzelne Produkt führt, müssen diese Investitionen strategisch geplant werden. Während die Unsicherheit die potentiellen zukünftigen Gewinne aus dem Produktverkauf positiv oder negativ beeinflussen kann, entsteht durch den technischen Fortschritt ein Innovationsdruck auf das Unternehmen. Wenn ein Unternehmen einen potentiell vorteilhaften Markt für das Produkt prognostiziert, kann es auf der einen Seite aufgrund der Unsicherheit zögern, das Produkt sofort auf den Markt zu bringen, um die zukünftige Entwicklung der Nachfrage mit der Zeit zu beobachten. Der technische Fortschritt auf der anderen Seite ermöglicht das eigene Produkt überhaupt erst. Er führt aber dazu, dass die spezifische Produktgeneration oder sogar der Produkttyp an sich schon in absehbarer Zukunft obsolet sein wird. Dies bedingt beschränkte zukünftige Absatzmöglichkeiten und führt zu einem Investitionsdruck. Vor dem Hintergrund dieser Faktoren muss das Unternehmen das Innovationsprojekt planen und die Investition durchführen. Das Ausmaß der Investition wird wiederum maßgeblich von der prognostizierten Marktentwicklung und den für die Bedienung dieser Nachfrage notwendigen Produktionskapazitäten bestimmt.

Die Besonderheiten einer Produktinnovation beeinflussen maßgeblich die zum Abschluss des Innovationsprozess, welcher durch die Markteinführung des Produktes gekennzeichnet ist, notwendigen Investitionen. Das Unternehmen muss den zukünftigen Erfolg des Produktes prognostizieren, welcher maßgeblich vom potentiellen Absatz des Produktes abhängt. Für die meisten Innovationen folgt der Absatz einem charakteristischen Produktlebenszyklus. Gerade für radikale Innovationen lassen sich die tatsächlich realisierbaren Einnahmen aber nicht genau vorhersagen, da sie von mehreren Unsicherheitsfaktoren abhängen. Nichtsdestotrotz muss das Unternehmen auf Basis dieser Prognosen den optimalen Markteintrittszeitpunkt für das Produkt bestimmen und die notwendige Kapazität für die Produktionsanlagen zur Bedienung der Nachfrage planen. Da die Marktprognosen für die Produktinnovation unsicher sind, finden auch die mit dem Markteintritt verbundenen Investitionen unter Unsicherheit statt.

© Springer Fachmedien Wiesbaden GmbH, ein Teil von Springer Nature 2020
S. Kupfer, *Investition in Innovation*, https://doi.org/10.1007/978-3-658-28446-6_7

Gleichzeitig besitzt das Unternehmen Handlungsflexibilitäten gerade bei der Festlegung einer Innovationsstrategie und Produktionsplanung. Diese stellen einen strategischen und somit letztendlich auch wirtschaftlichen Vorteil dar, welcher maßgeblich von der Unsicherheit beeinflusst wird.

Um die notwendige Investitionsentscheidung innerhalb des Innovationsmanagements abzubilden müssen geeignete Entscheidungsmodelle angewendet werden. Der traditionelle Nettokapitalwert kann dabei dem dynamischen Charakter dieser Entscheidung nicht gerecht werden. Unternehmen können die Investition verschieben und andere Arten von Flexibilität nutzen, sodass die meisten Projekte einen Optionscharakter besitzen. Deshalb müssen Methoden aus dem Bereich der Investitionen unter Unsicherheit (sogenannte Realoptionen) wie die der dynamischen Programmierung genutzt werden. Diese Bewertungsansätze werden maßgeblich von den Faktoren Unsicherheit über die zukünftige Entwicklung, Irreversibilität der Investition und Flexibilität des Unternehmens beeinflusst. Neben der Bewertung trägt die Anwendung dieser Methoden zusätzlich zur Strukturierung der Investitionsentscheidung im Unternehmen bei. Aus diesem Grund erfordert eine optimale Handlungsentscheidung zur Markteinführung eines Produktes die Anwendung der Erkenntnisse der Realoptionsforschung. Klassische Ansätze dieses Literaturstrangs berücksichtigen jedoch nicht die besonderen Aspekte der Investition in Produktinnovationen, welche durch den Produktlebenszyklus und die Kapazitätsrestriktionen der Produktionsanlagen bedingt sind.

Für die Untersuchung der Investitionen in Produktinnovationen wurden daher zwei Modelle zur Berücksichtigung des Einflusses des Produktlebenszyklus sowie der endogenen Markteintritts- und Kapazitätswahl unter Berücksichtigung des besonderen Einflusses der Unsicherheit auf die Investitionsentscheidung entwickelt. Zunächst wurde kritisch hinterfragt, wie die Investitionsneigung und insbesondere auch der Einfluss der Unsicherheit darauf gemessen werden kann. Es wurde für ein geeignetes Maß plädiert, welches die bisherigen Ansätze in der Literatur aufgreift, aber explizit die zeitliche Struktur der Modelle, die Investitionsanreize bzw. Flexibilitätswerte und die notwendigen Investitionsausgaben als zentrales Problem der Entscheidungssituation berücksichtigt. Aus diesem Grund sollten die erwarteten diskontierten Investitionen als Maß für die Investitionsneigung dienen. Die im nächsten Schritt vorgeschlagenen Modelle fokussieren unterschiedliche Aspekte der Produktinnovation. Sie berücksichtigen den Produktlebenszyklus, dem die erwarteten Einnahmen unterliegen, bei der Investition in die Markteinführung des Produktes. Gleichzeitig soll die von dem Unternehmen zu treffende Wahl des Markteintrittszeitpunktes und der Kapazität der Produktion erfasst werden. Das erste Modell ist verhaltensökonomisch motiviert und

Schlussbetrachtung

basiert auf dem von Bass (1969) vorgeschlagenen Modell zur Beschreibung des Produktlebenszyklus. Es erlaubt dadurch eine interdisziplinäre Betrachtung der Investitionsentscheidung und eine besondere Berücksichtigung der spezifischen Eigenschaften des Produktlebenszyklus. Das zweite Modell bildet den Produktlebenszyklus als Regimewechsel ab, wobei der Markt von einer Wachstumsphase in eine Sättigungsphase zu einem unsicheren Zeitpunkt übergeht. Dieser Untersuchungsansatz erlaubt die Betrachtung der Möglichkeit einer kontinuierlichen Kapazitätswahl des Unternehmens.

Aus den Modellen und dem vorgeschlagenen Maß der Investitionsneigung können mehrere Rückschlüsse sowohl für die Planung und Bewertung als auch für die Analyse von Investitionsentscheidungen in Produktinnovationen gewonnen werden. Neben einer Vielzahl von Ergebnissen, die aus dem jeweiligen Modell individuell abgeleitet werden können, lassen sich auch allgemeine Aussagen ableiten. So gibt es Marktsituationen, in denen ein Anreiz besteht, früh am Anfang und spät am Ende eines Lebenszyklus zu investieren. Es gibt aber auch Produkte und Märkte, bei denen es sich für Unternehmen lohnt, frühzeitig in große Kapazitäten zu investieren. Gerade die Kapazitätswahl und die damit verbundene Möglichkeit, die Investitionsausgaben zu steuern, bieten dem Unternehmen eine wichtige strategische Flexibilität und beeinflussen die optimale Investitionsentscheidung maßgeblich. Sie bieten dem Unternehmen weiterhin eine gute Möglichkeit, auf unterschiedliche Ausprägungen des Produktlebenszyklus der Innovation zu reagieren. Darüber hinaus können diese innovationsspezifischen Interpretationen der Ergebnisse durch die allgemeingültige Struktur der Modelle auf andere Investitionsentscheidungen übertragen werden. Auch das Maß der erwarteten diskontierten Investitionen bietet eine vielseitige modelltheoretische, empirische und politische Anwendungsbreite.

Die in den Modellen gewonnenen Erkenntnisse müssen immer vor dem Hintergrund der modellbedingt getroffenen Annahmen interpretiert werden. Änderungen dieser Annahmen durch mögliche Modellergänzungen könnten die Aussagen der präsentierten Modelle verändern und zu weiterem Erkenntnisgewinn führen. Die restriktivste Annahme ist der angenommene Verlauf der Einnahmen aus dem Produktverkauf. Eine erste mögliche Ergänzung stellt die Berücksichtigung weiterer exogener Einflussfaktoren auf den Produktlebenszyklus dar. Dieser könnte zum einen maßgeblich durch möglichen Wettbewerb im Markt beeinflusst werden. Dieser Wettbewerb könnte sowohl hinsichtlich des Markteintrittszeitpunkts als auch durch den potentiell späteren Markteinstieg von Wettbewerbern entstehen. Hinsichtlich des Markteintrittszeitpunkts könnten die Einnahmen von ihm abhängen, und mögliche Wettbewerber könnten Teile der Einnahmen durch ihre Entscheidungen für sich gewinnen. Dadurch hätte das Unternehmen einen Druck, eher zu investieren. Treten Wettbewerber hingegen später in den Markt ein, kann dies auch noch zu diesen Zeitpunkten einen für das eigene Unternehmen negativen Einfluss auf den Produktlebenszyklus haben.

Einen weiteren exogenen Einfluss auf den Produktlebenszyklus können Technologiewechsel und Folgeprodukte darstellen. Ein Technologiewechsel kann genauso wie ein Folgeprodukt die alte Technologie bzw. das alte Produkt obsolet machen oder zumindest weniger vorteilhaft für die potentiellen Kunden erscheinen lassen. Dies führt zu einer Reduktion der Nachfrage nach der alten Technologie bzw. dem alten Produkt. Im ersten Fall könnten die Einnahmen abrupt einbrechen, falls das Produkt komplett vom Markt verdrängt wird oder eigenständig vom Markt genommen wird. Im zweiten Fall könnten sie den Produktlebenszyklus eher in die Sättigungsphase drängen oder zu stärkerem Verfall der Einnahmen führen. Es sind aber auch Fälle vorstellbar, in denen Folgeprodukte den Verfall der Einnahmen am Ende des Produktlebenszyklus kurzfristig abfangen können, falls das neue Produkt eine erneute oder erhöhte Nachfrage für diese Produktklasse generiert. Weiterhin könnte der Technologie- oder Produktwechsel auch von Wettbewerbern herbeigeführt werden, was wiederum spieltheoretische Überlegungen notwendig macht. In ähnlicher Weise könnten auch Verbund- oder Komplementärprodukte wirken. Diese könnten aber auch einen positiven Einfluss auf den Produktlebenszyklus haben, da sie einen ergänzenden Mehrwert für die Kunden darstellt.

Eine zweite mögliche Modellergänzung stellen endogene Einflussfaktoren da. In diesem Fall wäre der Produktlebenszyklus zumindest teilweise abhängig von der Investitionsentscheidung des Unternehmens. So könnte die Marktentwicklung und somit der Produktlebenszyklus anstatt bereits vor der Investition zu beginnen, wie bisher angenommen, erst durch die Investition des Unternehmens ausgelöst werden. Auch könnte die Höhe der notwendigen Investitionsausgaben nicht ausschließlich durch die Kapazitätswahl der Produktion bedingt sein, sondern von den angestrebten Marketingmaßnahmen abhängen. So könnten höhere Marketingausgaben einen positiven Einfluss auf den Produktlebenszyklus haben, was im Bass-Modell direkt durch einen Einfluss auf die Modellparameter modelliert werden könnte. Weiterhin könnten auch die zuvor genannten Folge- und Komplementärprodukte einen endogenen Einflussfaktor darstellen, wenn sie das eigene Unternehmen auf den Markt bringt. Im Falle von Komplementärprodukten könnte sich dadurch ein durch das Unternehmen steuerbarer positiver Einfluss zeigen. Im Falle von Folgeprodukten stellt das neue Produkt ggf. sogar selbst Wettbewerb für die alten bisherigen Produkte des eigenen Unternehmens dar.

Schlussbetrachtung

Diese endogenen Faktoren können auch als Folgeoptionen betrachtet werden, welche eine dritte mögliche Ergänzung zu den Modellen darstellen. Folgeoptionen in Form von Folgeprodukten können einen eigenen Produktlebenszyklus darstellen, welcher mit einer entsprechenden weiteren Investitionsmöglichkeit verbunden ist. In gleicher Weise wäre die Möglichkeit, spätere komplementäre Produkte auf den Markt bringen zu können, eine Folgeoption. Eine vergleichbare Überlegung wäre die Betrachtung von Reparatur- oder Entsorgungsmöglichkeiten. So könnte das Unternehmen die Option besitzen, in solche Maßnahmen zu investieren, welche einen zusätzlichen Produktlebenszyklus für Reparaturen darstellen oder ergänzende Einnahmen des bisherigen Produktlebenszyklus bewirken. Auch die Markteinführung eines Produktes könnte an sich als Folgeoption betrachtet werden. So wurde in den vorgestellten Modellen die vorangegangene Forschung und Entwicklung explizit ausgeblendet und bisherige Investitionen allgemein als versunkene Ausgaben betrachtet. Auf früheren Entwicklungsstufen des Produktes stellt die nachfolgende Markteinführung eine Folgeoption sequentieller Natur dar. Dementsprechend besitzen Investitionen in die Entwicklung Plattformcharakter.

Sowohl diese zukünftigen Entwicklungen als auch die bereits gewonnenen Erkenntnisse aus den entwickelten Modellen und Methoden stellen einen vielversprechenden Einblick in die Planung und Steuerung von Produktinnovationen dar. Auch in Unternehmen, in denen der hier vorgestellte Optionsgedanke bei Innovationsprojekten in der Praxis bisher nicht explizit berücksichtigt wurde, würde der Handlungsflexibilität doch zumindest indirekt ein Mehrwert zugeschrieben. Eine Vernachlässigung der Berücksichtigung des Produktlebenszyklus bei der Prognose der Entwicklung des Marktes und der vorgestellten Flexibilität führt hingegen zu suboptimalen Investitionsentscheidungen. Aus diesem Grund kann die Planung von Produktinnovationen, wie im Rahmen des Innovationsmanagements, von der expliziten Berücksichtigung des Optionscharakters der Investitionen und Entwicklungsstufen profitieren. Sie führen innerhalb des Unternehmens nicht nur zu einer genaueren Bewertung des Vorhabens, sondern auch zu einer besseren Strukturierung des Innovationsmanagements.

Literaturverzeichnis

Alvarez, L. H. R., & Stenbacka, R. (2001). Adoption of Uncertain Multi-stage Technology Projects: A Real Options Approach. *Journal of Mathematical Economics, 35*(1), 71–97.

Alvarez, L. H. R., & Stenbacka, R. (2006). Takeover Timing, Implementation Uncertainty, and Embedded Divestment Options. *Review of Finance, 10*(3), 417–441.

Alvarez, L. H. R., & Stenbacka, R. (2007). Partial Outsourcing: A Real Options Perspective. *International Journal of Industrial Organization, 25*(1), 91–102.

Anand, J., Oriani, R., & Vassolo, R. S. (2007). Managing a Portfolio of Real Options. *Advances in Strategic Management, 24,* 275–303.

Ang, A., & Timmermann, A. (2012). Regime Changes and Financial Markets. *Annual Review of Financial Economics, 4,* 313–337.

Anupindi, R., & Jiang, L. (2008). Capacity Investment Under Postponement Strategies, Market Competition, and Demand Uncertainty. *Management Science, 54*(11), 1876–1890.

Apple. (2004). *Apple Inc. 10-K Annual Report 2004.* Cupertino.

Apple. (2005). *Apple Inc. 10-K Annual Report 2005.* Cupertino.

Apple. (2008). *Apple Inc. 10-K Annual Report 2008.* Cupertino.

Apple. (2011). *Apple Inc. 10-K Annual Report 2011.* Cupertino.

Apple. (2014). *Apple Inc. 10-K Annual Report 2014.* Cupertino.

Armada, M. J. R., Pereira, P. J., & Rodrigues, A. (2012). Optimal Subsidies and Guarantees in Public–private Partnerships. *The European Journal of Finance, 18*(5), 469–495.

Arrow, K. J. (1968). Optimal Capital Policy with Irreversible Investment. In J. N. Wolfe (Ed.), *Value, Capital and Growth: Papers in Honour of Sir John Hicks* (S. 1–19). Edinburgh: Edinburgh University Press.

Aytac, B., & Wu, S. D. (2013). Characterization of Demand for Short Life-cycle Technology Products. *Annals of Operations Research, 203*(1), 255–277.

Baecker, P. N., Hommel, U., & Lehmann, H. (2003). Marktorientierte Investitionsrechnung bei Unsicherheit, Flexibilität und Irreversibilität: Eine Systematik der Bewertungsverfahren. In U. Hommel, M. Scholich, & P. N. Baecker (Eds.), *Reale Optionen: Konzepte, Praxis und Perspektiven strategischer Unternehmensfinanzierung* (S. 15–36). Berlin: Springer.

Baldwin, C. Y. (1982). Optimal Sequential Investment When Capital is Not Readily Reversible. *The Journal of Finance, 37*(3), 763–782.

Bamberg, G., Coenenberg, A. G., & Krapp, M. (2012). *Betriebswirtschaftliche Entscheidungslehre* (15th ed.). München: Franz Vahlen.

Bar-Ilan, A., & Strange, W. C. (1996). Investment Lags. *American Economic Review,*

86(3), 610-622.

Bar-Ilan, A., & Strange, W. C. (1999). The Timing and Intensity of Investment. *Journal of Macroeconomics*, *21*(1), 57-77.

Bass, F. M. (1969). A New Product Growth for Model Consumer Durables. *Management Science*, *15*(5), 215-227.

Bass, F. M. (2004). Comments on "A New Product Growth for Model Consumer Durables" - The Bass Model. *Management Science*, *50*(12), 1833-1840.

Berk, J. B., & DeMarzo, P. M. (2016). *Grundlagen der Finanzwirtschaft: Analyse, Entscheidung und Umsetzung* (3.). Hallbergmoos: Pearson.

Berk, J. B., Green, R. C., & Naik, V. (2004). Valuation and Return Dynamics of Research and Development Ventures. *The Review of Financial Studies*, *17*(1), 1-35.

Betton, S., & Morán, P. (2003). A Dynamic Model of Corporate Acquisitions. In *EFA 2004 Maastricht Meetings Paper No. 4060* (S. 1-34).

Bieg, H., & Kußmaul, H. (2009). *Investition*. München: Vahlen.

Billing, F. (2003). *Koordination in radikalen Innovationsvorhaben*. Wiesbaden: Deutscher Universitäts Verlag.

Black, F., & Scholes, M. (1973). The Pricing of Options and Corporate Liabilities. *Journal of Political Economy*, *81*(3), 637-654.

Bøckman, T., Fleten, S.-E., Juliussen, E., Langhammer, H. J., & Revdal, I. (2008). Investment Timing and Optimal Capacity Choice for Small Hydropower Projects. *European Journal of Operational Research*, *190*(1), 255-267.

Bollen, N. P. B. (1999). Real Options and Product Life Cycles. *Management Science*, *45*(5), 670-684.

Boomsma, T. K., Meade, N., & Fleten, S.-E. (2012). Renewable Energy Investments under Different Support Schemes: A Real Options Approach. *European Journal of Operational Research*, *220*(1), 225-237.

Boswijk, H. P., & Franses, P. H. (2005). On the Econometrics of the Bass Diffusion Model. *Journal of Business & Economic Statistics*, *23*(3), 255-268.

Bouvard, M. (2014). Real Option Financing under Asymmetric Information. *The Review of Financial Studies*, *27*(1), 180-210.

Bowman, E. H., & Hurry, D. (1993). Strategy through the Option Lens: An Integrated View of Resource Investments and the Incremental-Choice Process. *Academy of Management Review*, *18*(4), 760.

Boyle, P. P. (1977). Options: A Monte Carlo Approach. *Journal of Financial Economics*, *4*(3), 323-338.

Brealey, R. A., Myers, S. C., & Allen, F. (2017). *Principles of Corporate Finance* (12th ed.). New York: McGraw-Hill Education.

Brennan, M. J., & Schwartz, E. S. (1978). Finite Difference Methods and Jump Processes Arising in the Pricing of Contingent Claims: A Synthesis. *The Journal of Financial and Quantitative Analysis*, *13*(3), 461-474.

Brennan, M. J., & Schwartz, E. S. (1985). Evaluating Natural Resource Investments. *The*

Journal of Business, 58(2), 135-157.

Breuer, W. (2012). *Entscheidungen bei Sicherheit.* Wiesbaden: Gabler.

Brock, W. A., Rothschild, M., & Stiglitz, J. E. (1982). *Stochastic Capital Theory* (No. 23).

Brockhoff, K. (1999). *Forschung und Entwicklung: Planung und Kontrolle* (5.). München: Oldenbourg.

Bullinger, H.-J. (1994). *Einführung in das Technologiemanagement: Modelle, Methoden, Praxisbeispiele.* Stuttgart: Teubner.

Burnetas, A. N., & Ritchken, P. (2005). Option Pricing with Downward-Sloping Demand Curves: The Case of Supply Chain Options. *Management Science, 51*(4), 566-580.

Caggese, A. (2012). Entrepreneurial risk, investment, and innovation. *Journal of Financial Economics, 106*(2), 287-307.

Carr, P. (1988). The Valuation of Sequential Exchange Opportunities. *The Journal of Finance, 43*(5), 1235-1256.

Cassimon, D., de Backer, M., Engelen, P. J., Van Wouwe, M., & Yordanov, V. (2011). Incorporating Technical Risk in Compound Real Option Models to Value a Pharmaceutical R&D Licensing Opportunity. *Research Policy, 40*(9), 1200-1216.

Chance, D. M., Hillebrand, E., & Hilliard, J. E. (2008). Pricing an Option on Revenue from an Innovation: An Application to Movie Box Office Revenue. *Management Science, 54*(5), 1015-1028.

Chaney, P. K., Devinney, T. M., & Winer, R. S. (1991). The Impact of New Product Introductions on the Market Value of Firms. *The Journal of Business, 64*(4), 573-610.

Chen, P. (2012). The Investment Strategies for a Dynamic Supply Chain under Stochastic Demands. *International Journal of Production Economics, 139*(1), 80-89.

Chesbrough, H. W. (2006). *Open Innovation: The New Imperative for Creating and Profiting from Technology.* Boston: Harvard Business School Press.

Chevalier-Roignant, B., Flath, C. M., Huchzermeier, A., & Trigeorgis, L. (2011). Strategic Investment under Uncertainty: A Synthesis. *European Journal of Operational Research, 215*(3), 639-650.

Chi, T. (2000). Option to Acquire or Divest a Joint Venture. *Strategic Management Journal, 21*(6), 665-687.

Childs, P. D., & Triantis, A. J. (1999). Dynamic R&D Investment Policies. *Management Science, 45*(10), 1359-1377.

Chow, J. Y. J., & Regan, A. C. (2011). Real Option Pricing of Network Design Investments. *Transportation Science, 45*(1), 50-63.

Clark, E. (1997). Valuing political risk. *Journal of International Money and Finance, 16*(3), 477-490.

Clarke, H. R., & Reed, W. J. (1989). The Tree-cutting Problem in a Stochastic Environment: The Case of Age Dependent Growth. *Journal of Economic Dynamics and Control, 13*(4), 569-595.

Cooper, R. G. (1994). Perspective Third-generation New Product Processes. *The Journal of Product Innovation Management*, *11*(1), 3–14.

Cooper, R. G., & Sommer, A. F. (2016). The Agile-Stage-Gate Hybrid Model: A Promising New Approach and a New Research Opportunity. *Journal of Product Innovation Management*, *33*(5), 513–526.

Copeland, T., & Antikarov, V. (2003). *Real Options: A Practicioner's Guide*. New York: Thomson/Texere.

Corsten, H., & Gössinger, R. (2016). *Produktionswirtschaft: Einführung in das industrielle Produktionsmanagement* (14.). Berlin: De Gruyter Oldenbourg.

Corsten, H., Gössinger, R., Müller-Seitz, G., & Schneider, H. (2016). *Grundlagen des Technologie- und Innovationsmanagement*. München: Franz Vahlen.

Cox, J. C., Ross, S. A., & Rubinstein, M. (1979). Option Pricing: A Simplified Approach. *Journal of Financial Economics*, *7*(3), 229–263.

Cryer, C. W. (1971). The Solution of a Quadratic Programming Problem Using Systematic Overrelaxation. *SIAM Journal on Control*, *9*(3), 385–392.

Cvsa, V., & Gilbert, S. M. (2002). Strategic Commitment versus Postponement in a Two-tier Supply Chain. *European Journal of Operational Research*, *141*(3), 526–543.

Dangl, T. (1999). Investment and Capacity Choice under Uncertain Demand. *European Journal of Operational Research*, *117*(3), 415–428.

Danielova, A., & Sarkar, S. (2011). The Effect of Leverage on the Tax-Cut versus Investment-Subsidy Argument. *Review of Financial Economics*, *20*(4), 123–129.

Décamps, J.-P., & Mariotti, T. (2004). Investment Timing and Learning Externalities. *Journal of Economic Theory*, *118*(1), 80–102.

Décamps, J.-P., Mariotti, T., & Villeneuve, S. (2006). Irreversible Investment in Alternative Projects. *Economic Theory*, *28*(2), 425–448.

Della Seta, M., Gryglewicz, S., & Kort, P. M. (2012). Optimal Investment in Learning-curve Technologies. *Journal of Economic Dynamics & Control*, *36*(10), 1462–1476.

Dixit, A. K. (1989). Entry and Exit Decisions under Uncertainty. *Journal of Political Economy*, *97*(3), 620–638.

Dixit, A. K. (1993). Choosing Among Alternative Discrete Investment Projects under Uncertainty. *Economics Letters*, *41*(3), 265–268.

Dixit, A. K. (1995). Irreversible Investment with Uncertainty and Scale Economies. *Journal of Economic Dynamics and Control*, *19*(1-2), 327–350.

Dixit, A. K., & Pindyck, R. S. (1994). *Investment Under Uncertainty*. Princeton: Princeton University Press.

Dixit, A. K., & Pindyck, R. S. (2004). The Options Approach to Capital Investment. In E. S. Schwartz & L. Trigeorgis (Eds.), *Real Options and Investment under Uncertainty: Classical Readings and Recent Contributions* (S. 61–77). Cambridge: MIT Press.

Driffill, J., Raybaudi, M., & Sola, M. (2003). Investment Under Uncertainty with Stochastically Switching Profit Streams: Entry and Exit over the Business Cycle.

Studies in Nonlinear Dynamics & Econometrics, 7(1), 1–38.

Drucker, P. F. (1969). *The Age of Discontinuity: Guidelines to Our Changing Society*. New York: Harper & Row.

Dyckhoff, H., & Spengler, T. S. (2010). *Produktionswirtschaft: Eine Einführung für Wirtschaftsingenieure* (2. Auflage.). Berlin: Springer.

Eisenführ, F., Weber, M., & Langer, T. (2010). *Rationales Entscheiden*. Berlin: Springer.

Ellsberg, D. (1961). Risk, Ambiguity, and the Savage Axioms. *The Quarterly Journal of Economics, 75*(4), 643–669.

Erichson, B. (2002). Prüfung von Produktideen und -konzepten. In S. Albers & A. Herrmann (Eds.), *Handbuch Produktmanagement: Strategieentwicklung - Produktplanung - Organisation - Kontrolle* (S. 413–438). Wiesbaden: Gabler.

Fagerberg, J., & Verspagen, B. (2009). Innovation Studies - The Emerging Structure of a New Scientific Field. *Research Policy, 38*(2), 218–233.

Farzin, Y. H., Huisman, K. J. M., & Kort, P. M. (1998). Optimal Timing of Technology Adoption. *Journal of Economic Dynamics and Control, 22*(5), 779–799.

FAZ. (2014). Tesla baut riesige Batteriefabrik in Nevada. *(www.faz.net/-gqi-7titv?GEPC=s3, abgerufen 14.06.2016)*.

Fine, C. H., & Freund, R. M. (1990). Optimal Investment in Product-flexible Manufacturing Capacity. *Management Science, 36*(4), 449–466.

Fischer, M., Himme, A., & Albers, S. (2007). Pionier, Früher Folger oder Später Folger: Welche Strategie verspricht den größten Erfolg? *Zeitschrift Für Betriebswirtschaft, 77*(5), 539–573.

Fisher, I. (1930). *The Theory of Interest: As Determined by Impatience to Spend Income and Opportunity to Invest it*. New York: Macmillan.

Fontes, D. B. M. M. (2008). Fixed versus Flexible Production Systems: A Real Options Analysis. *European Journal of Operational Research, 188*(1), 169–184.

Fourt, L. A., & Woodlock, J. W. (1960). Early Prediction of Market Success for New Grocery Products. *The Journal of Marketing, 25*(2), 31–38.

Francas, D., Kremer, M., Minner, S., & Friese, M. (2009). Strategic Process Flexibility under Lifecycle Demand. *International Journal of Production Economics, 121*(2), 427–440.

Franke, G., & Hax, H. (2009). *Finanzwirtschaft des Unternehmens und Kapitalmarkt*. Berlin: Springer.

Freeman, C., & Soete, L. (1997). *The Economics of Industrial Innovation*. London: Pinter.

Friedl, G. (2002). Sequential Investment and Time to Build. *Schmalenbach Business Review, 54*(1), 58–79.

Fusai, G., & Roncoroni, A. (2008). *Implementing Models in Quantatitive Finance: Methods and Cases*. Berlin: Springer.

Galera, A. L. L., & Solino, A. S. (2010). A Real Options Approach for the Valuation of Highway Concessions. *Transportation Science, 44*(3), 416–427.

Gao, Y., & Driouchi, T. (2013). Incorporating Knightian Uncertainty into Real Options

Analysis: Using Multiple-priors in the Case of Rail Transit Investment. *Transportation Research Part B: Methodological*, *55*, 23–40.

Gerpott, T. J. (2005). *Strategisches Technologie- und Innovationsmanagement*. Stuttgart: Schäffer-Pöschel.

Geschka, H. (1993). *Wettbewerbsfaktor Zeit: Beschleunigung von Innovationsprozessen*. Landsberg/Lech: Moderne Industrie.

Geske, R. (1979). The Valuation of Compound Options. *Journal of Financial Economics*, *7*(1), 63–81.

Gilroy, B. M., & Lukas, E. (2006a). On the Dynamics of Innovative Strategic Alliances in Korea. *Journal of the Korean Economy*, *7*(1), 57–75.

Gilroy, B. M., & Lukas, E. (2006b). The Choice between Greenfield Investment and Cross-border Acquisition: A Real Option Approach. *The Quarterly Review of Economics and Finance*, *46*(3), 447–465.

Glasserman, P. (2004). *Monte Carlo Methods in Financial Engineering*. New York: Springer.

Goh, M., Lim, J. Y. S., & Meng, F. (2007). A Stochastic Model for Risk Management in Global Supply Chain Networks. *European Journal of Operational Research*, *182*(1), 164–173.

Goto, M., Nishide, K., & Takashima, R. (2017). Leaders, Followers, and Equity Risk Premiums in Booms and Busts. *Journal of Banking and Finance*, *81*, 207–220.

Götze, U. (2014). *Investitionsrechnung: Modelle und Analysen zur Beurteilung von Investitionsvorhaben*. Berlin: Springer Gabler.

Graham, J. (2011). Strategic Real Options under Asymmetric Information. *Journal of Economic Dynamics & Control*, *35*(6), 922–934.

Grenadier, S. R., & Weiss, A. M. (1997). Investment in Technological Innovations: An Option Pricing Approach. *Journal of Financial Economics*, *44*(3), 397–416.

Griffin, A. (1997). PDMA Research on New Product Development Practices: Updating Trends and Benchmarking Best Practices. *Journal of Product Innovation Management*, *14*(6), 429–458.

Gryglewicz, S., Huisman, K. J. M., & Kort, P. M. (2008). Finite Project Life and Uncertainty Effects on Investment. *Journal of Economic Dynamics & Control*, *32*(7), 2191–2213.

Günther, H.-O., & Tempelmeier, H. (2016). *Produktion und Logistik* (12. Auflag.). Norderstedt: Books on Demand.

Guo, X., Miao, J., & Morellec, E. (2005). Irreversible Investment with Regime Shifts. *Journal of Economic Theory*, *122*(1), 37–59.

Gutiérrez, Ó. (2005). The Product Life Cycle and The Real Option of Waiting. *Frontiers in Finance and Economics*, *2*(2), 79–105.

Gutiérrez, Ó. (2007). Devaluating Projects and the Investment-uncertainty Relationship. *Journal of Economic Dynamics & Control*, *31*(12), 3881–3888.

Gutiérrez, Ó., & Ruiz-Aliseda, F. (2011). Real Options with Unknown-date Events.

Annals of Finance, 7(2), 171-198.

Hackbarth, D., & Miao, J. (2012). The Dynamics of Mergers and Acquisitions in Oligopolistic Industries. *Journal of Economic Dynamics & Control, 36*(4), 585-609.

Hackbarth, D., & Morellec, E. (2008). Stock Returns in Mergers and Acquisitions. *The Journal of Finance, 63*(3), 1213-1252.

Hagspiel, V., Huisman, K. J. M., & Kort, P. M. (2016). Volume Flexibility and Capacity Investment under Demand Uncertainty. *International Journal of Production Economics, 178*, 95-108.

Hagspiel, V., Huisman, K. J. M., Kort, P. M., & Nunes, C. (2016). How to escape a declining market: Capacity investment or Exit? *European Journal of Operational Research, 254*(1), 40-50.

Hamilton, J. D. (1989). A New Approach to the Economic Analysis of Nonstationary Time Series and the Business Cycle. *Econometrica, 57*(2), 357-384.

Handelsblatt. (2018a). Die Macht der Batteriehersteller. Handelsblatt (07.11.2018).

Handelsblatt. (2018b). VW wird elektrisch. Handelsblatt (05.12.2018).

Harrison, J. M. (1985). *Brownian Motion and Stochastic Flow Systems*. New York: John Wiley & Sons.

Hauschildt, J. (1991). Zur Messung des Innovationserfolgs. *Zeitschrift Für Betriebswirtschaft, 61*(4), 451-476.

Hauschildt, J. (2005). Dimensionen der Innovation. In S. Albers & O. Gassmann (Eds.), *Handbuch Technologie- und Innovationsmanagement: Strategie - Umsetzung - Controlling* (S. 23-39). Wiesbaden: Gabler.

Hauschildt, J., Salomo, S., Schultz, C., & Kock, A. (2016). *Innovationsmanagement*. München: Vahlen.

Hauschildt, J., & Schlaak, T. (2001). Zur Messung des Innovationsgrades neuartiger Produkte. *Journal of Business Economics, 71*(2), 161-182.

Hauser, J., Tellis, G. J., & Griffin, A. (2006). Research on Innovation: A Review and Agenda for Marketing Science. *Marketing Science, 25*(6), 687-717.

He, H., & Pindyck, R. S. (1992). Investments in Flexible Production Capacity. *Journal of Economic Dynamics and Control, 16*(3-4), 575-599.

Heimann, C. (2014). *Kapitalmarkterfolg von Earnout-Regelungen in Unternehmensübernahmen: Eine empirische Analyse von deutschen und internationalen Käuferunternehmen*. Universität Magdeburg: Dissertation.

Henry, C. (1974). Investment Decisions Under Uncertainty: The "Irreversibility Effect." *The American Economic Review, 64*(6), 1006-1012.

Homburg, C., Artz, M., & Seifried, J. (2009). Der Einfluss von Neuproduktvorankündigungen auf den Shareholder Value: Eine empirische Untersuchung. *Zeitschrift Für Betriebswirtschaft, 79*(6), 751-780.

Hoyer, C., Kieckhäfer, K., & Spengler, T. S. (2015). Technology and Capacity Planning for the Recycling of Lithium-ion Electric Vehicle Batteries in Germany. *Journal of Business Economics, 85*(5), 505-544.

Hubbard, R. G. (1994). Investment Under Uncertainty: Keeping One's Options Open. *Journal of Economic Literature, 32*(4), 1816–1831.

Huberts, N. F. D., Huisman, K. J. M., Kort, P. M., & Lavrutich, M. N. (2015). Capacity Choice in (Strategic) Real Options Models: A Survey. *Dynamic Games and Applications, 5*(4), 424–439.

Huchzermeier, A., & Loch, C. H. (2001). Project Management under Risk: Using the Real Options Approach to Evaluate Flexibility in R &D. *Management Science, 47*(1), 85–101.

Huisman, K. J. M., & Kort, P. M. (2003). Strategic Investment in Technological Innovations. *European Journal of Operational Research, 144*(1), 209–223.

Hule, R. (2000). Information, Risk and Timing of Foreign Direct Investment: A Real Options Perspective. In J. Chen (Ed.), *Foreign Direct Investment* (S. 75–95). Hampshire: Macmillan.

Hull, J. C. (2012). *Optionen, Futures und andere Derivate* (8. aktual.). München: Pearson.

Huth, C., Kieckhäfer, K., & Spengler, T. S. (2015). Make-or-buy Strategies for Electric Behicle Batteries - A Simulation-based Analysis. *Technological Forecasting and Social Change, 99*(October 2015), 22–34.

Ingersoll, J. E., & Ross, S. A. (1992). Waiting to Invest: Investment and Uncertainty. *The Journal of Business, 65*(1), 1–29.

Insley, M. C. (2002). A Real Options Approach to the Valuation of a Forestry Investment. *Journal of Environmental Economics and Management, 44*(3), 471–492.

Islam, T., & Meade, N. (2000). Modelling Diffusion and Replacement. *European Journal of Operational Research, 125*(3), 551–570.

Jeon, H., & Nishihara, M. (2015). The Effects of Business Cycle and Debt Maturity on a Firm's Investment and Default Decisions. *International Review of Economics & Finance, 38*, 326–351.

Jiang, Z., & Jain, D. C. (2012). A Generalized Norton–Bass Model for Multigeneration Diffusion. *Management Science, 58*(10), 1887–1897.

Karatzas, I., & Shreve, S. E. (1998). *Methods of Mathematical Finance* (9th ed.). New York: Springer-Verlag New York.

Kerin, R. A., Varadarajan, P. R., & Peterson, R. A. (1992). First-mover Advantage: A Synthesis, Conceptual Framework, and Research Propositions. *Journal of Marketing, 56*(4), 33–52.

Kieckhäfer, K. (2013). *Marktsimulation zur strategischen Planung von Produktportfolios: Dargestellt am Beispiel innovativer Antriebe der Automobilindustrie*. Wiesbaden: Springer Gabler.

Kieckhäfer, K., Volling, T., & Spengler, T. S. (2014). A Hybrid Simulation Approach for Estimating the Market Share Evolution of Electric Vehicles. *Transportation Science, 48*(4), 651–670.

Knight, F. H. (1921). *Risk, Uncertainty and Profit*. Boston: Houghton Mifflin.

Koberstein, A., Lukas, E., & Naumann, M. (2013). Integrated Strategic Planning of Global Production Networks and Financial Hedging under Uncertain Demands and Exchange Rates. *BuR-Business Research, 6*(2), 215–240.

Kock, A., Gemünden, H. G., Salomo, S., & Schultz, C. (2011). The mixed blessings of technological innovativeness for the commercial success of new products. *Journal of Product Innovation Management, 28*(SUPPL. 1), 28–43.

Kogut, B. (1991). Joint Ventures and the Option to Expand and Acquire. *Management Science, 37*(1), 19–33.

Kogut, B., & Kulatilaka, N. (1994). Options Thinking and Platform Investments: Investing in Opportunity. *California Management Review, 36*(2), 52–71.

Kogut, B., & Kulatilaka, N. (2001). Capabilities as Real Options. *Organization Science, 12*(6), 744–758.

Koller, T., Goedhart, M., & Wessels, D. (2005). *Valuation: Measuring and Managing the Value of Companies* (4th ed.). Hoboken: Wiley.

Kort, P. M., Murto, P., & Pawlina, G. (2010). Uncertainty and Stepwise Investment. *European Journal of Operational Research, 202*(1), 196–203.

Koussis, N., Martzoukos, S. H., & Trigeorgis, L. (2007). Real R&D Options with Time-to-learn and Learning-by-doing. *Annals of Operations Research, 151*(1), 29–55.

Koussis, N., Martzoukos, S. H., & Trigeorgis, L. (2013). Multi-stage Product Development with Exploration, Value-enhancing, Preemptive and Innovation Options. *Journal of Banking & Finance, 37*(1), 174–190.

Kruschwitz, L. (2014). *Investitionsrechnung* (14.). München: Oldenbourg.

Kruschwitz, L., & Husmann, S. (2012). *Finanzierung und Investition*. München: Oldenbourg.

Kulatilaka, N. (1993). The Value of Flexibility: The Case of a Dual-Fuel Industrial Steam Boiler. *Financial Management, 22*(3), 271–280.

Kulatilaka, N., & Trigeorgis, L. (1994). The General Flexibility to Switch: Real Options Revisited. *International Journal Of Finance, 6*(2), 776–798.

Kupfer, S., Lukas, E., Kieckhäfer, K., & Spengler, T. S. (2015). Modellbasierte Investitions- und Kapazitätsplanung für Traktionsbatterien. *OR News, März 2015*(53), 6–9.

Kupfer, S., & Welling, A. (2018). Die Bewertung unsicherer, beschränkter Zahlungsströme am Beispiel eines Infrastrukturprojektes. In N. Crasselt, E. Lukas, S. Mölls, & C. Timmreck (Eds.), *Handbuch Kapitalmarktorientierte Unternehmensbewertung: Grundlagen, Methoden, Regulierung und Branchentrends* (S. 531–544). Stuttgart: Schäffer-Poeschel.

Kwok, Y.-K. (2008). *Mathematical Models of Financial Derivatives* (2. ed.). Berlin: Springer.

Lambrecht, B. M. (1996). Strategic Sequential Investments and Sleeping Patents. In *Project Flexibility, Agency, and Competition: New Developments in the Theory and Application of Real Options* (S. 297–323). Oxford University Press.

Lambrecht, B. M. (2004). The Timing and Terms of Mergers Motivated by Economies of Scale. *Journal of Financial Economics, 72*(1), 41–62.

Lambrecht, B. M. (2017). Real Options in Finance. *Journal of Banking and Finance, 81*, 166–171.

Laux, H., Gillenkirch, R. M., & Schenk-Mathes, H. Y. (2014). *Entscheidungstheorie*. Berlin: Springer Gabler.

Lee, H., Kim, S. G., Park, H. woo, & Kang, P. (2014). Pre-launch New Product Demand Forecasting Using the Bass Model: A Statistical and Machine Learning-based Approach. *Technological Forecasting and Social Change, 86*(July), 49–64.

Lee, T. (2004). Determinants of the Foreign Equity Share of International Joint Ventures. *Journal of Economic Dynamics & Control, 28*(11), 2261–2275.

Leland, H. E. (1994). Corporate Debt Value, Bond Covenants, and Optimal Capital Structure. *Journal of Finance, 49*(4), 1213–1252.

Li, D. (2011). Financial Constraints, R&D Investment, and Stock Returns. *The Review of Financial Studies, 24*(9), 2974–3007.

Linnerud, K., Andersson, A. M., & Fleten, S.-E. (2014). Investment Timing under Uncertain Renewable Energy Policy: An Empirical Study of Small Hydropower Projects. *Energy, 78*(August), 154–164.

Longstaff, F. A., & Schwartz, E. S. (2001). Valuing American Options by Simulation: A Simple Least-Squares Approach. *Review of Financial Studies, 14*(1), 113–147.

Lukas, E. (2004). *Multinationale Unternehmen und sequentielle Direktinvestitionen: Eine realoptionstheoretische Modellierung*. Wiesbaden: Deutscher Universitäts Verlag.

Lukas, E. (2007). Dynamic Market Entry and the Value of Flexibility in Transitional International Joint Ventures. *Review of Financial Economics, 16*(1), 91–110.

Lukas, E. (2013). Modeling the Transitional Dynamics of International Joint Venture Policies: An Option Pricing Approach. *International Review of Economics & Finance, 27*, 21–36.

Lukas, E., & Briest, G. (2018). Unsichere Kosten und Vorlaufzeiten bei Infrastrukturprojekten unter Unsicherheit: Eine kapitalmarktorientierte Betrachtung. In N. Crasselt, E. Lukas, S. Mölls, & C. Timmreck (Eds.), *Handbuch Kapitalmarktorientierte Unternehmensbewertung: Grundlagen, Methoden, Regulierung und Branchentrends* (S. 513–530). Stuttgart: Schäffer-Pöschel.

Lukas, E., & Kupfer, S. (2014). On the Timing of Investment under Product Life Cycle Uncertainty. *Proceedings of the 7th International Conference on Business and Technology Transfer (ICBTT 2014)*, 23–27.

Lukas, E., Reuer, J. J., & Welling, A. (2012). Earnouts in Mergers and Acquisitions: A Game-theoretic Option Pricing Approach. *European Journal of Operational Research, 223*(1), 256–263.

Lukas, E., Spengler, T. S., Kupfer, S., & Kieckhäfer, K. (2017). When and How Much to Invest? Investment and Capacity Choice under Product Life Cycle Uncertainty. *European Journal of Operational Research, 260*(3), 1105–1114.

Lukas, E., & Thiergart, S. (2018). The Interaction of Debt Financing, Cash Grants and the Optimal Investment Policy Under Uncertainty. *European Journal of Operational Research*, (forthcoming).

Lukas, E., & Welling, A. (2012). Negotiating M&As under Uncertainty: The Influence of Managerial Flexibility on the First-mover Advantage. *Finance Research Letters*, *9*(1), 29–35.

Lukas, E., & Welling, A. (2014a). On the Investment-Uncertainty Relationship: A Game Theoretic Real Option Approach. *Finance Research Letters*, *11*(1), 25–35.

Lukas, E., & Welling, A. (2014b). Timing and Eco(nomic) Efficiency of Climate-friendly Investments in Supply Chains. *European Journal of Operational Research*, *233*(2), 448–457.

Lund, D. (2005). How to Analyze the Investment–uncertainty Relationship in Real Option Models? *Review of Financial Economics*, *14*(3–4), 311–322.

Macharzina, K., & Wolf, J. (2015). *Unternehmensführung: Das internationale Managementwissen*. Wiesbaden: Springer Gabler.

Madlener, R., Kumbaroğlu, G., & Ediger, V. Ş. (2005). Modeling Technology Adoption as an Irreversible Investment under Uncertainty: The Case of the Turkish Electricity Supply Industry. *Energy Economics*, *27*(1), 139–163.

Mahajan, V., & Muller, E. (1996). Timing, Diffusion, and Substitution of Successive Generations of Technological Innovations: The IBM Mainframe Case. *Technological Forecasting and Social Change*, *51*(2), 109–132.

Mahajan, V., Muller, E., & Bass, F. M. (1990). New Product Diffusion Models in Marketing: A Review and Directions for Research. *Journal of Marketing*, *54*(1), 1–26.

Majd, S., & Pindyck, R. S. (1987). Time to Build, Option Value, and Investment Decisions. *Journal of Financial Economics*, *18*(1), 7–27.

Mansfield, E. (1961). Technical Change and the Rate of Imitation. *Econometrica*, *29*(4), 741–766.

Margrabe, W. (1978). The Value of an Option to Exchange One Asset for Another. *The Journal of Finance*, *33*(1), 177–186.

Martínez-Costa, C., Mas-Machuca, M., Benedito, E., & Corominas, A. (2014). A Review of Mathematical Programming Models for Strategic Capacity Planning in Manufacturing. *International Journal of Production Economics*, *153*(7), 66–85.

Martínez Ceseña, E. A., Mutale, J., & Rivas-Dávalos, F. (2013). Real Options Theory Applied to Electricity Generation Projects: A Review. *Renewable and Sustainable Energy Reviews*, *19*, 573–581.

Martzoukos, S. H. (2000). Real Options with Random Controls and the Value. *Annals of Operations Research*, *99*(1–4), 305–323.

Martzoukos, S. H. (2008). Real R&D Options and Optimal Activation of Two-dimensional Random Controls. *Journal of the Operational Research Society*, *60*(6), 843–858.

Martzoukos, S. H., & Zacharias, E. (2013). Real Option Games with R&D and Learning Spillovers. *Omega*, *41*(2), 236–249.

Mason, R., & Weeds, H. (2010). Investment, Uncertainty and Pre-emption. *International Journal of Industrial Organization*, *28*(3), 278–287.

Mauer, D. C., & Sarkar, S. (2005). Real Options, Agency Conflicts, and Optimal Capital Structure. *Journal of Banking & Finance, 29*(6), 1405–1428.

McDonald, R. L., & Siegel, D. R. (1984). Option Pricing when the Underlying Asset Earns a Below-equilibrium Rate of Return: A Note. *Journal of Finance, 39*(1), 261–265.

McDonald, R. L., & Siegel, D. R. (1985). Investment and the Valuation of Firms When There is an Option to Shut Down. *International Economic Review, 26*(2), 331–349.

McDonald, R. L., & Siegel, D. R. (1986). The Value of Waiting to Invest. *The Quarterly Journal of Economics, 101*(4), 707–727.

McGrath, R. G. (1997). A Real Options Logic for Initiating Technology Positioning Investments. *Academy of Management Review, 22*(4), 974–996.

McGrath, R. G., & Nerkar, A. (2004). Real Options Reasoning and a New Look at the R&D Investment Strategies of Pharmaceutical Firms. *Strategic Management Journal, 25*(1), 1–21.

Merton, R. C. (1973). An Intertemporal Capital Asset Pricing Model. *Econometrica, 41*(5), 867–887.

Metcalf, G. E., & Hassett, K. A. (1995). Investment under Alternative Return Assumptions Comparing Random Walks and Mean Reversion. *Journal of Economic Dynamics & Control, 19*(8), 1471–1488.

Mick, D. G., & Fournier, S. (1998). Paradoxes of Technology: Consumer Cognizance, Emotions, and Coping Strategies. *Journal of Consumer Research, 25*(2), 123–143.

Miltersen, K. R., & Schwartz, E. S. (2004). R&D Investments with Competitive Interactions. *Review of Finance, 8*(3), 355–401.

Morellec, E., & Zhdanov, A. (2005). The Dynamics of Mergers and Acquisitions. *Journal of Financial Economics, 77*(3), 649–672.

Morton, K. W., & Mayers, D. F. (1994). *Numerical Solution of Partial Differential Equations: An Introduction.* Cambridge: Cambridge University Press.

Mosquet, X., Zablit, H., Dinger, A., Xu, G., Andersen, M., & Tominaga, K. (2018). The Electric Car Tipping Point. *(www.bcg.com/publications/2018/electric-car-tipping-point.aspx, abgerufen 21.11.2018).* Boston Consulting Group (BCG).

Myers, S. C. (1977). Determinants of Corporate Borrowing. *Journal of Financial Economics, 5*(2), 147–175.

Myers, S. C., & Majd, S. (1990). Abandonment Value and Project Life. *Advances in Futures and Options Research, 4*, 1–21.

Näsäkkälä, E., & Fleten, S.-E. (2005). Flexibility and Technology Choice in Gas Fired Power Plant Investments. *Review of Financial Economics, 14*(3–4), 371–393.

Nikolopoulos, C. V., & Yannacopoulos, A. N. (2010). A Model for Optimal Stopping in Advertisement. *Nonlinear Analysis: Real World Applications, 11*(3), 1229–1242.

Norton, J. A., & Bass, F. M. (1987). A Diffusion Theory Model of Adoption and Substition for Succesive Generations of High-technology Products. *Management Science, 33*(9), 1069–1086.

Øksendal, B. (2010). *Stochastic Differential Equations: An Introduction with Applications* (5th ed.). Heidelberg: Springer.

Oshikoji, K. (2016). The Impact of Technological Uncertainty on Project Scale. In *Annual Real Option Conference*. Trondheim.

Park, C. S. (2016). *Contemporary Engineering Economics* (6. Edition.). Boston: Pearson Education Limited.

Pawlina, G. (2010). Underinvestment, Capital Structure and Strategic Debt Restructuring. *Journal of Corporate Finance, 16*, 679–702.

Pawlina, G., & Kort, P. M. (2006). Real Options in an Asymmetric Duopoly: Who Benefits from Your Competitive Disadvantage? *Journal of Economics & Management Strategy, 15*(1), 1–35.

Pennings, E. (2000). Taxes and Stimuli of Investment under Uncertainty. *European Economic Review, 44*(2), 383–391.

Pennings, E. (2012). *Ex-post Bargaining and the Option Value of Waiting to Invest.*

Pennings, E., & Lint, O. (1997). The Option Value of Advanced R&D. *European Journal of Operational Research, 103*(1), 83–94.

Pennings, E., & Sereno, L. (2011). Evaluating Pharmaceutical R&D under Technical and Economic Uncertainty. *European Journal of Operational Research, 212*(2), 374–385.

Pennings, E., & Sleuwaegen, L. (2004). The Choice and Timing of Foreign Direct Investment under Uncertainty. *Economic Modelling, 21*(6), 1101–1115.

Peres, R., Muller, E., & Mahajan, V. (2010). Innovation Diffusion and New Product Growth Models: A Critical Review and Research Directions. *International Journal of Research in Marketing, 27*(2), 91–106.

Perridon, L., Steiner, M., & Rathgeber, A. W. (2016). *Finanzwirtschaft der Unternehmung*. München: Vahlen.

Pindyck, R. S. (1988). Irreversible Investment, Capacity Choice, and the Value of the Firm. *The American Economic Review, 78*(5), 969–985.

Pindyck, R. S. (1993). Investments of Uncertain Cost. *Journal of Financial Economics, 34*(1), 53–76.

Pleschak, F., & Sabisch, H. (1996). *Innovationsmanagement*. Stuttgart: Schäffer-Pöschel.

Qin, R., & Nembhard, D. A. (2012). Demand Modeling of Stochastic Product Diffusion over the Life Cycle. *International Journal of Production Economics, 137*(2), 201–210.

Ragozzino, R., Reuer, J. J., & Trigeorgis, L. (2016). Real Options in Strategy and Finance: Current Gaps and Future Linkages. *Academy of Management Perspectives, 30*(4), 428–440.

Reinhardt, H. C. (1997). *Kapitalmarktorientierte Bewertung industrieller F&E-Projekte*. Wiesbaden: Deutscher Universitäts Verlag.

Roberts, K., & Weitzman, M. L. (1981). Funding Criteria for Research, Development, and Exploration Projects. *Econometrica, 49*(5), 1261–1288.

Rogers, E. M. (2003). *Diffusion of Innovations* (5th ed.). New York: Free Press.

Salomo, S. (2003). Konzept und Messung des Innovationsgrades - Ergebnisse einer

Empirischen Studie zu innovativen Entwicklungsvorhaben. In M. Schwaiger & D. Harhoff (Eds.), *Emperie und Betriebswirtschaft* (S. 399–427). Stuttgart: Schäffer-Pöschel.

Salomo, S., Weise, J., & Gemünden, H. G. (2007). NPD Planning Activities and Innovation Performance: The Mediating Role of Process Management and the Moderating Effect of Product Innovativeness. *The Journal of Product Innovation Management*, 24(4), 285–302.

Sarkar, S. (2000). On the Investment-Uncertainty Relationship in a Real Options Mode. *Journal of Economic Dynamics & Control*, 24(2), 219–225.

Sarkar, S. (2011). Optimal Size, Optimal Timing and Optimal Financing of an Investment. *Journal of Macroeconomics*, 33(4), 681–689.

Sarkar, S. (2012). Attracting Private Investment: Tax Reduction, Investment Subsidy, or Both? *Economic Modelling*, 29(5), 1780–1785.

Schiemenz, B., & Schönert, O. (2005). *Entscheidung und Produktion*. München: Oldenbourg.

Schmalen, H., & Pechtl, H. (2009). *Grundlagen und Probleme der Betriebswirtschaft* (14.). Stuttgart: Schäffer-Pöschel.

Schmalen, H., & Xander, H. (2002). Produkteinführung und Diffusion. In S. Albers & A. Herrmann (Eds.), *Handbuch Produktmanagement: Strategieentwicklung - Produktplanung - Organisation - Kontrolle* (S. 440–468). Wiesbaden: Gabler.

Schmit, T. M., Luo, J., & Conrad, J. M. (2011). Estimating the influence of U.S. ethanol policy on plant investment decisions: A real options analysis with two stochastic variables. *Energy Economics*, 33(6), 1194–1205.

Schmittlein, D. C., & Mahajan, V. (1982). Maximum Likelihood Estimation for an Innovation Diffusion Model of New Product Acceptance. *Marketing Science*, 1(1), 57–78.

Schulmerich, M. (2003). Einsatz und Pricing von Realoptionen: Einführung in grundlegende Bewertungsansätze. In U. Hommel, M. Scholich, & P. N. Baecker (Eds.), *Reale Optionen: Konzepte, Praxis und Perspektiven strategischer Unternehmensfinanzierung* (S. 63–96). Berlin: Springer.

Schultz, C., Salomo, S., & Talke, K. (2013). Measuring New Product Portfolio Innovativeness: How Differences in Scale Width and Evaluator Perspectives Affect its Relationship with Performance. *Journal of Product Innovation Management*, 30(S1), 93–109.

Schumpeter, J. A. (1912). *Theorie der wirtschaftlichen Entwicklung*. Leipzig: Duncker & Humblot.

Schumpeter, J. A. (1942). *Capitalism, Socialism, and Democracy* (1.). New York: Harper & Brothers.

Seydel, R. U. (2012). *Tools for Computational Finance*. London: Springer.

Sharma, A., & Lacey, N. (2004). Linking Product Development Outcomes to Market Valuation of the Firm: The Case of the U.S. Pharmaceutical Industry. *Journal of Product Innovation Management*, 21(5), 297–308.

Shibata, T., & Nishihara, M. (2012). Investment Timing under Debt Issuance Constraint. *Journal of Banking & Finance*, *36*(4), 981–991.

Shibata, T., & Nishihara, M. (2015). Investment Timing, Debt Structure, and Financing Constraints. *European Journal of Operational Research*, *241*(2), 513–526.

Smit, H. T. J., & Ankum, L. A. (1993). A Real Options and Game-theoretic Approach to Corporate Investment Strategy under Competition. *Financial Management*, *22*(3), 241.

Smit, H. T. J., & Trigeorgis, L. (2004). *Strategic Investment: Real Options and Games*. Princeton University Press.

Smit, H. T. J., & Trigeorgis, L. (2006). Real Options and Games: Competition, Alliances and other Applications of Valuation and Strategy. *Review of Financial Economics*, *15*(2), 95–112.

Smit, H. T. J., & Trigeorgis, L. (2017). Strategic NPV: Real Options and Strategic Games under Different Information Structures. *Strategic Management Journal*, forthcomin.

Smith, J. E., & McCardle, K. F. (1998). Valuing Oil Properties: Integrating Option Pricing and Decision Analysis Approaches. *Operations Research*, *46*(2), 198–217.

Sorescu, A. B., & Spanjol, J. (2008). Innovation's Effect on Firm Value and Risk: Insights from Consumer Packaged Goods. *Journal of Marketing*, *72*(2), 114–132.

Souder, W. E., & Moenaert, R. K. (1992). Integrating Marketing and R&D Project Personnel within Innovation Projects: An Information Uncertainty Model. *Journal of Management Studies*, *29*(4), 485–512.

Specht, G., Beckmann, C., & Amelingmeyer, J. (2002). *F&E-Management: Kompetenz im Innovationsmanagement*. Stuttgart: Schäffer-Pöschel.

Srinivasan, V., & Mason, C. H. (1986). Nonlinear Least Squares Estimation of New Product Diffusion Models. *Marketing Science*, *5*(2), 169–178.

The Economist. (2014). Elon Musk's Gigafactory - Assault on Batteries. The Economist (14.06.2014).

Thijssen, J. J. J. (2008). Optimal and Strategic Timing of Mergers and Acquisitions Motivated by Synergies and Risk Diversification. *Journal of Economic Dynamics & Control*, *32*(5), 1701–1720.

Thom, N. (1980). *Grundlagen des betrieblichen Innovationsmanagements* (2.). Königstein: Hanstein.

Thomas, J. W. (1998). *Numerical Partial Differential Equations: Finite Difference Methods*. New York: Springer.

Tirole, J. (1988). *The Theory of Industrial Organisation*. Cambridge: MIT Press.

Tong, T. W., & Reuer, J. J. (2007). Real Options in Strategic Management. *Advances in Strategic Management*, *24*, 3–28.

Topper, J. (2005). *Financial Engineering with Finite Elements*. Chichester: Wiley.

Triantis, A. J., & Hodder, J. E. (1990). Valuing Flexibility as a Complex Option. *The Journal of Finance*, *45*(2), 549–565.

Trigeorgis, L. (1993). The Nature of Option Interactions and the Valuation of Investments with Multiple Real Options. *The Journal of Financial and Quantitative Analysis, 28*(1), 1–20.

Trigeorgis, L. (1999). *Real Options: Managerial Flexibility and Strategy in Resource Allocation* (4th ed.). Cambridge: MIT Press.

Trigeorgis, L. (2001). Real Options: An Overview. In E. S. Schwartz & L. Trigeorgis (Eds.), *Real Options and Investment under Uncertainty: Classical Readings and Recent Contributions* (S. 103–134). Cambridge: MIT Press.

Trigeorgis, L., & Mason, S. P. (2004). Valuing Managerial Flexibility. In E. S. Schwartz & L. Trigeorgis (Eds.), *Real Options and Investment under Uncertainty: Classical Readings and Recent Contributions* (S. 47–60). Cambridge: MIT Press.

Trigeorgis, L., & Reuer, J. J. (2017). Real Options Theory in Strategic Management. *Strategic Management Journal, 38*(1), 42–63.

Trott, P. (2012). *Innovation Management and New Product Development* (5th ed.). Harlow: Pearson.

Trott, P., & Hartmann, D. (2009). Why "Open Innovation" Is Old Wine in New Bottles. *International Journal of Innovation Management, 13*(4), 715–736.

Uhlenbeck, G. E., & Ornstein, L. S. (1930). On the Theory of the Brownian Motion. *Physical Review, 36*, 823–841.

Utterback, J. M. (1994). *Mastering the Dynamics of Innovation*. Boston: Harvard Business School Press.

Utterback, J. M., & Abernathy, W. J. (1975). A Dynamic Model of Process and Product Innovation. *Omega, 3*(6), 639–656.

Vahs, D., & Brem, A. (2013). *Innovationsmanagement: Von der Idee zur erfolgreichen Vermarktung* (4.). Stuttgart: Schäffer-Pöschel.

Vahs, D., & Schäfer-Kunz, J. (2007). *Einführung in die Betriebswirtschaftslehre* (5th ed.). Stuttgart: Schäffer-Pöschel.

Van den Bulte, C., & Lilien, G. L. (1997). Bias and Systematic Change in the Parameter Estimates of Macro-level Diffusion Models. *Marketing Science, 16*(4), 338–353.

Vassolo, R. S., Anand, J., & Folta, T. B. (2004). Non-additivity in Portfolios of Exploration Activities: A Real Options-based Analysis of Equity Alliances in Biotechnology. *Strategic Management Journal, 25*(11), 1045–1061.

Weeds, H. (2002). Strategic Delay in a Real Options Model of R&D Competition. *Review of Economic Studies, 69*(3), 729–747.

Welling, A. (2013). *Strategien externen Unternehmenswachstums: Ein spieltheoretischer Realoptionenansatz*. Wiesbaden: Springer Gabler.

Welling, A. (2016). The Paradox Effects of Uncertainty and Flexibility on Investment in Renewables under Governmental Support. *European Journal of Operational Research, 251*(3), 1016–1028.

Welling, A., Lukas, E., & Kupfer, S. (2015). Investment Timing under Political Ambiguity. *Journal of Business Economics, 85*(9), 977–1010.

Whalley, E. A. (2011). Optimal R&D Investment for a Risk-averse Entrepreneur. *Journal of Economic Dynamics & Control, 35*(4), 413–429.

Wickart, M., & Madlener, R. (2007). Optimal Technology Choice and Investment Timing: A Stochastic Model of Industrial Cogeneration vs. Heat-only Production. *Energy Economics, 29*(4), 934–952.

Wilmott, P. (2006). *Paul Wilmott on Quantitative Finance: Volume Three* (2nd Editio.). Chichester: John Wiley & Sons.

Wilmott, P., Howison, S., & Dewynne, J. (1995). *The Mathematics of Financial Derivatives: A Student Introduction.* Oxford: Cambridge University Press.

WirtschaftsWoche. (2018). Falsch abgebogen. WirtschaftsWoche (28.09.2018).

Witt, J. (1996). *Produktinnovation: Entwicklung und Vermarktung neuer Produkte.* München: Vahlen.

Wong, K. P. (2007). The Effect of Uncertainty on Investment Timing in a Real Options Model. *Journal of Economic Dynamics & Control, 31*(7), 2152–2167.

Wong, K. P. (2010). On the Neutrality of Debt in Investment Intensity. *Annals of Finance, 6*(3), 335–356.

Yao, T., Jiang, B., & Liu, H. (2012). Impact of Economic and Technical Uncertainties on Dynamic New Product Development. *IEEE Transactions on Engineering Management, 60*(1), 1–12.

Zantow, R., Dinauer, J., & Schäffler, C. (2016). *Finanzwirtschaft des Unternehmens: Die Grundlagen des modernen Finanzmanagements.* Hallbergmoos: Pearson.

Zäpfel, G. (1982). *Produktionswirtschaft: Operatives Produktions-Management.* Berlin: De Gruyter.

ZEW. (2018). Deutsche Innovationserhebung - Kernindikatoren. *(www.zew.de/innovation, abgerufen 21.11.2018).* Zentrum für Europäische Wirtschaftsforschung (ZEW).

CPSIA information can be obtained
at www.ICGtesting.com
Printed in the USA
LVHW102304201119
637879LV00016BA/779/P